吴宓与陈寅恪　增补本

吴学昭 著

吴宓 与 陈寅恪

增补本

生活·讀書·新知 三聯書店

图书在版编目(CIP)数据

吴宓与陈寅恪 / 吴学昭著. —增补本. —北京:
生活·读书·新知三联书店,2014.9 (2025.3 重印)
ISBN 978 - 7 - 108 - 05021 - 2

Ⅰ.①吴… Ⅱ.①吴… Ⅲ.①吴宓(1894～1978)–
生平事迹②陈寅恪(1890～1969)–生平事迹
Ⅳ.①K825.4②K825.81

中国版本图书馆 CIP 数据核字 (2014) 第 094312 号

责任编辑 孙晓林
装帧设计 陆智昌
责任印制 卢 岳
出版发行 *生活·讀書·新知* 三联书店
      (北京市东城区美术馆东街 22 号 100010)
网   址 www.sdxjpc.com
经   销 新华书店
印   刷 北京隆昌伟业印刷有限公司
版   次 2014 年 9 月北京第 1 版
      2025 年 3 月北京第 2 次印刷
开   本 635 毫米 ×965 毫米 1/16 印张 32
字   数 300 千字 图约 120 幅
印   数 30,001 - 32,000 册
定   价 65.00 元
(印装查询:01064002715;邮购查询:01084010542)

陈丹青作"国学研究院"

孤

王觀堂先生挽詞

漢家之厄今十世，不見中興傷老至，一死從容殉大倫，千

秋怒望悲遺志，曾賦連昌舊苑詩，興亡哀感動人思，豈知

長慶才人語，竟作靈均息壤詞，依稀廿載憶光宣，猶是開

元全盛年，海宇承平娛旦暮，京華冠蓋萃英賢，當日英賢

誰北斗，南皮太保方迂叟，忠順勤勞矢素衷，中西體用資

循誘，總持學部攬名流，樸學高文一例收，圖籍藝風充館

長名詞客瘝墊領，校讐譯憑助海寧潛研卹署

入洛才華正妙年，渡江流輩推清譽，閭門人海悉冥搜

白閽王供討求剖別派流施品藻，宋元戲曲有陽秋酬

朝野仍如故，彙燕何曾危幕懼，君徒闕侯九年廟謨已

是爭孤注，羽書一夕警江城，倉卒元戎自出征，初意潢池

（朱筆旁注：菩宋元戲曲史 ；指陸庵吳昌碩）

吴宓圈点的陈寅恪《王观堂先生挽词》未定稿（之一）

王觀堂先生挽詞

嬉小盜遠驚烽燧照神京養兵成戰嗟翻覆孝定臨朝空

痛哭再起妖腰亂領臣遂傾寡婦孤兒族大都城闕滿悲

笳詞客哀時末返家身分琴書終寂寞豈期舟楫伴生涯

回望艫檥涕泗連海東重泛景真船生堯舜成何世去

作夷齊各自天江東博古孫先覺避地相從勤講學島國

風光換歲時鄉關愁思增綿邈大雲書庫富收藏古器奇

文日品量考釋殷書開盛業鉤探商史發幽光當世通人

數奮遊外寰瀛渤内神州伯沙博士同攦海坤尚書互

倡酬東國儒英誰地主藤田狩野内藤虎豈便遜東老幼

安遷如舜升紫殿曾聆法曲侍瑤宫文學承恩值樞鄉崇

屢檢秘文升紫殿曾聆法曲侍瑤宫

賢覽業事同符君今雲漢中興主臣本煙波一釣徒是歲

吳宓圈点的陳寅恪《王觀堂先生挽詞》未定稿（之二）

中元周甲子齊州喪亂仭無已兗城雖局小朝廷漢室猶

存舊文軌忽聞攘甲請旁陵奔問皇輿泣未能優待珠槃

原有誓宿陳芻狗遽無憑神武門前御河水思把深恩酬

國士南齋侍從欲自沈北闈學士變同死魯連黃鷂績溪

胡獨為神州惜大儒學院遂開傳絕業園林差喜適幽居

清華學院多英傑其間新會稱耆哲是龍髯五品臣後

黨家慇懃子建安群盜憑落百無成敢時賢載重輕元祐

蹻馬題元勳列鼎生紬落百無成敢時賢類北海今

知有劉備曾訪梅真拜地仙更期韓偓符天意回思寒夜共

話明昌相對南溫夢麻不堪灞上共

興亡九州禍亂何時歇今日吾儕苟活但就賢愚判死

生未應修短論優劣風誼平生師友間招魂哀憤滿人寰

王觀堂先生挽詞

他年清史求忠蹟一弔前朝萬壽山

教正 敬求

二

清華學校

吴宓圈点的陈寅恪《王观堂先生挽词》未定稿（之三）

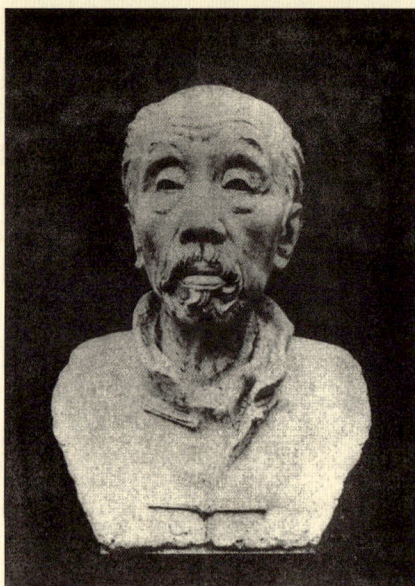

詩人陳伯嚴先生八十壽像(三立)

1932 年 10 月 20 日（旧历九月二十一日）为寅恪尊人、诗人陈伯严（三立）八十寿辰，吴宓特于 1932 年 12 月出版的《学衡》杂志卷首，刊出滑田友君为先生所塑八十寿像，表示祝贺。

吴宓于陈伯严先生像左书有敬识数语：
本月二十日（阴历九月二十一日）为义宁（今改修水）陈伯严先生（三立）八十寿辰。先生硕德耆年，海内企仰。其诗为世宗风，无待颂赞。先生现居庐山，以国难世屯，不令称觞，并谢绝馈仪。惟艺术家徐悲鸿君及知识界同人等，特尊先生为东方大诗人，延淮阴滑田友君及元和江小鹣君赴庐山为先生塑像，铸赠为寿。此图即是滑田友君所塑之像，愿加入此举公同祝寿者，每人可出款十元，汇交南京中央大学徐悲鸿君。至各地大学图书馆等机关，若出四百元，可得铸成之像一座，以供陈列，亦请与徐悲鸿君接洽。

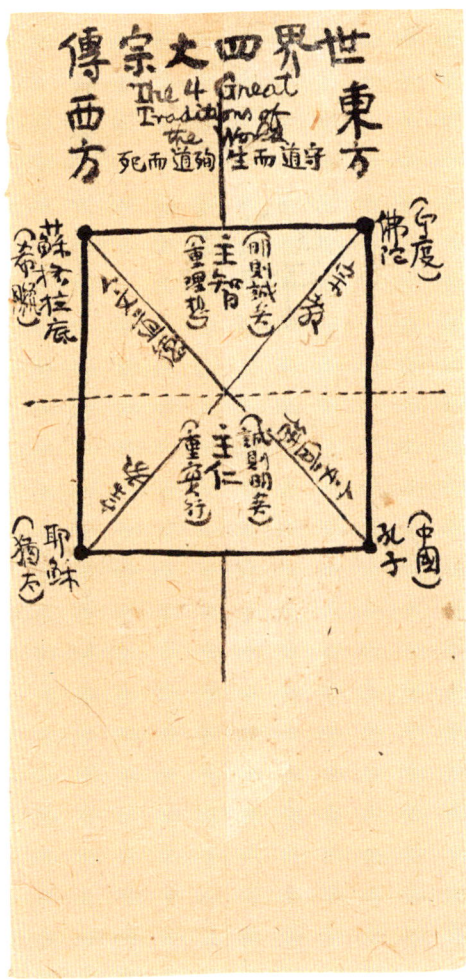

吴宓对世界四大宗传的融通综合

倫敦公園

秋風吹寒水，長湖似河流。鴛鴦鷺鶿■鵝，對影雙雙浮。石路曲類虹，芳草碧如繡

細白宮盲瞳，林際，廣廈擁飛樓。濯濯都人士，日曜欣息遊。少年童列隊伍，里

耀覺鬖鬈。近郭稱綠苑，落葉鋪草樹裀。森森涯十里，徜徉足除憂。

倫敦公園，海德稱最巨。入門見勇士，戈盾壯腰膂。緣椅布草場，遠望疑荷

渚。蛇湖掉小舟，鷗鷺同容與。編花成萬彩，廣路雲霞舉。君后愛何處，方亭

鎮靈圉。
（林野士）客情

我最適，獨遊欣無侶。冥冥極深思，依依遲延佇。

右詩 Oct. 5th 1930 作成

Jan. 10th 1931 附文一紙，寄滬刊登。 圓缺

吴宓欧游杂诗手迹

倫敦訥耳遜紀念碑

巍巍訥耳遜，拔劍立章表。薄海瞻威稜，雄獅四隅遶。園雙噴泉，婦孺飼鴿鳥。身死大徹撟，謳歌聞憶兆。苦愛哈米頓，鹽史風流媚。臨戰焉情畫，龍蛇飛天矯。美人遇英雄，此事古來少。儔武海克多，國祚終難紹。

右詩 oct. 2, 1930 作成

Jan 5 1931 附又三張畫片四頁，寄劉芝穆兄囑刊登。

倫敦詩丐

河畔一衰翁，偃伏指畫地。粉筆飛彩色，寫詩殊工緻。上言愛星空，下言懷勝利。年少賈達登，飲歐甘自棄。吟哦不救寒，持盞（欲灑）同情淚。旋知酒家傭，失業口腹累。錄誦前人作，識詞不解意。嗟汝掉首行，餅金為所賜。

右詩 it. 3, 1930 作成。

Jan. 7th. 附又三張，又另以寫語多張寄與劉芝穆刊登。

秋風乘興出荊門　故舊相逢嶺外村　庽感
間闊來一聚　莫辭濁酒勸多罇

辛丑秋　廣州贈　雨僧先生

送雨僧先生重遊北京

北望長安尚有家　雙星銀漢映秋華　神仙
眷屬須珍重　天上人間總未差

雨僧先生　斧正
　　　　敬之

曉瑩初學稿

唐篍赋赠吴宓诗笺

饒之於海棠春酒館作五古一首「相交二十年風誼兼師友
同尊智德益我厚…Li。贈行。誕是秋第二次世界大戰勝起國恨已
竟不能西航而止於香港1948復入國屆春科中央研究院1944歲暮
劇至病劇故京大學始得歸……即在此晚寓惜兄
雙目失明1948至廣州自是久任國立中山大學教授寓居該大學
在廣州市河南區之校舍即昔嶺南大學之校址寓惜兄家居該處

半陰時晴。早餐一餐三餐各食...

上午 8:30 至 12:00...

毛主席语录

革命的或不革命的或反革命的知识分子的最后的分界，看其是否愿意并且实行和工农民众相结合

下午晴雲。

9

十二月 大

廿三 (一)

就職。
1927 秋宓恰見撰成「王觀堂先生輓詞」書長篇，宓题
侍含殯。云云——挽剛宓寅恪見。1919 年在哈佛大學始相識，宓剛顛顛揭揚…
1925 宓寅恪見為清華國學研究院教授。1926 九月始回國…
當時宓下放在英德中山大學幹校…父母貽終…
川省成都南第三醫院任職。次女小彭，三女美延皆在中山大學工作…
十一月二十日以心臟病腦溢血病逝於廣州，長女流求仍在四…
字稚堂久患心臟病高血壓…經此變即不能起狀。亦於 1969 年…
寅恪見起居始痛甚…已於 1969 年十月七日在廣州病故…
接讀寅恪見之三女陳美延(廣州中山大學西南區 79 之二…
適。接讀寅恪見之三女陳美延(廣州中山大學西南區 79 之二…
樓上) 1971 年十二月五日來函(代中山大學革命委員會覆剛宓函詢…
發出打字油印整齊…學習文件及…定午晚講讀…4 時休息…

陳寅恪見 (1890)
寅寅正。清光緒十六年
一 (1969)

下午 2:30 至 5:30 原彩琯(今四刻)與十七人退在空宝楼火學習…

預定四十四印
元月二十日宣傳讚評文件
階段
門答 由
—調
資

公历
How
Why
What
閱
何為一四
(三)
(一)

12月22日
夏历冬月初五

目　录

我是吴宓（雨僧）最小的女儿，抗日战争期间，跟随母亲陈心一在上海祖父母家居住和上学。抗战胜利后一年，我到北平上大学，父亲没有因昆明西南联合大学宣告结束复员北平，而去武汉大学教书了。武汉解放前夕，他又到了四川。所以，我与父亲相处的时间不长。但即使在那有限的接触和交谈中，我也深深感到父亲与陈寅恪[1]伯父两心相知，友谊深挚，始终不渝。两位老人在"文化大革命"中受尽摧残折磨去世后，我捧读劫后残存的父亲遗稿，以及他与陈寅恪伯父相互写示的诗篇，更加感受到这种友谊的深不可及的内蕴及其悲剧色彩。

　　一九九〇年，为纪念陈寅恪伯父诞辰一百周年，也为纪念父亲吴宓诞辰九十六周年，我根据父亲的日记及遗稿赶写了《吴宓与陈寅恪》[2]一书，心想或许可为关心两位老人的朋友凭寄哀思，而对研究工作者也有些参考作用。没想到书出版后，竟"像出土文物一般，令人惊喜"，[3]受到读者关注，特别是父亲生前的许多友生，如田德望[4]、

1　陈寅恪（1890～1969），江西义宁（今修水）人。留学德国柏林大学、瑞士苏黎世大学学习语言文学，法国巴黎高等政治学校习经济，美国哈佛大学习梵文和巴利文，柏林大学研究院梵文研究所研究东方古文字。历任清华、西南联合、成都燕京、岭南、中山大学教授。为国民政府教育部首批部聘教授，中央研究院院士。

2　清华大学出版社，1992 年出版。

3　引自吴宓友生来信语。

4　田德望（1909～2001），河北完县人。清华大学研究院毕业，意大利佛罗伦萨大学文学博士，德国哥廷根大学研究。曾任浙江、武汉、北京大学外文系教授。

王宪钧[1]、王岷源[2]、王般[3]、李赋宁[4]、何炳棣[5]等先生来信来电，给与鼓励和指正。本书虽先后十多次重印，时隔多年，已经绝版。今应广大读者要求，重新排印增订本，名为增订，实际重写。根据后来陆续寻回的父亲遗稿以及近年收集和积累的有关资料，对内容做了必要的补充修订。笔者水平有限，疏漏和错误之处，尚希读者提出批评，帮助改正。

1　王宪钧（1910～1993），山东烟台人。清华大学研究院毕业，奥地利维也纳大学、德国敏士特大学研习数理逻辑。历任西南联合、清华、北京大学哲学系教授。

2　王岷源（1912～2000），四川巴县人。清华大学研究院肄业留美，耶鲁大学文学硕士。曾在哈佛和耶鲁大学参加编纂汉英词典和教授汉语。1946年回国后久任北京大学教授。

3　王般（1913～1996），字般若，河南郾城人。北京大学外文系1938年毕业。曾任西南联大外文系助教，西南联大附中、云南大学附中教员，东北、河南、武汉、中国人民大学副教授。北京外国语学院、外交学院教授。

4　李赋宁（1917～2004），陕西蒲城人。清华大学研究院1941年毕业，美国耶鲁大学英语语言文学硕士。1950年回国，任教清华、北京大学，曾任北京大学副教务长。

5　何炳棣（1917～2012），浙江金华人。清华大学历史系1938年毕业。美国哥伦比亚大学博士，芝加哥大学教授，1966年当选台湾中研院院士，1979年被推荐为美国艺术及科学院院士。

第一章　在哈佛

（一九一九至一九二一年）

父亲与寅恪伯父相交，是经俞大维[1]先生介绍的。

俞大维先生与寅恪先生是"两代姻亲，三代世交，七年的同学"[2]：寅恪先生的母亲俞明诗（字麟洲）是俞大维的嫡亲姑母；寅恪先生的胞妹陈新午是俞大维夫人；俞大维与寅恪先生在美国哈佛大学、德国柏林大学连续同学七年。

父亲是一九一七年由清华留美预备学校派往美国学习的。起初被分配到弗吉尼亚大学（University of Virginia）学习文学，插入文科二年级。一九一八年暑假，转入哈佛大学文学院比较文学系，从师白璧德（Irving Babbitt）[3]。父亲在哈佛大学与俞大维先生相识。

据父亲晚年所撰《吴宓自编年谱》[4]（以下简称《年谱》）一九一九年

1　俞大维（1898～1993），浙宁绍兴（原山阴县）人。数理逻辑学家。上海圣约翰大学毕业，留学欧美。曾任国民政府兵工署长、交通部长，台湾"国防部长"、"总统府资政"。

2　引自俞大维《怀念陈寅恪先生》，1970年3月。

3　Irving Babbitt，白璧德（1865～1933），美国评论家，教师，美国新人文主义文学批评运动领袖。就学于哈佛大学和巴黎大学，自1894年在哈佛大学教法语和比较文学，直至去世。Babbitt，吴宓初译为巴比陀（取自1902年出版《经国美谈》小说中之Pelopidas），自1922年3月《学衡》第三期刊出胡先骕译《白璧德中西人文教育谈》起，Babbitt姓氏改译为白璧德三字。

4　《吴宓自编年谱》，北京生活·读书·新知三联书店1995年版。

钱绍武绘青年吴宓小照　　　　钱绍武绘青年陈寅恪小照

篇："宓去秋（笔者按，当指一九一八年秋）到波城（Boston）后，得识初
来之自费留学生俞大维（David Yule）君。俞君浙江省山阴县人。其
叔父俞恪士先生（名明震）为有名诗人，有诗集名《觚庵诗存》行
世。辛亥革命时，任甘肃省提学使。民国四年，在北京任肃政使，与
李孟符（岳瑞）世丈为知友。曾弹劾甘肃将军张广建，对营救吾父事[1]颇
有助力。俞大维君，毕业圣约翰大学，短小精悍，治学极聪明。其来
美国，为专习哲学，然到哈佛研究院不两月，已尽通当时哲学最新颖
而为时趋（fashionable）之部门曰数理逻辑学。Lewis[2]教授亟称许之。
然于哲学其他部门，亦精熟，考试成绩均优。故不久即得哈佛大学哲
学博士（Ph. D. in Philosophy），并由哈佛大学给与公费送往德国留

1　指甘肃省将军兼巡按使张广建，向大总统袁世凯诬告凉州副都统吴建常（仲旗）抗上惑
　　众，予以褫职监禁。参见《吴宓自编年谱》一九一六年篇。
2　Charence Irving Lewis，刘易斯（1883～1964），美国逻辑学家，认识论哲学家，伦理学
　　家。就读哈佛大学，1920 年起在该校任教，1930 年起任哲学教授，直至 1953 年退休。

　　　　　　　　　　　　　　　　　　　　　　　吴宓与陈寅恪

学进修。哈佛大学本有梵文、印度哲学及佛学一系，且有卓出之教授Lanman[1]先生等，然众多不知，中国留学生自俞大维君始探寻、发现而往受学焉。其后陈寅恪与汤用彤[2]继之。……顾俞大维君识宓后，则多与宓谈中国文学。尝为宓口诵曾广钧所作之《庚子落叶词》十二首，吊珍妃也。君口诵而宓笔录之。今录入《吴宓诗集》[3]卷末160页者，是也。去秋，又屡偕俞大维君出游并作交际。

"俞大维君又多称道其姑表兄义宁江西省之县名，今改为修水县。陈寅恪君之博学与通识，并述其经历。诗人陈伯严先生（名三立），前夫人罗氏，生长子衡恪（字师曾），诗人，画家。继配夫人俞氏（俞大维之姑母，能诗），生（二、三、四、虚、无）五子隆恪、六子寅恪、七子方恪（宁彦通，能诗，而狂放佻达），八子登恪，留学法国，撰有《留西外史》小说。（宓按，陈寅恪君一八九〇庚寅年生。年十一，留学日本。两度游学欧洲，先居巴黎，后居柏林。中间民国三年、四年，在北京为经界局局长蔡锷之秘书。又再赴欧洲，今始到美国。一九二五年，由宓荐，清华聘为国学研究院教授，月薪四百圆，乃回国。计其在外国留学之时期，凡十八年［与玄奘同］。）宓深为佩仰。

"一九一九年一月底二月初，陈寅恪君由欧洲[4]来到美国。先寓

---

1 Charles Rockwell Lanman，蓝曼（1850～1941），美国梵语学者，在耶鲁大学师事惠特尼，获博士学位。赴德深造后，到霍普金斯大学任教，后任哈佛大学教授及威尔士梵语讲座教授，并任《哈佛东方丛书》主编。

2 汤用彤（1893～1964），字锡予，湖北黄梅人。清华学校毕业留美。先后任东南、南开、北京大学教授。为国民政府教育部首批部聘教授，中央研究院院士。1949年后，曾任北京大学副校长。

3 此指1935年上海中华书局出版之《吴宓诗集》，为作者自编。下文"续集稿本"指作者于该《诗集》出版后所作诗稿誊录本。2004年北京商务印书馆出版的《吴宓诗集》，全部删除了1935年《诗集》卷末附录的部分，增加了吴宓1934至1973年所作的诗六百多首、词十二阕。2005年北京商务印书馆出版之《吴宓诗话》，除收录了1935年《吴宓诗集》的全部附录外，增加了吴宓1934年以后所作诗话、读诗笔记、授课讲义等。

4 吴宓此处记述有误，陈寅恪此次系由上海启程来美。陈君1918秋冬原拟重返（转下页）

康桥 Cambridge 区宓注：哈佛大学及麻省理工学院均在此区。康桥之译名，乃中国留学生所定。同一字也，在英国则用旧译之"剑桥"，在美国则用新译之"康桥"，以分别之，使毋混淆，法至善也。之 Mt. Auburn 街。由俞大维君介见。以后宓恒往访，聆其谈述。则寅恪不但学问渊博，且深悉中西政治、社会之内幕。……述说至为详切。其历年在中国文学、史学及诗之一道，所启迪、指教宓者，更多不胜记也。（详见《吴宓诗集》及续集稿本）"

据父亲的日记记载，他与寅恪伯父的文字交往是从父亲演讲《红楼梦新谈》开始的。

《红楼梦新谈》是一九一九年三月二日父亲应美国哈佛大学中国学生会之请所作的一次演讲，主要是"用西洋小说法程（原理、技术）来衡量《红楼梦》，见得处处精上，结论是：《红楼梦》是一部伟大的小说，世界各国文学中未见其比"[1]。这篇演讲稿，一九二〇年三四月在《民心周报》第一卷第十七、十八期发表，一九七六年六月被收入人民文学出版社出版的《红楼梦研究参考资料专辑》第三辑。据我所知，最早从西方文论角度审视《红楼梦》的是王国维先生，而在西方系统介绍《红楼梦》并指出其在世界文学发展史上地位的，可能是我父亲的这篇演讲。

据父亲一九一九年三月二十六日日记[2]："陈君寅恪以诗一首见赠，录此。"

德国入柏林大学继续深造，后考虑欧战方休，德国战败，元气大伤，一切尚待恢复，乃改赴美国哈佛大学从名师蓝曼受教。参见陈流求、陈小彭、陈美延《也同欢乐也同愁——忆父亲陈寅恪母亲唐篔》，页 32，北京生活·读书·新知三联书店 2010 年版。

1　吴宓 1967 年 2 月 1 日"文化大革命"中交代稿：《演讲红楼梦》。

2　吴宓 1906 年开始写日记（1910 年前日记无存），直写至"文化大革命"后期，中有间断。全部日记"文革"中被抄没，1979 年归还家属时已多有残缺。其后经笔者整理注释，由北京生活·读书·新知三联书店先后出版《吴宓日记》（1910—1948）十册，1998、1999 年；《吴宓日记续编》（1949—1974）十册，2006 年。

《紅樓夢新談》題辭

陳寅恪

等是閻浮夢裏身，夢中談夢倍酸辛。

青天碧海能留命，赤縣黃車更有人。虞初號黃車使者。

世外文章歸自媚，燈前啼笑已成塵。

春宵絮語知何意，付與勞生一愴神。

　　得寅恪伯父贈诗，父亲的喜悦溢于言表。他意识到，自己不仅得一知音，而且得一师长。他在日记中写道："陈君学问渊博，识力精到，远非侪辈所能及。而又性气和爽，志行高洁，深为倾倒。新得此友，殊自得也。"[1]

　　父亲对寅恪伯父赠诗，印象至为深刻。二十年后撰作《石头记评赞》时，开头即述及于此。谓民国八年（1919）春，在美国哈佛大学中国学生会演说《红楼梦新谈》，"当宓作此演说时，初识陈寅恪先生（时在哈佛同学）才旬日。宓演说后，承寅恪即晚作《〈红楼梦新谈〉题辞》一诗见赠……此诗第四句，盖劝宓成为小说家，宓亦早有撰作小说之志，今恐无成，有负知友期望多矣。"[2]

　　听父亲说，早年在美国留学时，寅恪伯父习惯以诗稿写示父亲等，过后即自己撕成碎片，团而掷之，不让钞存。但父亲过目不忘，寅恪伯父在美国所作的诗，父亲多能背诵。有些诗，就是这样留存下来的。

　　如一九一九年二月底三月初，美国哥伦比亚大学师范学院女生张昭汉（字默君）[3]后任南京女子师范校长。自纽约到康桥游览。张女士

---

1 《吴宓日记》Ⅱ，页 20。

2 《红楼梦稀见资料汇编（下）》，页 847，北京人民文学出版社 2001 年版。

3 张昭汉（1884～1965），女，字默君，湖南湘乡人。上海务本女校、圣约瑟女子书院肄业，留学美国哥伦比亚大学。中国同盟会会员。曾任江苏省立第一女子师范学校校长，杭州市教育局局长，立法院立法委员，考试院考试委员。1949 年去台湾。

是南社主要社员，与寅恪伯父、梅光迪[1]君在国内都是旧识，辛亥革命时已以文章有所表见。父亲所编《近世中国诗选》[2]收有一九一五、一九一六年张女士偕吕碧城女士等所作《探梅邓尉》七言绝句十多首，其一云："孤芳独抱惜微馨，自有庄严未娉婷。幽怨清愁都忏尽，不随兰芷绝骚经。"父亲认为，"自状甚真，自知甚明。"其二云："孤山十载梦无痕，不使俗缘误宿根。惟恐人间生意尽，故将冰雪炼春魂。"

张默君女士这次游康桥即景作二绝句，其中一首为："疏林遥带玉为村，冷艳新招旧屐痕。异域风光无限好，忽牵归思到梅魂。"自注："美洲无梅。"其二，父亲已记不清。寅恪伯父读张女士诗后有所感，遂作诗一首，由其末句而发，未写题。据父亲回忆，当是《咏梅兼赠梅光迪君》。诗云：

乱眼繁枝照梦痕，寻芳西出忆都门。

金犊旧游迷紫陌，玉龙哀曲怨黄昏。

花光坐恼乡关思，烛燼能温兒女魂。

絕代吳姝愁更好，天涯心賞幾人存。[3]

这年五月，寅恪伯父游威尔士雷（Wellesley）。曾作诗一首，赠给梅光迪君的知友汪懋祖君。可能寅恪伯父认为此诗不过是首游戏之作，父亲虽"数索阅，未蒙见示"[4]，后来还是汪懋祖给他寄来，才得粘存于日记中。

---

1 梅光迪（1890～1945），字迪生，一字觐庄，安徽宣城人。留学美国西北大学、哈佛大学，专攻文学。曾任教于南开、东南大学、美国哈佛大学，以后长期任浙江大学教授、文学院院长。《学衡》杂志创办人之一。
2 吴宓所编《近世中国诗选》稿，"文革"中，在西南师院被抄没，未归还。
3 录自《吴宓自编年谱》，页189—190。
4 见《吴宓日记》Ⅱ，页55—56。汪懋祖甚喜陈寅恪赠诗，为投登纽约中文报刊"文苑"栏，署名"隐名"。

康桥新池畔的小道

此诗原题为《影潭先生避暑居"威尔士雷"湖上，戏作小诗，藉博一粲》。诗云：

> 五月清陰似晚春，叢蘆高柳數曛晨。
> 少迴詞客哀時意，來對神仙寫韻人。
> 赤縣雲遮非往日，綠窗花好是閒身。
> 頻年心事秋星識，幾照湖波換笑顰。[1]

寅恪伯父这首诗后被父亲收入《吴宓诗集》，题改为《游威尔士雷即赠汪君典存》。

据《年谱》一九一九年篇："汪懋祖君字典存，江苏吴县人。美国哥伦比亚大学毕业，回国后久任苏州中学校长，晚年任国立东方语

---

[1] 此诗吴宓收入《诗集》时，第二句作"丛芦高柳易曛晨"。

言专科学校校长，为'学衡社同道、同志之友'。汪君留美时，未婚妻袁世庄，清华一九一六级留美威尔士雷女校 Wellesley College。威校临湖，风景极美。汪君暑假屡往居湖上旅馆中，俾与袁女士多聚晤，遂取'闲云潭影日悠悠'之意自号'影潭'，而寅恪诗中有第四句又第七、八句。"

一九二〇年（庚申）五月十六日，父亲"偕卫挺生、张可治君游威尔士雷 Wellesley 女学，即景成诗一首，步陈寅恪君去年夏游该处赠汪影潭诗原韵"。诗云：

> 柳岸莺声送暮春，镜湖嘘雾变昏晨。
> 双摇画桨同心耦，终古桃源异国人。
> 胜地偏绕书卷气，天香合住绣罗身。
> 排云殿外沧桑改，漆室哀时几啸謷。[1]

据父亲自注，此诗"末句谓袁女士之英文公函"。这年四月，父亲曾接读袁女士所参加的 Pine Club 英文通讯，认为"二十馀人，均纤巧轻佻之文。the American airs & slangs[2]，卑靡利欲之旨，读罢为之索然气尽。……惟殿尾者袁世庄女士一函，则独忧心国事，媲美漆室；且诗思横溢，文字简练而雅洁。以作文之章法论，亦冠侪辈。留美男生中，能为此者，无几人矣"。[3]

一九一九年夏，清华一九一五级毕业同学蔡正君，参照一九一六级毕业同学朱君毅[4] 分析统计中国留美学生"成功"success 的方法，

1　此诗录自《吴宓日记》Ⅱ，页166。收入《吴宓诗集》时，文字略有改动。

2　美国气派和俚语。

3　《吴宓日记》Ⅱ，页157。

4　朱斌魁（1892～1963），字君毅，以字行，浙江江山人。清华学校毕业留美，哥伦比亚大学哲学博士。历任东南、清华、北京、北平师范、厦门大学教授，国民政府主计部主计官兼统计局局长。1949年以后，任上海财经学院教授。

就男女的恋爱与婚姻如何取悦对方达到目的，寻求其所需的五种条件（如家世、身体健康与精神力量、办事能力、交际才能等），并每种条件所占的比例，制成一表格，名曰"爱情衡"，并加以说明，刊布于《留美学生季报》中。寅恪伯父读后，曾戏题一绝，进行嘲讽。诗云：

> 文豪新製"愛情衡"，公式方程大發明。
> 始悟同鄉女醫士，挺生不救救蒼生。[1]

父亲注解说，后两句指的是江西留美女生邹邦梁寅恪同省人，故曰同乡。习医，哈佛大学医学院毕业后在某医院任助理医生。清华留美公费生卫挺生君对其辛苦追求数年，邹置之不理。

父亲与寅恪伯父在哈佛，学习专业不同，但课馀交流很多，谈古论今，东西比较，内容很广。据父亲一九一九年四月二十五日日记，"近常与游谈者，以陈、梅二君为踪迹最密。陈君中西学问皆甚渊博，又识力精到，议论透彻，宓倾佩至极。古人'闻君一夕话，胜读十年书'，信非虚语。陈君谓，欲作诗，则非多读不可，凭空杂凑，殊非所宜。又述中国汉、宋门户之底蕴，程、朱、陆、王之争点及经史之源流派别。宓大为恍然，证以西学之心得，深觉有一贯之乐。为学能看清门路，亦已不易；非得人启迪，则终于闭塞耳。"[2]

一九一九年八月三十一日，父亲在日记中写道："近读史至法国大革命事，愈见其与吾国之革命前后情形相类。陈君皆指寅恪，下同。谓西洋各国中，以法人与吾国人，性习为最相近。其政治风俗之陈迹，亦多与我同者。美人则与吾国人相去最远，境势历史使然也。然

1 录自《吴宓自编年谱》，页213。
2 《吴宓日记》Ⅱ，页28。

西洋最与吾国相类似者，当首推古罗马。其家族之制度尤同。皆以男系为本。而日耳曼人（今英美）之家族，则以女系为本，或二者杂用并行。稍读历史，则知古今东西，所有盛衰兴亡之故，成败利钝之数，皆处处符合。同一因果，同一迹象，惟枝节琐屑，有殊异耳。盖天理 Spiritual Law 人情 Human Law，有一无二，有同无异。下至文章艺术，其中细微曲折之处，高下优劣、是非邪正之判，则吾国旧说与西儒之说，亦处处吻合而不相抵触。阳春白雪，巴人下里，口之于味，殆有同嗜。其例多不胜举。"[1]

据一九一九年九月八日日记："柏拉图所著《共和国》*Republic*[2]一书，其原文第四百九十六页，节译如下：'君子生当率兽食人之世，固不同流合污，偕众为恶，而亦难凭只手，挽既倒之狂澜。自知生无裨于国，无济于友，而率尔一死，则又轻如鸿毛，人我两无所益。故惟淡泊宁静，以义命自安，孤行独往。如此之人，譬犹风洞尘昏、飞沙扬石之际，自栖身岩墙之下，暂为屏蔽。眼见众生沉沦不可救医，而若吾身能独善，德行终无所玷。易箦之时，心平气和，欢舒无既，则亦丝毫无所憾矣。'

"按此即'穷则独善其身'之义，东圣西圣，其理均同。陈君寅恪尝谓：昔贤如诸葛武侯，负经济匡时之才，而其初隐居隆中，啸歌自适，决无用世之志。'苟全性命于乱世，不求闻达于诸侯。'及遇先主，为报知己，乃愿出山，鞠躬尽瘁。岂若今之插标卖首，盛服自炫，Advertisement[3]，争攘权位。本自无才，徒以偾事，甚且假爱国利群、急公好义之美名，以行贪图倾轧之实，而遂功名利禄之私。举世风靡，茫茫一概。吾国固然，欧美各国亦不异。且其中之为恶者，操术尤工。吾留学生中，十之七八，在此所学，盖惟欺世盗名，纵

---

1 《吴宓日记》Ⅱ，页 58—59。
2 《理想国》。
3 做广告。

吴宓与陈寅恪

欲攫财之本领而已。宓按,武侯《梁父吟》之词意,原系明哲保身,而太白乃云:长啸梁父吟,何时见阳春。其旨卑矣。(寅恪)又谓:孔子尝为委吏乘田,而其事均治,抱关击柝者流,孟子亦盛称之。又如顾亭林,生平极善经商,以致富。凡此皆谋生之正道。我侪虽事学问,而决不可倚学问以谋生,道德尤不济饥寒。要当于学问道德以外,另求谋生之地。经商最妙,Honest means of living[1]。若作官以及作教员等,决不能用我所学,只能随人敷衍,自侪于高等流氓,误己误人,问心不安。至若弄权窃柄,敛财称兵,或妄倡邪说,徒言破坏,煽惑众志,教猱升木,卒至颠危宗社,贻害邦家,是更有人心者,所不忍为矣。宓按,今之留学生,明此义者甚鲜。"[2]

据一九一九年十一月十一日日记:"是日为欧战休战周年纪念日Armistice Day。校中放假。午陈君寅恪来,谈印度哲理文化,与中土及希腊之关系。又谓宓欲治中国学问,当从目录之学入手,则不至茫无津埃,而有洞观全局之益。当谨遵之。"[3]

又同年十二月十四日日记,记有寅恪伯父与父亲之间的一次纵论中、西、印文化的极其重要的谈话。

"星期,小雪。午,陈君寅恪来。所谈甚多,不能悉记。惟拉杂撮记精要之数条如下:

"(一)中国之哲学、美术,远不如希腊。不特科学为逊泰西也。但中国古人,素擅长政治及实践伦理学,与罗马人最相似。其言道德,惟重实用,不究虚理。其长处短处均在此。长处即修齐治平之旨;短处即实事之利害得失,观察过明,而乏精深远大之思。故昔则士子群习八股,以得功名富贵;而学德之士,终属极少数。今则凡留学生,皆学工程、实业,其希慕富贵,不肯用力学问之意则一。而不

---

1 谋生之正道。
2 《吴宓日记》Ⅱ,页66—67。
3 同上书,页90。

知实业以科学为根本。不揣其本，而治其末，充其极，只成下等之工匠。境遇学理，略有变迁，则其技不复能用。所谓最实用者，乃适成为最不实用。至若天理人事之学，精深博奥者，亘万古，横九垓，而不变。凡时凡地，均可用之，而救国经世，尤必以精神之学问（谓形而上之学）为根基。乃吾国留学生不知研究，且鄙弃之。不自伤其愚陋，皆由偏重实用积习未改之故。此后若中国之实业发达，生计优裕，财源浚辟，则中国人经商营业之长技，可得其用。而中国人，当可为世界之富商。然若冀中国人以学问、美术等之造诣胜人，则决难必也。宓按，即以中国之诗与英文诗比较，则中国之诗，句句皆关于人事，而写景物之实象，及今古之事迹者。故杜工部为中国第一诗人，而以诗史见称。若英文诗中之虚空比喻 Allegorical; Symbolical；Abstract Nouns；Personifications；etc.[1] 及仙人仙女之故典 Mythological Allusions[2] 及云烟天色之描写，皆为中国诗中所不多见者。宓意以诗论诗，中国诗并不弱，然不脱实用之轨辙也。夫国家如个人然。苟其性专重实事，则处世一切必周备，而研究人群中关系之学必发达。故中国孔、孟之教，悉人事之学。而佛教则未能大行于中国。尤有说者，专趋实用者，则乏远虑，利己营私，而难以团结，谋长久之公益。即人事一方，亦有不足。今人误谓中国过重虚理，专谋以功利机械之事输入，而不图精神之救药，势必至人欲横流，道义沦丧。即求其输诚爱国，且不能得。西国前史，陈迹昭著，可为比鉴也。

"（二）中国家族伦理之道德制度，发达最早。周公之典章制度，实中国上古文明之精华。今中国文字中，如伯、叔、妯、娌、甥、舅等，人伦之名字最为详尽繁多。若西文，则含混无从分别。反之，西国化学原质七十八种，中国则向无此等名字。盖凡一国最发达之事业，则其类之名字亦最备也。至若周、秦诸子，实无足称。老、庄思想尚高，然比之西国之

1　讽喻的；象征的；抽象名词；拟人化，等等。
2　神话典故。

吴宓与陈寅恪

哲学士，则浅陋之至。馀如管、商等之政学，尚足研究。外则不见有充实精粹之学说。今人盛称周、秦之国粹，实大误。汉、晋以还，佛教输入，而以唐为盛。唐之文治武功，交通西域，佛教流布，实为世界文明史上，大可研究者。佛教于性理之学 Metaphysics[1] 独有深造，足救中国之缺失，而为常人所欢迎。惟其中之规律，多不合于中国之风俗习惯。如祀祖、娶妻等。故昌黎等攻辟之。然辟之而另无以济其乏，则终难遏之。于是佛教大盛。宋儒若程若朱，皆深通佛教者，既喜其义理之高明详尽，足以救中国之缺失，而又忧其用夷变夏也。乃求得两全之法，避其名而居其实，取其珠而还其椟。采佛理之精粹，以之注解四书五经，名为阐明古学，实则吸收异教。声言尊孔辟佛，实则佛之义理。已浸渍濡染，与儒教之宗传，合而为一。此先儒爱国济世之苦心，至可尊敬而曲谅之者也。故佛教实有功于中国甚大。宓按，西洋，当罗马末造，世道衰微，得耶教自东方输入，洗涤人心，扶正纲维。Regeneration of the Human Will[2]。白璧德师等常言之。自后在西洋，耶教 Christianity 与希腊、罗马之古学 Pagan Classicism[3] 合而为一。虽本不相容，而并行不灭，至今日人鲜能分别之者，实则二派宗传，本大相径庭者也。——参阅 Paul E. More 先生之 *Shelburne Essays* 第九册——Paradox of Oxford[4] 一篇，中述此意极详尽。故中西实可古今而下，两两比例。中国之儒，即西国之希腊哲学。中国之佛，即西国之耶教。特浸渍普通，司空见惯，而人在其中者，乃不自觉耳。——又按中国史事，与西洋史事，可比较者尚多，然此其大纲也。而常人未之通晓，未之觉察，而以中国为真无教之国，误矣。宓按，近来法国及日本儒者，研究佛教之源流关系极详尽。现此间，若陈君寅恪及锡予，均治佛学。陈君又习古梵文，异日参考中国古籍，于此道定多发明。据其所言——但举一例。中国之‘臙脂’一字，乃译自佛语，半以

1　形而上学。

2　人类意志的更生。

3　异教古典主义。

4　保罗·E. 穆尔先生之《谢尔本论文集》第9册《牛津的矛盾》。

月，馀一半则摹其音耳。——又如'阎罗'，亦印度神名。'阎罗'二字之出处，见后注。自得佛教之裨助，而中国之学问，立时增长元气，别开生面。故宋、元之学问文艺均大盛，而以朱子集其大成。朱子之在中国，犹西洋中世之 Thomas Aquinas[1]，其功至不可没。而今人以宋、元为衰世，学术文章，卑劣不足道者，则实大误也。欧洲之中世，名为黑暗时代 Dark Ages，实未尽然。吾国之中世，亦不同。甚可研究而发明之也。

"（三）自宋以后，佛教已入中国人之骨髓，不能脱离。惟以中国人性趋实用之故，佛理在中国，不得发达，而大乘盛行，小乘不传。而大乘实粗浅，小乘乃佛教古来之正宗也。然惟中国人之重实用也，故不拘泥于宗教之末节，而遵守'攻乎异端，斯害也已'之训，任儒、佛、佛且别为诸多宗派，不可殚数。回、蒙、藏诸教之并行，而大度宽容 tolerance，不加束缚，不事排挤。故从无有如欧洲以宗教牵入政治。千馀年来，虐杀教徒，残毒倾挤，甚至血战百年不息，涂炭生灵。至于今日，各教各派，仍互相仇视，几欲尽铲除异己者而后快。此与中国人之素习适反。今夫耶教不祀祖，又诸多行事，均与中国之礼俗文化相悖。耶教若专行于中国，则中国立国之精神亡。且他教尽可容耶教，而耶教尤以基督新教为甚。决不能容他教。谓佛、回、道及儒（儒虽非教，然此处之意，谓凡不入耶教之人，耶教皆不容之，不问其信教与否耳）。必至牵入政治，则中国之统一愈难，而召亡益速。此至可虑之事。今之留学生，动以'耶教救国'为言，实属谬误。宓按，今西人之能解耶教之真义者，已不可多得。白师常言之，青年会之流，无殊佛僧之烧香吃斋，以末节哄动群俗，以做热闹而已。又皆反客为主，背理逆情之见也。[2]

"（四）凡学问上之大争端，无世无之。邪正之分，表里精粗短长之辨，初无或殊。中国程朱、陆王之争，非仅门户之见，实关系重要。程、朱者，正即西国历来耶教之正宗。主以理制欲，主克己修省，与

1 Thomas Aquinas，阿奎纳斯（1225~1274）意大利神学家兼哲学家。
2 笔者按，吴宓在以下第（四）段文字上方有注："第（四）段，多参以宓之见解。惟以上三段，则尽录陈君之语意。"

吴宓与陈寅恪

人为善。若 St.Paul[1]，St. Augustine[2]，Pascal[3]，Dr. Johnson[4]，以至今之白师及 More（Paul E.）[5] 先生皆是也。此又孟子五百年之说，一线相承，上下千载，道统传授，若断实连，并非儒者之私谈。陆王者，正即西国 Sophists[6]，Stoics[7]，Berkeley[8]，以及今 Bergson[9] 皆是也。一则教人磨砺修勤，而裨益久远；一则顺水推舟，纵性偷懒，而群俗常喜之。其争持情形，固无异也，又如宋儒精于义理之学，而清人则于考据之学，特有深造，发明详尽。训诂之精，为前古所不及，遂至有汉、宋门户之争。西国今日亦适有之。今美国之论文学者，分为二派：一为 Philologists[10]，即汉学训诂之徒也。一为 Dilettantes[11]，即视文章为易事，甚或言白话文学。有类宋儒语录，其文直不成章。于是言文者，不归杨，则归墨。而真知灼见，独立不倚，苦心说道，砥柱横流，如白师与 More 先生者，则如凤毛麟角。此其迹象，均与中国相类似也。

"注：阎罗王——旧译琰魔罗，梵语为 Yama Loksha。与女神 Yami 为孪生兄妹，故阎罗亦名俱生神。二神同居。Yami 情不自禁，媚诱威逼，欲夫阎罗，按与西方亚当、夏娃之事略同。事见《力皮陀经》*Rigveda* 印度颂神歌曲，古译《赞诵》。第十卷第十章。阎罗不从。女神怒曰：'呜呼阎罗，汝何委靡，毫无情感，视彼青藤，绕数紧匝，愿相偎抱，如带围腰。''Alas! thou art indeed a weakling, Yama, we find in thee no trace of heart or spirit. As round the tree the woodbine clings,

---

1 圣保罗，基督的使徒。
2 圣奥古斯丁（354～430），基督教初期的圣僧。
3 Blaise Pascal，巴斯噶（1623～1662），法国哲学家、数学家及物理学家。
4 Samuel Johnson（通称 Dr. Johnson），约翰逊（1709～1784），英国文学家。
5 Paul Elmer More，穆尔（1864～1937），美国学者，文学评论家。与白璧德同道齐名。
6 诡辩派。
7 斯多葛派。
8 George Berkeley，伯克利（1685～1753），爱尔兰主教及哲学家。
9 Henri Bergson，柏格森（1859～1753），法国哲学家。
10 语言学家。
11 外行的艺术爱好者，浅薄涉猎者。

another will cling about thee girt as with a girdle.' 阎罗卒从之。二人死后，遂掌死籍，性慈善。华人视为刚直之神，讹矣。"[1]

上述谈话是在一九一九年，即五四运动发生的那一年。谈话显然不是即兴式的，而是多年苦心钻研、广泛探索的结晶。这篇谈话可以看作是寅恪伯父和我父亲在文化问题上的基本观点，也可以说是对当时如火如荼的新文化运动表明态度。这些看法多年来在我国曾引起很大争议；但今天，我们站在更宏阔的高度重新审视这些观点，又会觉得它的深刻与独到之处是不容忽视的。

一九二〇年一二月，流行性感冒（Spanish Influenza）在波士顿及美国东北各城大流行，传染迅速，一时病者、死者甚多。寅恪伯父和我父亲也未能幸免传染，先后住进校医院（Stillman's Infirmary）治疗。寅恪伯父先于父亲得病，住院期间，蓝曼教授曾亲往探视。父亲是二月四日学期考试最后一天，交卷出场即被校医留院治疗的。在病室中同他联床的，左为曹丽明，右为竺可桢。竺君比父亲先住院也先出院；曹丽明君则不幸后来由流感转为肺炎，医治无效，于父亲出院后旬馀殁于医院中。即使在这些考试繁忙、流感肆虐的日子，寅恪伯父与父亲也不忘时时就他们所喜爱和关切的话题谈论交流。

一九二〇年一月十一日父亲日记记有："阴，星期。午前读书。陈君寅恪来，谈清人之词。"

二月十二日，父亲流感痊愈出院的当天，寅恪伯父即往访，"谈中国白话文学及全国教育会等事"[2]，对他们宝爱的传统文化所面临的危机感到愤慨和焦灼。

年轻人有时也谈论婚姻与爱情。据父亲一九一九年三月二十六日

---

1 《吴宓日记》Ⅱ，页 100—105。
2 同上书，页 121、129。

16　　　　　　　　　　　　　　　　　　　　　　　　　吴宓与陈寅恪

日记:"是夕,偶及婚姻之事。陈君细述所见欧洲社会实在情形。乃知西洋男女,其婚姻之不能自由,有过于吾国人。

"陈君所述,不能悉记,惟记其纲。(一)贵族王公——(例如)Hapsburg family[1];Wife of Arch-Duke Ferdinand(of Austria)[2]。(二)中人之家——(例如)巴黎某寓主之女五人,而四人为尼,乃得以其一遣嫁。女虽有貌而无财,则亦无人问津也。(三)下等工人(宓因忆及潘锡侯所述美国工人之情况)。……宓谓天下无完全长久、圆满适意之事,亦无尽善之人;故人须自能寻乐,乃有真幸福之可言。然非学养有素,阅历广博之人,不能解此。宓意婚姻之要,不尽在选择,而在夫妇能互相迁就调和。若安着一副歹心肠,则无处不见神见鬼,故今之倡自由者,毋宁教男女以处人接物之道,反可多享实福。由是,则婚姻之事,决不能不重视宗教之观念 Religious feeling; faith。梅君谓,凡言自由婚姻,则荡子流氓,必皆得志,而君子正士,必皆无成。征之中西事实,昭昭然也(其例多不胜举,异日当皆入'小说'中以写之)。——故凡天下真正之事理,惟有识者,能洞烛微隐,概括精要,而非可以词理强为推求。Truth seen, not by logical reasoning, but by Intuition, or Imaginative penetration.[3] 又凡虚理辩说,皆属无益,惟按事判决,乃有价值之可言也。

"陈君又论情之为物,以西洋所谓 Sexology[4] 之学,及欧洲之经历参证之,而断曰:(一)情之最上者,世无其人。悬空设想,而甘为之死,如《牡丹亭》之杜丽娘是也。(二)与其人交识有素,而未尝共衾枕者次之,如宝、黛等及中国未嫁之贞女是也。(三)又次之,则曾一度枕席,而永久纪念不忘,如司棋与潘又安,及中国之寡妇是

1　(旧奥地利的)哈普斯堡皇室家族。

2　奥地利大公弗雷丹之妻。

3　真理不得之于逻辑推理,而依靠直觉或洞察的想象力。

4　性学。

也。（四）又次之，则为夫妇终身而无外遇者。（五）最下者，随处接合，惟欲是图，而无所谓情矣。此与中国昔人之论有合也。有情者曰贞，无情者曰淫。"[1]

一九一八年冬，清华丁巳级留美同学陈烈勋介绍其姊浙江省立女师毕业生陈懿（字心一）与父亲为婚。父亲函托清华留美老友朱君毅通过其未婚妻毛彦文[2]（与陈心一同学）了解情况后，禀报生父子敬公、嗣父仲旗公请示，并征求各知友意见。锡予、寅恪伯父的观点对父亲决定此事有一定影响。

据父亲一九一九年六月三十日日记："宓平昔于论婚之事，专取'宁人负我，毋我负人'之主张。……古训有云'人贵自知'Know thyself（Socrates）[3]。To thine own self be true!（Arthur Hugh Clough，此语原出 *Hamlet*）[4] 锡予尝谓'婚事宜对症下药'。即俗谚'情人眼里出西施'之意。又云'知足者乃有家庭之乐'。且惟真能自爱者，乃能爱人。Love=An Illusion; a Projection of your own emotional being[5]。故君子随遇而安，惟兢兢自行检修。又语云'凭他弱水三千，我只取一瓢饮'，则傍瞻远瞩，意马心猿，又胡为者。况自由结婚本属虚语。夫自由立意 Free-will 之为物，心理学家犹不敢定其必有。且婚姻之事，牵制种种，古今东西，无或自由。境遇之限制，虽云人生之不平事，然亦事理之所宜然，而正见天道之大公。中国有'月老红丝'之说，佛家有'前生夙缘'之论，实即境遇之解说耳。陈君寅恪云'学德不如人，此实吾之大耻；娶妻不如人，又何耻之有'？又

---

1 《吴宓日记》Ⅱ，页 20—22。
2 毛彦文（1898～1999），女，浙江江山人。南京金陵女子文理学院毕业，美国密西根大学教育学硕士。曾任复旦、暨南大学教授，北平香山慈幼院院长。1949 年去台湾。
3 认识你自己。（苏格拉底语）
4 忠实于你自己！（亚瑟·休·克拉夫语，原出《哈姆雷特》）Arthur Hugh Clough，克拉夫（1819～1861），英国诗人。
5 爱情＝一种幻觉；是你个人感情生活的投影。

云‘娶妻仅生涯中之一事，小之又小者耳。轻描淡写，得便了之可也。不志于学志之大，而兢兢惟求得美妻，是谓愚谬。今之留学生，其立言行事，皆动失其平者也’。由上种种言之，陈女之倾慕，果出于诚心，实有其情。则宓自不当负之，即可聘定。毋须苛计末节，徒以拖延犹豫，误己误人，费时费力。”[1]

又同年十月十九日日记：“陈女士之事，虽甚为难处，而终须决断，或允或绝，二者择一，更无他途，亦无再拖延之地。昨日接君毅及毛女士函后，复再审思，决即允诺。商之于锡予及陈君寅恪，均以为宜即此办理。遂于是夕致陈君烈勋允婚一函，以中国笺墨书之。”[2]

事情后来的发展表明，父亲在实际上并未全部接受寅恪和锡予伯父的婚姻观，或者说父亲的性格、气质与上述观念之间是有抵牾的。这一点于允婚的当时，我父亲自己可能并没有意识到。

波士顿当时有个名叫中国国防会的爱国组织。这是一九一五年五月九日中国政府屈服于日本承认其五项二十一条以后，波城的中国留学生痛愤国耻而成立的。虽称国防会，实即“救国会”的别名，因它并不直接自办练兵购械之事，目的是要唤醒国人，团结民众，共事抵抗外国的侵略与凌逼，以救亡图存。父亲保存的一九一八年一月十五日《国防会敬恳侨胞捐助印书局经费公启》载有：国防会的缘起为：“民国四年夏，日本以二十一苛款逼我祖国，波城与康桥（Boston, and Cambridge）留学生，耻受创痛，遂设此会，专谋群策群力，藉学术知识，兴教育实业，并他种直接间接之方法，以救国家之危亡，而进于富强之域。”“国防会以促进国家自卫力之发展为宗旨。”听父亲说，当年参加国防会的，都是留美学生中的优秀分子、确实热心爱

---

1 《吴宓日记》Ⅱ，页34—35。
2 同上书，页85。

国者。会长张贻志，字幼涵，安徽全椒人，麻省理工学院毕业；副会长尹寰枢，字任先，湖南攸县人，毕业于哈佛大学商学院。一九一八年秋，父亲到波城不久即加入国防会，他并曾与国防会副会长尹任先同室居住一年。那是哈佛校园内的学生宿舍纱绮楼（Thayer Hall）三十五号室，系两人一室，尹君因原同住者于一九一八年夏毕业回国，招我父亲同住；父亲喜上课近便，即迁入。据父亲回忆："我们的住室便是国防会办公和职员会议的地方。我那时十分爱国，日夕劳忙，和郑莱、陈宏振等一般朋友帮助尹君办理会务。一面又要打电报到巴黎阻止中国和会代表签字；一面又要在美国报上写登文章；一面又要参加中国留美学生会的事情；……真是忙碌不停，十分起劲。"父亲与李济[1]、徐志摩初识，就在那时。"一日，有克拉克大学的两位中国学生，来加入国防会。其一位李济（济之）；另一位便是徐章垿，字志摩。照例签名注册之后，大家便畅谈国事和外交政治等。以后还会见几次，所谈仍不出此范围。"[2]

父亲参加国防会后，极力主张创办一印书局，刊发杂志，"为吾辈事业之基础、言论之机关"。尹任先君亦以为然，曾多次与父亲计议办法。一九一九年春假期间，还为此同去耶鲁大学所在的 New Haven 纽黑文小城，会晤国防会会长张贻志及吴曾愈、向哲浚、陈俊、朱丙炎、朱世昀诸知友。大家决定办报，并定六月在康桥聚议，细定办报的计划、体例、宗旨等。

一九一九年六月十六日，国防会诸君在康桥新池（Fresh Pond）大湖名之畔的树荫中聚会，讨论办报事。梅光迪所拟大纲九条，陈义高远，措词正大。国防会编辑部长薛志伊则主张办狭义的"国防报"，为会中的机关报。双方辩论很久，最后未能达成协议。这天晚上，寅恪

1　李济（1896～1979），字济之，湖北钟祥人。清华毕业留美，哈佛大学人类学博士。任清华学校研究院讲师。后任中央研究院历史语言研究所考古组主任。1948年后任台湾大学教授、中央研究院历史语言研究所所长。

2　见吴宓《徐志摩与雪莱》，载《宇宙风》第12期，1936年3月1日。

伯父和我父亲做东，请与会诸友同至波城东升楼（Oriental Restaurant）吃饭，"特作扬州菜，烹调极佳"。父亲在日记中写道："宓向不事交际，此次新交故知荟萃于兹，又皆一时学德文章之士，留学界上等人物，故略事周旋。席间谈国事，又几于共洒新亭之泪矣。"[1]

为了成立印书局，国防会印书局筹办团于一九一九年二月，发起向会员和社会人士募捐筹款，父亲也被推选为筹款员之一。据筹办团会计徐允锺君一九一九年十月五日开列的"交款满额及逾额之诸君姓名"如下：

刘钖琪君　胡光庶君　吴宓君　李达君　陈达君　杨承训君

朱斌魁君　向哲浚君　陈苏孙君　卢文渊君　王正廷君　吴旭丹君

胡博渊君　乐森璧君　燕树棠君　马素君　石心圃君　张广舆君

陈寅恪君　俞大维君　傅未攽君　简宾卿君　朱世昀君

国防会印书局筹办团暂时只募集到美金三千零二十六元五角，离国币万元的目标甚远。

一九一九年秋，国防会正副会长张贻志、尹任先先后毕业回国，在上海做事。国防会总会也随之迁回中国，设于上海。两君回国后，原拟议之印书局未能创办，仅于一九二〇年由民族工业家聂云台、聂慎余兄弟与尹任先君出资，在上海发刊国防会《民心周报》。最初由张贻志君任总编辑，不久便全归尹君所托付的瞿宣颖[2]君主撰并兼总编辑。父亲所投稿件，主要是初到美国时所作读书笔记，如《论欧洲大战之战略》《论列强争夺殖民地之策略》及土耳其、波斯、摩洛哥等国之实况，总名《世界近史杂记》。另一部分是父亲早年所作《馀

1　《吴宓日记》Ⅱ，页 31。

2　瞿宣颖（1894～1973），字兑之，号蜕园，湖南长沙人。清军机大臣、外务部尚书瞿鸿机之子。上海复旦大学毕业。曾任北京政府国务院秘书，国史编纂处处长，河北省政府秘书长，国民政府内务部秘书等，并任南开、北平师范、燕京、辅仁等大学教授。1949年后，以著作为业。

生诗话》及近撰之《红楼梦新谈》等，均属文学范围。

父亲作为国防会的董事和国防会驻美分会编辑部主任，被委托负责《民心周报》在美国的征稿、发行。虽因课忙，写稿不多，但于征稿发行等事，随到随办，决不搁置，异常劳忙。寅恪、锡予伯父，张鑫海（后改名歆海）[1]君屡劝父亲不要为此花费太多时间，父亲却在日记中自述："诸人之道理，宓尽通晓。然宓虽为俗事，确无一点俗心。宓每念国家危亡荼苦情形，神魂俱碎。非自己每日有所作为，则心不安。明知《民心》报之无益，然宓特藉此以自收心，而解除痛苦而已。"[2]

父亲在哈佛有计划地节省开支，购书藏书，系受寅恪伯父和梅光迪、俞大维君的影响。父亲曾这样写道：宓初访梅君于其宿舍，即"首惊其藏书之丰富"。[3]"哈佛中国学生，读书最多者，当推陈君寅恪及其表弟俞君大维。两君读书多，而购书亦多。到此不及半载，而新购之书籍，已充橱盈筐，得数百卷。陈君及梅君，皆屡劝宓购书。回国之后，西文书籍，杳乎难得，非自购不可。而此时不零星随机购置，则将来恐亦无力及此。故宓决以每月膳宿杂费之馀资，并节省所得者，不多为无益之事，而专用于购书。先购最精要之籍，以次类及。自本月起，即实行焉。"[4]此后，父亲常随寅恪伯父、俞大维、顾泰来等君赴波城旧书店参观，光顾较多的有 Smith & McCance、Goodspeed、Archway 等家。"旧书极多，索价之廉与昂，初无定事，惟凑巧而已。陈、俞二君熟悉其中情形，以其踪迹常密故也。"[5]

父亲课馀经常与寅恪伯父在查尔斯河畔散步，绕新池 Fresh Pond 游

1　张歆海（1898～1972），原名鑫海，字叔明，浙江海宁人。清华学校毕业留美，哈佛大学文学博士。曾任清华、东南大学教授，光华大学副校长兼文学院长，中央大学文学院长。后从政，1941年赴美任教长岛等大学。

2　见《吴宓日记》Ⅱ，页126。

3　《吴宓自编年谱》，页177。

4　见《吴宓日记》Ⅱ，页55。

5　同上书，页56。

谈。有时同赴波城游览公园，参观美术馆、博物馆，去中国餐馆吃饭。

　　美国朋友仰慕寅恪伯父和我父亲等东方学人知识丰富，时有人来登门求教，父亲总是热情给予解答。如哈佛博物院管理员 John C. Philips 先生，有所著述，要研究婚礼奠雁之典。又想了解中国古人关于鸟类的迷信及风俗。父亲陪导他去图书馆，就自己所知一一指示，又得寅恪伯父在旁协助，Philips 非常满意。

　　听父亲说，昔年在哈佛，志同道合，情趣相投，往来密切的同窗好友，除了寅恪、锡予伯父，梅光迪和俞大维君，还有张鑫海、楼光来和顾泰来等君。父亲常夸清华一九一八戊午级毕业同学张鑫海"年少美才，学富志洁、极堪敬爱"。张君浙江省海宁县人，英文优长，从白璧德师学，得文学博士学位。论文题目是 *The Classicism of Matthew Arnold*[1]。又说清华一九一八级毕业同学楼光来[2]英文极好。入 Johns Hopkins University 一年即得文学士学位，升入哈佛研究院治文学，成绩亦佳。"为人严正，甚重道德。"顾泰来君毕业于苏州东吴大学，"英文也极好"，一九二〇年初春自费来哈佛习历史兼政治。与父亲和锡予伯父相识，遂成为知友。"三人每日同餐，同游，同出入，同研究校课，形迹极密，心情亦厚。"[3]父亲说，诸君多具有深厚的国学基础，对西方文化也相当了解，在对待祖国传统文化的问题上，不赞成胡适、陈独秀等的全面抨击、彻底否定、破旧立新，而主张昌明国粹，融化新知，重视传统与现代之间的继承性，在现有的基础上完善改进。又说当时在哈佛习文学诸君，学深而品粹者，均莫不痛恨

1　马修·安诺德的古典崇拜。

2　楼光来（1895～1960），字石庵，浙江嵊县人。清华学校毕业留美，哈佛大学文学硕士。历任东南、清华、中央、南京大学教授，兼任中央和南京大学文学院长。为国民政府教育部首批部聘教授。

3　《吴宓自编年谱》一九二〇年篇，页209。

白璧德 Irving Babbitt
（1865～1933）

美国哈佛大学西华堂（白璧德先生讲学处）

胡、陈之流毒祸世。张君鑫海表示，"羽翼未成，不可轻飞。他年学问成，同志集，定必与若辈鏖战一番。"[1]

一九一九年十月，梅光迪君首途归国，赴南开大学英语系任教。十月四日临行前夕，各知友在寅恪伯父室中与梅君话别。十月五日星期，父亲偕锡予伯父早晨"为运搬箱箧。午，与施济元君共约梅君在汉口楼祖饯。四时半，送至波城南车站，握手而别。"[2]

父亲因"不乐游览，只喜多读书"，一九一九和一九二○年夏，都留在哈佛进暑期学校。一九一九年暑假，父亲在哈佛本科四年级肄业，与锡予伯父同留哈佛，进暑校。七月初至八月初，暑校第一期，父亲选修了两门课程："对社会主义、布尔什维主义、共产主义、无政府主义与单税制的评论"和"英国近世史"。八月初至九月初，暑校第二期，父亲仅选修"法国近世史"一门课程。

一九二○年暑假，"诸友多他往"。寅恪伯父去纽约，锡予伯父

1 《吴宓日记》Ⅱ，页144。
2 同上书，页78。

吴宓与陈寅恪

赴 Silver Bay（白银湾）基督教青年会学生会议及 Cornell Summer School（康奈尔大学暑期学校），张鑫海君亦外出。父亲仍进哈佛暑校学习，只选修"上古史"一门课程，其馀时间全部用来自修西方哲学，读完《柏拉图全集》，又请留校读书的俞大维君为讲授《哲学史大纲》，并在俞君指导下阅读其他哲学书。父亲注意研读哲学和历史，可能受指导老师的影响。白璧德先生十分强调 no serious study of literature can be made except in conjunction with the history of philosophy, not to mention political and social history（严肃认真地研究文学，必须与哲学历史结合在一起，更不用说政治和社会历史了）。这个暑假，父亲写道："校舍中极静寂。日夕出入游餐，惟与顾君在当地做工为伴耳。"有时，俞大维君来父亲住处小谈。

据一九二〇年七月二日至八月三十一日日记："八月十七日，陈君寅恪、汤君锡予自纽约归来，张君鑫海亦先归，于是七星聚会。The 'Pleiades'[1] 谓楼、顾、俞及宓也。遂又非常热闹，多集宓处，谈书籍学问，间及谐谑。此中乐，不足为外人道也。"[2]

父亲在哈佛本科就读两年，Adviser 指导老师，都敬请白璧德教授担任。每个学期，在白璧德先生指导下选修各门课程。

父亲对自己的指导老师、美国人文主义大师白璧德先生非常崇敬。白璧德先生不仅学识渊博、道德高尚，且曾精心研习东方语言，熟悉东方文化。他的学说远承于柏拉图、亚里士多德之精义微言，近接文艺复兴诸贤及英国约翰逊、安诺德等的遗绪，采撷西方文化的菁华，考镜源流，辨章学术，卓然自成一家之言。在东方学说中，独近孔子。他高度肯定中国传统文化的主体——儒说，并把它视为世界反对资本主义物化与非理性化斗争的重要组成部分。父亲认为白璧德师

1　"七星诗社"，法国文艺复兴时期文艺团体名。
2　《吴宓日记》Ⅱ，页179。

的人文主义[1]学说"综合古今东西的文化传统，是超国界的"，"立论宏大精微，本为全世界，而不为一时一地"，自己能由梅光迪君导谒白璧德先生，受其教，读其书，明其学，传其业，深感荣幸。他努力多读、细读先生著作，并通过课堂亲聆先生讲授，悉心学习先生的精神与人格。

父亲在哈佛暑校，还结识了白璧德先生的岳丈杜德维先生（Edward B. Drew）。杜德维先生通中文汉语，居住中国四十多年，曾久任中国全国海关副督办（正督办为英国人赫德 Sir Robert Hart），故师母 Dora May Drew 少时在中国成长。后回美国，在 Radcliffe College 毕业，曾从白璧德师听课。据父亲回忆，杜公"和蔼恳切，识解高明，绩学，尤关心吾国事"。

当时与父亲一起从白璧德先生学习的中国学生，有张鑫海、楼光来、林玉堂[2]等。据父亲一九二〇年四月十九日日记："中国学生从白师受学者，悉能洞明白师讲学之旨意，深致尊崇，又皆聪慧勤劬，课业成绩极佳。故白师及其夫人，均甚喜之。逢人辄为奖誉。"[3]

父亲一直认为白璧德先生的人文主义学说，应广为传播、发扬光大，并且深为中国学生从师白璧德先生的人数不多而引以为憾。一九二〇年十一月二十一日，他读到法国 Le Correspondent 载文对白璧德教授与穆尔先生颂扬备至，曾感慨地写道："然中国学生，在美国者二千馀，在哈佛者亦五六十人，受学于白师者，仅四五人耳，曷胜叹哉！"[4]

白璧德先生 1889 年以优异成绩从哈佛大学毕业，为了深入研究

---

1 Humanism，吴宓初译为人本主义。自《学衡》第三期刊出胡先骕译《白璧德中西人文教育谈》后，Humanism 统译为人文主义，Humanitanism 译为人道主义。

2 即林语堂。原名玉堂，字又堂。

3 《吴宓日记》Ⅱ，页 152。

4 Le Correspondent，《通讯报》。参见《吴宓日记》Ⅱ，页 194。

吴宓与陈寅恪

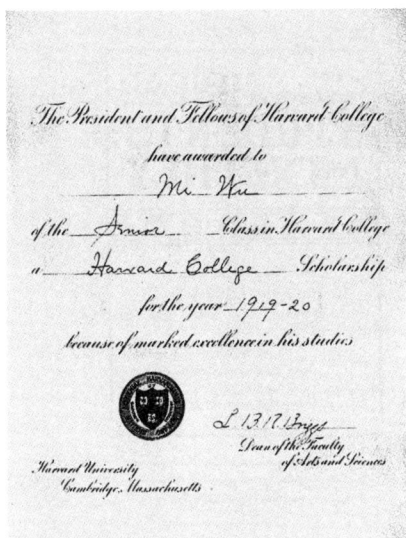

吴宓在哈佛学习成绩优良获奖证书

东方学科，他在蒙大拿学院教了两年书，即赴法国留学，在巴黎大学从名师法国东方学家列维（Sywian Lévi, 1863～1935）治梵文与佛教经典。回国后，在哈佛从蓝曼继续治东方学，于1893年获硕士学位。他和同年在哈佛获硕士学位的穆尔不愿作德国学派重考据的博士论文，放弃了进一步的课程学习而留校任教，投身于独立研究。他们勤学深思，孜孜不倦，这段经历使他们在安排研究生学习时倡导广泛阅读古典和现代文学、历史和哲学，作为专门研究的基础。他们这些年没有学习负担的思索，也孕育了极富独创性的学风，一种人文主义的批评得以形成。[1]

父亲对白璧德师至深佩仰，并知寅恪伯父和锡予伯父都将从蓝

---

1 参见美国哈佛大学文理学院1933年10月3日"关于欧文·白璧德的生平和贡献"会议记录。

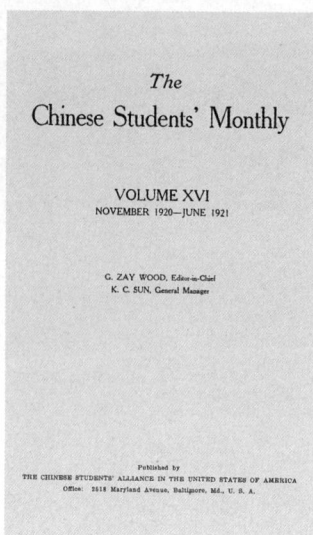

《中国留美学生月报》

曼教授治梵文与佛教经典，所以早在寅恪伯父和锡予伯父到哈佛不久，就向他们介绍并导谒白璧德先生。据父亲一九一九年七月十四日日记："午饭时，赴白师 Prof. Babbitt 宅，约定会晤时间。晚八时，偕陈寅恪君及锡予同往。白师与其夫人陪坐。谈至十一时半始归。白师述其往日为学之阅历，又与陈君究论佛理。夫人则以葡萄露及糕点进，以助清谈云。"

　　一九二〇年十一月三十日晚，父亲往谒白璧德先生，"谈时许。白师命宓作文，述中国之文章教育等，以登载美国上好之报章。宓遵允之。白师谓中国圣贤之哲理，以及文艺美术等，西人尚未得知涯略；是非中国之人自为研究，而以英文著述之不可。今中国国粹日益沦亡，此后求通知中国文章哲理之人，在中国亦不可得。是非乘时发大愿力，专研究中国之学，俾译述以行远传后，无他道。此其功，实较之精通西学为尤巨。白师甚以此望之宓等焉。"父亲于是决心，"归国后，无论处何境界，必日以一定之时，研究国学，以成斯志也。"[1]

一九二一年二月一日，父亲将他发表在《留美学生月报》上的 Old and New in China[2] 一文送呈白璧德先生阅看。白师"谓于中国事，至切关心。东西各国之儒者，Humanists 应联为一气，协力行事，则淑世易俗之功或可冀成。故渠于中国学生在此者，如张（鑫海）、汤（锡予）、楼（光来）、陈（寅恪）及宓等，期望至殷云云"[3]。

在哈佛大学的教授中，除白璧德先生而外，父亲最尊敬钦佩法国、意大利、西班牙、葡萄牙语文及文学教授 Charles Hall Grandgent[4] 葛兰坚先生。父亲说葛兰坚与白师一样，"皆有悲天悯人之心，匡时救弊之志"。

据《年谱》一九一九、一九二〇年篇，葛兰坚教授为诗人，美国但丁学会会长，著有论文集，题曰《旧与新》Old and New: Sundry Papers，一九一九年秋出版。父亲的 Old and New in China（《中国之旧与新》），就是受到葛兰坚先生论文的启发而撰写的。父亲一九一九至一九二〇年，"聆先生讲授 French 6：General View of French Literature（法国文学史大纲）课程一年。后又奉函，并至其家进谒"。葛兰坚先生的教学方法是"初上课，即印发《全学年工作大纲》，每两周每周上课三小时为一段。《大纲》详列每一段中应读课本（巴黎 Didier 书店出版之三人合著《法国文学史》，有插图）某页至某页，及文学名著某篇与某篇。每段之末，举行小考一次。最后，即以历次小考之平均分数为两学期、全学年之成绩"[5]。给父亲留下非常深刻印象的是，哈佛大学举行毕业典礼（亦即校友返校日），按惯例有一位"演说员"自撰并口诵拉丁文演说辞一篇，又有一位"诗人"朗诵自己所写的诗篇。一九二〇年六月，父亲在哈佛本

1　见《吴宓日记》Ⅱ，页196。
2　《中国之旧与新》，刊于美国纽约出版的 The Chinese Students' Monthly, Vol. XVI, No.3。
3　《吴宓日记》Ⅱ，页212。
4　Charles Hall Grandgent，葛兰坚（1862～1939），美国罗曼语学者，通俗拉丁语权威，以对但丁的研究著称。哈佛大学罗曼语教授。
5　见《吴宓自编年谱》，页197、204。

蓝曼 Charles R Lanman
（1850～1941）

科毕业，获得文学士学位的那次毕业典礼，会中的"诗人"由葛兰坚先生担任。先生用斯宾塞诗体（Spenserian Stanza）作英文诗一篇，连续多首，在会中读出。既致庆祝，兼指出大学教育应如何补偏救弊。父亲很受感动。后来，父亲回国主编《学衡》杂志，曾精心翻译葛兰坚先生的《但丁神曲通论》以及《葛兰坚论新》等文章多篇，向我国读者推荐。

一九二一年六月，父亲在哈佛大学研究院毕业，获得文学硕士学位。按规定清华留美公费为五年，还应继续深造，但他决定提前回国。这可能系受白璧德先生、穆尔先生和寅恪伯父等"重学识，不重学位"的理念影响；另一方面也因为他实在太关心中国文化的命运了，迫不及待要回国参加弘扬民族文化、沟通中西文明的战斗。

据父亲晚年自述，他在哈佛的前两个学年，专心致志读书，甚有进益。校课而外，又读完白璧德师和穆尔先生的全部著作。论文考试成绩均佳，非 A 等即 B+。并因学习成绩优异而入选为 PHI BETA KAPPA[1] 会员。一九二〇至一九二一最后一个学年，成绩虽佳，但自己觉得思想精力不如以前集中，读书也不如过去两年多。原因是

1　美国全国优秀生联谊会。

　　　　　　　　　　　　　　　　　　　　　　　吴宓与陈寅恪

"移其注意于中国国内之事实情况，尤其所谓新文化运动兼及新教育"。不少时间用于撰作汉、英文章，作成即刊布。如《英文诗话》，刊于《留美学生季刊》七卷三期；前述 Old and New in China（《中国之旧与新》）和 Chips of Jade: Review（评《碎玉集》）分别刊于 *The Chinese Students'Monthly,* Vol，ⅩⅥ，No.3、No.5；Dreams of the Red Chamber（述《红楼梦》的大旨及故事纲要），刊于 *Boston Sunday Post*（《波士顿星期邮报》）；等等。当时"虽身在美国留学，实不啻已经回国参加实际的事业、活动也矣"。

此外，梅光迪君的国内来信，也是促使父亲决心提前回国的直接原因。

据《年谱》一九二一年篇："五月中旬，忽接梅光迪君自南京高等师范学校即国立东南大学高师改大学，正在递嬗中，俟高师各班学生尽毕业后，高师即不复存。来挂号快函，言：'迪回国后，在天津南开大学任教一年，无善可述。一九二〇年秋，改就南京高师兼东南大学英语兼英国文学教授，甚为得意。本校副校长[1]兼大学文理科主任刘伯明[2]以字行，名经庶，南京人。博士，南京金陵大学毕业，美国西北大学哲学博士，专攻哲学。为其在美国西北大学之同学知友，贤明温雅，志同道合。今后决以此校为聚集同志知友，发展理想事业之地。兹敬聘宓为南京高师、东南大学英语兼英国文学教授，月薪壹佰陆拾圆。郭秉文[3]校

1　东南大学校长长居上海，刘伯明以文理科主任而兼校长办公处副主任，校中日常事务，萃于一身，校内外皆以副校长视之，实际略关重要者，仍须仰承校长意志。刘伯明有副校长之勤苦而未尝居副校长之名与实。参见梅光迪《九年后之回忆》之二：东大时代，载 1932 年 11 月《国风》第 9 号。

2　刘经庶（1887~1923），字伯明，以字行，江苏南京人。美国西北大学哲学博士。曾任金陵大学国文部主任、南京高等师范学校训育部主任、文史地部主任，东南大学副校长兼文理部主任。《学衡》杂志创办人之一。

3　郭秉文（1879～1969），江苏江浦人，生于上海。美国哥伦比亚大学哲学博士。曾任商务印书馆总编辑，南京高等师范学校、东南大学校长，国民政府工商部国际贸易局局长、财政部次长，联合国救济总署副署长兼秘书长，1947 年退休后留居美国。

长发出之正式聘书，不日即到。按，郭校长旋即有聘电来。望宓即毅然辞去北京高师校一九一九年春之聘约，定来南京聚首。尤以一九二○年秋，即已与中华书局有约，拟由我等编撰杂志（月出一期），名曰《学衡》，而由中华书局印刷发行。此杂志之总编辑，尤非宓归来担任不可。再者，南京高师校英语系主任张士一按此人原系南洋公学（今改为交通部理工大学）教员，一九一七年与宓同船来美留学，一二年后即回国。忌妒我辈，不欲迪汲引同志来，故诡称：英语系之预算，现只馀每月一百六十圆。恐此区区之数，吴君指宓必不肯来！迪答姑且一试。若宓嫌一百六十圆月薪太少，而竟不来，反中彼之计矣。好在南京高师校二三年后，即不复存在。而迪等正将提议在东南大学增设一西洋文学系（以迪为主任）独立自主，届时即可为宓增薪，不成问题。兄素能为理想与道德，作勇敢之牺牲，此其时矣！'"

父亲"上午接读此函后，略一沉思，即到邮局发出两电报：（1）致北京北高师校长，请辞去前聘约，另函详。（2）致南京高师兼东南大学郭秉文校长，就其教授之聘"。过后方始将这事告诉寅恪、锡予伯父等，他们未表异议。

梅光迪信中提到的"北京高师之聘约"，指的是一九一九年春，北京政府教育部组织的美国教育考察团副团长、北京高等师范学校校长陈宝泉先生，到波士顿参观考察。北高师派到美国哥伦比亚大学师范学院学习的教师汪典存君是梅光迪君志同道合的知友。由梅君而深知我父亲，听说陈校长要为北高师聘一位英语科主任教授，便以父亲推荐。陈校长通过该校留美教授邓萃英[1]邀请父亲到旅馆谈话。"陈公致钦崇之意，并言，该校英语科将添研究部，仰赖高明，云云。并面奉宓聘书，聘宓为北京高等师范学校英语科主任教授，月薪叁百圆整，自到校之月起薪。

1　邓萃英（1885～1972），字芝园，福建闽侯人。留学美国哥伦比亚大学师范学院。曾任北京高等师范学校校长，厦门大学校长，北京政府教育部参事兼代理次长，河南大学校长。1949年后往台湾，任"教育部"编纂，"总统府"国策顾问。

因宓谈及添购书籍之重要，陈公立即交付宓美金贰佰圆整的支票一纸，请宓即在美国选购书籍寄回本校图书馆收。此后一年中，宓即由旧书店搜购英文及文学佳书，满贰佰圆之值，装箱，由海运公司运去，并以书店售书之单据及帐目，分期挂号寄去。陈公又告宓：北高师校英语科主任从未聘定，久由历史系主任何炳松兼代，今仍可继续下去。故宓因公费未满期，愿在美再留住一年二年或三年，以求深造，均无不可。宓可随时自由抉择而行也，云云"。父亲深感"陈校长之诚恳、爽直、迅捷"。然而这年秋天，北高师学生起风潮，结果陈校长辞职而去。教育部即派适已回国的邓萃英为校长。邓就职后，即给父亲寄来一亲笔函，谓："聘约完全继续有效，且在美既获聆宓教，彼此相知，更望宓勿离弃北高师校，云云。"[1] 所以，直至一九二一年五月，父亲一贯准备赴北高师校就职。

这确是一次临时变计。

一九二一年六月下旬，父亲告别众知友，离波城，往纽约、芝加哥等地游览访友。七月十八日乘火车抵华盛顿州首府西雅图（Seattle），当晚即乘"夏洛特公主"号"Princess Charlotte"轮船去加拿大温哥华（Vancouver），七月二十一日登加拿大太平洋公司的海船"Empress of Russia"（俄罗斯皇后号），是晚八时启航，八月五日抵上海。

父亲离开康桥的时候，白璧德先生一家正在新罕布什尔度夏，所以临行前未能与他最敬爱的导师会晤道别，但此后十多年直至先生去世，父亲一直通过书信往来和研读白璧德先生的新旧著作继续接受他的指导。

此次海舟中，父亲与《留美学生季报》总编辑沈卓寰同室。沈君示父亲以邱昌渭君所作《论新文化运动——答吴宓君》，该文嬉笑怒骂，对父亲一九二一年三月在《季报》发表的《论新文化运动》一文痛加指斥批驳。沈卓寰君必欲父亲作文再答辩，以备与邱君文同期刊出。父亲

---

1 参见《吴宓自编年谱》，页 186—187。

初拟置之不理，继以沈君敦促，遂思索二日，以三日半之力写出，题为《再论新文化运动——答邱昌渭君》，一万三千字。海行中，前清华学校校长周诒春先生亦同舟。周先生这次是随朱启钤专使访法，由美返国；于是父亲再次为周先生译编报章文件，一如四年前首途赴美，充任周校长海上中文秘书。

同年八月，寅恪伯父也离开美国，重赴德国进柏林大学研究院，继续研究梵文及东方古文字学等。

寅恪伯父比我父亲晚一个月离开美国。他是一九二一年八月二十一日离开哈佛前往纽约的，八月二十八日登船前往德国港口城市汉堡，九月抵达柏林，十一月二日录取入柏林大学研究院。

寅恪伯父离开哈佛时，指导他系统学习整整两学年的老师蓝曼正在缅因州度假，未及当面道别，但长时间保持着通信联系。

两年来，寅恪伯父随蓝曼先生学习梵文和巴利文，研读婆罗门著作，又从佛教经典中选读大量材料；用力极深，成绩突出。即以学习梵文和巴利文的成绩来说，寅恪伯父只在开始学习梵文的第一学期得B，以后所有梵文和巴利文课程成绩全是A。这固然与他早年留学日本、欧洲，丰富积累语言学习的技巧经验有关；更重要的是他有自己的学术理想、研究目标，为实现这一理想和目标，刻苦钻研，努力掌握有关的语言文字。此外，寅恪伯父由于国学基础深厚，国史精熟，又知择善而从，佛教典籍研究中，能够触类旁通，见解深刻独到，令人叹服。

蓝曼先生非常赏识寅恪伯父，一九二一年二月十七日写给哈佛大学校长罗威尔（Abbott Lawrence Lowell, 1856～1943）的信中，称赞寅恪伯父和锡予伯父为"出众的优秀研究生"、"精神高尚而且抱负不凡的人"。[1]一九二一年六月五日蓝曼应寅恪伯父请求，给中国留美

1　陈流求、陈小彭、陈美延《也同欢乐也同愁——忆父亲陈寅恪母亲唐篔》，页34。

白璧德写给吴宓的信

学生监督严恩樀写信告知寅恪学习情况。他在信中写道，寅恪"有着高超的智慧（与他的同学汤用彤一样），这将为他的祖国——中国赢得荣誉。一直以来，他的认真、诚恳和恒心都值得特别褒扬。他不在乎我们学生的学位，在这一点上我很欣赏他。这方面的差异可以反映出他有更为崇高的理想。我完全相信，当他回到中国以后，他将于你们的国家大有裨益，他的观点十分公允，对美国和中国的事情都没有偏见"。蓝曼随信附寄了他在美国东方学院的主席演讲，演讲中提到一千四百多年前从中国去印度的著名取经者。蓝曼说他时常希望他现在为来自远东的学生所作的事情，也能成为中国勇敢的取经者事业的一种延续。蓝曼写道，"陈先生掌握的梵文和巴利文知识将会给予他一种不同寻常的能力，让他在二十世纪得以继续卓越的法显（Fa Hien）在五世纪曾经做过的事情。我深信他是一个真正的爱国者，必将忠实地将所学知识造福于他的祖国。"[1]

寅恪伯父对于蓝曼的悉心教导和生活方面无微不至的关怀，感念不已。他在一九二一年八月十六日留给导师的道别信中写道：

"我非常遗憾将要离开您。您在过去两年时间里给予我的关怀令我终生难忘。您不仅是一位世界级的伟大学者，而且也是一位具有高尚道德品格的人。能够成为像您这样的人的学生，我一直感到骄傲……在我离开这个国家之前，没办法再与您见面，但我希望可以与您始终保持通信。我现在得向您和蓝曼夫人道声再见，祝愿您们享有健康。"[2]

1 林伟《陈寅恪的哈佛经历与研习印度语文学的缘起》，载《世界哲学》2012年第1期，页145。
2 同上文，页146。

第二章 《学衡》与清华国学院时期

（一九二一至一九三七年）

一九二一年八月，父亲回到上海两周后与陈心一女士结婚。九月，即匆匆赶赴南京东南大学教学授课，及编撰出版《学衡》杂志，开始他的理想事业。

八月在上海，父亲曾往威赛路俞宅拜谒寅恪伯父的尊人陈三立先生和俞大维君的尊人俞寿丞先生，"报告在美与寅恪、大维二三年同学情形，及二君平安等事"。三立"先生即深为伤叹，谓无钱寄与寅恪，使其困居外国，云云"。并在本年（辛酉）《除夕作》诗中云"为忆二雏羁绝域，长饥谁挂杖头钱"。"二雏"指寅恪、登恪，时分别在美国和法国留学。父亲以为"寅恪在美，虽困而非甚困。平日衣食居处，所费与我等每月 $100 美金之官费生相同，而购书独多，屡次装箱运回。庚申春，且与宓合作主人'大宴东方楼 Far Eastern Restaurant'，殊不如先生所忧情形之甚。盖寅恪、登恪虽处拮据，自有其筹画经营之法，为先生所未知。先生惟秉慈爱之心，故以二子为'长饥'耳"。[1]

父亲在东南大学任教三年。第一年在英语系，按照梅光迪君商承院系当局排定父亲讲授"英国文学史"、"英诗选读"、"英国小说"及

---

1 见吴宓《读散原精舍诗笔记》，载《吴宓诗话》，页 290。

在东南大学执教时的吴宓

"修辞原理"四门课程。第二及第三年在新成立的西洋文学系，除以上课程，又增授"欧洲文学史"。

　　据《吴宓自编年谱》一九二一年篇："宓以备课充足，兼以初归自美国，用英语演讲极流利、畅达，故上课后深受学生欢迎。盖自新文化运动之起，国内人士竞谈'新文学'，而真能确实讲述西洋文学之内容与实质者则绝少，〔仅有周作人_{北京大学教授}之《欧洲文学史》上册，可与谢六逸之《日本文学史》并立。一九二一秋九月，商务印书馆出版（总编辑沈雁冰即茅盾）之《小说月报》中，刊登钱稻孙[1]君所撰之《神曲一脔》，为但丁逝世六百年纪念。极精要，亦不为人所注意。〕故梅君与宓等，在此三数年间，谈说西洋文学，乃甚合时机者也。又如《学衡》杂志中，宓

1　钱稻孙（1887～1966），浙江永嘉人，自幼旅居日本、意大利，辛亥革命回国。曾任教育部视学，北京、清华大学教授，兼国立北平图书馆馆长。抗战时期曾任伪北京大学校长。1949 年后从事编译工作。

所编各国文学史，述说荷马至近二万馀言，亦当时作者空疏肤浅、仅能标举古今大作者之姓名者所不能为者矣。"

当时东南大学学生十分用功，尤其父亲第一学年所教的英语系二年级、国文系四年级，"又适为东南大学前后多年最优秀之两班学生"。他深受鼓舞，曾这样写道："'教学相长'。以东南大学学生之勤敏好学，为之师者，亦不得不加倍奋勉。是故宓尝谓'一九二一至一九二四的三年中，为宓一生最精勤之时期'者，不仅以宓编撰之《学衡》杂志能每月按期出版，亦以宓在东南大学之教课，积极预备，多读书，充实内容，使所讲恒有精彩，且每年增开新课程。"[1]

据《年谱》一九二三年篇："下学期开学后，有清华高等科四年级本年毕业，游美。学生梁治华[2]字实秋，后以字行。原籍为浙江，实北京人。等二三人，来此游览、参观。梁君本人，连听宓课两三日，但未来谒。适值宓讲授'欧洲文学史'，正至卢梭之生活及其著作。此为宓之'拿手好戏'。梁君回校后，即在《清华周刊》中著论，述东南大学学风之美，师饱学而尽职，生好读而勤业。又述其听宓讲卢梭课，宓预先写大纲于黑板，讲时，不开书本，不看笔记及任何纸片；而内容丰富，讲得井井有条，滔滔不绝。清华今正缺乏良好教授，此人之所共言。吴先生亦是清华毕业游美同学，而母校未能罗致其来此，宁非憾事哉！云云。此亦与清华1924冬之聘宓往，有关。（按，梁君留美期中，入哈佛大学，从白璧德师学。归国后，首撰《浪漫的与古典的》一文 [1927]。又选辑《学衡》中宓等数人所撰文，为《白璧德与人文主义》一册，交新月书店出版 [1929]，对于宣扬白璧德师之学说，尤

---

1 《吴宓自编年谱》，页 222—224。
2 梁治华（1903～1987），字实秋，以字行。原籍浙江杭州，生于北京。清华学校毕业留美，哈佛大学文学硕士。曾任东南、光华、暨南、复旦、北京、北平师范、中山等大学教授，第一至四届国民参政会参政员。为新月派主要成员。1949年去台湾，任台湾师范大学、台湾大学教授，台湾编译馆馆长。

民國十一年一月

第一期

學衡

麐棫題

THE CRITICAL REVIEW

No.1 January, 1922

學衡雜誌簡章

（一）宗旨 論究學術闡求真理昌明國粹融化新知以中正之眼光行批評之職事無偏無黨不激不隨

（二）體裁及辦法
（甲）本雜誌於國學則主以切實之工夫為精確之研究然後整理而條析之明其源流著其旨要以見吾國文化之價值而目以昭示正軌不至騖於洋與騖於新務而無功或盲狂攻擊專圖毀棄而自以為得也博極羣書深窺底奧然後明白辨析審慎取擇使吾國學子潛心研究兼收並覽不至道聽塗說連篇累牘陷於一偏而缺於大體也
（乙）本雜誌行文則力求明顯雅潔不致堆積僻奧古字呼號標榜尤不敢故尚奇詭妄矜創造且雜以見文字之效用實繫於作者之才力苟能運用得宜則吾國文字自可適時達意固無須更張其一定之文法摧殘其優美之形質也

（三）組織 本雜誌由散在各地之同志者干人擔任撰述文字各由作者個人負責與所任事之學校及隸屬之團體毫無關係

（四）投稿通信 本雜誌歡迎投稿稿件凡新寄交本雜誌總編輯收不登之稿暫無報酬至其他事務應請與本社幹事接洽

（五）印刷發行 本雜誌由上海中華書局印刷發行每月一冊陽曆月初出版每冊售價二角五分凡欲定購本雜誌或就近登廣告者新迤與中華書局總分局接洽可也

附職員表
總編輯兼幹事吳宓 北京清華園
郵局轉收

3

《学衡》创刊号封面、简章

吴宓与陈寅恪

其在新文学家群中，用白话文作宣传，梁君之功实甚大也。)"[1]

这段时间，父亲除尽心授课外，集中力量于编撰《学衡》杂志。《学衡》杂志是父亲与刘伯明、梅光迪、柳诒徵[2]等先生于一九二二年春共同创办的。听父亲说，早年在海外求学时，他与寅恪伯父、梅光迪等君深深意识到，中国学术必将受西方沾溉，非蜕故变新，不足以应无穷之世变；为此，课暇每多研究讨论。对于陈独秀、胡适倡导的新文化运动，他们认为甚为偏激，"更痛感欲融会西方文化，以浚发国人的情思，必须高瞻远瞩，斟酌损益"。也许这就是《学衡》杂志维护传统，慎择西学，"论究学术，阐求真理，昌明国粹，融化新知。以中正之眼光，行批评之职事。无偏无党，不激不随"宗旨的渊源。《学衡》杂志并于出版之始，明矢四义："一、诵述中西先哲之精言以翼学。二、解析世宙名著之共性以邮思。三、籀绎之作必趋雅音以崇文。四、平心而论不事嫚骂以培俗。"[3]

寅恪伯父对我父亲办《学衡》是赞成的，亦曾捐款支持，但并不参与。在所有各期《学衡》中，只有很少几期刊载寅恪伯父所作《与妹书》（第二十期）、《王观堂先生挽词》（第六十四期）、《与刘叔雅教授论国文考试题》（第七十九期）等篇。

父亲到东南大学的最初时日，各方俊彦来集，一时士气风发。可惜好景不常，父亲"方谓此局可长，乃自刘伯明先生（东南大学副校长兼文理部主任）溘逝，事变纷来。本年（一九二四年）四五月之交，校中宣布裁并西洋文学系。于是诸同道如梅（光迪）、楼（光来）、李

1　《吴宓自编年谱》，页 242—243。
2　柳诒徵（1880～1956），字翼谋，晚号劬堂，江苏镇江人。原在江楚编译局编辑教科书，后任南京高等师范学校，东南、北京女子、中央大学教授，为国民政府教育部首批部聘教授，中央研究院院士。《学衡》创办人之一。1949 年后，任上海文物保管委员会委员。
3　见《学衡》杂志简章及弁言，载《学衡》第 1 期，上海中华书局 1922 年 1 月版。

（思纯）¹诸君，均散之四方。予亦处不可留之势，一再审思计议，卒于五月底，决然就奉天（今沈阳）东北大学之聘。予之生涯，乃大变改。然去南京而之他所，实非本志；故始终依恋，临终尤凄其欲悲"。²幸而校中放暑假后，七月初，值中华教育改进社及科学社年会，父亲的许多相识故旧来到南京，老友宏度³、碧柳⁴也先后到宁，叙谈追陪，甚患忙碌。加上整理行李书物，交代《学衡》职务，编制各种表簿，类列来往书函，结算出纳账项，以及其他代友人办理经营之事务，父亲虽劳累辛苦，"然室家离别之悲感，可藉是而阻抑间断，亦佳事矣"。⁵

父亲行前，将关于《学衡》各件，一一点交学衡社干事柳翼谋先生。一九二四年八月三日父亲离宁，柳先生相伴同至江边，渡江，直送到浦口火车上。柳先生不仅亲往送行，还作了《送吴雨僧之奉天序》，送出榆关、涉辽河的雨僧，亦以送远走新大陆的迪生。柳先生有言："学术在天壤，惟人能宏之。""苟利于国，何择乎南北？苟昌其学，何间乎远迩？"他希望我父亲和梅光迪君"各以一身肩吾国文教之责，使东西圣哲之学说炳焕无既。视昔之所播于东南者，益声大而远。岂惟不局于一学校，抑亦不局于一地一群一社一时之事矣"。⁶父亲对柳先生的勉励和期盼，感念不已。

父亲授课于东南大学三载，一直与远在德国深造的寅恪伯父保持通信联系，并按期寄给《学衡》杂志。

1　李思纯（1893～1960），字哲生，四川成都人。留学巴黎大学，治文学、史学，能诗。时任东南大学法文及法国文学教授，后久任四川大学教授。

2　见《吴宓日记》Ⅱ，页265。文中括注为笔者所加。

3　刘永济（1887～1966），字宏度，又作弘度，号诵帚，湖南新宁人。早年入长沙明德中学、上海复旦公学，北京清华学校，后退学回上海，从况周颐、朱祖谋学词学。曾任明德中学教员，东北大学教授，后久任武汉大学教授兼文学院院长。

4　吴芳吉（1894～1932），字碧柳，号白屋先生，四川江津人。清华学校肄业。曾任上海中国公学教授，长沙明德中学教员，西北、成都大学教授，四川江津中学校长。

5　见《吴宓日记》Ⅱ，页265。

6　《吴宓诗集》，页121。

在东北大学，父亲任教只一学期，又转到北京。一九二五年，北京清华学校（TSING HUA COLLEGE）向改办清华大学过渡，除保留旧制留美预备部，新设大学部和研究院。研究院原拟兼办自然科学、社会科学各科，嗣以经费所限，先办国学一门（后通称"国学研究院"）。

一九二五年初，父亲应清华聘，受命前往主持筹建国学研究院。同年六月，校中任命为研究院主任。[1]据父亲一九二五年八月二日写给恩师白璧德先生的信中说，他之所以离开东北大学返回母校服务，不是为了贪图物质待遇和身体享受，而是争取把《学衡》办得更好所需的便利条件，那就是：一座非常好的图书馆；一位由学校付酬而纯粹出于热忱和友谊，自愿利用馀暇为《学衡》工作的助理；与志趣相投的人们特别是文人相识的机会，由此为《学衡》开辟和巩固撰稿人队伍。总之，他的思想和精力更多地集中在办好《学衡》的工作上，那才是他真正在意的东西。[2]

关于北京清华学校筹建研究院先设国学门的由来，父亲在一九二五年九月九日清华国学研究院开学典礼上所作《清华开办研究院之旨趣及经过》的讲话中，曾经这样说："曹校长[3]之意，约分三层：（一）值兹新旧递嬗之际，国人对于西方文化，宜有精深之研究，然后可以采择适当，融化无碍；（二）中国固有文化之各方面（如政治、经济、文学、哲学）须有通彻之了解，然后于今日国计民生，种种重要问题，方可迎刃而解，措置成宜；（三）为达上言之二目的，必须有高深学术机关，为大学毕业及学问已有根底者进修之地，且不必远赴欧美，多耗资财，所学且与国情隔阂。此即本校设立研究院之初意。"又说研究院"原拟规模甚大，兼办各科（如自然科学、社会科学

---

1 参见《吴宓日记》Ⅲ，34页，1925年6月15日。
2 参见《吴宓书信集》，页35，北京生活·读书·新知三联书店2011年版。
3 曹云祥（1881～1937），字庆五，浙江嘉兴人。上海圣约翰大学毕业，哈佛大学商业管理硕士。曾任伦敦大学经济学院研究员、我国驻外使馆秘书、代理公使、外交部参事，清华学校校长。1928年后任上海英美烟草公司顾问，中国红十字会总干事兼中央银行顾问。

清华大学校门原貌

等），嗣以经费所限，只能先办国学一科。且以国学之在今日，尤为重要，一切已详具于《研究院缘起》：盖以'中国经籍，自汉迄今，注释略具，然因材料之未备与方法之未密，不能不有待于后人之补正；又近世所出古代史料，至为夥颐，亦尚待会通细密之研究。其他人事方面，如历代生活之情状，言语之变迁，风俗之沿革，道德、政治、宗教、学艺之盛衰；自然方面，如川河之迁徙，动植物名实之繁颐，前人虽有记录，无不需专门分类之研究'。而'此种事业，终非个人及寻常学校之力所能成就'。故今即开办研究院，而专修国学。惟兹所谓国学者，乃指中国学术文化之全体而言，而研究之道，尤注重正确精密之方法（即时人所谓科学方法），并取材于欧美学者研究东方语言及中国文化之成绩，此又本校研究院异于国内之研究国学者也。"[1]

父亲在研究院开学典礼讲话中，还特别说明研究院的地位，不是

---

1 吴宓《清华开办研究院之旨趣及经过》，原载《清华周刊》第 351 期，1925 年 9 月 18 日。

　　　　　　　　　　　　　　　　吴宓与陈寅恪

清华大学毕业院，而为研究高深学问的机关；不是为某一校造就师资，而为中国养成通才硕学。研究院的性质：（一）研究高深学术；（二）注重个人指导。惟其如是，故不惜经费，布置种种，专为少数人谋研究学术利便，学生名额极少，又复从严考试录取，期望甚大，"所谓在精而不在多也"。关于教授讲师，则务敦聘具有以下三种资格的国内硕学重望："（一）通知中国学术文化之全体；（二）具正确精密之科学的治学方法；（三）稔悉欧美日本学者研究东方语言及中国文化之成绩，与学生以个人接触、亲近讲习之机会，期于短时间内获益至多。"[1]

据清华大学档案，父亲是一九二五年二月初到校就任研究院筹备处主任，并在留美预备部教授"翻译术"的。此外，父亲还被聘为筹备大学委员会委员（Council for University Development），参与起草制订日后被称为"清华宪法"的"学校组织大纲"。[2]

父亲接受筹建清华研究院的任务后，一到校立即积极投入各项筹备工作。根据校方的主张和个人的见解，他主持拟定了《研究院章程》。《章程》明确规定，研究院"以研究高深学术、造就专门人才为宗旨"。此外，对研究院的组织、科目、教授及讲师、学员及研究方法等，均有明确条文规定。尤其研究方法，略仿旧日书院及英国大学制度，注重个人自修，教授专任指导，分组不以学科，而以教授个人为主，期使学员与教授关系异常密切，能在此短时期中于国学根底及治学方法，确有所获。

父亲主持拟定的《章程》，为研究院的各项工作树立了航标。他后来虽因对清华国学研究院的发展方向持不同意见，而于一九二六年辞职；研究院在其后存活的三年多时间里，不论是曹云祥校长、梅贻

---

1 吴宓《清华开办研究院之旨趣及经过》。
2 《清华周刊》第336期。

琦新教务长或陈寅恪先生董理院务，教学等各项工作仍然遵循行之有效的原《章程》规定运行。

关于教师，《章程》规定，研究院"聘宏博精深、学有专长之学者数人，为专任教授，常川住院，任教授及指导之事"；"对于某种学科素有研究之学者"，聘为特别讲师。[1]父亲很清楚，选择好教师是办好研究院的关键，所以本着宁缺毋滥、"少而精"的原则，积极协助校长物色延聘国内著名学者，宏博精深的教授到校任教。

据《年谱》一九二五年篇，二月十三日，"宓持清华曹云祥校长聘书，恭谒王国维静安[2]先生，在厅堂向上行三鞠躬礼。王先生事后语人，彼以为来者必系西服革履、握手对坐之少年，至是乃知不同，乃决就聘。"二月二十二日，父亲又持曹云祥校长的聘书，赴天津谒见梁启超先生，请为清华国学研究院教授，"梁先生极乐意前来。"[3]到一九二五年六月，清华国学研究院的主要教师已经聘齐，教授王国维、梁启超、赵元任[4]、陈寅恪，讲师李济。王、梁、赵、陈被称为研究院的四大导师。"王国维先生到职后，校方曾有意请他出任院长。他'以院长须总理院中大小事宜'，坚辞不就，执意专任教授。曹云祥校长复请吴宓任之，吴乃允就主任之职。"[5]

关于学员，《章程》规定，"国内外大学毕业生，或现有相当之程度者；各校教员或学术机关服务人员，具有学识及经验者；各地自修

---

1 《研究院章程》，原载《清华周刊》第360期，1925年10月20日。
2 王国维（1877～1927），字静安，号观堂，浙江海宁人。早年研究哲学、文学，曾在通州、苏州师范学堂讲授哲学、心理学，任清学部图书局编辑。后从事中国戏曲史和词曲的研究，中国古代史料、古器物、古文字学、音韵学的考订。时任清华学校研究院导师。
3 参见《吴宓日记》Ⅲ，页5、6。
4 赵元任（1892～1982），字宣仲，江苏武进人。哈佛大学哲学博士。时任清华学校研究院导师。1929年后任中央研究院历史语言所研究员，语言组主任，清华留美学生监督处监督，美国夏威夷、耶鲁、哈佛、加州大学教授，中央研究院院士。
5 孙敦恒：《吴宓与清华国学研究院》，载《第一届吴宓学术讨论会论文选集》，陕西人民教育出版社1992年版。

人士，经史、小学等具有根柢者"均可报考。学员经考试审查录取后，"须按期到院，常川住宿，屏绝外务，潜心研究，笃志学问，尊礼教授。"学员研究期限，《章程》规定"以一年为率，但遇有研究题目较难、范围较广，而成绩较优者，经教授许可，得续行研究一年或两年。"[1]

寅恪伯父到清华学校研究院任教，是父亲向曹云祥校长推荐的。

父亲于一九二五年二月五日由上海抵达北京，二月六日于清华学校研究院筹建之初，即向校长曹云祥、教务长张彭春[2]极力推荐寅恪伯父任清华研究院导师，此事还经过一番曲折。主要是张彭春教务长对聘请寅恪伯父来校有争议。据校友卞慧新[3]回忆，父亲一九三七年四月十五日上午在"文学与人生"课堂上，谈及此事时说："先生向校长曹云祥推荐陈先生，张教务长认为陈先生留学虽久，学问也好，然而一无学位，二无著作，不符合聘任教授条件，为保证今后教授水平，不应放松聘任标准，不同意延聘。先生则谓，陈先生留学十八年，他人不过四五年。陈先生学问渊博，能与外国教授上下其议论，堪称学侣。虽无正式著作发表，仅就一九二三年八月《学衡》杂志第二十期所节录的《与妹书》，寥寥数百字，也足觇其学问之广而深，识解之高而远。学校已聘定三教授，为院荐贤，职责所在，安能荐一人也不得？至此，事乃大僵。"[4]父亲后又独自往见曹校长，重申前议，并以个人去留相争，聘事遂决。据父亲一九二五年二月十四日日记：

<hr />

1 《研究院章程》。
2 张彭春（1892～1957），字仲述，天津人。美国哥伦比亚大学文学硕士。时任清华学校教授，旧制部及大学部主任兼教务长。1928年后任天津南开中学部主任，南开、西南联合大学教授，我国驻土耳其、智利公使，驻联合国代表。
3 卞慧新（1912～　），又名慧僧，字伯耕，天津人。清华大学历史系毕业，曾任天津社会科学院研究员。
4 参见卞慧新《我们非常需要一部翔实的〈吴宓传〉》，载清华校友通讯丛书《校友文稿资料选编》第三辑，页116。

在清华大学执教时的吴宓

"昨与 Y. S. 及 P. C.[1] 谈寅恪事，已允。"同年二月十五日日记："晨 P. C. 来，寅恪事有变化，议薪未决。"二月十六日日记："是日 H. H. 来，同见 Y. S. 谈寅恪事，即发电聘之。"[2]

那时，寅恪伯父远在德国柏林大学研究院。从父亲的日记看，寅恪伯父当时对来清华，有过迟疑，而后就聘。据父亲一九二五年四月二十七日日记："陈寅恪复信来，以（一）须多购书。（二）家务，不即就聘。"父亲不禁感叹："介绍陈来，费尽气力，而犹迟惑，难哉！"于是又写信去柏林动员寅恪伯父。据父亲一九二五年六月二十五日日记："晨接陈寅恪函，就本校之聘，但明春到校。"同年八月十四日日记："陈寅恪有函来，购书殊多且难。"

父亲起初不很清楚寅恪伯父当时所注意者：一历史（唐史西夏），西藏即吐蕃，藏文的关系自不待言；二佛教。他为此学藏文甚感兴

1　云祥及彭春。

2　是日鑫（歆）海来，同见云祥，见《吴宓日记》Ⅲ，页5—6。

　　　　　　　　　　　　　　　　　吴宓与陈寅恪

趣。他之久留外国，即因图书馆藏有他研究所需书籍，一旦归国，非但不能继续研究，恐初着手之学也得放弃。父亲了解此情后，对寅恪伯父迟归，买书之请，乃完全理解，积极支持。

据父亲一九二五年日记：八月二十五日，父亲往"谒校长，（1）陈寅恪，准预支薪金二千元，又给予购书公款二千元。即日汇往"。八月二十八日，父亲去清华会计处，"见瑞光，为寅恪支四千元事"。八月三十一日，"下午，见瑞光。定以一千元先汇陈寅恪，馀俟下月半。"九月一日，"下午，作函复陈寅恪。"

九月三日，"陈寅恪预支薪千元，按1.76，合美金五百六十八元一角八分。花旗银行支票一纸，由会计处取来，寄柏林，寅恪收。No.25/7587。"

九月十日，父亲"请校长以英文证明函与陈寅恪"。

九月十六日，"下午，见瑞光，示以《研究院经费大纲》。催陈寅恪款，并约定加给陈寅恪为研究院购书之款（二千元），于十月十日以前支领汇出。"

十月八日，"下午，领到会计处交来汇陈寅恪购书款二千元，按1.78合，得美金一千一百二十三元五角九分。花旗银行支票一纸，No.25/7790。由本处附函中挂号寄去。"

十月十六日，"校长命编制赵、陈二教授所购西书书目，以备呈交董事会，力持原案。"

十一月九日，"陈寅恪函，十二月十八日，由马赛起程。"

十一月十二日，"询悉庶务处为陈寅恪所留之住室，为学务处二百零二号。"

十一月三十日，父亲又接读"陈寅恪来函，归期展缓"。[1]

---

1 《吴宓日记》Ⅲ，页61—103。以下凡日记引文内容简短且已注明年月日者，不再单独出注。

寅恪伯父离欧返抵上海的具体时间不详，从父亲的日记及其他有关资料看，当是一九二六年一月从马赛登船，二月回到上海。因罗家伦[1]一九二六年一月五日自巴黎写给友人的信里提到，来自德国的陈寅恪是日往访。[2]估计这是寅恪伯父自柏林经巴黎转马赛，预备回国途中的一次访友。寅恪伯父回国后，为伺父病向清华请假。其间，父亲不时给寅恪伯父去信，介绍清华国学研究院情况。

清华国学研究院，经过半年多的紧张筹备，于一九二五年九月九日开学，九月十四日正式上课。《研究院章程》规定，研究方法，注重个人自修，教授专任指导。教学方式，分"普通演讲"及"专题研究"两项。普通演讲，即课堂讲授，为学生必修或选修的国学基本知识课程，由各教授就个人专长而开课。专题研究，是学生在教授指定的研究范围内，就自己的志向、兴趣及学力所近，自由选定研究课题，经与教授确定后，可定时向自己选定的授业导师请教。《章程》还规定，教授对专从本人请业的学员，"应订定时间，常与接谈，考询成绩，指示方法及应读书籍。"指导学科范围，由各教授自定，"俾可出其平生治学之心得，就其最专精之科目，自由讲授。"

研究院开办第一年，"王国维先生开出的普通演讲有：'古史新证'、'说文练习'等；指导学员进行的专题研究范围是：经学（包括书、礼、诗），小学（包括训诂、古文字学、古韵），上古史和中国文学等。

"梁启超先生开出的普通演讲有：'中国通史'；指导学员进行的专题研究范围是：诸子，中国佛学史，宋元明学术史，清代学术史和

1 罗家伦（1897～1969），字志希，浙江绍兴人。北京大学肄业，留学欧美。参加国民党北伐军，1928 年 9 月任清华大学校长，1930 年 5 月离职。后曾任武汉大学教授，中央政治学校教育长，国民党中央党史编纂委员会副主任，驻印度大使。1949 年去台湾，任"考试院"副院长，"国史馆"馆长。
2 《罗家伦先生文存·补编》，页 362，台北近代中国出版社 1999 年版。

吴宓与陈寅恪

古文新證

第一章　總論

研究中國古史為最糾紛之問題上古之事傳說與史實混而不分古史之中亦往往有史實為之素地二者不易區別此世界各國之所同也在中國古代已注意此事孔子曰信而好古又曰君子於其不知蓋闕如也故於夏殷之禮能言之然文獻不足故也孟子於古事之可存疑者則曰於傳五帝德及帝繫姓而斥黃帝以來有年數之百家言不雅馴之百家言於三代世表而斥其年數古史所登至為謹慎然好事之徒世多有之故尚書於

清華學校研究院講義（王靜安先生）
（民國十四年第十六年四月）

研究院辦公室

清华学校研究院讲义：王国维先生《古史新证》

中国文学等。

"赵元任先生开出的普通演讲有：'方言学'、'普通语言学'；指导学员进行的专题研究范围是：中国现代方言学，中国音韵学和普通语言学等。

"李济先生开出的普通演讲有：'人类学'和'人体测验'等；指导学员进行的专题研究范围是中国人种考等。"[1]

父亲主持清华国学研究院期间，对研究院各位教师十分尊重，倾听意见，研究院重要事项都与各位教师进行协商，由父亲在每月举行的教务会议上提出初步意见，经充分讨论后通过。前述各位教师所授课程和指导范围，就是这样决定的。

今清华大学档案馆保存有当年研究院教务会议记录，从中也可看出父亲的民主作风，以及他是如何组织研究院的教学工作的。

研究院教务会议，每月召开一次，由父亲主持并亲做会议记录。第一次教务会议于一九二五年九月八日下午一至五时召开，参加者有王国维、梁启超、赵元任三教授及李济讲师。父亲主持。议决事项：（一）普通演讲讲题时间表；（二）各教授指导学科范围表。即用研究院第二三号布告发表，故不另录。

第二次教务会议，于一九二五年十月十六日上午十时至十二时召开，参加者如前，仍由父亲主持。议决事项：研究院不刊发杂志。学生中，虽有此请求者，但仍以不办杂志为是。理由如下：（一）杂志按期出版，内容材料，难得精粹。若但以照片祝词充塞敷衍，于本院声名有损无益。（二）学生研究期限，暂定一年。研究时间，已苦无多，若再分心于杂志之著述及编辑，必荒学业。（三）佳作可刊入丛书。短篇可于周刊及学报中分别刊登。而拟编印丛书，由教授指导学生为之。丛书之内容体例，可分三种：（一）精校古籍，影印孤本。略如罗振玉先生之所刻各书之例。（二）国学要籍，加以

---

1 《研究院各教授指导之学科范围》，载《清华周刊》第 351 期，1925 年 9 月 18 日。

　　　　　　　　　　　　　　　　　　　　吴宓与陈寅恪

新句读，新序怡，及简明精当之注释，期使普通人士皆喜读之而能解之。略用梁任公先生要籍解题之法，又如西国学校所用名家诗文读本之例。（三）以新科学方法及西人所得材料，研究中国学术事物所获结果，刊印专书，或选欧美东方学家及汉学家之重要著述，而译成国文。如 Karlgren Etude sur la phonglogie chinoise 之类。以上三种，内容体例，各各不同。第（三）种，或且以西文撰作，即不然，而中多西文名词及公式，亦可照西书横行排版，不必拘定一格。然版本之大小形式，均须划一，而以作成之先后，排列号数，作为清华研究院丛书第几种。归本院出版，其经费由本院担任之。除本院在校学生之著译外，校外人士，如有著作，有关学术，确具价值者，本院亦可收入丛书之列，代为出版。但须经本院教授会议审定，并有校勘之权。[1]

父亲很高兴能与各位学有专长的先生共事，看成是自己学习和提高的极好机会。教师上课，父亲常去听讲。王国维先生开的"说文练习"，他几乎每课必听。王先生演讲，父亲不仅用心听、详细记，有时还作注释。据一九二五年九月二十日日记："作王国维先生《中国近二三十年中新发见之学问》篇注解，费二三日之力云。"[2]

为了方便教师，保证教学，父亲竭尽努力把有关工作做得细密周到。研究院每位教授各设一研究室，凡他指导学生研究范围内的重要有关书籍全陈列其中，研究生可随时入室阅读，与业师接谈，质疑请教。诸位教师的研究室，根据各自教学特点布置妥帖。如王国维先生研究室中所置，皆经学、小学及考古学书籍。这类书籍，价值甚昂贵，市上少见。又如赵元任先生的研究室，对木器配备和仪器装置有特殊要求；父亲经与校方联系均予解决。为丰富教学用参考书，父亲曾专门作书上校长，请按王国维先生所开研究甲骨文

1　录自《清华大学档案精品集》，页 17，清华大学出版社 2011 年版。
2　《吴宓日记》III，页 74。

當之註釋期使普通人士皆喜讀之而能解之，略用梁任公〔要籍解題之法〕又如西國學校用名家詩文讀李之例（三）

以新■方法及西人所得材料研究中國學術事物所獲結果戊■選歐美東（哲學）

方學家及漢學家之重要著述而譯成國文，如 Karlgren, Étude sur la phonologie Chinoise 之類，以上三種內

客體例者各不同第（三）種戊且以西文撰作，中多西文名詞及公式亦可照西書（即不然亦）

橫行排版不必拘定一格然版本之大小形式均須畫一西以作成之先後排

列號敦作為清華研究叢書第幾種歸本院出版其經費由本院

擔任之，徐本院教授學生之著譯外校外人士如有著作有關學術者亦可收入叢書之列代為出版但須經本院教授會議審定並有其價值者本院

研究院教務會議紀錄

第一次教務會議　中華民國十四年九月初八日下午一至五時
到者　王梁趙三教授　李講師　吳主任(主席)

議決事項(一)普通演講講題時間表
(二)各教授指導學科範圍表　即用本院第二三號布告發表茲不另錄

第二次教務會議　中華民國十四年十月十六日上午十一至十二時
列者王梁趙三教授李講師吳主任(主席)

議決事項　本院不刊發雜誌

學生研究期限齊定一年研究時間已各無多若再分心於雜誌之著述及編排究竟非學業(二)雜誌按期出版內容材料難得精粹若但以照片短詞等雜湊亦有以此請允者但仍以不辦雜誌為是理由如下(一)佳作可列入叢書編印於週刊及學報中分別刊登

印叢書由教授指導學生為之叢書之內容體例可分三種(一)精校先秦散籍於本院聲名有損無益(二)而擬編

古籍影印孤本　略如羅振玉之所刻而翻印子書之例(二)國學要籍加以新句讀新序惜及簡明精

一　清華學校

字及敦煌古物应用书目购书。又多次陪侍王国维先生进城"参观书籍展览会","至琉璃厂文友堂,为校中购书。在薄玉堂及中华书局等处细行检阅","至琉璃厂在文德堂、述古堂、文友堂,为校中检定书籍十馀种(交图书馆购买)"。[1]各教师对院务工作表示满意,同事、师生关系也比较融洽。

研究院诸教师中,王国维先生到校最早。一九二五年三月二十六日,偕夫人来清华看住宅;四月十七日移书物来校;四月十八日搬来居住。[2]赵元任、李济先生八月到校,梁启超先生则九月八日开学前一天始达。王国维先生也是研究院诸教师中,惟一参加筹建工作的。据父亲日记,一九二五年二月,父亲起草的《研究院缘起》《研究院章程》等文件,都曾送呈王国维先生一一过目商讨,然后定稿。王先生还亲自参加了招生考试录取、图书订购等筹备工作,对我父亲支持和帮助很大。父亲素推崇"王先生古史及文字考证之学冠绝一世",而"独喜先生早年文学如论屈原融合南北,兼古典浪漫之长等。哲学论著。以其受西洋思想影响,故能发人之所未发。又先生所作诗词,虽少而精",[3]父亲全能背诵。读书治事之暇,每向王先生请益。先生以我父亲待人真挚诚恳,尊贤爱才,也很喜欢。先生迁入清华园西院居住后,常到西客厅父亲住处小坐,谈诗论学,十分亲切;父亲有病,必来探视。父亲离开国学研究院后,往来也未间断。

一九二六年三月,父亲因对清华国学研究院的发展方向,与清华教务长张彭春等意见不合,以"宗旨无定,计划难行",在向校务会议提出《研究院发展计划书》的同时,向校长提出辞去研究院主任职务的请求。父亲辞职被批准后,国学研究院主任职务由曹云祥校长

---

1 参见《吴宓日记》Ⅲ,页 30、71、105。
2 同上书,页 11、16。
3 《吴宓诗话》,页 192。

　　　　　　　　　　　　　　　　　　吴宓与陈寅恪

"兼理"了一个多月，后又由新任教务长梅贻琦[1]"兼管研究院事务"。

父亲在筹建和主持清华国学研究院期间，一直在清华学校授"翻译术"课。辞去研究院主任职务后，乃专任西洋文学系（后改称外国语言文学系）教授。

一九二六年三月十八日，北京群众游行示威，反对帝国主义侵略和段祺瑞执政府卖国，遭到执政府卫队开枪镇压。据父亲一九二六年三月十九日日记，"自是日起，以执政府门前枪杀学生惨案，放假，停课。二十八日起，复续放春假一星期，直至四月十二日始上课。在此假期中，校中多故，学生互争。当局召集临时教职员大会，举出委员十人，宓亦在内，应付此局。继又以近畿战事，设紧急委员会。又草拟对外宣言，表示对惨案之愤慨。又追悼韦生杰三大会。凡此均经参与。"[2]

一九二六年四月，父亲为纪念校庆十五周年，作《由个人经验评清华教育之得失》一篇，登载《清华周刊》为纪念校中成立的特刊。

四月十二日前后，战事逼近京城，人心不安，炮声隆隆，飞机复在空中抛掷炸弹。北京政变后，城门关闭数日，近郊兵士满布。四月十六日，奉军马队追击国民革命军，战于海甸之北，离清华甚近。一二日后，海甸、成府等处，全为奉军驻居，居民深受兵士扰害；与清华有关系的人家，均移入校内居住。

一九二六年四月十九日，父亲接到东北大学文法学科长汪兆

---

1 梅贻琦（1889～1962），字月涵，天津人。美国伍斯特大学学士。清华学校教员、物理系主任兼教务长，清华留美学生监督，清华大学校长，长沙临时大学、西南联合大学校务委员会常委。1946年复任清华大学校长。1949年赴巴黎参加联合国教科文组织会议，1956年任华美协进会常务董事。1955年去台湾，先后任"教育部"部长，"行政院"原子能委员会主任委员，新竹清华大学校长。
2 《吴宓日记》Ⅲ，页161。

璠[1]函，延聘他为东北大学英文系主任，月薪奉大洋四百元（现银三百元）。劝暑假后即往，情词恳切。然父亲不能赴奉，考虑北京尚可安居。为编辑《学衡》计，殊便利，似未可率尔移地。是晚8—11清华召开教职员大会，投票选举梅贻琦为教务长。陈达及父亲等七人为评议员。第一次评议会中，父亲被举为评议会书记，又被派为出版委员会主席，辞之不获。既为书记，每逢开会，编造记录，十分忙碌。他以为前途困难及风波方多，任此"又妨害吾之读书修学矣"。[2]此前，南京陈茹玄（字逸凡）君亦来函，聘父亲为东南大学文科主任兼外国语文系主任。胡先骕亦来函劝驾。旋又由朱君毅处转来电报："请任东大文科主任，速电复。以便电汇旅费。逸凡。"[3]对此，父亲也以《学衡》为重，决不思他迁，于是即函陈、胡二君，辞而谢之。

一九二六年七月，陈寅恪伯父来清华报到。据父亲日记，七月七日"晨，发出《学衡》五十六期稿。而下午一时许，即接电话，知陈寅恪已抵京。乃即乘人力车入城，至西河沿新宾旅馆5号，访陈寅恪，未遇。乃赴姑母宅中盘桓。夕五时，再至新宾旅馆，与陈寅恪谈，告以清华种种情形。又邀之至香满园饭馆晚餐。晚十时，归姑母宅中宿。"[4]

父亲与寅恪伯父自一九二一年六月在美国哈佛分别五年以来，这是头一回见面。他既高兴又感慨，当即赋七律一首，赠寅恪伯父。

1　汪兆璠（1881～1966），字悉箴，辽宁复县人。美国密西根大学教育心理学硕士。时任东北大学文法兼法科学长。1945年后任辽宁省教育厅副厅长，北平蒙藏学校训导主任，育英中学教员。

2　《吴宓日记》Ⅲ，页166。

3　同上书，页161。

4　同上书，页188。

赋赠陈寅恪

吴 宓

经年瀛海盼音尘，握手犹思异国春。

独步羡君成绝学，低头愧我逐庸人。

冲天逸鹤依云表，堕涧残英怨水滨。

灿灿池荷开正好，名园合与寄吟身。[1]

父亲赋赠寅恪伯父的这首七律，在一定程度上反映出他对人事纷争的厌烦，未能畅其志而离去国学研究院的心绪。他曾将此诗寄给他与寅恪伯父的老友刘宏度（永济）一阅，得来信相劝。据父亲一九二六年九月五日日记："近得刘宏度函云：'奉手片，诵新诗，七月七日赠陈寅恪诗。殊幽怨。人生乱世，而欲有所作为，安得不低头？安得不堕涧？惟望以文史自娱，以天命自遣，不消极，亦不过于急进；庶有曲肱饮水之乐，而无失时不遇之悲也。'下略。又云'平时学道读书，满拟临事不至失措。乃一旦小小吉凶之事，即足以夺其素养，可见知行一致之难。'均可为宓座右铭也。"[2]

据父亲一九二六年七月八日日记，也就是寅恪伯父到达北京的次日，上午"十时半，至新宾旅馆与陈寅恪合乘汽车回校。抵校，进午餐。陈君即住西客厅。下午，陪导陈君至研究院游观。又至赵元任宅中叙谈。四时，同谒校长于其宅中，进冰点。六时半，陪导陈君访梅贻琦，未遇。至赵元任宅中，晚餐，并进瓜果。晚九时，陪导陈君访王国维先生。"[3]

父亲在清华，住工字厅的西客厅。西客厅是一所精雅小客厅，以"三步廊"与工字厅后厅相接，是工字厅大院内最幽美的所在。西客

---

1 《吴宓诗集》，页143。

2 《吴宓日记》Ⅲ，页217。

3 同上书，页188。

厅自领一小院，院内长松耸翠，杨柳垂丝，红色玉梅，浓艳照人。庭前紫藤压棚，浓香罩顶。后临荷花池，红莲映窗。所以父亲为取名"藤影荷声之馆"。特请黄节晦闻[1]先生为书匾额，悬挂廊前。这方书有"雨生我兄属题"的"藤影荷声之馆"匾额，上世纪八十年代，我还在清华该馆旧址见过，可惜在其后的装修中，竟不幸失去！

"藤影荷声之馆"匾额两旁悬有楹联，今已不存。联云："随境启新悟 抗心希古欢。"此联上下，皆大兴谈善吾先生的尊人未刊诗稿中句，父亲于一九二二年集成，一九二六年请书法家姜忠奎[2]君书写的。一九三四年沈有鼎[3]君复为此联作解如下：

第一 悟是体，欢是用。悟是独造，欢是相忘。悟是本因，欢是极果。悟是清净，欢是自在。

第二 新是现，古是常。悟则本来清净，但须当下契机，故说新悟。欢虽现在忘情，却无异乎前圣，故称古欢。

第三 启是顿，希是渐。顿悟唯新，渐修合古。

第四 境是外，心是内。悟本于心，必托于境而有表示。欢从于境，必生于心，乃为真实。

第五 随是顺，抗是逆，境幻当遮，以即境即心故，翻言随境，是顿悟边事。心真用显，以境现心妄故，却言抗心，是渐修边事。又随是降，抗是升，本心如如，观境若降。外境杳

---

1 黄节（1873～1935），字晦闻，广东顺德人。早年从经学家简竹居受业，两年归里，读书十年。曾创办编纂《政议通报》《国粹学报》等，就两广优级师范国文讲席，广东高等师范监督。1919年起，久任北京大学文学史及诗学教授，兼清华及北平师范大学讲师。

2 姜忠奎（1897～1945），字叔明，山东荣成人。北平大学国文系毕业，工书法绘画。曾任中州、北平、山东大学教授。日军侵占青岛后，辞职回乡，拒绝担任伪职。1945年2月18日被日本宪兵队逮捕，惨遭杀害。

3 沈有鼎（1908～1989），上海人。清华大学哲学系毕业留美，哈佛大学硕士，德国海德堡弗莱堡大学研究。回国后任清华大学哲学系教授，英国牛津大学访问教授，清华、北京大学哲学系教授。1955年调任中国科学院哲学研究所研究员。

吴宓与陈寅恪

藤影荷声之馆（1995 年摄）

杳，饬心犹升。[1]

　　父亲自一九二五年初到清华任教，至一九三七年秋仓皇撤离校园，一直住在西客厅。

　　这里既是清华中心区域闹中取静之处，也是清华园内外文人雅士宴集聚会、诵诗明志的地方。郑之蕃[2]桐荪先生，就有《齐天乐　壬申春日，雨僧招饮藤影荷声馆赋赠》一阕，有句"胜友今宵云绕。喜宾主东南，一时同调。小令词清，（叶）石荪[3]先成小令两首。新诗韵峭，

1　录自《吴宓诗集》，页 191。
2　郑之蕃（1887～1963），字桐荪，江苏吴江人。美国康奈尔大学文理科学士，久任清华学校、清华大学算学系教授，兼系主任。
3　叶麐（1893～1977），字石荪，四川古蔺人。北京大学毕业，法国里昂大学文学博士，巴黎大学心理研究所研究。曾任清华、山东、四川、武汉大学教授，四川大学教务长、代理校长。1952 年改任西南师范学院教授。1958 年划为右派，1980 年改正错划。

（俞）平伯即席赋七绝一首。雅谑别饶风藻，（叶）公超[1]谭兴甚豪。并皆佳妙。更美酒葡萄，夜光同照。高会南皮，风流堪继绍。"[2]浦江清[3]继赋齐天乐词，记此宴聚之乐。寅恪伯父也曾借用父亲寓所宴客及接见学生。父亲轮值主持法语友谊学会时，亦在这里聚会。

寅恪伯父初来，即与父亲同住西客厅。父亲连日陪导寅恪伯父参观学校图书馆，拜访刘崇铉[4]、杨绍曾[5]、钱端升[6]、叶企孙[7]、李济、庄泽宣[8]诸君。王国维先生，又李济、刘崇铉、杨绍曾等也来回访寅恪伯父。

据父亲一九二六年日记，七月十三日晨，王静安先生来。这天上午十时，父亲偕寅恪伯父入城。晚上在中央公园来今雨轩，介绍寅恪伯父与著名史学家陈垣援庵先生见面。"宓独坐，待至六时许，陈垣来。七时，陈寅恪来。宓请二君用西餐，为使寅恪得与陈垣谈其所

1　叶崇智（1904～1981），字公超，广东番禺人。美国赫斯特大学学士，英国剑桥大学文学硕士，巴黎大学研究院研究。曾任北京、暨南、清华、西南联合大学教授。后从政，1949年任外交部部长，去台湾。晚年潜心绘事。

2　《吴宓诗集》，页263。

3　浦江清（1904～1957），字君练，江苏松江人。东南大学毕业，由吴宓荐为清华学校研究院助教。1929年后任清华大学中文系助教、讲师、教授。1952年后转任北京大学教授。

4　刘崇铉（1897～1990），字寿民，福建福州人。清华学校毕业留美，哈佛大学文学硕士，哥伦比亚、耶鲁大学研究。曾任南开、清华大学历史系教授。1948年去台湾，任台湾大学教授、教务长。1973年退休后，应东吴大学聘，筹划和主持新成立的历史系。

5　杨绍曾（1896～1985），后名石先，浙江杭州人。蒙族。清华学校毕业留美，习化学，耶鲁大学博士。曾任南开、西南联合大学教授，南开大学校长，中国科学院数理化学部委员。

6　钱端升（1900～1990），上海人。清华学校毕业留美，哈佛大学哲学博士。曾任清华、中央、西南联合大学教授，哈佛大学客座教授，北京大学法学院院长。1952年后任北京政法学院教授兼院长。

7　叶企孙（1898～1977），上海人。清华学校毕业留美，哈佛大学物理学博士。曾任东南、清华、西南联合大学教授。其间曾调任中央研究院总干事，为中研院评议员。1952年后，改任北京大学物理系教授，中国科学院数理化学部常务委员。

8　庄泽宣（1895～1976），浙江嘉兴人。清华学校毕业留美，普林斯顿大学教育及心理学博士。曾任清华、厦门、中山、浙江、岭南、广西大学，国立社会教育院教授。1948年夏参加联合国教科文组织的战后损失调查，后在国外任教，侨居美国。

吴宓与陈寅恪

学，且入清宫参观也。晚十时半始散。"[1]

七月中旬，寅恪伯父小病，父亲为之护理。七月十七日，"夕，赵元任夫妇来视寅恪病。晚，王国维、李济来。"[2]当时正值暑假，寅恪伯父病愈后回南方家中调养。开学前不久再来清华。

八月二十五日，"下午一时，陈寅恪归自杭。为助理杂事，一时忙乱，又来客，未能读书治事。晚访赵元任夫妇，并陈寅恪在其宅闲谈。立论之标准（一）全（二）通（三）宜。"[3]

八月二十六日，"昨日尚热，今则寒风飒飒，凄然其为秋矣。上午，陪陈寅恪赴图书馆。访王静安先生及侯厚培于其宅。下午，偕陈寅恪游圆明园。至海晏堂遗址，捡得琉璃瓦破片，携归。入浴。七时，同至赵元任宅中晚饭。晚，又同访李济。寅恪将寄居赵元任家。"[4]

寅恪伯父于一九二六年九月二日，迁往清华园南院赵元任先生宅中居住。不久，又移居南院二号，赵先生邻近宅中。父亲仍旧独居西客厅。

本学年清华西洋文学系初建，而适值系主任王文显[5]先生休假，父亲由王先生荐被举定为代理系主任。父亲自离开国学研究院后，专心致志于西洋文学的教学，特别是清华大学西洋文学系（后改称外国语言文学系）的培养方案与课程设置的制订。

父亲参考了美国哈佛大学比较文学系的培养方案和课程设置，针对我国的情况和需要，制订出课程设置全面而完整的计划。父亲的办系总则是："（一）本系课程编制之目的，为使学生得能：（甲）成为博雅之士；（乙）了解西洋文明之精神；（丙）熟读西方文学之名著，

---

1 《吴宓日记》Ⅲ，页191。

2 同上书，页192。

3 同上书，页212。

4 同上。

5 王文显（1886～1968），号力山，江苏昆山人。英国伦敦大学学士。曾任中国驻欧洲财政委员。归国后任教清华学校，曾兼任代理校长、副校长，清华改办大学后任西洋文学系（后改外国语文系）主任。抗战中任教上海圣约翰大学，后定居美国。

谙悉西方思想之潮流，因而在国内教授英、德、法各国语言文字及文学，足以胜任愉快；（丁）创造今世之中国文学；（戊）汇通东西之精神思想而互为介绍传布。（二）本系课程之编制，本于二种原则，同时并用：其一则研究西洋文学之全体，以求一贯之博通；其二则专治一国之语言文字及文学，而为局部之深造。课程表中，如西洋文学概要及各时代文学史，皆属于全体之研究，包含所有西洋各国而为本系学生所必修者；但每一学生并须于英、德、法三国中（意大利、西班牙、俄罗斯俟后增入）择定一国之语言文字及文学为精深之研究，庶同时可免狭隘及空泛之病。（三）本系课程，文学而外，语言文字之研究特为注重。普通功课皆以英文讲授，而选修德、法文者在本系须续修四年以得专长而求实效。"[1]

父亲特别强调培养学生获得有关西方国家语言文学乃至文化的完整、系统的知识，几十年后，当年父亲的学生李赋宁回顾他在清华的办系方针说："吴宓主张外文系的学生不应以掌握西方语言文字为满足，还应了解西洋文化精神，享受西方思想的潮流并且对中国文学也要有相当的修养和研究。（清华）外文系培养出了许多杰出的人才，与他的思想感染也有关系。"[2]

对于外国语文教学中语言文字与文学的关系，父亲始终认定语言文字与文学，二者互相为用，不可偏废。"盖非语言文字深具根底，何能通解文学而不陷于浮光掠影？又非文学富于涵泳，则舌人译员亦粗俚而难达意，身任教员常空疏而乏教材。"[3]所以父亲一生无论是编订课程或教学实践，一直坚持语言文字及文学，二者并重；而对我国一九五二年以后外国语文教学的普遍重语言、轻文学，极不赞同。

---

1 参见《清华人文学科年谱》，页 50，清华大学出版社 1999 年版。
2 李赋宁《学习英语与从事英语工作的人生历程》，页 78，北京大学出版社 2005 年版。
3 《清华周刊》1935 年 6 月 4 日响导号。

一九二六年九月，新学年开始，寅恪伯父正式在国学研究院上课。他开出的"普通演讲"有"西人之东方学之目录学"、"佛经翻译文学"等；指导学员进行"专题研究"的范围是："年历学——包括中国古代闰朔、日月食等"、"古代碑志与外族有关系者之比较研究"、"摩尼教经典与回纥文译文之研究"、"佛教经典各种文学译文之比较研究"、"蒙古满洲之书籍及碑志与历史有关系者之研究"等。

开学后不久，父亲以外国语言文学系系务繁忙，曾与寅恪伯父商量，拟将浦江清"调为西洋文学系助教，而增其月薪。寅恪不愿失去浦君，乃止。"[1]浦江清君是父亲在东南大学教过的学生，一九二三年进东南大学西洋文学系，毕业后由父亲推荐到清华国学研究院工作，以佐寅恪伯父。

寅恪伯父课馀常到西客厅与父亲坐谈，又同出散步。一九二六年九月十三日，楼光来君到校任教。于是昔年哈佛同窗知友重聚清华，经常晤谈对弈，互相切磋琢磨，十分欢洽。

父亲当年在西客厅，来访客人是很多的。

据父亲一九二六年日记，九月九日，"晚，寅恪来。又梅教务长来，谈甚久。"

九月十五日，"夕，王静安先生来，久坐。"七时，曹校长宴请新职教员晚宴。散后，十时，"陈寅恪、楼光来、唐钺[2]三君来宓室小坐。"

九月十六日，"下午，陈寅恪、赵元任等携觟寿枢来室中小坐。"

九月二十二日，"晚，陈寅恪来。谈及'现代文化'一课，校内校外，至无人愿来担任。宓颇愿自任讲授此课，而辞去代理西洋文学系主任职务。然校中既不来邀，亦未必准辞，只好作罢。宓到清华，

---

1 《吴宓日记》Ⅲ，页219。
2 唐钺（1891～1987），字擘黄，福建闽侯人。清华学校毕业留美，哈佛大学哲学博士。曾任北京、清华大学教授，商务印书馆编辑，中央研究院心理研究所专任研究员、所长。1952年后任北京大学心理学系教授。

长羁身于行政事务，而未能多授功课，使学生知我服我。舍长用短，不得享清闲高雅之生活，而日与小人俗子角逐龃龉，不亦哀哉！"[1]

十月四日，"是日校中放假，补昨日圣诞节也。晨，出至西直门，乘人力车回校，十时抵。得季鸾[2]书，即撰《孔圣诞日谈话记》一篇（仿 Plato's Dialogues）约万言。明日晚，稿已成。更撮录《学衡》各期中关于孔子之名论（备登《国闻周报》）。"[3]

十月十二日，"下午 2—6，与陈寅恪、楼光来谈，并至虹桥及燕京大学等处散步。抵成府之荣华祥西式食品铺，楼君购洋酒以饷宓等。"

十月十五日，"昨今两日校阅浦江清《现代文学论序》译稿。下午二时，罗世真来，盖已自疯人收容所中释出，飘流京中，栖身无所，实同乞丐。宓于四时后陪之游览，并招待晚饭。晚八时卫挺生来。偕罗、卫二君同访陈寅恪及梁任公。"[4]

十月二十六日，"晚，王静安先生来。"

十一月二日，"下午，金岳霖[5]来，欲荐俞大维为哲学教授。宓久欲推荐汤用彤来此，此愿终难达矣。"

十一月三日，"晚 9—10 王静安先生及陈寅恪来此小坐。寅恪言，曹校长已就商务印书馆总经理之职，年内即离校，并已电约郭秉文来接任清华校长。此意已告知戴、杨、钱、叶[6]诸君云云，宓姑静以观之而已。"

---

1 《吴宓日记》Ⅲ，页 226。
2 张季鸾（1888～1941），名炽章，字季鸾，陕西榆林人。青年习经史。留学日本，习政治经济学。加入中国同盟会。曾在上海参加《民立报》工作；创办《民信日报》，自任主编；赴北京任《中华新报》总编辑兼上海《新闻报》记者。1926 年任《大公报》主编，1939 年因肺病退休。
3 《吴宓日记》Ⅲ，页 232。
4 同上书，页 235。
5 金岳霖（1895～1984），字龙荪，湖南长沙人。清华学校毕业留美，哥伦比亚大学哲学博士。时任清华学校哲学系教授兼系主任，后长期任教清华大学哲学系。中央研究院院士。1955 年调任中国科学院哲学社会科学部常务委员，哲学研究所副所长。
6 似为戴超、杨光弼、钱端升、叶企孙。

十一月九日，"下午，阅课卷。3—4 曹校长陪导钱方轼北京哈佛同学会会长。来宓室中晤会，只得陪侍。同至赵元任宅中，并晤陈寅恪。4—7赴系主任会议。一日遂耗尽。作文读书，何从得一日半日之长暇哉！"

十一月十一日，东南大学教授柳公诒徵翼谋来清华，"宓陪导柳公访梁任公、刘崇铉、楼光来等人。午设酒馔，款柳公及叶企孙。下午，王静安、陈寅恪、刘崇铉等，悉来此晤柳公。又同至西园观杨希云所艺菊花，缤纷烂缦，至极美观。四时，柳公别去。而杨宗翰[1]已先至。于是宓复陪杨宗翰及楼光来，二次往观菊花。夕略置酒馔以款杨宗翰。晚与杨宗翰同访 Winter[2]，在其家谈叙至十一时，始归。"[3]

十一月十六日下午，父亲接读中华书局来函，说《学衡》六十期以后不再续办。父亲"不胜惊骇失望。""晚 8—10 访陈寅恪，与谈《学衡》停办事。宓始疑系新聘之编辑长黎锦熙[4]作祟，意图破灭《学衡》。乃据寅恪言，黎尚在京，迄未赴沪就职。则今兹停办，当由中华营业不振、资本缺乏、印刷减缩之故。旋梅教务长来，向寅恪商请教授。校中必欲聘傅斯年[5]等以授中国文史，而必不肯聘柳公。不得不为本校惜，且为世局哭也。"[6]

1　杨宗翰（1901～1992），字伯屏，江苏镇江人。清华学校毕业留美，哈佛大学政治学学士。曾任燕京、河南、四川、山东大学教授。1949 年去香港，曾任 The Evening School of High Chinese Studies 校长，香港中文大学崇基学院任教。

2　Robert Winter，温德（1886～1987），美国人。芝加哥大学文学硕士。曾任美国西北、芝加哥大学教授。1923 年来华，任东南大学教授。1925 年由吴宓荐，任清华学校西洋文学系教授。1952 年改任北京大学教授。

3　《吴宓日记》Ⅲ，页 249。

4　黎锦熙（1890～1978），字劭西，湖南湘潭人。湖南优级师范学堂毕业。中国同盟会会员。曾任北京师范、湖南大学，西北师范学院教授，兼任北京、燕京、北平女子师范大学教授。1949 年后，任北京师范大学中文系教授兼系主任，中国科学院哲学社会科学部委员，中国文字改革委员会委员。

5　傅斯年（1896～1950），字孟真，山东聊城人。北京大学毕业，留学英国爱丁堡、伦敦大学研究院，德国柏林大学哲学研究院。曾任教中山、北京大学。创建历史语言研究所，并终身任所长，中央研究院院士。1949 年初任台湾大学校长。

6　《吴宓日记》Ⅲ，页 251。

一九二六年十二月三日，旧历十月二十九日，为王国维先生五十寿辰。据父亲是日日记："晨8—9偕寅恪赴西院祝王国维先生五十寿。归后，上课如恒。夕，六时，再赴王宅寿筵。九时，散归。"[1]

十二月十一日，"上午编稿甫竣，王静安先生来。"[2]

十二月二十一日，"晨九时，冯友兰[3]来。谈次偕往访王静安先生等于研究院。又访梁任公于其宅（北院一号），谈翻译西书事。十二时，陈寅恪来。宓方在室中与冯、陈二君用膳，方毕，而李沧萍[4]、黄延凯[5]二君如约来，乃另为治膳款待。下午二时，陪李、黄二君访梁任公、王静安二先生。"[6]

十二月二十七日晚，寅恪伯父来，与父亲商燕京聘往主持研究院事。商议结果，不去燕京。

这天，父亲收到在西安西北大学任教的老友、诗人吴芳吉的来信多封，得知西安长达二百三十五日的围城解除，安居无恙，且《壮岁诗》已作成。父亲甚为喜慰。

一九二七年元旦，寅恪伯父偕柳诒徵、凌文渊[7]、凌宴池[8]等先生同游西山，在清华用午餐。寅恪伯父假父亲住所，设便宴款待。

---

1 《吴宓日记》Ⅲ，页259。
2 同上书，页262。
3 冯友兰（1895～1990），字芝生，河南唐河人。北京大学毕业，美国哥伦比亚大学哲学博士。曾任中州、广东、燕京、清华大学教授兼清华大学文学院院长。中央研究院院士。1952年后，改任北京大学哲学系教授、中国科学院哲学社会科学部常务委员。
4 李汉声（1897～1949），字沧萍，中岁后以字行，广东潮安人。北京大学毕业，从师伯弢（汉章）、张孟劬（尔田）、黄节（晦闻）。曾任北京、女子师范、岭南大学教授。
5 黄延凯，广东梅县人。生于1902年。清末诗人黄遵宪之孙。岭南大学毕业。时在北京大学研究政治及经济学。曾任中山大学讲师、香港《华南日报》主编、上海《华中日报》编辑、《华南评论周报》总编辑。1933年后去马来西亚发展。
6 《吴宓日记》Ⅲ，页266。
7 凌文渊（1876～1944），名庫，字直支，江苏泰州人。曾任北京政府财政部首席参事、代理财政总长，艺术专门学校教授，北京美术学校校长及南京美术学校、上海中华公学、泰州时敏中学校董。
8 凌宴池（1893～1965），江苏海门人。久任职大陆银行。以画名于时，兼工诗善书。生平搜致珍奇之墨甚夥。

一九二七年三月十三日，是日星期。中午，寅恪伯父来父亲处谈。

三月二十八日，父亲"上课如恒。晚，王静安先生招宴于其宅"。[1]

当时，国民革命军正挥师北伐，进展很快。而清华园内"人心颇皇皇"，人们担心"政局改变，国民党军得京师，清华解散"。"四一二"政变后，广东、江苏、浙江等地相继发生的大屠杀，尤其奉系军阀在北京的大肆捕杀，也令人极忧郁愤慨。时局，已成为人们谈论的主要话题。据父亲一九二七年四月三日日记："近顷人心颇皇皇，宓决拟于政局改变、党军得京师、清华解散之后，宓不再为教员，亦不从事他业。而但隐居京城，以作文售稿为活，中英文并行。每月期得 100 或 120 元，寓中用度，至极节缩，得此亦足，庶于出处大节无伤，亦可独立自全也。"[2]

一九二七年四月六日，"是日为清明节，校中放假。上午，以不用之西书，装成四箱，偕陈寅恪，以人力车运载入城，至按院胡同寓宅存放。陈君入城，即分途去。盖恐清华为党人解散之时，匆促忙乱，检取不及故也。书多遗失。光午[3]实负其责。念运转之劳，全生安居之不易，殊用凄然。下午，整理书籍，庋置架上，或封闭箱中。"[4]

四月十日，星期日，父亲上午校阅亚氏《伦理学》译稿。下午与寅恪伯父、楼光来君乘人力车至颐和园内游观，至傍晚始归。

四月十一日下午，Winter 来，父亲偕赴校外散步，至朗润园燕京大学等处游观，四时归校。又同至 Jameson[5] 夫妇宅中，茶叙，谈中国诗之音律。晚，寅恪伯父与楼光来君复来，弈。

---

1 《吴宓日记》Ⅲ，页 326。
2 同上书，页 327。
3 周光午（1903—1958），字卯生，湖南宁乡人。上海中国公学大学部商科肄业。曾任清华国学研究院助理员，重庆清华中学教务主任、江津聚奎中学校长。
4 《吴宓日记》Ⅲ，页 327。
5 Robert. D. Jameson，翟孟生（1895～1959），美国人。美国威斯康星大学硕士。曾任教美国爱德荷、格林奈儿、芝加哥、蒙柏里大学及英国伦敦大学。1925 年到北京清华学校，任英国文学教授，1938 年回美国。

四月十八日，父亲上课如恒。下午 4—6 赴系主任会议。夕，父亲约寅恪、楼光来、Winter 来室中赏花，并用酒膳，赵元任夫人杨步伟女士开设经营之小桥食社所备办（四元）。晚弈，十一时过后始散。

四月二十七日，父亲上课如恒。下午，楼光来君来谈。夕，访寅恪伯父未遇，而陈铨[1]来父亲室中谈。

父亲于四月二十八日病目，五月初始恢复。作有《病目》诗。

四月三十日，"陈寅恪于晚间来访，谈中国人之残酷。感于李大钊等之绞死也。"[2]

此后一段时间，父亲和寅恪伯父同王静安先生往来密切。

据父亲一九二七年五月日记，五月二日："夕，王静安先生来谈。"

五月十二日，"晚，寝后复起，王静庵先生偕陈寅恪来。"

五月十九日，"陈寅恪日夕常来谈。"

五月二十三日，"夕访陈寅恪，谈至晚十一时始归。"

五月二十四日，"夕与陈寅恪、赵万里[3]、周光午散步，并至寅恪家中坐谈。"

五月二十六日，"上午访寅恪，晤王静庵先生。"

五月三十一日，"晚，陈寅恪邀，在其宅中晚饭。又来此谈。"

父亲在日记中，没有细述这段时间，他与寅恪伯父及王国维先生频繁往来所谈内容。不过从清华国学研究院一些员生的回忆文章看，当与时局有关。随着宿学名儒叶德辉、王葆心相继在长沙、湖北

1　陈铨（1905～1969），字涛西，四川富顺人。清华学校毕业，德国卡尔大学文学博士。历任武汉、清华、西南联合大学，中央政治学校及同济、南京大学教授。

2　《吴宓日记》Ⅲ，页 334。指 1927 年 4 月 28 日，李大钊等二十位革命志士被奉系军阀、"安国军总司令"张作霖施以绞刑杀害。

3　赵万里（1905～1980），字斐云，浙江海宁人。南京东南大学中文系毕业。曾任清华国学研究院助教，北海图书馆中文采访组、善本考订组组长。1929 年后，任教北京、清华、辅仁、中国大学。北海图书馆改为北京图书馆后，任该馆编纂委员、善本部主任、研究员。

被镇压，浙江省政府将章炳麟家产籍没，……消息传来北方，空气为之紧张，俨有大祸即临之象。研究院关心王国维先生安危的同学，纷往谒见，劝请进城暂避。又请剪去发辫，以防万一。北大沈兼士先生及故宫博物院马衡先生也带来口信，请劝静安先生进城，住到他们家去。……据时任清华研究院助理员的周光午回忆："某夕，余适遇先生于吴宓（雨僧）先生寓所。闲谈之顷，先生喟然曰：'吴（其昌）[1]谢（国桢）[2]诸君，皆速余剪其辫，实则此辫只有待他人来剪，余则何能自剪之者。'言罢，三人相对无语。后此，连夜遇先生于此，所谈皆时局情形也。"[3]

　　五月末，王静安先生国维自沉前数日，曾为门人谢国桢书扇诗七律四首，一时竞相研诵。四首中，二首为唐韩偓致尧之诗。馀二首则闽侯陈弢庵太傅宝琛之《前落花诗》四首中之第（三）（四）首。据父亲按，陈宝琛四诗，"似咏辛亥鼎革及以后事"。"王静安先生书扇者即此诗之第三第四两首，但所书与原稿微有不同，写时当由记忆，故未能尽确欤？"[4]父亲在他的《空轩诗话》中专有一篇论述陈宝琛《前后落花诗》，指出《前落花诗》四首，原题为《己未民国八年作次韵逊敏斋主人别注泽公落花》四首，并录全诗如下（圈点为父亲所加）：

（一）

楼台风日忆年时，苒涩相怜等此悲。

著地可应愁踏损，寻春只自怨来迟。

1　吴其昌（1904～1944），字子馨，浙江海宁人。清华学校研究院毕业。加入中国营造社、北平考古学社、中国博物馆协会及北平禹貢协会。曾任南开、辅仁大学讲师，清华大学专任讲师，北平图书馆特约编纂委员，武汉大学教授。

2　谢国桢（1901～1982），号刚主，河南安阳人。清华学校研究院毕业。曾任天津南开中学教员，北平图书馆编纂，上海大中银行职员。1949年至南开大学任教，1957年调历史研究所工作。

3　周光午《我所知之王国维先生》，载《重庆清华》，1947年4月。

4　《吴宓诗话》，页197。

繁华早忏三生业，衰谢难酬一顾知。

岂独汉宫传烛感，满城何限事如棋。

（二）

冶蜂痴蝶太猖狂，不替灵修惜众芳。

本意阴晴容养艳，那知风雨促收场。

昨宵秉烛犹张乐，别院飞英已命觞。

油幕彩幡竟何用，空枝斜日百回肠。

（三）

生灭元知色即空，眼看倾国付东风。

唤醒绮梦憎啼鸟，胃入情丝奈网虫。

雨里罗衾寒不耐，春阑金缕曲初终。

返生香岂人间有，除奏通明问碧翁。

（四）

流水前溪去不留，馀香驰荡碧池头。

燕衔鱼唼能相厚，泥污苔遮各有由。

委蜕大难求净土，伤心最是近高楼。

庇根枝叶从来重，长夏阴成且小休。

父亲以为，静安先生殉身之志，已以落花明示矣。这也是父亲自己后来作《落花诗》之所托兴。

一九二七年六月二日，旧历五月初三，王静安先生自沉于颐和园之鱼藻轩。父亲在日记中对此作了详细记述。据一九二七年六月二日日记：

"晚饭后，陈寅恪在此闲谈。赵万里来，寻觅王静安国维先生。以王先生晨出，至今未归；家人惊疑故也。宓以王先生独赴颐和园，恐即效屈灵均故事。已而侯厚培来报，知王先生已于今日上午十时至十一时之间，投颐和园之昆明湖中自尽。痛哉！

"晚，赴陈寅恪宅。而研究院学生纷纷来见，谈王先生事。

"晚九时，偕寅恪及校长、教务长、研究院教授、学生三十馀人，共乘二汽车，至颐和园，欲抚视王先生尸。而守门者承驻军某连长之命，坚不肯开门。再四交涉，候一小时馀，始允校长、教务长及乌守卫长三人入内。宓乃偕馀众乘汽车归校。电灯犹未熄。已夜十二时矣。

"王先生此次舍身，其为殉清室无疑。大节孤忠，与梁公巨川同一旨趣。若谓虑一身安危，惧为党军或学生所辱，犹为未能知王先生者。盖旬日前，王先生曾与寅恪在宓室中商避难事。宓劝其暑假中独游日本。寅恪劝其移家入京居住，己身亦不必出京。王先生言'我不能走'。一身旅资，才数百元。区区之数，友朋与学校，均可凑集。其云我不能走者，必非缘于经费无着可知也。今王先生既尽节矣，悠悠之口，讥诋责难，或妄相推测，亦只可任之而已。若夫我辈素主维持中国礼教，对于王先生之弃世，只有敬服哀悼已耳。"[1]

据父亲一九二七年六月三日日记：

"晨起料理杂务。柳公来书，不受请清华之聘。聘书退还。

"十时见梅教务长。又至寅恪宅中，遇梁任公等，谈王静安先生事。知其昨日就义，至为从容。故家人友朋，事前毫无疑虑。旋同梁任公等同见校长，为王先生请恤金事。

"宓未就座，独先出。遇研究院学生吴其昌等二十馀人于校门外，遂同步行至颐和园，在门外久坐，候众均到，乃入。至排云殿西之鱼藻轩，为一突出水中之八角形亭。此即王先生投湖水尽节之所。王先生遗体卧砖地上，覆以破污之芦席。揭席瞻视，衣裳面色如生，至为凄惨。已而清华研究院及大学部学生三四十人，及家族友好，均来集。

---

1 《吴宓日记》Ⅲ，页344—345。

宓饥甚，乃独至轩后之食堂，进咖啡面包少许。如是直待至下午四时半后，北京检察厅之某检察官始至。仍须解衣检验，并一一询问证人。时天阴欲雨，屡闻雷声。王先生遗体渐胀大，众殊急虑也。五时许，舁遗体至清晏舫后、园西北隅小门外三间空室内，以前清冠服入殓。而候至晚八时半，柩始运到。宓饥不能忍，乃与戴元龄等四人，在青龙桥镇中，一小店内进面食糕饼等。饱餐之后，乃随众送殡。研究院学生执素纸灯以随，直至清华园南二三里之刚果寺。停放既妥，即设祭。宓随同陈寅恪行拜跪礼，学生等亦踵效之。

"宓思前年来京，清华学校命宓迎请王先生到此讲学。今甫二载，而送王先生之灵榇至此庙中。宓始终襄随其间，亦云惨矣。宓又思宓年已及王先生之三分之二，而学不及先生十分之一。先生忠事清室，宓之身世境遇不同，然宓固愿以维持中国文化道德礼教之精神为己任者。今敢誓于王先生之灵，他年苟不能实行所志，而漫忍以没，或为中国文化道德礼教之敌所逼迫、义无苟全者，则必当效王先生之行事，从容就死，惟王先生实冥鉴之。十一时，偕众归校。寝。

"先是本日下午四时半检验王先生遗体之际，于内衣袋中搜得遗嘱一封，又现银四圆馀。外书'西院十八号　王贞明先生王先生之第三公子。收启。'遗嘱文如下：

　　五十之年，只欠一死。经此世变，义无再辱。我死后当草草棺殓，即行藁葬于清华茔地。汝等不能南归，亦可暂于城内居住。汝兄亦不必奔丧。因道路不通，渠又不曾出门故也。书籍可托陈吴二先生处理。家人自有人料理，必不至不能南归。我虽无财产分文遗汝等，然苟谨慎勤俭，亦必不至饿死也。

　　　　　　　　　　　　　　　　五月初二日　父字

"王先生之命宓与寅恪整理其书籍，实宓之大荣矣。至寺中归校，

　　　　　　　　　　　　　吴宓与陈寅恪

临寝，撰成敬挽王先生联。如下：

离宫犹是前朝，主辱臣忧，汨罗异代沉屈子。
浩劫正逢此日，人亡国瘁，海宇同声哭郑君。

下联二句原作'文衰学敝'，黄晦闻先生改'人亡国瘁'；三句原作'哭经师'，注云'拟用郑康成事'，黄先生为改'哭郑君'。附记于此。"[1]

六月六日，父亲进城往访姜忠奎君于皮库胡同庆升公寓。又同出，至西单牌楼某纸店购挽联纸一副。"请姜君为宓代书挽王先生（静安）联。上书'静安先生千古'，下书'后学吴宓敬挽'。"[2]

寅恪伯父亦撰有敬挽王静安先生联：

十七年家國久魂銷，猶餘賸水殘山，留與纍臣供一死。
五千卷牙籤新手觸，待檢玄文奇字，謬承遺命倍傷神。[3]

此挽联，寅恪伯父一九二七年六月初作于清华园。据清华大学档案馆所存寅恪伯父悼念王先生挽联手稿，寅恪伯父撰成此联后，曾请书家代为书写，上书"观堂先生灵鉴"，下书"后学陈寅恪拜挽"，并在"纍"字和"玄"字旁画圈，请书家写时注意："纍"字若写作"累"，恐人读作仄音；"玄"字若写作"玄"，则犯庙讳故也。[4]

此挽联伯父用典均有所本。唐筼伯母曾录寅恪伯父语云：王先生遗书以所藏书籍见托（书籍多有先生批注），故联语及之。元裕之诗

---

1 《吴宓日记》Ⅲ，页345—347。
2 同上书，页348。
3 录自陈美延编《陈寅恪集·诗集》，页180，北京生活·读书·新知三联书店2001年版。
4 参见《清华大学档案精品集》页22，清华大学出版社2011年版。

五十之年，只欠一死。经此世变，义无再辱。我死后当草草棺殓，即行藁葬于清华茔地。汝等不能南归，亦可暂于城内居住。汝兄亦不必奔丧，因道路不通，渠又不曾出门故也。书籍可托陈吴二先生处理。家人自有人料理，必不至不能南归。我虽无财产分文遗汝等，然苟谨慎勤俭，亦必不至饿死也。

王国维手书遗嘱

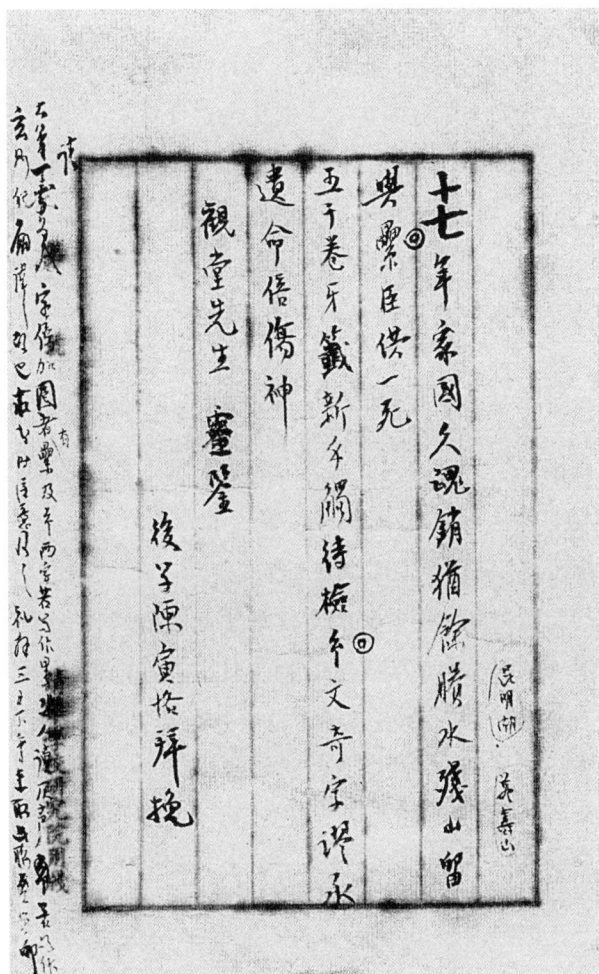

陈寅恪手书悼念王国维先生挽联

云："空馀韩偓伤时语，留与纍臣一断魂。"联语盖有取其词也。韩昌黎诗云："邺侯家多书，插架三万轴。一一悬牙签，新若手未触。"《北史》《魏书》《魏赡传》，五千卷语所本也。[1]

一九二七年六月四日，旧历五月五日端阳节。黄晦闻先生为静安先生事，走访我父亲于城内寓宅。据父亲是日日记：

"晨七时，偕周光午沿铁道步行入城，至按院胡同寓宅。

"下午四时，黄晦闻先生（节）来，宓迎入述王先生死事。黄先生大悲泣，泪涔涔下，谓以彼意度之，则王先生之死，必为不忍见中国从古传来之文化礼教道德精神，今日将全行澌灭，故而自戕其身。宓又详述遗嘱种种。黄先生谓，如是则王先生志在殉清，与彼之志稍异。然宓谓二先生所主张虽不同，而礼教道德之精神，固与忠节之行事，表里相维，结为一体，不可区分者也。特因各人之身世境遇及性情见解不同，故有轻此重彼者耳。善为采择而发扬之，是吾侪之责也。已而李沧萍亦来，黄先生先别去。"[2]

三日后，黄晦闻节先生又偕同日本学者出城到清华园西院访王静安先生故居，并有诗。题为《五月初三日王静庵自沉颐和园昆明湖中毕命越五日余偕桥川子雍小平绥方出西郊访其故居为诗吊之》。录如下，圈点为父亲所加。诗曰：

> 掩泪犹过西郭村，谒来今日始知门。
> 寻常谿径多污渎，贾谊吊屈原文曰："彼寻常之污渎兮，
> 岂容吞舟之巨鱼。"绝代湖山隐缭垣。
> 名地得人相托死，哀禽衔木可偿怨。
> 左太冲《魏都》："瓜瓜精卫，衔木偿怨。"

1　录自陈美延编《陈寅恪集·诗集》，页180，北京生活·读书·新知三联书店2001年版。
2　《吴宓日记》Ⅲ，页347。

徒闻朴学悲君者，独有纲常不敢言。[1]
·······

　　王静安先生自沉后，各方议论纷纭，莫衷一是，报刊报道也有推测失实的。一九二七年六月五日上午，父亲写信给北京《顺天时报》总编辑，"详述王先生死节情形，意在改正其新闻之错误，并附录先生遗嘱全文。函署'清华学校一分子，爱敬王先生之一人启'。此函付邮寄去，次日即登出。兹粘存。"[2]

　　据父亲保存的一九二七年六月六日《顺天时报》，父亲的投书刊出时，被冠以"王国维在颐和园投河自尽之详情"的标题，副题为"二日上午自清华研究院赴园"，"三日下午验尸收殓停刚果寺"。全文如下：

　　　　名儒王国维愤世嫉俗，流河自尽等节，已志本报。兹接清华学校某君来函，叙其经过尤详。据云王氏之离校，在六月二日上午九时许（非六月一日）。王之死志，蓄之已久。日前已将校中职务、及应评阅之学生成绩课卷，一一办理清结。六月二日晨八时，自其家（亦在清华园内）赴研究院教授室，于此中作遗嘱一通，藏衣袋中。次至研究院办公室中，与事务员侯厚培谈甚久。谈次，借银五元。侯未疑有他，即与之。王步行至校门外，雇三十五号人力车赴颐和园。十时至十一时间，购票入园。行至鱼藻轩，由此处之石阶，跃入水中。远处有巡警，闻声驰救。入水约二分钟即捞起，已气绝。园人未知其为何人也。迨人力车夫在园外，候至下午三时，不出。乃询之园中人，始知为王。适此时王之三公子王贞明，在家久候不归，追

_____

1　录自《学衡》第 60 期，"文苑·诗录"，页 6。
2　《吴宓日记》Ⅲ，页 348。

投河自盡之詳情

二日上午自清華研究院赴園
三日下午驗屍收殮停剛果寺

六月六日　順天時報

名儒王國維憤世嫉俗，流河自盡等說，已誌本報，茲接清華學校某君來函，敘其經過尤詳，據云王氏之離校，在六月一日上午九時許，（非六月二日，）王之死志，蓄之已久，日前已將校中職務，及應評閱之學生成績卷，一一辦理清結，（六月二日晨八時，自其家入水中，遠處有巡警，聞聲馳救，已氣絕，園人未知其為何人也，迨置於魚藻軒中池上，覆以一室，於此中作遺囑一通，藏衣袋中，次至研究院辦公室中，與事務員侯厚培談甚久，談畢，即與之，王步行出校門外，雇一三輪人力車赴頤和園，十二時許，再三交涉，始准校至魚藻軒由彼處之石階，躍入守兵不許，行至頤和園，於是晚九時，清華學校全校之人，於六月二日下午七時頭，均知此事，研究院學生二十餘人，乘二汽車至頤和園，園門已閉，長曹氏教務長梅氏，及守衛處處長烏氏入視，六月三日晨，教職員及學生，又王氏家步行途殯，諸子麻衣執紼，入寺設祭，衆行禮畢，始散，已六月三日夜十一時矣。

時，不出，乃詢之園中人，始知為王，適此時王之三公子王貞明先生收歛）文如左，適此時王之三公子王貞明先生也，書籍可託陳吳二先生處理，必不至於不能南歸，我雖無財產分文遺汝等，然苟謹慎勤儉，亦必不至餓死也，五月初二日，父字

時，不出，乃詢之園中人，始知為王，適此時王之三公子王貞明先生收歛，直候至六月三日下午四時也，侯厚培旋亦來到，午四時也，侯厚培旋亦來到，於是清華學校全校之人，於六月二日下午七時頭，均知此事，至頤和園西北角魚藻軒內之三間空屋中，於此正式入殮，以棺運來甚遲，直至晚九時，始正式運柩至清華園南之剛果寺停放，校中員生來弔者，均秉燈

破污之蘆蓆，學生有失聲痛哭者，直候至六月三日下午四時也，時天驟陰有雷聲屍顏脹乃認知為其父，此六月二日下午起，而檢察廳之檢察官始至喻五十之年，只欠一死，經此世變，義無再辱，我死後當即行藁葬於清華塋地，汝等不能南歸，亦可暫移至城內居住，汝兄亦不必奔喪，因道路不通，渠亦不曾出門故也，即行藁葬於清華塋地，汝等不能南歸，窮人自有人

附遺囑原文

遺囑封皮上，書『西院十八號王貞明先生收歛』文如左，五十之年，只欠一死，經此世變，義無再辱，我死後當即行藁葬於清華塋地，汝等不能南歸，亦可暫移至城內居住，汝兄亦不必奔喪，因道路不通，渠亦不曾出門故也，書籍可託陳吳二先生處理，必不至於不能南歸，窮人自有人料理，必不至於不能南歸，我雖無財產分文遺汝等，然苟謹慎勤儉，亦必不至餓死也，五月初二日，父字

1927年6月6日北京《顺天时报》刊出吴宓投稿

踪至园乃认知为其父。此六月二日下午四时也。侯厚培旋亦来到。于是清华学校全校之人，于六月二日下午七时顷，均知此事矣。是晚九时，清华学校教职员、研究院学生二十馀人，乘二汽车至颐和园。园门已闭，守兵不许，再三交涉，始准校长曹氏、教务长梅氏，及守卫处处长乌氏入视。六月三日晨，教职员及学生，又王氏家属多人均来。时王之遗体，仍置于鱼藻轩亭中地上，覆以一破污之芦席。学生有失声痛哭者。直候至六月三日下午四时，时天隐隐有雷声，尸颇胀起，而检察厅之检察官始至验尸。此时于王之内衣袋中，搜出遗嘱一封，并现洋四元。验尸毕，即由校中员生之荏止者，约三四十人及家族，舁尸至颐和园西北角园门外之三间空屋中，于此正式入殓。以棺运来甚迟，直至晚九时，始正式运柩至清华园南之刚果寺中停放。校中员生来者，均执灯步行送殡。诸子麻衣执绋，入寺设祭。众行礼毕，始散。已六月三日夜十一时矣。[1]

据父亲一九二七年日记，六月六日，"昨已悉校中业已宣布放假，其动机乃由学生希图免考，而当局不敢不从之。实则学生中之领袖，皆激烈之国民党人。要求放假，乃少数人之私意，实无正当之理由在也。下午，雨。高文源来。张荫麟[2] 来。四时，罗振玉[3] 先生（叔蕴）来，在西院十八号王静安先生宅中，邀宓及陈寅恪往见。即同往。先由其义子顾君陪侍，次罗先生出见。须发俱白，似极精明而长于办事者。谈王静安先生身后事，约半时许，即归。寅恪邀至

---

1 《顺天时报》全文刊登父亲投书，文后附有王国维先生遗嘱全文，此处从略。
2 张荫麟（1905～1942），笔名素痴，广东东莞人。清华大学毕业留美，斯坦福大学文科硕士。曾任清华大学哲学、历史两系讲师、教授，浙江大学教授。
3 罗振玉（1846～1940），字叔蕴，号雪堂，浙江上虞人。金石学家。清末任学部参事。辛亥革命后，长期居日本。后归国参与复辟清室活动。伪满时任监察院院长等职。曾搜集、整理甲骨、铜器、简牍、明器、佚书等考古资料，有专集刊行。

其宅中晚饭。罗振玉先生坐马车来回拜，略谈即去。晚，梅贻琦及陈寅恪来谈。"[1]

六月七日，"上午陈铨来，谈校事及时局……午饭后访 Jameson，谈王静安先生事。Jameson 亦极表尊敬之意……晚，作函上黄晦闻先生（节），劝其不必悲观，而率导后生，积极为中国文化礼教道德精神尽力云云。"[2]

六月八日晚，父亲"以王静安夫人招，乃同陈寅恪至西院 18 号王宅。盖王夫人以静安先生身后各事多未举办，甚为焦急，故邀宓与寅恪商议。当即宽慰之而出"。[3]

六月九日，"晨，容庚[4]来，谈静安先生身后事。下午 2—4 开王静安先生身后事务委员会。宓辞去主席之职，而推举梅教务长任之。议决，请校中聘用王贞明为书记。"[5]

六月十二日，星期，父亲"上午八时，访萧纯锦[6]先生于小沙果胡同 11 号宅中。谈时许，述南京、上海等处情形甚详。至于彼辈对于北京各校，虽有合并之心，而尚无一定之办法。届时由校中教职员出而维持，或亦可保全大体，不致完全破坏；然亦难预断云云。宓今决静居读书，以待其变。无故惊扰，殊鲜补益也。十时，至前门外高井胡同，谒黄节先生，谈中国现时局势，及文化德教覆亡绝灭之可忧。黄先生言次几将泣下，泪已盈眶矣。十一时，归按院胡同寓宅。

1 《吴宓日记》Ⅲ，页 348—349。
2 同上书，页 350。
3 同上书，页 351。
4 容庚（1894～1984），字希白，广东东莞人。1926 年毕业于北京大学研究所国学门，任教燕京大学。1946 年赴广州，任岭南大学中文系教授兼系主任，1952 年院系调整，任中山大学中文系教授。
5 《吴宓日记》Ⅲ，页 351。
6 萧纯锦（1893～1968），字叔纲，江西永新人。美国加利福尼亚大学经济学硕士。曾任东南、东北、中央大学教授，江西省政府经济委员会主任委员、农业院院长。1949 年前后，任上海大同大学、上海贸易学院、复旦大学教授。学衡社员。

下午仍整理书稿。"[1]

六月十四日，"晨，吴其昌来，议以《学衡》专期为王静安纪念。

"晚楼光来来，同出散步。又同访陈寅恪，谈久。宓设二马之喻。言处今之时世，不从理想，但计功利。入世积极活动，以图事功。此一道也。又或怀抱理想，则目睹事势之艰难，恬然退隐，但顾一身，寄情于文章艺术，以自娱悦，而有专门之成就，或佳妙之著作。此又一道也。而宓不幸，则欲二者兼之。心爱中国旧日礼教道德之理想，而又思以西方积极活动之新方法，维持并发展此理想，遂不得不重效率，不得不计成绩，不得不谋事功。此二者常互背驰而相冲突，强欲以己之力量兼顾之，则譬如二马并驰，宓以左右二足分踏马背而絷之，又以二手坚握二马之缰于一处，强二马比肩同进。然使吾力不继，握缰不紧，二马分道而奔，则宓将受车裂之刑矣。此宓生之悲剧也。而以宓之性情及境遇，则欲不并踏此二马之背而不能，我其奈之何哉！寅恪谓凡一国文化衰亡之时，高明之士，自视为此文化之所寄托者，辄痛苦非常，每先以此身殉文化。如王静安先生，是其显著之例。而宓则谓寅恪与宓皆不能逃此范围，特有大小轻重之别耳。"[2]

父亲关于"二马裂尸"的设喻，表现了对自我命运的悲剧性的体悟。相形之下，寅恪伯父则较少涉及人事，富有更强的理性精神。这是父亲与寅恪伯父在性格上的差别，然其内心的苦闷却是同一的。

一九二七年六月十六日，王国维先生追悼会在北京宣武门外下斜街浙江会馆举行。会馆中院正厅中央设为祭坛，坛上悬有王先生遗影，清酌庶羞供于影前。旁边挂有王先生临终之际写给次子贞明的遗书一通。四壁悬挂的全是由中外人士寄来的挽联缎幛。中有陈

---

1 《吴宓日记》Ⅲ，页353。
2 同上书，页355。

宝琛挽"死岂为名蹈海沈湘同此愤；通还自念移山追日况吾寰"；罗振玉挽"故人慷慨多奇节；书卷消磨绝可怜"；北京大学挽"经师人师"；升允挽"忠心自树千秋业；浩气常依万寿山"；梁士诒挽"一代之子刘子政；千秋遗恨屈灵均"；柯劭忞挽"臣职不再辱；天鉴此孤忠"等。寅恪伯父和我父亲的"挽王静安先生"，以及清华学校研究院学生姚名达、王力、徐中舒、刘节、储皖峰、吴其昌、刘盼遂等许多人的挽诗挽联，还有王先生的学友马衡、陈守谦、樊炳清、陈乃乾先生以及曾受教于王先生的唐兰[1]、顾颉刚[2]、容庚等的悼念诗文，悉在其间。

六月十七日报载，闻罗振玉等拟于六月十九日在天津日租界公会堂开王国维先生追悼会。又闻日本京都大学教授狩野直喜、内藤虎次郎等，亦与王先生知交甚深，不禁同情之念。不日在日本开追悼会，并檄同志而欲募捐，慰恤遗族云。[3]

六月十七日，"下午3—6赴评议会临时会，为留美预备部高三、高二两级学生提前出洋事。又王静安先生身后恤金，因校长主持不力，竟遭外交部批驳，仅准两月，即八百元。宓之所感如下：（一）今人但计一己之功名权利，而毫不顾责任道德。关于前者（利害）有所提倡，则众咸赞成。关于后者（是非）有所议论，则众咸讪笑。此种情形，尤以今之学生界为甚。前途情形可预知矣。（二）中国官场及各机关办事人，可谓毫无心肝。遇事推诿卸责，但求自利，而强他人以难事。夫一国一政府之人皆如此，则其国焉不衰亡？其政府焉得

---

1 唐兰（1901～1979），号立庵，浙江嘉兴人。无锡国学专修馆1923年毕业。曾任东北、北京、燕京、清华、北京师范大学讲师，西南联合大学副教授、教授。1946年任教北京大学。1952年调北京故宫博物院，先后任设计员、研究员、学术委员会主任、副院长。

2 顾颉刚（1893～1980），字诚吾，号铭坚，江苏吴县人。北京大学毕业。曾任上海商务印书馆编辑，厦门、中山、燕京、齐鲁大学教授。北平研究院历史研究所研究员。中央研究院院士。1949年后，任中国科学院哲学社会科学部委员，中国社会科学院历史研究所研究员。

3 据吴宓1927年日记中所粘存剪报。参见《清华人文学科年谱》，页54。

不速倒？然由是可知救国救世，惟在改良人心，提倡道德。惟道德之增进，为真正之改革。此外之所谓革命，皆不过此仆彼兴，攘夺利己而已。"[1] 六月三十日，父亲重为王先生身后恤金事"访陈寅恪，商定同函校长，请正式通告会计处，以在校内存案"。[2]

六月二十四日，父亲去车站迎接郭斌龢[3]。郭君此次北来为应清华专科生留美考试，而父亲一力赞助。父亲请他至北海漪澜堂茗叙并晚餐。这天，清华西洋文学系主任王文显由美归来，与父亲相遇于车站。

六月二十六日，父亲将西洋文学系各种文件一一分类编订，下午4—7时携所编的文件，访王文显，详细报告、交代。于是父亲代理西洋文学系主任之事遂终，心殊释然。晚与寅恪伯父散步，得寅恪伯父诗二首，父亲录于是日日记中。

春日獨遊玉泉山靜明園
陳寅恪

猶記紅墻出柳根，十年重到亦無存。

園林故國春蕪早，景物空山夕照昏。

回首平生終負氣，此身未死已銷魂。徐騎省南唐後主輓詞：

"此身雖未死，寂寞已銷魂。"

人間不會孤遊意，歸去含悽自閉門。

此诗《寅恪先生诗存》[4]中未录入。

---

1 《吴宓日记》Ⅲ，页356。

2 同上书，页363。

3 郭斌龢（1897～1987），字洽周，江苏江阴人。香港大学毕业，美国哈佛大学文学硕士，英国牛津大学研究。曾任东北、青岛、清华、中央、浙江、南京大学教授。

4 此指上海古籍出版社 1980 年 6 月版陈寅恪文集之一《寒柳堂集》所附《寅恪先生诗存》。以下同。北京三联书店 2001 年出版的陈美延编《陈寅恪集·诗集》，已增补完全。

王觀堂先生輓詩

陳寅恪

敢將私誼哭斯人，文化神州喪一身。

越甲未應公獨恥，湘纍寧與俗同塵。

吾儕所學關天意，並世相知妒道真。

贏得大清乾淨水，年年嗚咽說靈均。[1]

此律父亲征得寅恪伯父同意，编入《学衡》杂志第六十期"诗录"，题改为《挽王静庵先生》。同期刊出的还有张尔田[2]的《哭静庵》七律三首，以及黄节、刘善泽所做挽诗。

清华学校自一九一一年成立以来，即归外交部直辖，成为未纳入国家教育系统的一个特殊学校。学校基金，由"清华学务及游美学务基金保管委员会"保管（该会由外交部总长、次长及美国驻华公使三人组成）。每月经费则按月从美国退还庚子赔款项下支给。由美使馆按月交付外交部，外交部汇兑一部分至留美监督处，为留学经费；一部分兑换银元交付清华。[3]由此而长期游离于国内政治之外，受历史嬗变、政权更替的影响较少，实行教授会、评议会民主治校。然而在新文化新教育运动中掀起的学术独立、教育自主的思潮下，在国民政府成立大学院，将国内高等教育机构全部纳入国家教育系统直接统辖之时，清华教授会、评议会不得不考虑如何应对变革的问题。

1　录自《吴宓日记》Ⅲ，页 361—362。

2　张尔田（1874～1945），字孟劬，号遁堪，浙江钱塘（今杭州）人。清举人，曾任吏部主事、知县。民国后，任清史馆纂修，中国公学及北京、北京师范、光华、燕京大学中国史及文学教授。哈佛燕京学社研究员。

3　参见《校史概略》，载《国立清华大学校刊》第 12 期。

从父亲的日记看，他当时作为清华学校的评议员，参加了对清华善后的讨论。据一九二七年六月二十七日日记："十一时，访梅教务长。十二时，梅来，又陈寅恪来。晚八时半至十一时，在叶企孙室中，开清华善后讨论会（1）。到者七人，宓司记录，另存。大要以公推梅贻琦君赴宁沪视察接洽，并陈述意见。其目的在求得清华经济及教育行政之独立。其主张则：（一）以清华改办各科研究院。（二）现有之大学部，应办至已在校各班学生毕业时为止。（三）教职员任意更动，同人等决不自为计，云云。"[1]

一九二七年六月二十八日，"晚，再开清华善后讨论委员会（2）于叶企孙室中。十一时散。日来荷叶大盛，荷花初见，满池清香。世乱侵逼，学校行将瓦解，不得久居，益恋此间之安适矣。"

六月二十九日，"夕，陈寅恪来，谈大局改变后一身之计划。寅恪赞成宓之前议，力劝宓勿任学校教员。隐居读书，以作文售稿自活。肆力于学，谢绝人事，专心致志若干年。不以应酬及杂务扰其心，乱其思，费其时，则进益必多而功效殊大云。又与寅恪相约不入（国民）党。他日党化教育弥漫全国，为保全个人思想精神之自由，只有舍弃学校，另谋生活。艰难固穷，安之而已。"[2]

一九二七年七月六日，是日晴。父亲校阅译稿。中午梅贻琦来。晚与寅恪伯父散步。父亲录寅恪伯父律诗一首于日记中。

寄傅斯年

陳寅恪

不傷春去不論文，北海南溟對夕曛。

正始遺音真絕響，元和新脚未成軍。

---

1 《吴宓日记》Ⅲ，页362—363。

2 同上书，页363。

今生事業餘田舍，天下英雄獨使君。

解識玉璫緘札意，梅花亭畔弔朝雲。[1]

此诗《寅恪先生诗存》亦未见载入。

一九二七年七月十九日，父亲赴各系主任会议及招考委员会议，审查本年所考留美专科生及女生成绩。结果，各取定五名。专科生中，西洋文学门竟得二名：（一）郭斌龢，（二）范存忠。父亲对于郭斌龢的取录，尤为喜幸。以同志同道中，"更多一有力之人矣"。

一九二七年七月，清华发生一场风潮。即旧制留美预备部高等科三年级及二年级学生，担心将来留美可能因事境变迁而不得成行，请求校长及外交部当局，特准于本年夏提前遣送赴美留学，以致惹起纠纷。此事由学生与校长及外交部当局接洽，已数月之久。按照清华"民主治校"的原则，此类大事应交学校评议会及教授会讨论，但校长并未如此办理，教授中知者甚少。直到七月中旬，此事已大体决定，并拟提用大量学校基金时，教授会的成员方得知此事。在校教授闻悉，多不赞成。纷纷向曹云祥校长提出意见，并拟即推举代表进谒保管清华学校基金的三委员：外交部总长、次长及美国公使。由于这一纠纷已登载各报，闹成风潮，父亲及寅恪伯父以为，此事伤及民主治校原则，不能沉默。七月十六日，梅贻琦请午宴，与宴诸君共论此事均认为，"宜表示态度，以免同流合污及袖手旁观、但保饭碗之嫌，且此事义当主张是非"。[2]众推父亲起草宣言，经寅恪伯父修改，并寻访赞成此举的教授，一同列名；由父亲寄天津《大公报》，交登。

七月十八日，天津《大公报》以《清华教授反对高等科学生提前

1　录自《吴宓日记》Ⅲ，页366。
2　同上书，页370。

吴宓与陈寅恪

出洋》的标题刊出，副题为《赵元任等联名发表宣言》。宣言如下：

> 此次本校留美预备部高三高二级学生，未届毕业期限，竟予提前出洋。此种办法，实属违背校章，且挪用巨额基金，妨碍全校发展。某等对于此举，极不赞成。除向当局陈说，力图取消此案外，特此宣言。
>
> 北京清华学校教授赵元任、陈寅恪、
李济讲师、吴宓、唐钺、叶企孙等同启
七月十六日[1]

其后，寅恪伯父与金岳霖、唐钺、叶企孙等教授，鉴于清华留美预备部学生宣言，颇有涉及董事会处，特致函清华董事会请为否认。这封信，天津《大公报》以《清华风潮中之一封书》的标题于七月二十一日刊出，副题为《金岳霖等请校董会表明态度》。全文如下：

> 董事先生公鉴：敬启者，顷阅本校留美预备部全体学生宣言，谓"迩者清华学校董事会为欲注全力以谋大学部及研究院之发展计，决及早结束旧制留美预备部，将该部现馀两级八十馀人，提前遣派出洋"。又谓"吾侪尤有不惮郑重诘问者，此次提前出洋，全出董事会发展清华之计划"等语。按此项提议，迹近童骇，所述理由，显系巧饰。想必非贵董事诸公之意，应请即日正式否认，以祛误会，而息浮言，实为公便。耑此敬请公安，并希见复为荷。
>
> 清华学校教授金岳霖、唐钺、陈寅恪、叶企孙等仝启[2]

---

1 录自民国十六年七月十八日天津《大公报》。梅贻琦于七月十六日曾具名同启《宣言》，七月十八日《宣言》刊于报端，未举其名。
2 《吴宓日记》Ⅲ，页376。

清华旧制留美预备部学生急于提前放洋，不仅同反对此举的大学部学生正面冲突，发生纷争，还派代表在评议会讨论时发表演说，进行干扰，并向参与发表宣言的评议会教授寻衅滋闹。七月二十日上午，清华评议会讨论保障留美预备部高三高二级毕业后留美权利的办法，结果决定由校长与董事会商定，指定专款，以作该二级留美经费，俾不至因事境变迁而落空。但该款不得先期支用，俾合校章。此举由校长进行，而评议会公认。高二高三级学生闻讯，当日下午即有代表至父亲室中，对他辱骂讥诋，并谓今日评议会的决议，为对该二级的莫大侮辱。警告父亲等勿逃，等候彼等事毕来算账云云。父亲颇愤该生等的横暴，然亦无术以改善。

是晚寅恪伯父招父亲往，告以今日午11—5时，叶企孙在物理研究室为高二高三级两名学生持刀剪相逼，势将行凶，达六小时之久。该二生中间曾往寻父亲未获。今叶企孙已进城，父亲宜速走避。父亲于是回室中略行检点，即赴 Winter 室中度宿一宵。次日（七月二十一日）晨访寅恪伯父和赵元任。谈毕，立即乘车入城。午饭后，见天津《大公报》已登出金岳霖等质问董事会函，即电知寅恪伯父由校中进城避难。三时，与寅恪伯父、叶企孙、唐钺等在丁燮林[1]宅见面，谈清华事。

八月一日，外交总长王荫泰、次长吴晋召清华校长、评议员及诸董事开会，听取意见。父亲与评议员诸君同往。"曹校长代表同人发言，不将缮就之理由书宣读，而含糊其辞，殊使评议员之态度不获表见。"次由评议员一一陈述，"大率主张此事应听外交总、次长主裁。"但评议会则始终以七月十八日通过之议决案三条为根据（即按照校章及为学校前途计，旧制高三高二级不应提前于今年出洋；校章所定旧

---

1 丁燮林（1893～1974），字巽甫，笔名西林，江苏泰兴人。英国伯明翰大学理科硕士。曾任北京大学物理系教授，中央研究院物理研究所所长。著有剧本多种。1949年后任文化部副部长，北京图书馆馆长。

　　　　　　　　　　　　　　　　　　　吴宓与陈寅恪

制高三高二级毕业留美之权利应积极保障；旧制及新大学学生，应互相爱敬，融和无间，不应以此次事故而稍存芥蒂），持此不变。最后父亲发言颇激切，"申明此事发动于旧制生之逾轨要求，评议会并未通过，亦未默认赞许。今仍一致反对旧制二级今年出洋云云。吴晋谓彼今日始知此事乃源于学生之要求，而非当局自动之主张。于是曹校长之蒙蔽情形竟被揭破。吴晋又谓此事应由外交部完全决定。无论如何办理，学生等悉不宜登报宣言及上书请见。今当据诸人所述者，转呈总长，从速裁决。决定后以部令发表。望诸君以身作则，勖学生遵守部令，勿得再闹，否则严惩云云。众谓评议会意见既已陈明，部令发表后，评议会自必依法遵守云云。"[1]

外交部八月十日发布指令，外交总、次长与美国公使，会商决定，清华留美预备部高三高二两级，均令于明年（一九二八年）夏一同出洋（在高二为提前一年，在高三为照旧）。纷扰多日的清华风潮，至此告一段落。梅教务长和各评议员[2]，因不满曹校长独断专行，曾愤而辞职，不予合作。八月十五日，教授会议讨论结果，"校长引咎屈服。当场通过议决案，嗣后校长应遵守《组织大纲》。重要事件，必经评议会正式议决后，按照执行云云。于是教务长及各评议员遂复职。"[3]

这次风潮中，父亲及寅恪伯父所做种种，都是为维护他们所理想的一个民主的学术环境，以推行其志业。旧制生为报暑中游美不成之仇恨，后来在《清华周刊》作文对父亲极尽嘲笑侮蔑，父亲置之不理。

据父亲一九二七年八月十四日日记："是日，王静安先生安葬。十一时，偕梅贻琦及赵元任夫人，各乘人力车，至刚果寺（成府附近），随同送殡。时雨不止。宓等乘人力车行，至校东七间房茔地安

1 《吴宓日记》Ⅲ，页383。
2 据《吴宓日记》Ⅲ，页386。1927年8月7日提出辞职函的清华评议员为：戴超、杨光弼、吴宓、赵元任、陈福田、赵学海。
3 《吴宓日记》Ⅲ，页390。

葬。坟以水泥土造成，上覆石条。柩入土，雨益剧。遇杨宗翰。祭奠既毕，众遂散归。时下午二时也，雨犹不止，梅校长邀宓至其宅中午膳。四时，归宓室中。"[1]

寅恪伯父于七月底回南方度假，因而未能参加静安先生安葬。此前不久，由于政权更迭，教育体制、高校格局亦有变动，东南大学诸友来电来信邀父亲和寅恪伯父南下共商学事。据父亲一九二七年七月二十九日日记："是日写一长函，致柳、梅、汤[2]诸公，托寅恪带往南京。略谓聚居不如分立，尚易推行志业。故宓决留清华。即清华不可留之时，则当赴东北，而辞谢东南之招。盖柳公昨有函来，招宓及寅恪速往商学术上要事，故如是覆而婉谢之。"外此，因南京第四中山大学（原东南大学，国民革命军北伐成功后改名）校长张乃燕[3]及梅光迪、汤用彤诸老友七月二十四日亦曾电邀寅恪伯父和父亲即偕邓叔存[4]以蚤南下商议校务。父亲与寅恪伯父当时"议定即复一函，谓未悉详情。不日寅恪南来，面谈。若宓则托寅恪为代表云云"。八月十一日，父亲又接南京来电，"清华园吴宓、楼光来，盼公等来切，电复。迪、彤"。父亲"仍函复，不能来也"。[5]

一九二七年九月初，寅恪伯父返校任课。据父亲九月五日日记，下午教授会议散后，"陈寅恪、李济来。李济旋去。宓邀陈寅恪至小

---

1 《吴宓日记》Ⅲ，页389。
2 指柳诒徵、梅光迪、汤用彤。
3 张乃燕（1894～1958），字君谋，浙江吴兴人。留学英国、瑞士，日内瓦大学理学博士。时任江苏省政府委员，兼南京中山大学（原东南大学）校长。后任国民政府大学院参事，浙江省政府委员，建设委员会副委员长，驻比利时公使。抗战期间，隐居上海，学画山水。
4 邓以蛰（1892～1973），字叔存，安徽怀宁人。留学日本和美国。历任北京、清华大学哲学系教授。
5 《吴宓日记》Ⅲ，页381、379、389。

桥食社便餐，又在其宅中谈。梅、唐[1]亦至，晚十时半始归。闻寅恪谈宁、沪事甚悉。"

开学伊始，校中又不平静。教授会议决追收学费，校令煌煌；校长却暗中与学生联络竭力反对，欲利用大学部学生推倒教授会与评议会，不体会诸教职员本意在扶助校长，整顿纪律，而立规矩，使校章得行，事事不受少数恶劣学生的号令。父亲与寅恪伯父及诸友谈到校事，莫不愤慨嗟息，痛惜失却整顿收束之良机。

据父亲日记，九月二十八日，"浦江清偕王庸来。王庸[2]述第四中山大学（南京）情形，及柳公等之设施甚详。宓颇悔暑假中未赴宁沪一行，致柳公失望，而宓居此殊无益而多烦恼也。"十月十二日，浦江清、王庸君又偕刘咸[3]来谒，谈东南大学事。

父亲与寅恪伯父，几乎每天互访或步谈。九月十七日，父亲上课如恒。自晨至夕，为《大公报》孔诞纪念日撰作《孔子之价值及孔教之精义》文一篇。晚访寅恪伯父，又邀至室中，请为校阅新撰之文。九月二十五日上午，父亲作《刘泗英、雨若母陈太夫人七旬寿诗》。晚，又以所作诗五古一篇携示寅恪伯父，请批正。

一段时间内，父亲为校方聘请德文教师事，与钢和泰男爵[4]、鲁雅文 Erwin Rouscelles 等往来频繁。寅恪伯父劝我父亲"读德文，俾可多阅要籍"。[5]寅恪伯父本身在掌握语言工具方面是极下苦功的。即

1　梅贻琦、唐钺。

2　王庸（1900～1956），字以中，江苏无锡人。南京高等师范学校、清华学校研究院毕业。曾任北平图书馆舆图部主任，浙江、中央大学教授。1950年任南京图书馆特藏部主任，1954年调北京图书馆任舆图组组长兼中国科学院地理研究所研究员。

3　刘咸（1901～1987），字重熙，江西都昌人。东南大学生物系毕业，英国牛津大学人类学硕士。时任清华大学生物系讲师。后任山东、暨南、复旦大学教授，中国科学社编辑部长、《科学》杂志主编，上海自然博物馆筹备主任、学术顾问。

4　Baron Alexander Von Stael-Holstein，钢和泰男爵（1877～1937），生于帝俄时的爱沙尼亚，梵文学家。第一次世界大战后来华，在北京大学教授梵文及印度古宗教史。后为哈佛燕京学社研究员。

5　《吴宓日记》Ⅲ，页412。

以学习梵文来说，他在哈佛大学，随 Laman 教授学习梵文和巴利文二年，在柏林大学随 Lueders 学习梵文及巴利文近五年。此时到了北平，还与钢和泰继续研究，真是精益求精。

据父亲一九二七年十月三日日记："夕，陈寅恪来，以所作《吊王静安先生》七古一篇见示。宓并召浦江清来，命为钞写云。"[1]

寅恪伯父的这篇《吊王静安先生》，题后改为《王观堂先生挽词》，父亲保存有寅恪伯父当年发给诸友"敬求教正"的油印未定稿。父亲阅读时写有附注并加圈点。据唐筼[2]伯母后来录寅恪伯父语：王先生自沉后，余当日曾撰七律一首及一联挽之，意有未尽，故复赋长篇也。[3]

王觀堂先生輓詞　并序
陳寅恪

或問觀堂先生所以死之故。應之曰：近人有東西文化之說，其區域分劃之當否，固不必論，即所謂異同優劣，亦姑不具言；然而可得一假定之義焉。其義曰：凡一種文化值衰落之時，爲此文化所化之人，必感苦痛，其表現此文化之程量愈宏，則其受之苦痛亦愈甚；迨既達極深之度，殆非出於自殺無以求一己之心安而義盡也。吾中國文化之定義，具於白虎通三綱六紀之說，其意義爲抽象理想最高之境，猶希臘柏拉圖所謂 Eîdos[4] 者。若以君臣之綱言之，君爲李煜亦期之以劉

1　《吴宓日记》Ⅲ，页 415。
2　唐筼（1898～1969），女，原名家琇，后改名筼，号稚筼，字晓莹。吴宓惯称稚莹。天津女子师范、上海体育师范毕业，南京金陵女子大学体育专业本科肄业。曾任北京女子师范大学体育教师。1928 年与陈寅恪结婚，自此与寅恪相濡以沫，风雨同舟，生死相随。
3　录自《陈寅恪集·诗集》，页 12。
4　观念、理想。

秀；以朋友之紀言之，友爲酈寄亦待之以鮑叔。其所殉之
道，與所成之仁，均爲抽象理想之通性，而非具體之一人一
事。夫綱紀本理想抽象之物，然不能不有所依託，以爲具體
表現之用；其所依託以表現者，實爲有形之社會制度，而經
濟制度尤其最要者。故所依託者不變易，則依託者亦得因以
保存。吾國古來亦嘗有悖三綱違六紀無父無君之說，如釋迦
牟尼外來之教者矣，然佛教流傳播衍盛昌於中土，而中土歷
世遺留綱紀之說，曾不因之以動搖者，其說所依託之社會經
濟制度未嘗根本變遷，故猶能藉之以爲寄命之地也。近數十
年來，自道光之季，迄乎今日，社會經濟之制度，以外族之
侵迫，致劇疾之變遷；綱紀之說，無所憑依，不待外來學說
之掊擊，而已銷沈淪喪於不知覺之間；雖有人焉，強聒而力
持，亦終歸於不可救療之局。蓋今日之赤縣神州值數千年未
有之鉅劫奇變；劫盡變窮，則此文化精神所凝聚之人，安得
不與之共命而同盡，此觀堂先生所以不得不死，遂爲天下後
世所極哀而深惜者也。至於流俗恩怨榮辱委瑣齷齪之說，皆
不足置辨，故亦不之及云。

漢家之厄今十世，宋汪藻《浮溪集》載代隆祐后孟氏所草高宗即位詔有云：
"漢家之厄十世，宜光武之中興；獻公之子九人，惟重耳之尚在。"宋徽宗子九
人，惟高宗繼，故云。清代自順治至宣統適爲十朝。不見中興傷老至。一
死從容殉大倫，千秋悵望悲遺志。曾賦連昌舊苑詩，興亡哀感
動人思。豈知長慶才人語，竟作靈均息壤詞。王先生壬子春在日本
時，作長詩《頤和園詞》述晚清事，中有句云："昆明萬壽佳山水，中間宮殿排
雲起。拂水回廊千步深，冠山傑閣三層峙。"後竟自沈排雲殿前湖中。依稀廿
載憶光宣，猶是開元全盛年。杜工部《憶昔》詩云："憶昔開元全盛日。"
海宇承平娛旦暮，京華冠蓋萃英賢。當日英賢誰北斗，南皮太保

方迁叟。南皮卒後追贈太保。抱冰堂弟子記載，文襄自比司馬光。迁叟，溫公自號也。忠順勤勞矢素衷，文襄嘗自言，在武昌時自比於陶侃之忠順勤勞。故鄭孝胥海藏樓詩有"忠順勤勞是本根"之句。《晉書·陶侃傳》梅陶論侃有"忠順勤勞似孔明"之語也。陳曾壽《讀廣雅堂詩》一文中載："蘇堪一日（侍文襄）雅座便談，謂公方之古人，所謂忠順勤勞似孔明也。公爲之起立，謙讓不遑，而慨嘆首肯者再，蓋深知公之心者。"又言："文襄生平以陶侃自況，其過桓公祠詩云："虛譽迴翔殊庾亮，替人辛苦覓恩期。"中西體用資循誘。文襄著《勸學篇》，主中學爲體，西學爲用。總持學部攬名流，文襄以軍機大臣協辦大學士管理學部事務。樸學高文一例收。圖籍藝風充館長，名詞痏楚領編修。痏楚謂嚴幾道復，復有《痏楚堂詩集》。校讎輯譯憑誰助，學部有名詞編譯館，以嚴復主之。又有京師圖書館，以繆荃孫主之。王先生當日雖頗譯外國書，其實並與繆嚴無關涉。此詩句不過承上文"攬名流"之語。羅叔言見此詩，遺書辨釋，蓋未瞭解詩意也。海寧大隱潛郎署。王先生於光緒三十二年丙午隨羅叔言至京，次年以榮慶薦在學部總務司行走，充學部圖書館編輯。是後數年間專力於詞曲。文選王康琚反招隱詩："小隱隱陵藪，大隱隱朝市。"入洛才華正妙年，渡江流輩推清譽。閉門人海恣冥搜，董白關王供討求。剖別派流施品藻，宋元戲曲有陽秋。王先生於此時初草《宋元戲曲史》，後改稱《宋元大曲考》。先生嘗語余，戲曲史之名可笑。蓋嫌其名不雅且範圍過廣不切合內容也。沈酣朝野仍如故，巢燕何曾危幕懼。君憲徒聞俟九年，廟謨已是爭孤注。當時預備立憲十年，清廷迫於在野輿論，減少一年，正宋人謂寇準勸真宗渡河爲爭最後之孤注也。羽書一夕警江城，倉卒元戎自出征。武漢革命軍興，陸軍部大臣蔭昌親率兵至武漢，一戰而敗。初意潢池嬉小盜，遽驚烽燧照神京。養兵成賊嗟翻覆，指黎元洪。孝定臨朝空痛哭。袁世凱任總統後宋育仁著《共和真諦》，大旨謂共和之名起於周厲王失位，共和伯乃周室大臣，暫時攝政，俟宣王年長乃歸政焉，世凱應亦如此。勞乃宣爲其書作序。世凱乃令自述其柄政之由，有"孝定景皇后臨朝痛哭"之語。育仁本王闓運高弟，時任職國史館。玉初蕢子皆清季名流。袁乃押解宋育仁還四川原籍，勞居青島，袁不能加罪，於是國史館長湘綺翁不得不南歸矣。**再起妖腰亂領臣**，杜《大食寶刀歌》有"妖腰亂領"之句。**遂傾寡婦孤兒族**。《晉書》載記石勒傳，勒曰："大丈夫行事當礌礌落落，如日月皎然，終不能如曹孟德、司馬仲達父子，欺他寡婦孤兒，狐媚以取天下也。""養兵"下四句全詩綱領，清室之亡可以此四句簡括之也。**大都城闕滿悲笳**，北京元號大都。**詞客哀時未返家。自分琴書終寂寞，豈期舟楫伴生涯。回望舳艫涕泗漣，波濤重泛海東船。**先生早歲遊學日本，清帝遜位後復從羅叔言重遊日本。**生逢堯舜成何世，去作夷齊各自天。江東博古矜先覺**，指羅雪堂。羅隱有《江東甲乙集》。**避地相從勤講學。島國風光換歲時，鄉關愁思增綿邈。大雲書庫富收藏，古器奇文日品量。考釋殷書開盛業，鉤探商史發幽光。**羅叔言得敦煌石室六朝寫本《大雲經》殘本，因以名其書庫。王先生此時始從事甲骨考古之學，與其前所研究者範圍不同矣。**當世通人數舊遊，外窮瀛渤內神州。伯沙博士同揚榷**，法人伯希和、沙畹兩博士。**海日尚書互倡酬。**沈曾植，宣統復辟時學部大臣。有《海日樓詩集》。法國漢學者曾勸羅、王兩先生往遊巴黎，然終不果。余之得識伯希和於巴黎，由先生作書介紹也。先生詩集中有與沈乙庵唱和詩，蓋返自日本居上海時所作。**東國儒英誰地主，藤田狩野內藤虎。**日人藤田豐八、狩野直喜、內藤虎次郎。內藤別號湖南。羅先生昔年在上海設東文翻譯社，延藤田豐八講授日文。先生從之受學。故此句三人中列藤田第一，不僅音韻關係。至於內藤虎列第三，則以虎字為韻腳之故，其實此三人中內藤虎之學最優也。**豈便遼東老幼安，還如舜水依江戶。**明代遺老朱舜水避地日本，日人從之受學。當時日本國政在大將軍。大將軍居江戶，即今之東京。舜水之得居日本，大將軍力也。**高名終得徹宸聰，徵奉南齋禮數崇。**王先生以大學士升允薦，與袁勵準、楊宗義、羅振玉同入直南書房。清代舊制，在南書房行走者多為翰林甲科。袁、楊固翰林，羅雖非由科第顯，然在清末已任學部參事。先生僅以諸生得預茲選，宜其有國士知遇之感也。**屢檢秘文升紫殿，曾聆法曲侍瑤宮。**嘗奉命在景陽宮檢查書籍，又在御花園漱芳齋敕賜官戲。文學承恩值近樞，鄉賢敬業事同符。查初白慎行康熙時侍尚書房，有《敬業堂集》，查亦海寧人也。君期雲漢中興主，臣本煙波一釣徒。查集《謝賜魚詩》有"笠檐蓑袂平生夢，臣本煙波一釣徒"句。是歲中元周甲子，康有為詩有句云："中元甲子天心復。"蓋前一甲子在同治時，世稱中興也。神皋喪亂終無已。堯城雖局小朝廷，《水經注》有囚堯城。漢室猶存舊文軌。辛亥優待條件許可宮中仍用舊制度。忽聞攬甲請房陵，杜甫《贈狄明府》詩云："梁公之孫我姨弟。"又云："宮中下詔請房陵，前朝長老皆流涕。"房陵謂中宗。奔問皇輿泣未能。優待珠槃原有誓，珠槃見《周禮》。庾子山《哀江南賦》云："載書橫階，捧珠槃而不定。"清室之遜位，蓋由奕劻、袁世凱給隆裕太后以優待條件如盟誓之可保信，有國際條約之性質云云。宿陳芻狗遽無憑。神武門前御河水，好報曾作思把。深恩酬國士。南齋侍從欲自沈，指羅振玉。南齋，南書房。北門學士邀同死。北門學士指柯紹忞。柯為翰林院侍講學士。唐高宗時詔文學之士於北門討論，故以北門為翰林院之代稱。羅、柯曾約王共投神武門外御河殉國，卒不果，後王先生之自沈昆明湖，實有由也。魯連黃鷂績溪胡，《昌黎集》嘲魯連子詩："魯連細而黠，有似黃鷂子，田巴兀老蒼，憐汝矜爪觜。"蓋王先生之入清華，胡所薦也。獨為神州惜大儒。學院遂聞傳絕業，園林差喜適幽居。清華學院多英傑，其間新會稱耆哲。舊是龍髯六品臣，梁先生於戊戌以舉人資格特賞六品頂戴，辦理編譯事宜。後躋馬廠元勛列。梁先生通電中比張勳為朱溫，亦間詆康。費仲深樹蔚詩云："首事固難同翟義，元兇何至比朱溫。"梁先生當張勳復辟時避居天津租界，與段祺瑞乘驟車至馬廠段部將李長泰營中，遂舉兵。所發通電中並詆及南海，實可不必，余心不謂然，故此詩及之。"龍髯六品""馬廠元勛"兩句屬對，略符趙甌北論吳梅村詩之旨。此詩成後即呈梁先生，梁亦不以為忤也。鰥生孤落百無成，敢並時賢較重輕。元祐黨家慚陸子，《渭南集》書啟有："以元祐之黨家，話貞元之朝士。"又云："哀元祐之黨家，今其餘幾；數紹興之朝士，久矣無多。"放翁祖父陸佃，名列元祐黨人碑。陸佃，荊公門人，後又爲司馬黨。西京群盜愴王生。用王粲《七哀》詩意。粲祖父暢，漢三公。杜詩“群盜哀王粲”。許我忘年爲氣類，北海今知有劉備。《後漢書·孔融傳》，融使人求救於平原相劉備，備驚曰：“孔北海乃復知天下有劉備邪？”曾訪梅真拜地仙，喻訪王。梅真即梅福，福字子真。世傳梅福爲地仙。梅真之稱，猶揚子雲可稱揚雲，梅福西漢避王莽之篡者也。《漢書》有傳。更期韓偓符天意。希王先生之不死也。玉山樵人集避地詩有“偷生亦似符天意”句。韓偓唐代避朱全忠之篡者也。《新唐書》有傳。回思寒夜話明昌，陳先生曾在清華工字廳與王先生話清朝舊事。《遺山集》除夜詩：“神功聖德三千牘，大定明昌五十年。甲子兩周今日盡，空將老淚灑吳天。”明昌，金章宗年號，金之盛世也。相對南冠泣數行。猶有宣南溫夢寐，不堪灞上共興亡。遺山詩：“只知灞上真兒戲，誰謂神州竟陸沈。”蓋用周亞夫事，見《史記》、《漢書》。齊州禍亂何時歇，《爾雅》：“九州謂之齊州。”今日吾儕皆苟活。但就賢愚判死生，未應修短論優劣。駁陸懋德論王先生文中意。風義平生師友間，李義山《哭劉蕡》詩云：“平生風義兼師友，不敢同君哭寢門。”招魂哀憤滿人寰。他年清史求忠蹟，一弔前朝萬壽山。

　　寅恪伯父作《王觀堂先生挽詞》時，沒有加注。以上詩注，是寅恪伯父的弟子、已故復旦大學教授蔣天樞[1]君於一九五三年秋赴廣州進謁寅恪伯父，據寅恪所述，歸上海後於一九五四年補箋於詩句下面的。蔣君於此寫有說明：“癸巳秋游粤，侍師燕談，間涉及晚清掌故及與此詩有關處，歸後因記所聞，箋注於詩句下。甲午元夕補記。”[2]現爲方便讀者閱讀，一並錄下。《挽詞》及序中的着重點，系我父親錄存時所加。

　　父親對寅恪伯父的《王觀堂先生挽詞》極爲贊賞，評價很高。他後

1　蔣天樞（1902～1988），字秉南，江蘇豐縣人。清華國學研究院 1928 年畢業。曾任開封省立高級中學教員兼開封東北大學教師，復旦大學中文系教授。
2　《陳寅恪集·詩集》，頁 12。

来在《空轩诗话》中曾这样写道:"王静安先生国维自沉后,哀挽之作,应以义宁今改修水县陈寅恪君之《王观堂先生挽词》为第一。此篇即效王先生《颐和园词》之体。原有序,序与词,并载《学衡》杂志六十四期。发明中国文化中之纲纪仁道,皆抽象理想之通性。如柏拉图所谓 Eîdos 者,而非具体之一人一事。予平日所言殉道殉情,亦即此义。陈义甚精。""此诗包举史事,规模宏阔,而叙记详确,造语又极工妙,诚可与王先生《颐和园词》并传矣。"[1]

对寅恪伯父的《王观堂先生挽词》,父亲不仅自己十分称赏,并热心向友生推荐。据清华校友苏景泉回忆,上世纪三十年代,他们上陈寅恪先生的"文学专家研究"课,讲元稹、白居易诗,雨僧师常来旁听此课。下课后,"尝指示选陈师课的同学:'你们便中请陈先生讲解他为挽王公国维所撰的一篇长诗。'……汉家之厄今十世,不见中兴伤老至。一死从容殉大伦,千秋怅望悲遗志。……'因为诗中所引用的典故与含蓄的寓意,人多不明白其出处。不过此诗的中心思想是在尽量发挥数千年中国传统文化的纲纪仁道。由此可见陈师学问的渊博与理想的高远了。"[2]

父亲晚年作有《王观堂先生挽词解》,可惜"文革"中多散佚,只剩下很少几则:

> "漢家之厄今十世,不見中興傷老至。南宋高宗(康王行九構)
> 即位時,由孟太后哲宗之妻,稱曰元祐太后。詔命。其《策文》乃汪藻所撰,
> 中間警句云:'漢家之厄十世,惟光武之中讀如仲,再也。興;獻公之子九人,
> 僅重耳之尚在。'至為典切。按:(西漢十一帝,此處不算王莽所擁立之平帝,
> 故曰十世。)此二句借用汪文,但實指清朝。清自順治至宣統共十帝,宣統是

---

1 《吴宓诗话》,页 193、196。
2 台湾《清华校友通讯》1970 年新 32 期。

第十世。王靜安先生祈望宣統帝能復興清朝。然待至一九二七年，王先生已五十一歲。'老之將至'，出《論語》，孔子'不知老之將至'。且已至矣，而中興尚不見實現，故絕望非爲私人理由自殺。

"一死從容殉大倫。五倫，第一是君臣，以下父子、兄弟、夫婦、朋友，故曰大倫。宣統尚未死，王先生所殉者，君臣（王先生自己對清朝）之關係耳。

"千秋悵望悲遺志。杜甫《詠懷古蹟》詩宋玉一首：'悵望千秋一灑淚，蕭條異代不同時。'後世之人，哀悼王先生，而悲王先生之忠節（其望清復興之志）。

"南皮太保方迂叟。應參讀《張文襄公年譜》，許溯伊編。《散原精舍詩》，寅恪先生之尊人陳伯嚴（三立）著（一九一六石印本）。迂叟，司馬光別號。張文襄公恒以自比。見公詩《蜀葵花歌》之末句。《散原精舍詩》卷上《靖廬牆側，有蜀葵數株，戲賦》七絕二首。第二首爲：'抱冰居士今迂叟，更表茲花費制裁。抱冰尚書極賞蜀葵，官廳隙地，列植殆遍。曾賦《蜀葵篇》，自云表微，本司馬迂叟（宋，司馬光）之旨。以迂叟（司馬光）亦嘗有詩贊蜀葵也。校士錄成俄約廢，九閽應許遍看來。'尚書子留京師，校閱經濟特科試卷及議俄約。此詩作於光緒癸卯一九〇三年閏五月下旬。

"忠順勤勞矢素衷。東晉成帝咸和九年，陶侃卒。尚書梅陶與人書，評侃曰：'陶公機神明鑒似魏武，忠順勤勞似孔明。陸抗諸人不能及也。'（見《通鑒》卷九十五）司馬光《蜀葵賦》，引《晉書·陶侃傳》'忠順勤勞'云云。張文襄每引以自況。見袁旭所作公《五十壽言》（述學），載《抱冰堂弟子記》中。又見陳曾壽《讀廣雅堂詩隨筆》自序。（作於民國初年）

"圖籍藝風江陰繆荃蓀字筱珊。充館長，名詞瘉埜侯官嚴復字幾道。領編修。瘉埜，嚴幾道在《中外日報》中作文，自署此名，意云喚醒或感化在野之人。

"再起妖腰亂領臣，妖腰亂領臣，語見杜甫《荊南趙公大食刀歌》。此處指袁世凱。

"生逢堯舜成何世，去作夷齊各自天。寅恪此實改用其尊人陳伯嚴

（三立）之辛亥歲暮寓滬《無題》詩句：'生逢堯舜爲何世，微覺夷齊更有山。'

　　"伯沙博士同揚榷，法人伯希和 Paul Pelliot，法人沙畹 Ed. Chavannes，同爲博士、漢學家。

　　"是歲中元周甲子，術數家以甲子配六宮，必 180 年而度數盡。故第一甲子曰上元，第二甲子曰中元，第三甲子曰下元。《十六國春秋》：'天地一變，盡三元而止。'宓按，寅恪以同治三年甲子 1864 曾軍破金陵（南京），洪秀全自殺，是年甲子可定爲同治中興之上元。則六十年後，今 1924 甲子成爲中元矣。

　　"舊是龍髯六品臣，戊戌年，梁啓超以舉人，賞給六品頂戴，在上海辦報。

　　"元祐黨家慚陸子，淳熙十三年（1186）陸游知嚴洲。《謝王丞相（淮）啓》有云：'伏念游元祐黨家，紹興朝士。'蓋陸游祖父陸佃，師事王安石，官至尚書右丞。持論平正，爲新黨所不喜，列爲元祐黨人。按寅恪之祖父陳右銘公（寶箴）戊戌年任湖南巡撫，以保薦康有爲及在湘行新政，罷職。父伯嚴先生（三立）以在湘參贊新政，革去吏部主事，禁錮於家。故寅恪以陸游自比。彼爲元祐黨人，此則維新黨人耳。寅恪云：'以元祐之黨家，話貞元之朝士'，語出陸集。

　　"但就賢愚判死生，未應修短論優劣。此二句針對陸懋德當時所爲文（謂王先生不應自殺）而反駁之。意云賢者雖死猶生，愚者生亦如死。生死在精神，不在肉體之存毀，豈可以壽命之修短判定人品之優劣哉！（以上寅恪兄自釋）"[1]

　　父亲熟读《王观堂先生挽词》，能够背诵。晚年重编《吴宓诗集》[2]时，在关于《挽词》的一篇诗话中，加上了《挽词》的序，又写了以下按语："此序及诗，同刊载于《学衡》杂志第六十四期。《吴宓诗集》中，录诗而未录序。此序陈义甚高，而至精切。寅恪在 1927

1　以上录自吴宓手稿。
2　此指中华书局 1935 年出版的《吴宓诗集》，为作者自编本。商务印书馆 2004 年出版的《吴宓诗集》，即是在作者晚年重编的基础上整理的。

年，已看明 1949 后之变，可谓先识之士矣。"[1]

据父亲一九二七年十月六日日记："下午 4—7 赴评议会，知外交总长已颁定改组本校董事会章程，并已聘定新董事梁任公等数人。从此本校前途又多变化。我辈寄身学校以读书适志者，又不免将受影响矣。近者深感学校中之营营逐逐，不特有伤清德，抑且无补实利。但当静居安命，以俟其自然变化可耳。晚 8—9 访陈寅恪谈。"[2]

这段时间，父亲的日记中多记有"寅恪来"、"与寅恪谈"、"访寅恪"等句，但未述及访谈内容。

十月十五日，"下午四时，访陈寅恪，遇唐钺。三人同步至朗润园 今为燕京大学教职员住所。游览。六时归，陈寅恪招宴于小桥食社。又在寅恪宅中中谈。晚九时始归。"[3]

十月十六日，"上午读书。下午，俞平伯等来，在工字厅演唱昆曲（《长生殿》等），辅以笛板。寅恪来，邀同往听。3—5 毕，又导俞等参观校中各地，五时散去。"[4]

这年秋冬，奉晋战起，京畿震动。清华校内，研究院亦发生风潮。起因于梁任公被外交部聘为庚款董事会董事，曹云祥担心梁任公取代自己为校长（章程规定，校长在董事中选任），极力反梁。教育系教授朱君毅为之奔走，唆使研究生王省上书诬告任公先生旷职，请求易人。曹将信抄寄任公，施加压力，欲迫令辞职。研究院同学闻讯质问王省，真相大白。同学们一方面去天津慰问梁先生，另方面请求外交部撤换有关人员，结果王省被开除，朱君毅辞职，曹不久亦去任。不少清华人顾虑"曹既去职，梁亦不得长校。当局必委奉派之人为校长，而教育部且谋收管清华学校。故前途殊于本校及教职员不利

1　见《吴宓诗话》，页 193 整理者注。
2　《吴宓日记》Ⅲ，页 416。
3　同上书，页 421。
4　同上。

云云"。父亲以为"此实中肯之论也"。[1]

在这次清华校事风潮中，一向少关涉校务的寅恪伯父比较活跃，不惟在教授会上发表演说，要求校长及朱君毅即辞职（十一月十日），十二日晚又招父亲往谈，谓"曹校长即将去职。现正进行举荐梅贻琦以教务长暂代理校长，以求迅速解决，藉免觊觎而安校内之人心。已由寅恪函梁任公转荐梅于外交总长王荫泰。如梁尚犹豫，则拟使宓赴津面谒梁劝说云云"。父亲在日记中惊叹："近顷之事，寅恪乃成为发纵指示之中心人物云。"[2] 当然，寅恪伯父本意仍在于维持和营造一个较为理想的学术氛围。

一九二七年十一月十四日下午一时，胡先骕来清华。父亲"邀至小桥食社便餐（2.00）。次导访陈寅恪，谈东方语言统系。寅恪谓非通梵、藏等文，不能明中国文字之源流音义，不能读《尔雅》及《说文》云。次导访叶企孙，未遇。游观校中各处。3—6 在宓室中叙谈。而刘崇乐、叶企孙、刘咸、戴立生来访胡，均入座同谈。多谈生物学及第四中山大学情形。六时，胡先骕别去"。[3]

这次胡君北来，父亲原以为"学衡社友，多年暌隔，今兹重叙，志同道合，必可于事业有裨，乃结果大失所望"。胡先骕惟谓自己（一）专心生物学，不能多作文；（二）胡适[4]对他颇好，等等。且不仅对父亲呕心呖血维持《学衡》作了许多不公正的谴责，而且主张《学衡》停办。父亲于此，记述甚详；悲愤之情，跃然纸上。

"夫《学衡》之局，已成弩末。始谓琴碎弦绝，尚留馀思，可供凭吊回环。以今观之。并此而不吾许矣。兼以近今诸种情事，宓益深

---

1 《吴宓日记》Ⅲ，页 434。

2 同上书，页 436。

3 同上书，页 437。

4 胡适（1891～1962），字适之，安徽绩溪人。中国公学肄业，留学美国康奈尔及哥伦比亚大学。曾任中国公学校长，北京大学教授、文学院长、校长，中国驻美大使，行政院国民政府最高政治顾问。中央研究院院士。1949 年春赴美国，1958 年任台湾中央研究院院长。

悲痛。呜呼，天实鉴之。宓之本心，实欲植立中心，取得一贯之精神及信仰，而成为光明端正、内质诚而外活泼之人物。所模仿者，为安诺德，为白璧德，为葛德，为曾文正。今乃以种种之驱迫：（一）外界之阻难；（二）世人对宓等之冷落；（三）同志之萧条及离异；殆将逼宓走入旁路，困守一隅，只务成己，不敢立人。只求自喻，难期人谅。谢绝交际，避去世缘，遏心冥思，专务著作小说及诗，以自写其经验，鸣其悲思也乎？是所成者，殆为 Gray[1]，Byron[2]，Shelley[3]，Thackeray[4]，*Obermann*，[5]（Sénancour）[6]一流。此岂宓之初愿哉？旁皇歧路，预思来日，忧思谁知，弥觉孤凄也已。"[7]

父亲担忧《学衡》前景，并为学衡社友的指责和不理解感到委屈，"中心至为痛伤"。这也难怪，父亲对个人的出处，一向以有利于办好《学衡》为前提；一九二五年初舍东北到清华，也有为《学衡》改善编辑环境及条件的考虑。事实证明，他那时的选择和考虑，没有落空：《学衡》得以按期出版，从目录也可看出撰稿人的队伍扩至京津文士，王国维先生的重要文论，几乎每期都有刊登，且不止一篇。外此，钢和泰男爵的班禅谕文译释，梁启超、姚华（茫父）、张尔田、黄晦闻等先生的诗词作品，浦江清、张荫麟、陈铨等关于西方文化重要动向的译作等等，也都难能可贵。今天的读者也许不清楚，当年为《学衡》写稿是没有稿酬的，全为弘扬文化作贡献。

当时，为维持《学衡》的出版，父亲个人每期津贴百元，又向亲友

---

1 Thomas Gray，格雷（1716～1771），英国诗人。

2 George Gordon Byron，拜伦（1788～1824），英国诗人。

3 Percy Bysshe Shelley，雪莱（1792～1822），英国诗人。

4 William Makepeace Thackeray，萨克雷（1811～1863），英国著名小说家。

5 "Obermann"（《欧勃曼》），1804年出版的一部法国小说。该小说采用书信体，对十九世纪欧洲浪漫主义文学影响很大。该小说描述作者在法国和瑞士森林中的漫游和深思，反映作者不断追求的精神以及理想不得实现之痛苦等，该作品开现代心理小说之先河。

6 Etienne Pivert de Senancour，瑟南古（1770～1846），《欧勃曼》的作者。

7 《吴宓日记》Ⅲ，页438。

募捐以维持。因为中华书局不肯续印,此刻正不辞劳苦,四处奔走,辗转托人,甚至几次恳请梁任公先生致函中华书局总经理陆费逵说项。

十一月十七日,父亲"又接汤用彤函,谓暑中南京同人本以文学院院长推宓,而宓不惟不来,且又函景昌极[1]云云。该函为同人传观,致深怪宓之不情云云"[2],这也使父亲异常难过。所谓"函景",指的是父亲于本年七月初,得缪凤林[3]函,知景昌极拟在东南大学为教员或助教,不赴东北。父亲在东北大学所苦心经营的团体,行将瓦解。他考虑学衡社员聚集不如分立,可更扩大影响,推行志业;故于七月十二日曾函景昌极,力劝仍返东北大学任职。八月二十一日,接读缪凤林函及景致缪长函、又景致宓函后,即自疑判断失误,"颇悔七月初不应严词盛气,强景舍东南而返东北","遂于晚间召浦江清来,询南京近情。随即拟一电致景,'留宁可进学适性,宓今甚赞成,请度现势自决。'"[4]次日"因恐景已表示舍东南而返东北,此电将益增纠纷而致惶惑。且蒋介石下野,宁局大变,遂未发此电。而作详函致缪及景,细述种种。而以此电稿交缪酌决,可发则由缪发出,否则止。"[5]

十一月二十一日,父亲收到中华书局十一月十五日来函,谓"(一)决照宓所提条件(年出六期,给津贴六百元。馀仍旧。)续办《学衡》一年。请速寄稿。(二)《学衡》五十九期日内即出版,六十期则稍缓云云。"父亲当时喜出望外,急"函奉天缪、景、刘等及南京柳、汤等诸社员,报告续办立约,索文稿。又言下年应给中华津贴

---

1 景昌极(1903~1982),字幼南,江苏泰州人。南京高等师范学校、南京支那内学院毕业。曾任东北、成都、中央、武汉、安徽大学教授,泰州中学、扬州师范学院教师。学衡社员。

2 《吴宓日记》Ⅲ,页440。

3 缪凤林,(1898~1959),字赞虞,浙江富阳人。南京高等师范学校、南京支那内学院毕业。曾任东北大学讲师,江苏国立图书馆印行部主任,中央大学历史系教授、系主任。学衡社员。

4 《吴宓日记》Ⅲ,页393。

5 同上书,页394。

凡六百元，宓愿独力捐垫。倘诸公有顾念宓之处境艰难而自愿捐助者，则殊为感幸云云。"[1]十二月四日，父亲接缪凤林、景昌极来函，"各愿捐学衡社津贴中华款每期各十元，二人合共一百二十元。"[2]

一九二七年十二月，父亲应天津《大公报》总编辑张季鸾先生的提议，自愿担任《大公报》新增的《文学副刊》主编，本意是想在新文化运动期刊如雨后春笋的情形下，占领一角阵地，宣传一己之主张。《大公报》怎么会想到找吴宓来编其《文学副刊》？据父亲"文革"中交代材料所述："当时，以胡适为首的新文化运动势力支配着中国文化教育界（尤其在平津），到处冲入，霸占。《大公报》此时既公开批评国民党政府，亦不愿胡适派侵入"独立"的《大公报》：故当时拟于周作人（笔名启明，北大教授，在北大内部与胡适对立）吴宓二人中，选聘一人编辑《文学副刊》，而以张季鸾极力推荐，卒决定聘宓。"[3]

父亲原拟请景昌极君来京协助此事，后景以身弱多病辞，乃请赵万里、张荫麟、浦江清等君助编，寅恪伯父对父亲主编《大公报·文学副刊》，开始极为赞成，"谓此机不可失，并自言愿助宓云云"；[4]后以《大公报》修改原约，裁减经费，"则谓此事毫无希望，宓徒自苦，故亦不愿助宓云云。又谓宓此事初办之日，已成山穷水尽之形势。景既不来，赵、浦等又不肯出力协作；且性气骄傲，不受指挥。纵尽分宓所得经费以为酬金，亦难满其意。故宓所处之境至难，两方受厄，内外离心。恐此三月，亦不能支持云云。宓自思一生命薄，每处艰遇。经营诸事，孤立无援，至可悲伤。惟事已至此，只有发奋为之，

---

1 《吴宓日记》Ⅲ，页 442。
2 同上书，页 446。
3 据吴宓 1967 年 1 月 24 日及 25 日所写"文革"交代材料。
4 《吴宓日记》Ⅲ，页 447。

辛苦支持。必使不失信，不中断。至于内容如何，则视时间精力之所能到之地步而已。"[1]

十二月九日，父亲曾去天津一行，与《大公报》张季鸾、胡政之（霖）先生商谈编撰《文学副刊》。又"谒梁任公于意租界西马路25号宅。（乘电车至法国桥下，步行，不远即至。）宓述寅恪意，请梁用力，俾速易校长。梁允即函吴贯因言于外长"。[2]

一九二七年十二月二十三日，天津《大公报》刊出该报新增《文学副刊》的预告："自一九二八年一月二日起，每逢星期一，增出《文学副刊》一版。特请名家担任撰述投稿。内容略仿欧美大报文学副刊之办法，而参以中国之情形及需要。每期对于中外新出之书，择优介绍批评，遇有关文学思想之问题，特制专论；选录诗文小说笔记等，亦力求精审。"等等。

《大公报·文学副刊》没有一名专职人员，父亲兼任主编，全面负责并特重中国古典诗词、小说而外，约请几位年轻朋友学生为撰述员，每期撰稿。清华国学研究院助教赵万里（在《文副》中，笔名蠡舟），专管中国考据及词曲；清华国学研究院助教浦江清（在《文副》中，笔名穀永），专管中国文学、西洋文学；清华留美预备部一九二九级学生张荫麟（笔名素痴），专管中国历史、中国文学；清华大学中文系教授朱自清[3]（笔名知白），专管中国的新文学；清华图书馆职员毕树棠[4]（笔名民犹），专管欧美报刊消息。

编辑部就设在工字厅西客厅父亲寓所，每周由父亲做东会餐，讨

---

1 《吴宓日记》Ⅲ，页 456。

2 同上书，页 449。

3 朱自清（1898～1948），字佩弦，号秋实，江苏扬州人。北京大学毕业。曾任杭州第一师范、扬州第八中学、中国公学、白马湖春晖中学教员，清华、西南联合大学中文系教授兼系主任。

4 毕树棠（1900～1983），名庶澄，山东文登人。济南第一师范学校毕业。曾任小学校长、师范教员，清华大学图书馆职员。

　　　　　　　　　　　　　　　　　　　　吴宓与陈寅恪

论通过本期全稿，拟定下一期稿件。每期由父亲编成全稿，计算字数，画版，于每星期五正午以前，邮寄天津大公报馆。

据父亲"文革"中交代材料[1]：他编辑《大公报·文学副刊》与编辑《学衡》杂志，目的及办法完全不同，彼此亦无任何关系。他所编《文学副刊》是作为大公报社中的一员，编辑该报中的一特种组成部分；故 1. 父亲在《文副》中永不露名，自称"本副刊编者"，所撰新闻及评论，均不署名；只有长篇专论，以个人观点作成和不代表报馆者，乃署"馀生"笔名。直至 1934 年一月初，《文学副刊》停刊时，报中始发表"承吴宓先生担任《文学副刊》编辑六年，深为感谢"云云。2.《文学副刊》全部稿件，虽由父亲编定，《大公报》总编辑张季鸾有完全去取（登出或抽出不登）、增删、修改之权（实际所改甚少）。3.《文学副刊》的政治立场，对时局的看法，有关社会的思想议论（虽是文学的题目及范围），必须与《大公报》社论、社评所表示者一致。所以《文学副刊》的文学观点、文学立场，亦是全面、综合，无偏无党；新旧中外兼收（材料、内容、范围）；文言、白话并用（体裁、形式）。既登前清遗老所作，有韵有律的古典诗词，亦登革命青年的白话新诗；一方面，既特别刊登"王国维先生逝世周年纪念"文三篇，表彰其学术文艺之成就（1928 年六月），另方面，又以专篇评述苏联诗人玛雅柯夫斯基的自杀及其诗之成就（1930 年夏）；一方面评《清史稿》的印行，评傅斯年《东北史纲》，又一方面刊登寄居日本的郭沫若《中国古代社会研究》，推荐其甲骨文的专著；馀可类推。4.《文学副刊》不是专门学术、文艺的期刊，而是《大公报》的文学（广义的）及出版界的新闻报道。故其主要内容首先是新书的介绍与评论，其次是期刊杂志的出版及其要目，文学团体的分合生灭，文学界名人（作家）的消息，等等。父亲初意以英国《泰晤

1　吴宓 1967 年 1 月 26 晨"文革"交代第五篇：《编辑〈大公报·文艺副刊〉》。

士报》(伦敦《时报》)的文学副刊(每星期四出一册)为模范;所惜力量有限,成绩殊不足耳。

《文学副刊》撰稿人,开始主要为平津宁沪学者,新月派人士胡适、叶公超、沈从文[1]、陈梦家[2]、方玮德[3]等,亦有诗文刊登,尤其在徐志摩遇难后及丁玲失踪时。新书评介,清华大学在校生是主力,刘盼遂[4]、王岷源、李惟建[5]、钱锺书[6]、余冠英[7]、季羡林[8]等,均不时有文见报。

天津《大公报·文学副刊》一九二八年初创刊后,反应较好。据父亲二月十五日日记,"昨罗振玉函赵万里,谓《文学副刊》议论明通云云。又张季鸾函言叶恭绰甚佩服《文学副刊》云云。"四月二十一日,父亲为编务曾再赴天津与张季鸾、胡政之晤谈,"渠等对《文学副刊》内容甚满意。"又一月十日,父亲"晚7—8时访寅恪,知《大公报·文学副刊》编撰之事,众已知系宓所为。只有努力前途,精选材料;不惧不缩,不荒不怠,以毋负吾自己耳。"[9]

---

1 沈从文(1902～1988),湖南凤凰人。高小毕业入伍,后赴北京读书。曾任中国公学教员,武汉、青岛、西南联合、北京大学教授,中国历史博物馆、中国社会科学院历史研究所研究员。
2 陈梦家(1911～1966),浙江上虞人。中央大学、燕京大学研究院毕业,任教燕京、西南联合、清华大学,1944年升任教授,1952年任中国科学院考古研究所研究员。
3 方玮德(1908～1935),安徽桐城人。新月派有影响的诗人之一。中央大学毕业,任教厦门集美学校。曾与徐志摩、陈梦家创办《诗刊》。
4 刘盼遂(1894～1966),名铭志,字盼遂,河南淮滨人。清华学校研究院1926年毕业。后,先后在河南中州、河南、清华、燕京、辅仁、北京师范大学任教,授古典文学。
5 李惟建(1907～1981),四川成都人,清华大学毕业。曾任中华书局英文翻译,后回四川经商。1949年后任四川文史馆馆员。
6 钱锺书(1910～1998),字默存,号槐聚,江苏无锡人。清华、牛津大学毕业,巴黎大学研究。曾任西南联合大学、蓝田师范学院、震旦女子文理学院、暨南大学教授。1949年后任清华大学教授,中国科学院文学研究所研究员,中国社会科学院副院长。
7 余冠英(1906～1995),江苏扬州人。清华大学毕业,留校任教。曾任西南联合大学教授,中国科学院文学研究所研究员。
8 季羡林(1911～2008),山东临清人。清华大学毕业,德国哥廷根大学哲学博士。曾任北京大学东方语文系教授兼系主任,副校长。
9 《吴宓日记》IV,页23、50、7。

寅恪伯父从未主动向《文学副刊》投稿，但父亲深知其文论的立说精凿、学术价值高，每有新作发表，父亲必在《文副》上刊出，或亲撰述评向读者介绍。如父亲一九二九年初，在评介《清华学报》第四卷第二期时，特别提到寅恪伯父《童受〈喻鬘论〉梵文残本跋》文，写道：

"陈寅恪君关于佛经译本考证之作，文虽简短，实为精湛。古代东方文字之研究，近今德、法各国学者，虽有致力而多发明者，我国人为此绝学者，则就吾人所知，陈君而外，未见其人。而陈君湛深国学，取证旧典，是又能为西洋学者之所不逮者矣。本篇大意，谓鸠摩罗什所译马鸣菩萨大庄严论，世以为此书在中文之中惟存孤本。而近者德国路德施 Lüders 教授，于德人在龟兹所发见之梵文佛经中，发见大庄严论之残本。今据考证，知大庄严理论即童受之《喻鬘论》，而至元法宝勘同录卷九所载，庆吉祥等曾见此经论藏文译本，并列梵文音译之名。该藏文译本必系译自中文，而实不足为藏文别有一本译自梵文之证也。

"又就此经梵文原本与鸠摩罗什之译本对勘，则知鸠摩罗什译经之法，不逐字逐字直译，而或删去原文繁重，或不拘原文体制，或变易原文，另取读者所共知之事物，以代原文之例证。此其译文之所以精绝也云云。按此可为吾人今日译西书之所取法者矣。"[1]

父亲就寅恪伯父所撰《支愍度学说考》，亦曾在《文副》第一百九十八期以《佛典与今之翻译》为题，作文称：

"陈寅恪君近撰《支愍度学说考》，盖以支愍度足以代表晋代僧徒众译佛典之二种方法及学派，其人关系吾国中古思想史者甚钜。二者维何，（一）曰格义，（二）曰合本。二法似同为比较，而其结果实异。

---

1 《大公报·文学副刊》第 2 期，1929 年 1 月 9 日。

"（一）格义者，乃以内典与外书相比较，如以周易老庄解释佛典而立'心无'义，遂成为傅会中西之学说。后世若宋之理学家融通宋儒释之理论，皆其支流演变之馀也。（二）合本者，乃取同本异译之经典，以子注母互相参校，与今日语言学者之比较研究法暗合。后世如明代员珂之楞伽经会译，可称独得合本之遗意。按以今例昔，合本足徵当时译事之精审，为吾侪所宜取法；而格义则今之以中西思想道理妄为比附者所蹈之覆辙。

"夫为修己立人实用得益计，固不妨兼古今东西各报各派之道理，融合而享受之；而为研究学术辩证清晰计，则其间不容丝毫含混。当世之从事译论者，盍以晋之高僧为法哉！"[1]

一九三〇年六月十一日，寅恪伯父为冯友兰所著《中国哲学史》上册写审查报告毕，父亲立为刊布于当年七月二十一日天津《大公报·文学副刊》第一百三十二期。

一九三二年夏，寅恪伯父应清华大学国文系主任刘文典[2]叔雅教授之请，代拟入学考题。寅恪伯父出的作文题为《梦游清华园》，考虑曾游清华园者，可以写实；未游清华园者，可以想象。所出对对子题为"孙行者"。出对对子的目的在测验应试者：（一）能否知分别虚实字及其应用；（二）能否分别平仄声；（三）读书之多少及语藏之贫富；（四）思想条理。

寅恪伯父寓意甚好且深，不料却引起轩然大波，北平《世界日报》、天津《大公报·小公园》等均有议论，非难对对子者尤多，甚至出现清华复古的指摘。寅恪伯父为此于同年八月十七日出版的《清

---

1 《大公报·文学副刊》第 198 期，1931 年 10 月 26 日。

2 刘文典（1889～1958），字叔雅，安徽合肥人。1907 年入中国同盟会。1909 年赴日本求学。1912 年回上海，任《民立报》翻译。1913 年二次革命失败，再度赴日，参加中华革命党，在孙中山处任秘书。1916 年任教北京大学。1927 年任安徽大学校长。1928 年回北大任教。1929 年后任清华大学国文系主任、西南联大学教授，1943 年被西南联大解聘，转入云南大学文史系任教。

华暑期周刊》第六期发表对记者谈话。一九三二年九月五日出版的《大公报·文学副刊》第二百四十四期，又全文刊出寅恪伯父的《与刘文典教授论国文试题书》，从学理上说明他出题的用意和以对联为试题之一部的理由。父亲在"编者话语"中，赞寅恪此书"资料繁博，别有见地"。

寅恪伯父的《四声三问》一九三四年四月发表时，父亲主编的《文学副刊》已停刊，但他在作《空轩诗话》时，犹明确表示：寅恪所作《与刘文典教授论国文试题书》与近作《四声三问》"似为治中国文学者所不可不读者也"。[1]

七十年后，笔者偶读上海古籍出版社出版的《清华园感旧录》，见作者清华老校友鲲西君在《夜访刘叔雅先生》一文中，提到寅恪伯父的《与刘文典教授论国文试题书》，谓"其实陈先生此文所含的深意，即对于当前语文教学也大有启发，惜能深明此意并进以引为指导论证者无有其人"。[2]此言着实令人感叹不已！

寅恪伯父对于父亲编辑《学衡》和《大公报·文学副刊》，很少过问；但父亲每有稿件向他征求意见，总能得到中肯的提示。据父亲日记，一九二八年一月三十一日，"晚7—8访陈寅恪，以自撰评《学衡》五十九、六十期稿件就正，盖宓不欲有私而誉己太过也。"又同年三月八日晚，"6—7访陈寅恪，同出校外散步。与寅恪商谈结果，决将张荫麟君所撰评研究院《国学丛刊》长文，屏弃不登《文学副刊》，以免研究院学生以此恨宓，而惹起校内之攻击，致宓受重大之牺牲云。"[3]

一九二八年，父亲与寅恪伯父仍同在清华任教。

1　《吴宓诗话》，页196。
2　鲲西《清华园感旧录》，页11，上海古籍出版社2002年版。王勉（1916～　）笔名鲲西，福建长乐人。清华大学1938年毕业，长期从事文字工作，曾任上海古籍出版社编审。
3　《吴宓日记》Ⅳ，页17、31。

这一年，国家多难，校事多变。

五月九日，父亲有感于日本以兵强占山东，在日记中发出"国已不国，此生何乐"的悲叹。五月十日，又作《感事》七律一首。

感　事 日本占山东，据济南

吴　宓

年年春尽盛烦忧，急劫惊尘百事休。

鱼烂久伤长乱国，陆沉终见古神州。

弦歌洙泗无遗响，发祛中原便此秋。

惘惘馀生安寄托，道谋身计两悠悠。[1]

校内领导，自曹云祥本年一月去职，到九月罗家伦上任，八个月内，五易其人。更迭之频繁，清华历史上少见。这自然与时局特别是京中易主有关。但在校内，难免引起人心浮动不安。

据父亲日记，一九二八年一月十四日，严鹤龄[2]到校就校长职。同人于十六日在工字厅欢送曹云祥校长，摄影而散。父亲感慨"宓念到此三年，当时在校务会议议事周旋者，自曹校长以下皆先后斥逐去，独宓一人留，可惊也"。国学研究院有学生传言，"外交总长鉴于时局不佳，欲弃政而营商，故态度骤变，纳顾、颜[3]之荐，而以严氏为代理校长云。"[4]

---

1 《吴宓日记》Ⅳ，页60。收入《诗集》时，七八句改为：政绝刑衰伦纪废，空言擐甲事同仇。
2 严鹤龄（1879～1937），字侣琴，浙江余姚人。上海圣约翰大学毕业。美国哥伦比亚大学哲学博士。曾任北京政府外交部秘书、参事，财政整理委员会专员，农商部次长，北京关税会议秘书长。1928年1月至4月任清华学校校长，后任驻美公使馆一等秘书、公使代办。
3 指顾维钧、颜惠庆。
4 《吴宓日记》Ⅳ，页10。

吴宓与陈寅恪

一月二十四日，父亲"晚7—8访陈寅恪谈校事。闻颇有人主张以宓再为研究院主任，以资改良维持云云。谚云好马不吃回头草，且宓方经营二报，专力文章，无论其利益如何，亦决不愿再为冯妇。况就事实现状而论，办理异常棘手。虽才大于宓者，亦难应付裕如耶！即有此议，一笑却之而已"。[1]

四月四日，"晚8—9侯堮[2]、刘节[3]来，谈研究院维持办法。又欲推宓出任研究院主任。宓却之。"四月五日，"晨8—9刘盼遂来，所谈与昨晚侯、刘同。"[4]

父亲所谓的"经营二报"，其实为一报（《文副》）一刊（《学衡》）。当时，父亲没有理会胡先骕君惊人的一席谈，继续主编《学衡》，并于一月二十四日致函柳、汤、缪、景[5]等，"《学衡》事，款由宓独任。只望诸人撰稿"，是日接东北大学缪凤林君函，欲辞东北而就南京第四中山大学教席，云出柳公意。父亲请其自决。"盖宓鉴于人事之多变，各人志趣之不同，用力多而成功少。故决改变方针。（一）兹后对于诸友生之职业出处等，悉听各人自由，待事境之自然变化。宓不再筹谋计划，亦不再发纵指示。（二）一己心志精力，当专注于文章及著述。活动范围，缩小至以有关编辑事务者为限。外此之事，不再劳力劳心；庶对友可免怨尤，对己可省精神。"[6]

在近两月的学校风潮中，曹派教职员，以父亲"与陈寅恪厚而去年暑假又与曹意见不合"，均疑父亲为驱曹之一健将。而研究院学生方面，则又怀疑父亲暗中助曹，以其"与朱君毅亲近而不肯明白加入

<hr />

1 《吴宓日记》Ⅳ，页13。
2 侯堮，字云圻，安徽无为人。清华学校研究院1928年毕业。后任安徽大学教授。
3 刘节（1901～1977），字子植，浙江永嘉人。清华学校研究院1929年毕业。先后任教于天津、河南、燕京、大夏、浙江、成都金陵、中央大学。1946年起，任中山大学历史系教授，1950年兼任历史系主任。
4 《吴宓日记》Ⅳ，页43、44。
5 当指柳诒徵、汤用彤、缪凤林、景昌极四君。
6 《吴宓日记》Ⅳ，页13。

驱曹运动也"。父亲在日记中写道:"呜呼! 宓志别有所在, 在校诸事不问, 销声匿迹。而两方乃均如此猜疑嫌恶。甚矣, 人心之多机诈, 而处世之为难也! "[1]

二月十二日, 父亲见《清华周刊》载戴家祥[2]《去冬风潮与评议会》一文, "其意气用事, 虚构事实, 已令人心恶; 而指斥及宓, 尤为痛伤"。深叹:"呜呼, 今人之心已坏, 既意气用事, 又神经过敏。自谓万能全德, 而谓他人之言论行事, 必为政客小人之权诈。如此人心, 如此世局, 曷胜痛哭! 一己之安危出处, 犹其小焉者矣。至就事论事, 宓此次之错误, 在失于谨慎。(一) 不应以评议会开会情形语陈寅恪。(二) 不应与刘盼遂、吴其昌、戴家祥谈及校事。宓意固正大, 且言之出于无心, 而听者有意, 竟用为风潮中之资料。痛悔何及? 今后更当效金人之三缄其口也。"[3]

寅恪伯父课馀仍常与父亲闲谈, 又一起散步。一次听说清华某教授患精神病, "寅恪谓各人疯狂的可能性如下: 陈达[4]95%, 寅恪50%, 宓 70% 云云。宓谓宓种种锐敏之感触, 远大之悲郁, 实应疯狂。而决不至此者, 刚以有解救及预防疯狂之策五, 如下:(一) 感情常使发泄;(二) 兴趣繁多而时有变换;(三) 实事上每退一步想而知足;(四) 幽默之观感, 即自己讥评自己;(五) 保持简单之心性, 本来之天真。以英文表示之, 则(1)Free expression of feeling in intimate friends;(2)Variety of interest;(3)Practical Contentment;(4)Sense of Humour; self-

1 《吴宓日记》IV, 页 20。
2 戴家祥 (1906 ~ 1998), 浙江永嘉人。清华学校研究院毕业。曾任中山大学副教授, 杭州高等师范学校教员, 南开大学经济研究所研究员, 浙江中学教员, 英士大学副教授。1951 年起任教华东师范大学。
3 《吴宓日记》IV, 页 22。
4 陈达 (1892 ~ 1975), 字通夫, 浙江余杭人。清华学校毕业留美, 哥伦比亚大学社会学博士。清华大学教授, 社会系主任。1952 年后, 任中央财经学院、中国人民大学教授, 中央劳动学校副校长。

吴宓与陈寅恪

criticism;（5）Primitive & naive simplicity of character。寅恪谓言之易而行之难。身当其境，未必便能把持也”。[1]

一九二八年二月，留美老同学吴曾愈的夫人去世，父亲应朱彬元君之请，代撰一副挽联。二月二十七日，寅恪伯父为之修改：

海外归来，假居客馆，共誉彼贤妻。论品德才华，足与少君并美。[2]

今生缘断，吊影虚廊，独存吾良友。忆绸缪欢爱，何堪奉倩伤神。

二月二十九日，寅恪伯父又代父亲撰挽吴曾愈夫人联如下：

繖珮想雍容，遺範開元全盛世。

奠齋蕲净樂，傷神長慶悼亡詩。[3]

三月二十八日，前留美同学“汪懋祖汇来＄50，还寅恪借款。陈君如前言，捐助学衡社经费云”。[4]

校中于四月五日始放春假一周。四月九日“下午1—7，陈寅恪招同出游。先访冯友兰于成府槐树街十号宅。由冯君导游朗润园及迤西王怀庆之达园。澄怀园旧址。桃花盛开，甚足游赏。陈寅恪请宴于燕林春，夕同步归”。[5]

四月二十二日，星期。父亲往访寅恪伯父，谈近世中国之诗。

---

1 《吴宓日记》Ⅳ，页19。

2 同上书，页27。上联末句为陈寅恪所改，原句为“难禁黄炉痛腹”。

3 同上书，页28。

4 同上书，页41。

5 同上书，页47。

世局动荡不安，校事亦复杂多变，校长更迭频繁，两月中已三易其人。

外交部令四月十八日到校，任命温应星[1]为清华校长。四月二十四日，新校长主持评议会，"修改组织大纲，并议经费事"。据父亲日记，五月十日"下午1—2上课。4—6赴教授会选举会。梅仍当选为教务长。惟评议会中，新选之评议员六人，皆儇黠卑俗者流。独宓一人得票最少，亦当选为评议员。陈力就列，必多参差龃龉之处；一己既感苦痛，复增危险。甚矣，宓之不幸也。"[2]五月十五日，"上午10—12，臂缠黑巾，随众至大会堂，赴济南惨案国耻纪念会。下午4—7赴评议会。当局决以梅贻琦代为驻美监督。校中众所拟为梅派者，多属公正之人，宓亦在其列。将失其中心，而消散不复存矣"。[3]五月三十一日，教授会选举余日宣[4]为教务长，叶企孙为评议员。六月五日，外交部刚发出部令"准温应星辞校长职，而以余日宣暂行代理校长"；六月十九日，南京当局又委派梅贻琦暂代理校务，听候接收。父亲"闻叶企孙述南京中央大学近顷风潮，云雨波澜，莫穷真相。学界中人如此争权构乱，军界拥兵列土者可想。中国前途，不卜可知。宓之悲观，深不可解。"[5]六月二十日，父亲午间11—1，赴评议会。下午4—5郑之蕃来，代梅贻琦草就上外交部长、南京大学院长呈文，由父亲润色修改，复为誊录一道。

一九二八年六月二日，王国维先生逝世一周年，父亲在他主编

---

1 温应星（1887～1968），字鹤荪，广东台山人。美国西点陆军军官学校毕业。曾任江苏都督府军事顾问，联军驻沪军法处处长，广东军政府参谋次长。1928年4月至6月，任清华学校校长。后任宪兵司令部副司令，上海市公安局局长，税警总团司令，立法院立法委员。

2 《吴宓日记》IV，页59。

3 同上书，页61—62。

4 余日宣（1890～1958），湖北蒲圻人。美国普林斯顿大学硕士。曾任武昌文华大学教授，南开大学教务长，清华学校政治系主任，国民政府军政部秘书，上海沪江大学教授。

5 《吴宓日记》IV，页79。

吴宓与陈寅恪

的《大公报·文学副刊》和《学衡》杂志分别出版纪念专号。父亲有感于"自王先生自沉以来，国内学术界深致哀悼，称道弗衰，而以诗文或杂志专刊作为纪念者，尤后先相望"。"王先生之生平及其著作，已为众所稔知，惟遍观一年来各种纪念刊物，于王先生治学成绩，多取一端而详为推阐；至若融汇其学术思想之全体为综合的论述者，殊未有见。"《大公报·文学副刊》"爰从事于此，略以王先生之治学范围之变迁及其时间之先后为序"[1]，分为三篇：（一）《王静安先生与晚清思想界》，张荫麟撰，署名素痴。（二）《王静安先生之文学批评》，浦江清撰，署名毅永。（三）《王静安先生之考证学》，赵万里撰，署名蠡舟。三篇本末一贯，只以《大公报·文学副刊》每期篇幅有限，不得已，分登三期（即第二十二、二十三、二十四期）。父亲有序。一九二八年七月出版的《学衡》第六十四期，则得将以上三篇合录一处，并附录其他关于王先生逝世周年纪念之作于后。

在此之前，面对国内报刊对王国维先生死因的种种揣测，庸俗琐屑的议论纷纭，父亲已忍不住趁评介述学社《国学月报·王静安追悼专号》之机写道："自王静安自沉后，国内出版物，尚罕见能仿西国评传之体例，合王先生一生之学问著作及经历、思想生活而综论之者也。吾人观王静安早年评《红楼梦》诸作及其所为词，盖已视人世为恶浊而谓生活为苦痛；其后毅然毕命，从容不迫。此正如太史公所云'蝉蜕于浊秽以浮游尘埃之外'。惟王先生视死如归之心，不特'流俗恩怨荣辱，委琐龌龊之说，皆不足置辨'（陈寅恪《王观堂先生挽词·序语》，此诗及序最能道出王先生心事）。即彼生时情况日常琐事，衣饰举止，交际言谈，亦不欲世人屡屡忆及。若更形之笔墨，资为谈助，虽系后死友生敬仰追思之诚心，实非王先生高蹈远引之本

1　吴宓《王静安先生逝世周年纪念》，载《大公报·文学副刊》第22期，1928年6月4日。

大公報 文學副刊

（星期一）

第二十二期

La Revue Littéraire
de
l'Impartial.

No 22.

1.64, Juin, 1928

王静安先生逝世週年紀念

王国維先生遺像

王静安先生像讚

論王静安先生之自沈

1928 年 6 月 4 日《大公報·文學副刊》纪念王国维先生逝世一周年

怀，而不足为王先生荣者也。夫琐碎描摹，绘影绘声，纤悉并载，原系近世著作之风气，惟施之王先生似未尽适合。在爱敬王先生者，正宜取其精神而遗其行迹可也。至如上海出版之《文学周报》所载顾颉刚及某某等人之文，其谩骂诋諆及揣测离间之语，尤非对于如此高尚孤洁之学问家所宜出者矣。"[1]

一九二八年六月一日，父亲作《落花诗》五首，有序及注。六月二日未晓，又于枕上作《落花诗》三首，连前共八首。

落花诗八首
吴　宓

序曰：古今人所为落花诗，盖皆感伤身世。其所怀抱之理想，爱好之事物，以时衰俗变，悉为潮流卷荡以去，不可复睹。乃假春残花落，致其依恋之情。近读王静安先生临殁书扇诗，由是兴感，遂以成咏，亦自道其志而已。

（一）

花落人间晚岁诗，如何少壮有悲思。
江流世变心难转，衣染尘香素易缁。
婉婉真情惜独抱，绵绵至道系微丝。
早知生灭无常态，怨绿啼红枉费辞。

此首总起，言世变俗易。我所爱之理想事物，
均被潮流淘汰以去，甘为时代之落伍者也。

（二）

色相庄严上界来，千年灵气孕凡胎。
含苞未向春前放，离瓣还从雨后开。
根性岂无磐石固，蕊香不假浪蜂媒。

辛勤自了吾生事，瞑目浊尘遍九垓。

此首言我之怀抱未容施展，然当强勉奋斗，

不计成功之大小，至死而止。

（三）

无上蓬莱好寄身，云霞岁岁望长春。

桑成忽值山河改，葵向难禁日月沦。

铁骑横驰园作径，饥黎转死桂为薪。

飘茵堕溷寻常事，痛惜灵光委逝尘。

此言我生之时，中国由衰乱而濒于亡。

（四）

曾到瑶池侍宴游，千年圣果付灵修。

故家非是无长物，仙国从来多胜流。

苦炼金丹经九转，偶凭凤慧照深幽。

同仁普渡成虚话，瘏口何堪众楚咻。

此言我至美洲，学于白璧德师，比较中西文明，

悟彻道德之原理，欲救国救世，而新说伪学流行，莫我听也。

（五）

枝头称艳最天然，造物何心巧似颠。

典则斧柯随手假，情思神理赋形妍。

遥期万古芳菲在，莫并今朝粉黛鲜。

绿叶成阴空结子，春归却悔让人先。

此言吾有志于文学创造及著述之业，恐终至奄忽而无成也。

（六）

一夜罡风变古今，千红万紫堕园林。

每缘失意成知己，不计缠绵损道心。

鹃血啼干人共笑，蚕丝缚定恨偏深。

漫疑轻薄伤春意，白日韬光世已沉。

时衰俗变，不重学德，无复感情。故朋友中

之贤者多不得志，而某女士之身世亦可伤也。

（七）

本根离去便天涯，随分飘零感岁华。

历劫何人求净乐，寰中无地觅烟霞。

生前已断鸳鸯梦，天上今停河汉槎。

渺渺香魂安所止，拚将玉骨委黄沙。

宗教信仰已失，无复精神生活。全世皆然，不仅中国。

（八）

浪蝶游蜂自在狂，春光羡汝为情忙。

未容涴涩污真色，耻效风流斗艳妆。

千曲琴心随逝水，三生孽债供回肠。

歌成不为时人听，望里白云是帝乡。

新文化家、新教育家主领百事，文明世运均操其手。[1]

　　六月二日，父亲作完《落花诗》八首，即请政于寅恪伯父。寅
恪伯父评语如下："（一）中有数句，不甚切落花之题。（二）间有词
句，因习见之故，转似不甚雅。后四首较前半更佳。略有数字微伤不
雅。如罡风、孽债之类，最好均避去不用为妥。大约作诗能免滑字
最难。若欲矫此病，宋人诗不可不留意。因宋人学唐，与吾人学昔人
诗，均同一经验。故有可取法之处。尊意如何？总之，后四首甚好，
远胜前四首。此上宜再加修改。然中有数句甚妙，后四首气势尤佳。
大约用原意而将词句再修饰一番，即可称完善之作。"[2]

　　据父亲一九二八年六月二日日记："是日为王静安先生逝世周年

1　《吴宓诗集》，页173—174。

2　录自吴宓所存陈寅恪手迹。

之期。宓又作五律一首吊之。而《落花诗》实托兴于王先生临殁为人书扇诗也。"[1]

六月二日作落花诗成复赋此律时为
王静安先生投身昆明湖一周年之期也

吴 宓

心事落花寄，谁能识此情？
非关思绮靡，终是意凄清。
叹凤嗟尼父，投湘吊屈平。
滔滔流世运，凄断杜鹃声。[2]

本年夏，国民革命军队进入北京，旋改称北京为北平。

六月以后，"校事传闻虽多，均非确息。总须待南京政府教育当局计划揭布之时，方见分晓。然旧日北京大学一派人当权，则为毫不容疑之事。宓意虽欲和光同尘，仍在此中为一教授，俾可仍居北京，自行潜修以进于学；然去留之分，出处之际，今亦难遽定。惟近颇自安义命，不为深忧过计，静待其变化展露可耳。"寅恪伯父也"劝宓于清华解散后，仍图居北京，则于学业进步较多。宓意亦同此。非不得已，不离北京。清华如解散，而京中教育又为北大派所垄断，不能见容，则或者于辅仁大学等处谋一教职。薪金虽微，不计。到时再进行，今暂不须虑及也。"[3]

父亲七月一日晨作诗一首，大体上反映了上述心情。寅恪伯父评曰，"理想不高而感情真挚，固为可取。"

---

1 《吴宓日记》Ⅳ，页69。
2 录自《吴宓诗集》，页174。
3 《吴宓日记》Ⅳ，页76、77。

清华园即事

吴 宓

此局不知何日变，安居长恋旧巢深。

少年歌哭留春梦，堆眼丛残见苦心。

有浊有清多伴侣，宜晴宜雨好园林。

尘昏八表人情恶，茅屋空山未易寻。[1]

一九二八年七月十日，寅恪伯父告知父亲，已与唐篔（字晓莹，又名稚莹）女士订婚。父亲很为老友喜结良缘高兴。前在赵元任先生宅中闲谈，父亲已听赵夫人"述陈寅恪议婚之情事，颇饶趣味"。并在日记中写道："寅恪高人，似亦有不脱常情处。"[2]

七月十五日，寅恪伯父假赵元任先生宅，举行订婚喜筵宴客。罗家伦此时正在清华进行活动，争取校长职位，亦来祝贺。父亲特易新衣前往，颇有兴致。"作诗一首，即以红笺写送寅恪"，"寅恪以宓贺诗传示众宾。"

贺陈寅恪新婚

吴 宓

廿载行踪遍五洲，今朝箫史到琼楼。

斯文自有千秋业，韵事能消万种愁。

横海雄图传裔女，唐女士为昔台湾总督甲午起兵抗日之唐公

景崧孙女。现任北京女子师范大学体育教员。

望门耆德媲前修。

蓬莱合住神仙眷，胜绝人间第一流。[3]

---

1 《吴宓日记》Ⅳ，页83。
2 同上书，页5。
3 同上书，页89。诗注为其后所加。

父亲贺诗五句"横海雄图传裔女"有故事。寅恪伯父大龄未婚，朋友们热心为介绍女友，他没有一位中意。一次听清华体育教师郝更生[1]谈起，他在女友高梓的同事知友家，看到一幅署名为"南注生"的诗幅，有点好奇，请问寅恪伯父"南注生"是谁，并简略介绍了诗幅主人的情况。

寅恪伯父一听便知此诗幅主人必定为灌阳唐景崧的后人，很可能是唐公的孙女。因他读过唐景崧光绪八年至十二年间所记中法越南之役从军经历的《请缨日记》，又熟知并愤愤于晚清"马关条约"割让台湾、澎湖予日本。寅恪伯父的舅父俞明震曾在台湾辅佐唐景崧独立，据守台湾。所以对唐公著作、事迹比较了解。寅恪伯父告知郝更生，"南注生"是清朝最后一任台湾巡抚唐景崧的别号。他想亲往一睹唐公手书遗墨，顺便拜访一下诗幅的主人。拜访结果，寅恪伯父"惊见神仙写韵人"[2]，他终于找到了自己理想的终身侣伴。关心的朋友都说，这不是巧合，而是凤缘。

七月十七日夕七时，寅恪伯父偕唐女士来父亲寓所答谢。略坐即去。

一九二八年八月，寅恪伯父与唐筼女士在上海结婚。父亲也利用暑假去南方一行，作有《南游杂诗》七言绝句九十六首。此行原起于感慨朱君毅毁去长达十多年的婚约，弃毛彦文女士而另娶，欲取双方通信以为小说材料；后来却由同情毛女士身世而开始了所谓"柏拉图之爱"。

一九二八年八月二十四日，父亲由杭州抵上海，上午"11—12

1　郝更生（1899～1975），江苏淮安人。美国春田体育学院学士。曾任东吴、清华、北京师范、东北、山东大学体育教授，国民政府教育部体育督学兼国民体育委员会主任委员。1949年去台湾。
2　《陈寅恪集·诗集》，页113。

　　　　　　　　　　　　　　　吴宓与陈寅恪

访陈寅恪、登恪兄弟于塘山路二十七号俞宅。二君请宴于三马路新半斋酒馆。又来振华旅馆坐谈，至下午三时乃别去。寅恪述罗家伦告赵元任言，谓对宓可容留。不以文言白话意见之相反而迫宓离去清华云云"。[1]

罗家伦是新文化运动的积极倡导者之一，在学术观点上与父亲是对立面。父亲担心罗上任后关系难处，曾考虑引去。

九月四日，父亲在友人宅中遇见杨振声[2]君，杨君对父亲说，"罗家伦氏托其致意于宓，愿在校合作，勿萌去志。又谓罗君不以个人意见为好恶，且平昔待朋友亦甚好云云。"父亲知道，"罗君急欲到校，不惜力事疏通。他日在此稳固，不难排宓而使不堪容留。然姑与之委蛇。即答杨君，谓平日在校，以修学著述为主，诸事多不闻不问。罗氏来既以公心谋学校之改良，自愿与之合作云云。"其后不久，"冯（友兰）君亦述罗君托代致意，与杨振声所言同。"[3]

九月中旬，南京政府任命罗家伦为国立清华大学校长。据父亲九月十八日日记：上午"10—1赴大会堂罗校长宣誓就职典礼。一切如党国新仪，演说甚多。罗氏以（一）廉洁化，（二）学术化，（三）平民化，（四）纪律化，四者为标帜。又谓兼容并包，惟贤是用云云"。晚8—10父亲往访叶企孙、陈总，"得悉校中近事。（一）罗氏以革命政府自居，旧约均作无效。教职员留者另发聘书，否则均在斥去之列。（二）罗不听梅（贻琦）言，且有学生要求去梅。梅已辞职。馀事均见报载。"[4]杨振声被任为教务长，冯友兰为秘书长。

九月二十一日傍晚，罗家伦、杨振声以名刺来访父亲。九月

1 《吴宓日记》Ⅳ，页116。
2 杨振声（1890～1956），字今甫，山东蓬莱人。北京大学毕业留美。曾任中国公学，武昌高等师范学校，北京、燕京、中山大学教授，青岛大学校长，清华、北京、西南联合大学教授，1952年调任东北人民大学教授。
3 《吴宓日记》Ⅳ，页123、129。
4 同上书，页130—131。

二十二日夕，罗家伦与冯友兰又亲来访晤，均值父亲外出。父亲本拟不与当局接近，以避嫌怨；而今不得不答拜，免致过于自处兀傲。于是8—9至其宅中答访，幸值罗君外出，留名刺而返。父亲以为如此正好。自己与罗文化教育方面持不同观点，"按宓之处境颇为特别，即新校长对梅、赵、叶[1]诸人亦无甚诚意，故宓尤当矜慎，不轻与当局往还，更不干涉校事。"[2]

寅恪伯父于一九二八年九月底返回清华。唐筼伯母因留南方葬母没有同来。

据父亲十月二日日记："寅恪新婚，形态丰采，焕然改观，颇为欣幸。谈校事。寅恪亦谓近今深感于生命之短促，故决专心著述，及时行乐。其他事务得失，概不萦心。此正合宓意。"[3]

十月十四日，父亲上午读书。"寅恪写示一诗，盖新婚离别之感也。"

戊辰中秋渤海舟中望月有懷

陳寅恪

天風吹月到孤舟，哀樂無端託此遊。

影底山河頻換世，愁中節物易驚秋。

初升紫塞雲將合，照澈滄波海不流。

贏得陰晴圓缺意，有人霧鬢獨登樓。[4]

此诗与《寅恪先生诗存》中收入的《戊辰中秋夕渤海舟中作》诗，题和文字稍有不同。

据父亲一九二八年十一月二十一日日记："下午上课毕，3—4与

---

1 指梅贻琦、赵元任、叶企孙。
2 《吴宓日记》Ⅳ，页141。
3 同上书，页139。
4 同上书，页145—146。

寅恪谈。寅恪夫人唐篔已到京。寅恪顷已移居城中，似甚爽且乐也。"

　　新月派中，父亲相识朋友不少，与梁实秋比较交好。也许因为梁在美国哈佛大学也上过白璧德教授的课，认识白璧德人文学说的价值；当时在国内，这是非常难能可贵的。

　　据梁实秋晚年回忆，学生时代在哈佛选了白璧德先生的"英国十六世纪以后的文学批评"课，觉得他很有见解，不但前所未闻，而且和自己的见解背道而驰。于是对白璧德发生了兴趣，到书店把他的五种著作[1]一股脑儿买回来读。"读了他的书，上了他的课。突然发现他的见解平正通达而且切中时弊。我早凤心中蕴结的一些浪漫情操几乎为之一扫而空。我开始觉悟，五四以来的文艺思潮应该根据历史的透视而加以重估。"[2]一九二六年二月，梁实秋在纽约写了《现代中国文学之浪漫的趋势》一文，投登徐志摩主编的北京《晨报副刊》。一九二六年三月二十九日，父亲正是读了《晨报副刊》刊出的梁实秋这篇评论新文学的文章，注意到他"似颇受白璧德师之影响"。[3]

　　梁实秋坦承，他"随后写的《文学的纪律》《文人有行》，以至于较后对于辛克莱《拜金艺术》的评论，都可以说是受了白璧德的影响"。[4]一九二七年六月，他的《浪漫的与古典的》一书，由上海新月书店出版。一九二七年九月十四日，父亲收读梁实秋寄赠的此书，读后立刻"撰书评一篇，题曰《浪漫的与古典的》，寄登《大公报》"。[5]

　　一九二八年暑假，梁实秋君回北京度夏，父亲曾往访晤，据是年七月九日日记，"访梁治华（实秋）于东城大取灯胡同一号宅。谈次，

1　指《民主与领袖》《卢梭与浪漫主义》《法国批评大家》《新拉奥孔》《文学与美国大学》，
　　原著为英文，当时尚无中文译本。
2　梁实秋：《影响我的几本书》，见《雅舍文选》，页190—192。台北九歌出版社2008年版。
3　《吴宓日记》III，页163。
4　梁实秋：《影响我的几本书》，见《雅舍文选》，页190—192。
5　《吴宓日记》III，页405。

梁欲编印《白璧德介绍论文集》。宓允以《学衡》中各篇译稿付之。"[1]七月二十三日，寅恪伯父又陪来清华的梁实秋访问父亲。

关于编印白璧德论文，梁实秋记述甚详，他说：

"（民国）十七年夏，我到北京，吴宓先生来看我。我们闲谈国内文学界的情形，我告诉他上海似乎很有一些人不知道白璧德的，更有一些人知道白璧德而没有读过他的书的，还更有一些人没有读过他的书而竟攻击他的。我自己从来没有翻译过白璧德的书，亦没有介绍过他的学说，更没有以白璧德的学说为权威而欲压服别人的举动；我只是在印行我的《浪漫的与古典的》那个小册子的时候，在序里注出了白璧德的名字。但是我竟为白璧德招怨了。有人是崇拜卢梭的（究竟是崇拜卢梭的德行，还是崇拜他的思想，我们是不得而知的），于是便攻击白璧德；有人是偶然看过辛克莱的《拜金艺术》的，于是便根据了辛克莱在一百三十八页上的一句轻薄话而攻击白璧德；有人因为白璧德是'欧美流的正人君子'，于是便攻击他。据我所看见的攻击白璧德的人，都是没有读过他的书的人。我以为这是一种极不公平的事。

"吴宓先生听了我的话之后，当然不免愤慨，因为他近年来是曾努力介绍白璧德的学说的。当时我就怂恿他把《学衡》上的几篇关于白璧德的文章收集起来，由我负责在上海印一个单行本。"[2]

父亲随后集中了《学衡》刊登的五篇关于白璧德的译文，即他所译的《白璧德之人文主义》《论民治与领袖》《论欧亚两洲文化》，胡先骕译的《中西人文教育谈》及徐震堮译《释人文主义》，于翌年春寄给梁实秋。经梁君删动整理作序，取名《白璧德与人文主义》，由他当时在上海主持的新月书店出版发行。

---

1 《吴宓日记》Ⅳ，页87。
2 《白璧德与人文主义》，页1—2。梁实秋编，吴宓、胡先骕、徐震堮译，上海新月书店，1929年。

　　　　　　　　　　　　　　　　　　吴宓与陈寅恪

吴宓与夫人陈心一、长女学淑

梁实秋在序言中说，他把这几篇文章贡献给读者，只希望读者能虚心的把这本书读完，然后再对这本书下一个严正的批评。这本书并不能代表白璧德思想的全部，但主要的论据在这里都已完备。白璧德的学说，他以为是"稳健严正，在如今这个混乱浪漫的时代是格外的有他的价值，而在目前的中国似乎更有研究的必要。"[1]

梁实秋在序言最后列举了白璧德几本著作的名称：《民主与领导》《卢梭和浪漫主义》《法国批评大家》《新拉奥孔》《文学与美国大学》。他说如果读者因读了这本书而引起了研究白璧德的兴趣，请读以上原著。

---

1 《白璧德与人文主义》，页 3。

小册子的印数不多，影响也不算大。只是有新文化派来介绍白璧德，请国人予以公正批评，极为难得，父亲深表欣慰。

上世纪二三十年代，国内外很有些人以批白璧德为时髦。温源宁与父亲私交不恶，却在英文周报《中国评论》撰《小事看吴宓》，文中说，"雨生不幸，坠入这白璧德人文主义圈套。"钱锺书追随温师，在投登英文《天下》月刊的评吴宓诗一文中，亦谓吴宓"生性浪漫，而中了白璧德人文道德学说之毒，致束缚拘牵，左右不知所可云云"。赶了把时髦。不知此类言为父亲所"最恨；盖宓服膺白璧德师甚至，以为白师乃今世之苏格拉底、孔子、耶稣、释迦。我得遇白师，受其教诲，既于精神资所感发，复于学术窥其全真，此乃吾生最幸之遭遇。虽谓宓今略具价值，悉由白师所赐予者可也。尝诵耶稣训别门徒之言，谓汝等从吾之教，入世传道，必受世人之凌辱荼毒，备罹惨痛。但当勇往直前，坚信不渝云云。白师生前，已身受世人之讥侮。宓从白师受学之日，已极为愤悒，而私心自誓，必当以耶稣所望于门徒者，躬行于吾身，以报本师，以殉真道"。[1]

一九二九年一开始，就传来令人悲痛的消息：梁任公先生病殁于北平协和医院。梁先生于去年六月，已辞去清华国学研究院教职，回天津养病。父亲一直希望他能好转。一九二九年一月十七日，研究院讲师林宰平志钧[2]来谈，父亲还说，"望梁任公作一极真且详之自传，恐病已危笃而无及矣。"[3]不意两天后，梁先生即已告别人间。

梁先生去世后，父亲在《学衡》杂志第六十七期刊出张荫麟撰《近代中国学术史上之梁任公先生》及缪凤林撰《悼梁卓如先生》二文，

---

1 《吴宓日记》Ⅵ，页 96。
2 林志钧（1879～1960），字宰平，福建闽侯人。日本中央大学毕业。曾任司法部司长、北京、清华大学讲师。
3 《吴宓日记》Ⅳ，页 196。

以为纪念。他自己，就籍亮侪《梁任公挽诗》、梁启超《双涛园读书》诗和《寿姚茫父》诗，作《空轩诗话》二篇。他在《诗话》中叹道："自王静安先生之殁，清华国学研究院即甚零落。阅年馀，而梁任公先生亦于民国十八年一月十九日在北平病逝。"[1]清华国学研究院失去两位导师后，于一九二九年秋宣布停办。筹建与各科系教学衔接的研究所。

寅恪伯父在清华国学研究院停办后，改任清华大学中文、历史两系合聘教授，并为中文和历史研究所开专题课。从父亲的日记看，一九二九年初，国立北平研究院[2]曾延聘寅恪伯父担任主任职务。据一九二九年一月二十三日日记："近病虽愈，然精神颓惰，不欲有所为。下午 1—2 陈寅恪来，久不晤矣。寅恪谈及不就北平研究院主任等事，亦甚悲观而消极。"[3]

本年一月下旬，寅恪伯父接到美国哈佛大学聘书，嘱授华梵比较之学；寅恪伯父以与中央研究院有著书之约辞却。[4]

一九二九年六月二日，王静安先生逝世二周年，父亲有诗纪念。诗云：

> 悼公咏落花，倏忽一年事。
> 大化常迁流，夏去春又至。
> 长眠得所乐，世渐忘公志。
> 新会人中杰，袖手随公去。
> 哀时泪纷纷，地下可相值。[5]

---

1 《吴宓诗话》，页 199。
2 南京政府成立后，推行"大学区制"。大学区按行政区域划分，内设研究院。北平研究院即以北平大学区的研究机构为基础组建而成，1928 年 11 月开始筹划，1929 年 9 月宣布成立，李煜瀛任院长。
3 《吴宓日记》Ⅳ，页 199。
4 见《陈寅恪集·书信集》，页 24。
5 诗末自注"未完"。《吴宓诗集》，页 201。

六月三日，王静安先生自沉二周年，清华国学院师生为静安先生树立纪念碑于校园内工字厅东南。纪念碑由梁思成设计，寅恪伯父为撰铭文，马衡篆额，林宰平书丹。铭文如下：

海寧王先生自沉後二年，清華研究院同人咸懷思不能自已。其弟子受先生之陶冶煦育者有年，尤思有以永其念。僉曰，宜銘之貞珉，以昭示於無竟。因以刻石之辭命寅恪，數辭不獲已，謹舉先生之志事，以普告天下後世。其詞曰：
士之讀書治學，蓋將以脱心志於俗諦之桎梏，真理因得以發揚。思想而不自由，毋寧死耳。斯古今仁聖所同殉之精義，夫豈庸鄙之敢望。先生以一死見其獨立自由之意志，非所論於一人之恩怨，一姓之興亡。嗚呼！樹兹石於講舍，繫哀思而不忘。表哲人之奇節，訴真宰之茫茫。來世不可知者也，先生之著述，或有時而不章。先生之學說，或有時而可商。惟此獨立之精神，自由之思想，歷千萬祀，與天壤而同久，共三光而永光。

父亲对寅恪伯父这篇论思想自由之真谛的铭文击节称赏，能够背诵。其最后一节，"惟此独立之精神，自由之思想，历千万祀，与天壤而同久，共三光而永光"，不止称述静安先生志事，亦明确阐发寅恪伯父自身涉事行己信守不渝的准则。

一九二九年九月，父亲决心改变生活，而与陈心一女士离婚。长辈们反对，知友也多不赞同。汤用彤伯父谓"离婚之事，在宓万不可行，且必痛苦"[1]。在美留学的郭斌龢君长函相劝，谓，"宓为《学衡》计，为人文主义计，为白师计，为理想道德事业计，均应与心一复

---

1 《吴宓日记》Ⅳ，页220。

吴宓与陈寅恪

合。又谓宓近来思想行事，皆是 Romantic，实应省戒。"[1]吴芳吉（碧柳）致函父亲："离婚，今世之常，岂足为怪。惟嫂氏非有失德不道，而竟遭此！《学衡》数十期中所提倡者何事？！吾兄昔以至诚之德，大声疾呼，犹患其不易动人。今有其言而无其行，以己证之，言行相失，安望人之见信我哉？！"[2]

寅恪伯父的态度是，一九二八年十一月二十七日，父亲初次"略以宓之心情及困难之问题告之"，即告诫父亲：对过去"无论如何错误失悔，对于正式之妻，不能脱离背弃或丝毫蔑视。应严持道德，悬崖勒马，勿存他想"。"又谓宓此时已堕情网，遂致盲目，感情所激，理性全无。他日回思，所见必异。"[3]以后又多次规劝。但当父亲决心已下，坚持采取行动时，寅恪伯父尊重父亲个人决定。父亲认为，"宓之为此，乃本于真道德、真感情"，[4]真符合人文主义。

当时，清华内外，许多人以父亲离婚为奇怪，以为与父亲平日之学说不合。

寅恪伯父不以为奇。据父亲一九三〇年四月二十二日日记："上午8—9、10—11上课。正午在叶崇智君公超处午饭。陈寅恪同餐，谓昔在美国初识宓时，即知宓本性浪漫，惟为旧礼教旧道德之学说所拘系，感情不得发舒，积久而濒于破裂。犹壶水受热而沸腾，揭盖以出汽，比之任壶炸裂，殊为胜过。彼谓宓近来性行骤变者，实未知宓者也云云。"[5]

寅恪伯父家眷由城里迁入清华园后，父亲恢复了与寅恪伯父同散步的习惯，边走边谈。有时也在寅恪书房中谈，往往忘了时间。这一

---

1 《吴宓日记》V，页72。
2 《吴芳吉1929年5月9日与吴雨僧书》，载《吴芳吉集》，页994，巴蜀书社1994年版。
3 《吴宓日记》IV，页168。
4 《吴宓日记》V，页73。
5 同上书，页60。

王静安先生纪念碑

情形，甚至给当时还是小孩子的寅恪长女流求留下深刻印象。她从小就知道吴伯伯是父亲常来常往的知友。她还记得吴伯伯有次请他们全家吃西餐，那是她生平头一回吃西餐，让她"高兴了好几天，记住了一辈子"！[1]

人们大概很难想象，同住清华园并时常见面的父亲与寅恪伯父，有时竟也还利用园内邮递之便书信往来。下面一信[2]便是例证。

雨僧兄左右：

孟老手書讀悉。溫君文雖未見，誠如　孟老所言必不可通也。

自來研究義山詩者莫精於　孟老，其年譜會箋實一模範著作。

1　陈流求《吴宓伯伯与父亲陈寅恪的交往》，载 1989 年 7 月 22 日《团结报》。

2　此信是清史学家、著名词人张尔田（又名采田，字孟劬）先生的长孙、首都师范大学数学系张饴慈教授，从家中劫后残存的故纸堆中找见相赠的。张尔田子女夭折，以幼弟东荪长子宗炳过继为子。饴慈为宗炳长子。

吴宓与陈寅恪

海寧王先生之碑銘拓片

弟曾細讀一過，故知之甚確也。若弟前作之短篇則其間除誤字甚
多未及校正外，仍多解釋謬及推論不確者，故不欲存稿，早已
將印本棄去，而　孟老尚以爲有可取之處，恐是老輩獎勵後學
之意，讀之彌令我慚慄也。匆覆。即請
晚安

弟寅　三月廿一

　　寅恪伯父此信末尾未署明年份，估计是父亲主编《大公报·文学
副刊》时候，赴欧游学前的一九三〇年。寅恪伯父信中所说"孟老"，
指张尔田先生，先生字孟劬，寅恪尊称为孟老。一九三〇年二月三日
出版的《文副》第百零八期，刊出《玉谿生年谱会笺》的作者张尔田
《致本刊编者论李义山恋爱事迹书》后，父亲收见关于李义山的文章
不少，可能是父亲将其中温君的一篇寄张尔田先生阅，张老在回复中
提到寅恪伯父所作李义山文，父亲又将张老的信转送寅恪伯父一阅，
寅恪伯父乃有此回信。信很简短，但从中可以看出寅恪伯父治学的严
谨和对老辈学者的尊敬。

　　其实寅恪伯父本人，对李义山研究精深，极有心得。他在清华
所开的"文学专家研究"学程中，就有李义山专题。一九三六年二月
三日《北平晨报》刊出张尔田《与吴雨生论陈君寅恪〈李德裕归葬辨
证〉书》一文。笔者按，《大公报·文学副刊》曾刊出《张尔田君致
本刊编者论……》式的文章不下一二十篇，张尔田先生习惯以这种方
式发表文论；上述文章很可能是投登《文副》，父亲服膺寅恪伯父考
证，未予采用而转与他报者，所以题目不再是《致本刊编者论……》
而为《与吴雨生论……》。

　　据卞慧新君回忆：（一九三六年）二月十日，在清华"晋南北朝
史"课堂上，有同学问及二月三日《北平晨报》所刊张尔田《与吴雨
生论陈君寅恪〈李德裕归葬辨证〉书》文，寅恪伯父说明，他"所用

陈寅恪 1930 年 3 月 21 日写给吴宓的信

考证方法，考'时'及'地'，与'人事'合则是，否则非。犹解析几何中之 Cartesian Point（直角坐标上之点）者然"。他用这种方法考证洛阳出土墓志，知李德裕归葬洛阳在大中六年，而不是张尔田先生所持乾隆以来（冯浩）的说法定于大中二年。如义山于大中六年自东川幕至荆州代柳仲郢祭德裕，然后返回四川，则为先下水后上水；而不是张说所推的先上峡后下峡。如以冯浩定为大中二年义山"巴蜀游踪"之《荆门西下》诸诗，移诸大中六年，则行程与季节，以及许多人事，均能讲通。寅恪伯父谓孟劬先生为义山专家，然其说殊勉强，实难成立。今不拟答辩，免得他生气。[1] 由此可以看出，父亲和寅恪伯父等对老辈学者，在学术上坚持实事求是原则的同时，处理方式上还是相当和缓、大度的。

清华规定教授教课满七年可休假一年，给予半薪。又每年派出教授二人（文法科、理工科各一人），以公费至国外进修、游学。

一九三〇年九月，父亲获此机会赴欧洲进修、游学一年：一九三〇年十月至一九三一年一月，在英国牛津大学进修；一九三一年二月至七月，在法国巴黎大学进修；四月，在意大利及瑞士游历；七至九月，在德国游历。父亲游览各地名胜古迹，参观博物馆、纪念馆，访问了莎士比亚、拜伦、司各脱、但丁、歌德等许多著名诗人、作家的家乡和故居，感受很深，获益非浅。他详作笔记，写了《欧游杂诗》五十多首，发表在《国闻周报》和《大公报·文学副刊》上。他不无感慨地在日记中写道："尚未遍览，深觉不到欧洲，不知西洋文学历史之真切。"[2]

一九三一年一月在伦敦，父亲访问了白璧德教授的学生、二十

---

1 见卞僧慧纂、卞学洛整理《陈寅恪先生年谱长编》，页 172，中华书局 2010 年版。
2 《吴宓日记》V，页 170。

世纪英国重要诗人兼批评家艾略特。据父亲一月二十日日记：下午"1—3 访 T. S. Eliot。邀宓步至附近之 Cosmo Hotel 午餐，谈。Eliot 君自言与白璧德师主张相去较近，而与 G. K. Chesterton[1] 较远。但以公布发表之文章观之，则似适得其反云。又为书名片，介绍宓见英、法文士多人，不赘记"。[2]

在欧洲，父亲还与一些外国研究东方文化的专家及汉学家，交流学术。有新交，也有旧识。英国的庄士敦（Sir Reginald F. Johnston）[3] 是在国内就熟悉的，当时即将就任伦敦大学东方学院中文系教授。据父亲日记及与庄士敦往来书信，他在伦敦曾数见庄士敦于其宅，"谈，甚洽"；"庄以人才询"，父亲举荐的第一位学者就是陈寅恪，"并详告以此人之价值。庄谓，庚款中之文化教育一项，如能实行，庄必视己力之所至，聘陈君来此讲学。"[4] 临别，庄士敦交给父亲五十英镑请代续订《学衡》杂志和购买新出版的图书。

一九三一年一月，英国国会正在讨论庚子赔款议案，父亲曾去西敏寺英国会议事厅旁听，当时正进行二读。

伦敦大学的东方美术及考古学专家叶慈（W. Perceval Yetts），时正在考释一块中国碑的铭文，中有若干字不能辨认。叶慈宴请父亲及一法国汉学家亨利·马斯皮罗（汉名马伯尔，Henri Maspéro）共同研究。两人"为指出若干字，尚留阙文"。父亲说"陈寅恪必能为解之"，于是叶慈请父亲将该碑照片及叶的释文寄平，代为求助于寅恪伯父。父亲因法国汉学家 Maspéro 不知寅恪伯父而甚感惊讶和遗

1　G. K. Chesterton，切斯特顿（1897～1936），英国评论家，诗人，散文家和小说家。

2　《吴宓日记》V，页170。

3　Sir Reginald Fleming Johnston，庄士敦（1874～1938），英国人。大学毕业后，考入殖民部。历任香港政府官员，威海卫行政公署长官，溥仪英语教师。回英后，任伦敦大学汉文教授。

4　《吴宓日记》V，页175。《吴宓书信集》，页176。

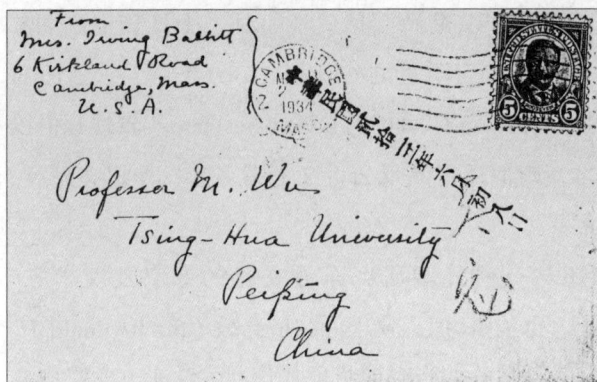

白璧德夫人寄白璧德讣闻给吴宓的信封

憾，甚至在致友人书中用了他很少使用的惊叹号："Maspéro 竟不知陈寅恪！"[1]

一九三一年二月二十四日，父亲在巴黎见到了法国著名考据学者伯希和（Paul Pelliot）[2]，印象不佳。父亲在写给友人的信中言及，"昨谒伯希和，其人乃一精明强干之人，又系一考据学者，宓不喜之。彼初见宓，极冷淡。宓乃自陈为《学衡》编辑，彼略重视。彼疑《学衡》已停，宓告以未。继宓又言及静庵先生及陈寅恪兄，彼对宓乃敬礼有加。然彼之功夫，纯属有形的研究，难与语精神文艺。""末后，彼询寅恪兄住址，宓具以告。"[3]

欧洲的汉学家定于一九三一年九月集会荷兰莱顿大学，作学术交流，已对父亲发出正式邀请。父亲以休假期满，开学在即，谢却参加。

---

1 《吴宓书信集》，页 178。
2 伯希和 Paul Pelliot（1878～1945），法国汉学家。曾从著名汉学家沙畹、高第学汉文。通汉、满、蒙、藏、阿拉伯、波斯等多种语言。高第死后，负责主编《通报》。
3 《吴宓书信集》，页 181。

一九三一年九月，父亲乘火车取道苏联回国，继续在清华外文系任教。

一九三二年底，父亲写有《壬申岁暮诗》四首，作为《欧游杂诗》的结尾。

一九三二年五月九日，父亲情如手足的知友吴芳吉（碧柳）病殁四川。一九三三年七月十五日，父亲十分敬爱的美国人文主义大师白璧德先生逝世。时父亲正在上海。他于是日所作《西江月》的题注中写道："七月十五日夜，上海兆丰公园游步即事。盛成君邀往，同游者方令孺女士、方玮德君、曾觉之君。按美国白璧德师于是日逝世，初未及知。伤哉！"

师友的相继逝去，父亲至为感伤。所以，在《癸酉一九三三年岁暮述怀》诗作中，有"哲师今俎谢，谓美国白璧德师，知友渐凋零，指吴芳吉（碧柳）、凌其垲（梦痕）诸君"之句。

一九三三年初，寅恪伯父又为冯友兰《中国哲学史》下册撰作审查报告，父亲在一九三三年二月二十日出版的《大公报·文学副刊》第二百六十八期予以刊布。寅恪伯父自谦"审查此书之馀，略述所感"，实际于我国历来之思想演变传衍，如何对待外来思想等文论精辟，有大发挥。如谓"窃疑中国自今日以后，即使能忠实输入北美或东欧之思想，其结局当亦等于玄奘唯识之学，在吾国思想史上，既不能居最高之地位，且亦终归于歇绝者。其真能于思想上自成系统，有所创获者，必须一方面吸收输入外来之学说，一方面不忘本来民族之地位。此二种相反而适相成之态度，乃道教之真精神，新儒家之旧途径，而二千年吾民族与他民族思想接触史之所昭示者也"。[1]对照历史，抚今忆昔，更能体会寅恪伯父识见之正确深刻。

一九三三年，父亲感到伤心的事还有：他主编了近十二年的《学

---

1 《陈寅恪集·金明馆丛稿二编》，页 284—285，北京生活·读书·新知三联书店 2001 年版。

衡》杂志终于停办;《大公报·文学副刊》改版,主编易人。前者主要是经费问题,后者显然是为了适应新文化运动蓬勃发展的形势。父亲难过的是"昌明国粹,融化新知"的言论阵地几被全部占领,所得师友诗文佳作,再也不能随时刊登,与世同赏。寅恪伯父却认为这也未尝不好,父亲正好屏弃杂务,专心读书、著述。

寅恪伯父本身是非常专心致志于读书著作的;读书多,著述亦多。寅恪伯父有新著,父亲总是认真阅读;自己的诗作文稿,常送请寅恪伯父教正,寅恪伯父每次都仔细阅改,多年一贯,不厌其烦。这方面,父亲感受是很深的。一九三四年夏,他在一篇关于寅恪伯父的《王观堂先生挽词》的《诗话》中,十分称道寅恪伯父学问之博及自己受益于寅恪伯父之多。他说:"始宓于民国八年,在美国哈佛大学,得识陈寅恪。当时即惊其博学,而服其卓识。驰书国内诸友,谓'合中西新旧各种学问而统论之,吾必以寅恪为全中国最博学之人'。今时阅十五六载,行历三洲,广交当世之士,吾仍坚持此言,且喜众之同于吾言。寅恪虽系吾友而实吾师。即于诗一道,历年所以启迪予者良多,不能悉记。其《与刘文典教授论国文试题书》载《学衡》杂志七十九期。及近作《四声三问》一文,刊登《清华学报》九卷二期。似为治中国文学者所不可不读者也。"[1]父亲这段话,我印象很深,因为他重复讲过多次。一九四八年暑假在武汉大学,他同学文姐和我谈在掌握外国语文方面下工夫及做学问,又以寅恪伯父为范例,讲到这段话的意思。

长沙艺芳女校校长曾宝荪女士(字浩如)[2],是曾文正公的曾孙

---

1 《吴宓诗话》,页196。
2 曾宝荪(1893～1978),女,字浩如,湖南湘乡人。杭州女子师范学校毕业。皈依基督教。英国伦敦大学理学士,牛津、剑桥大学进修。1918年与堂弟曾约农在长沙创办艺芳女校,并兼理湖南第一女子师范及长沙第二女中校务。1949年参加印度世界和平大会。1950年去台湾。

女，名诗人重伯先生之女，艰苦卓绝，主持艺芳女校多年，"校风美善，独立不倚，远近著称"。父亲久敬佩曾女士为理想事业辛勤奋斗，然素未通问。一九三四年寒假，父亲"作《空轩诗》时，适陈寅恪持示《艺芳杂志》一册，中述校务之艰难摧沮，及女士劳愁困顿情形。予方自伤《学衡》杂志，《文学副刊》等之咸遭破毁，遂作诗一首以寄其同情（《空轩诗》第八首)"。一九三七年冬，父亲随清华南迁长沙，曾往访曾宝荪女士及其弟曾约农君。

一九三四年，父亲作《吾生一首》，有句"知足已能兼忍辱，有思无怨可安舒"。诗注中引寅恪伯父语。注云：陈寅恪君谓佛家之知足忍辱、以苦为乐，与道家之知足忍辱、明哲保身，而复烧丹炼汞恣意求乐者绝异。一九三五年二月，父亲以追求七年的毛彦文女士别嫁前国务总理熊希龄，乃作《忏情诗三十六首》，初登北平《晨报》，各报亦有转载；后又增二首，收入《吴宓诗集》。对于父亲此篇诗作，张尔田有《忏情诗改作》；萧公权有《忏情诗和作》；寅恪伯父的评语则为：直抒胸臆自成一家。自忏即所以自解，正不必别求解人也。[1]盖当时亦有攻讦者。

这一年，父亲课馀时间很大一部分花在编辑他的诗集上。一九三五年五月，《吴宓诗集》由中华书局出版。他这部《诗集》与众不同，不加精选，自光绪三十四年戊申开始学吟咏之时起，至一九三四年发稿止，有作必收，毫无删汰，"以存其真"。他承认《诗集》中之诗不都具有可存价值，"原待高明读者自为甄选去取"。厚厚的一大册诗集，他自认为可取的只有四篇。即：《壬申岁暮述怀》四首；《海伦曲》；所译罗色蒂女士（Christina G. Rossetti，1830～1894)《愿君长忆我》及《古决绝辞》。

《吴宓诗集》中，不仅仅是父亲自己的诗，还收有一些朋友和学

1　参见《吴宓诗集》，页290—295。

生有关的诗。寅恪伯父的赠诗、评语等，也被父亲统统收录其中。

父亲很注意收集寅恪伯父的诗作，从哈佛同学时开始。他常说，寅恪伯父作诗不多，但都很精美，寓意深长；不熟悉历史典故，不具有丰富的文学知识，不对其人有非常的了解，很难确切领会其诗深邃的含义。寅恪伯父关于诗词的谈论，语多精彩。寅恪伯父尝劝我父亲读辽阳杨钟羲撰集《雪桥诗话》，"谓作者熟悉清朝掌故，此书虽诗话，而一代文章学派风气之变迁，皆寓焉。"[1]又如为近世中国诗作笺注，详叙当时情事，以贻后人，寅恪伯父谓之"今典"。谈及唐诗与唐代文学的特点，寅恪伯父曾说，"唐代以异族入主中原，以新兴之精神，强健活泼之血脉，注入于久远而陈腐之文化，故其结果灿烂辉煌，有欧洲骑士文学 Chivalry 之盛况。而唐代文学特富想象，亦由于此云云。"[2]如此等等，父亲原有较多记载，可惜"文革"中多散失，至今未能找见。

一九三五年和一九三六年春，寅恪伯父与父亲等曾两次游观吴氏园海棠。寅恪伯父有诗作两首，于一九三六年七月六日"录呈""雨僧兄教正"。父亲在寅恪伯父的手稿后面写有附注。

吴氏園海棠二首
陳寅恪
其一　乙亥

此生遺恨塞乾坤，照眼西園更斷魂。

蜀道移根銷絳頰，吳妝流眄伴黃昏。

尋春只博來遲悔，望海難溫往夢痕。李德裕謂凡花木以海名者，皆從海外來，如海棠之類是也。

1　《吴宓诗话》，页174。

2　同上书，页175。

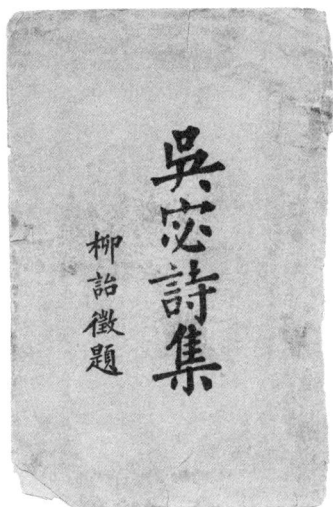

《吴宓诗集》1935 年中华书局版封面

像遺師德璧白
IRVING BABBITT
(1865-1933)

蘇格拉底像贊
臺臺蘇哲奮志求真。
明法殉道殺身成仁。
天地正氣日月精魂。
音容宛在光讓長存。
東聖西聖此理此心。
師表萬禩一體同尊。
舉世橫逆吾獨辛勤。
內省不疚常視斯人。
民國十一年 吳宓恭撰

《吴宓诗集》中登载的欧文·白璧德像

欲折繁枝倍惆悵，天涯心賞幾人存。

其二　丙子

無風無雨送殘春，一角園林獨愴神。

讀史早知今日事，看花猶是去年人。[1]

夢回錦里愁如海，酒醒黃州雪作塵。

聞道通明同換劫，綠章誰省淚沾巾。[2]

"宓注：蔚秀園，在京西海甸附近，燕京大学之北邻。本为某王府别墅，近为吴鼎昌字达诠，号前溪，浙江吴兴人，盐业银行总经理，后任侍从文官长，贵州省主席。买得。原名萃锦园，以海棠名。吴氏改名曰蔚秀园，宴客赋诗，往游观者甚众。寅恪此二诗，用海棠典故，如苏东坡诗。而实感伤国事世局（《其一》即 Edgar Snow *Red Star Over China* 书之内容——'二万五千里长征'）。初未咏题此园，或应酬吴氏也。"

寅恪伯父这两首诗，《其二丙子》没有收入《寅恪先生诗存》；《其一乙亥》收入《诗存》时，题改为《燕京西郊吴氏园海棠甲戌春作》，文字稍有不同。

一九三六年初，清华国学研究院首届学生冯国瑞[3]毕业十年后重返母校，往谒陈、吴两先生；谈起当年国学研究院的盛况、学风、师生关系的亲洽，不胜感慨系之。冯国瑞君离开清华前，作七古长诗一篇送呈寅恪伯父和父亲留念。

1　笔者注：吴宓在此二句尾，各画有三圈，极表欣赏。

2　此二诗录自《吴宓诗集》，页317—318。

3　冯国瑞（1901～1963），字仲翔，甘肃天水人。东南大学毕业，考人清华学校研究院，师从梁启超、王国维。时任兰州大学中文系教授兼系主任。1949年后任甘肃省文物管理委员会主任。

古月堂感赋呈陈寅恪吴雨生两先生

冯国瑞

清华水木城西冠，弦诵燕京对海甸。

旧筑惟馀古月堂，池馆照来犹昔艳。

深红先上海棠枝，沉碧初凉藕花池。

小山丛桂留人夜，香雪玻璃滑冰时。

曲苑作厅象工字，锦茵绣幔张座次。

文会选胜间晨夕，鸾刀缕切许薄醉。

忆昔中元佳节至，学院宏开来多士。

新会梁任公师海宁王静安师与义宁陈寅恪师。王陆经筵说义利。

司业更有泾阳吴，吴雨生师。朴学华辞勤墨朱。

门墙跻列问奇字，龙象一时尽大儒。

残照欲收讲院阴，月斜堂上夜坐深。

感遇微知伏挺志，升堂最苦郑玄心。

当时耳热正酒酣，前席生徒共笑谈。

杨柳笛中歌出塞，桃花扇底哀江南。

一日，夜集。任公师唱《桃花扇·哀江南》曲，同学各有和歌，

余独不谙。临洮司秋沄唱秦腔，皆大笑。

逾年丁卯炽赤焰，危巢相守愁幕燕。

堂前置酒作离筵，眼底之人皆星散。

可怜佳节又端午，重吊汨罗帝子渚。谓静安师自沉昆明湖事。

旧苑哀词万寿山，寝门同哭孔尼父。

贱子西归国事纷，梁木悲折暮云昏。谓任公师。

苦从别后梦关塞，更惜索居断知闻。

重来大似辽东鹤，亭榭全非况城郭。

一堂岿然仍幽邃，苔痕欲认感萧索。

西苑旧居幸未改，寅恪师宅，近静安师旧居。堂连荷声馆犹在。

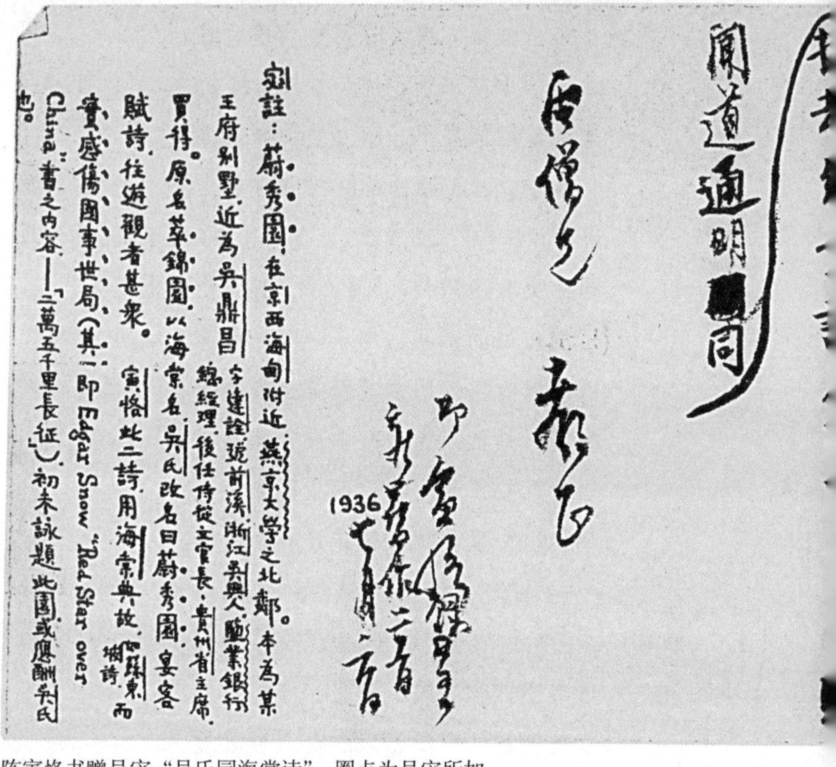

別註：蔚秀園，在京西海甸附近，燕京大學之北鄰。本為某王府別墅，近為吳鼎昌（字達詮，號前溪，浙江吳興人，鹽業銀行總經理，後任侍從文官長、貴州省主席）買得。原名萃錦園，以海棠名。吳氏改名曰蔚秀園，宴客賦詩，往遊觀者甚衆。寅恪此二詩，用海棠典故，而實感傷國事世局（其一即Edgar Snow "Red Star over China"書之內容——"二萬五千里長征"）。初未詠題此園或應酬吳氏也。

陈寅恪书赠吴宓“吴氏园海棠诗”，圈点为吴宓所加

吴氏园海棠二首 陈寅恪

其一 乙亥 1935

此生遗恨塞乾坤，照眼西园更断魂。蜀道修根铺绣茵，吴淞流眄伴黄昏。习习春祇博来遍海望，〔李德裕谓凡花不〕海棠温泾往梦痕。〔□海名者皆从海外来如海棠之类是也〕欲折繁枝倍惆怅，天涯心赏几人存。

其二 丙子 1936

无风无雨送残春，一角园林独怆神。读史早知今日事，看花犹是去年人。梦回锦里愁如海，酒……

雨生师所住藤影荷声馆，在古月堂西，十年来未移居也。

翻夸座上多春风，讵识门前有沧海。

当头月好送残年，唱酬往往见佳篇。

清光莫斫吴刚斧，故物难存陈寔毡。

大息吾曹成苟活，早晚太学群诣阙。

弦歌欲托缥缈间，今人不见古时月。

古月今月两茫茫，痴绝李侯问太苍。

今人古月同流水，往事难忘古月堂。[1]

    冯国瑞君的叙事长篇，引起寅恪伯父和父亲对往事的回顾。

    寅恪伯父自一九二六年夏初入清华至七七事变离开北平，这段时间可能是他一生读书最勤、研究最力、收获也最多的日子。这自然与图书资料完备、研究条件较好且生活安稳有关，清华当时不像北大曾一再欠薪，苦得教师无米下锅，罢教抗议。寅恪伯父在清华教课而外，身兼中央研究院理事，历史语言研究所历史组主任，故宫博物院理事，清代档案委员会委员；可不用负责实际事务，却为他的研究工作得到许多方便。尤其如调阅图书资料，赴大高殿军机处检阅档案等，寅恪伯父因通晓满文，阅读清代机密档案，自比他人收事半功倍之效。

    作为清华中文、历史两系的合聘教授，寅恪伯父在中文系开有"文学专家研究"课：1.曹植。2.阮籍。3.陶潜。4.谢灵运。5.鲍照。6.庾信。7.王维。8.李白。9.韩愈。10.刘禹锡，元稹，白居易。11.李贺。12.李商隐。13.欧阳修。14.苏轼。15.黄庭坚。16.陆游。17.杨万里。18.周邦彦。19.辛弃疾。20.姜夔。21.吴文英。"取专家中之足以表一时代文学或能独创一格者，加以研究与批评。"寅恪伯父在历史系

1　录自《吴宓诗集》，页310—311。

开设的普通演讲课有"晋南北朝隋史""隋唐史";专题讨论性质的课为"晋南北朝隋史研究","就此时期内关于民族文化政治社会等问题择要讨论,并旁采外国书籍,及近年新发见之材料,与中国所已知者互相比证,以期补充旧史之未备,及订正其伪误。"[1]

作为清华一九三〇年成立的研究院文科研究所中文和历史两学部合聘的指导教授,寅恪伯父在中国文学部的指导范围为佛教文学,所开设的学程有:1."《世说新语》及魏晋哲理文学",此学程主旨在解释清谈的涵义,及研究它与魏晋时代政治社会的关系。《世说新语》之外,凡同时诗文之具有玄哲旨趣者,亦讨论及之,以资参证。2."佛教翻译文学"和3."佛教翻译文学之研究"。此学程"取佛教文学名著如《大庄严经论》、《涕利伽陀》、《佛所行赞》等译本,依据原文及印度人注疏解释,并讨论其在中国文学上之影响及关于佛教翻译史诸问题"。选此课者须预修"佛教翻译文学"。4."中国文学中佛教故事之研究",此学程专就佛教故事在印度及中国文学上之演变,加以比较研究。研修本学程亦须预修"佛教翻译文学"之课。5."禅宗文学",讨论禅宗故事的演变,语录的词句,及其他关于中国文学的问题。寅恪伯父在历史学部所开"隋唐史"和"晋南北朝隋唐史",为研究生与本科三四年级生共修学程;"中国中古史专题研究"学程则专为研究生所设。[2]

以上可以看出寅恪伯父教课任务之重。由于他博览群籍,研究精深,讲课很吸引人。校外的人也常来旁听。据周一良[3]君回忆,他在燕京大学读研究生时曾和中央研究院历史研究所工作的余逊、俞大纲和劳榦,一起去清华听陈先生的课,"感到与以往听到的中外历史课大不

1　参见《清华大学史料选编》卷二(上),页305、346。

2　参见《清华大学史料选编》卷二(下),页574、577、594、595。

3　周一良(1913～2001),字太初,安徽东至人。留学美国,哈佛大学哲学博士,曾在哈佛任教。1946年回国任燕京、清华、北京大学历史系教授。

第二章　《学衡》与清华国学院时期　　　　　　　　　　　153

相同，犹如目前猛放异彩，佩服无已。"他印象深刻的是"陈先生谈问题总讲出个道理来，亦即不仅细致地周密地考证出某事之'然'，而且常常讲出其'所以然'，听起来就有深度，说服力更强"。[1]

寅恪伯父的教学和研究是紧密结合，相辅相成的。在清华园十一年，他大约发表了五十多篇学术论文和序跋。他的研究成果实际当远不止这些。寅恪伯父治学，读书时习惯将自己的心得、见解、考证、注释和涉及的有关资料，写录于主要书籍的书眉和空白处。许多论文就是在这样的文字基础上发展完成的。寅恪伯父这十年来精研细读，写于书眉的笔记密密麻麻不知多少，实际也是他研究的初步成果，有待完成的著作。寅恪伯父的著述为他赢得海内外学界很高的声誉。他的《支愍度学说考》等文，就是他被推荐为英国皇家学会研究员的根据之一。

清华校章规定，教师有特殊成绩者，加薪。据一九三六年六月，"为改填陈寅恪先生聘书薪额"，历史系主任刘崇鋐、中文系主任朱自清联名写给文学院长冯友兰的信称，"陈先生薪金已逾四百元[2]，二十三年援用特殊成绩规定加薪二十元，迄今已两年。兹当续聘之期，拟仍援用该项规定，请转商梅校长，于二十六年度加薪二十元。陈先生工作极为精勤，其著述散见于《清华学报》和中央研究院历史语言组《集刊》者，质量皆可称述，当为兄所熟知，乞向梅先生转述，为幸。"[3]梅贻琦批示"照原函所请改发，即二十六年度为 480 元"。

我父亲从一九二六年三月离开国学研究院后，一直专任大学部西洋文学系（后改外国语言文学系）教授（并兼任国文系主任至

---

1 周一良《纪念陈寅恪先生》，载《纪念陈寅恪教授国际学术讨论会文集》，页 18。中山大学出版社 1989 年版。

2 据《清华大学二十年至二十六年度教师一览表》，除寅恪薪额自民国二十一年起，依次为 400 元，440 元，460 元。

3 清华大学档案，全宗号 1，目录号 2—1，卷宗号 111：4。

一九二八年）。所授课程除大一大二的"英文读本与作文"外，还有
1."英国浪漫诗人"，取英国浪漫时代诗人（Wordsworth, Coleridge, Byron, Shelley, Keats 的重要篇章，精细研读，由教员逐字逐句讲解，务求明显详确，不留疑义；兼附论英文诗的格律，诸诗人的生平，及浪漫文学的特点。2."古希腊和罗马文学"。他为一九二九年先行开办的外国语言文学研究院（后改为清华大学研究院文科研究所外国语言文学部）研究生所设学程，主要有：1."中西诗之比较"。父亲为这门学程所写的说明是："本学程选取中西文古今诗及论诗之文若干篇，诵读讲论，比较参证。教师将以其平昔读诗作诗所得之经验及方法，贡献于学生。且教师采取及融贯之功夫，区区一得，亦愿一说，共资讨论，以期造成真确之理想及精美之赏鉴，而解决文学人生切要之问题。本学程不究诗学历史，不事文学考据，惟望每一学生皆好读诗，又喜作诗，终成为完美深厚之人而已。"选修此学程的学生，须参加教室中的讨论，研读指定的书籍及诗章；又须于一年之内，撰作（中文或英文）诗若干首或论文一篇。父亲在讲授中，着眼于探索某些"中西古今"的"不易之理"和"东西文学公认之言"在文学领域中的普遍应用。他反对寅恪伯父批评的那种"古今中外、人天龙鬼，无一不可取以相与比较"的轻率态度，注重探寻带规律性的东西。2."翻译术"。特为各级中英文兼优的学生而设，此学程的精义是"视翻译为一种文学上的艺术，由练习而得之方法；专取英文的诗文名篇杰作以及报章公文等译为中文，而合于信、达、雅之标准。先讲授翻译之原理，略述前人之学说，继以练习，注重下列三事为翻译所必经之步骤：（一）完全了解原文；（二）以译文表达之而不失原意；（三）润色译文，使成为精美流畅之文字"。[1] 练习分短篇、长篇两种。短篇一学期中多次，题目

1　参见《清华大学史料选编》卷二（下），页584。

文學與人生

教授吳宓

須修全年四學分　每星期三六時

全校各系　三年級　選修

四年級

研究院

本學程、■研究人生與文學之精義、及二者間之關係。以詩與哲理二方面為主。並亦討論政治道德藝術宗教中之重要問題。

凡選修本學程之學生皆應參加課堂中之討論。而須先讀教授指定之中西文學名著若干篇以為討論之根據其中有文有詩或為哲理及文藝批評要之每篇皆須精細研讀、

此外凡就本學程授作畢業論文或研究論文之學生每人皆應讀教■為該生特開之書籍俾積個人文學研究及生活經驗之所得而於一年中撰成論文一篇。

注意

凡平日樂與判宓私接近或往訪談論之學生皆宜選修式參驗本學程又凡畢業及研究生欲請判宓教授為導師而從作畢業論文者亦宜選修本學程。一至時間若難排定可以移設適合。

吳宓"文学与人生"授课讲义

文學與人生之關係

Clayton Hamilton, in "Materials & Method of Fiction". — "Fiction is life distilled".

今改其語, 如下: Literature is the Essence of Life —

- 1. Philosophy is life etherealized (氣譬: 汽)
- 2. Poetry " " distilled (液譬: 水)
- 3. Fiction or Novel " crystallized (固譬: 冰)
  — All from all sort of Impure things, containing Water.
- 4. Drama is life exploded.

或更確切言之: Literature is the Re-presentation of Life.

Re-presentation
- I. Selection (of Material)
- II. Improvement (by Art)

由是
1. Literature ≠ Direct & true Experience. Literature ≠ History. The faithful copying or exact re-production of Life is, not only undesirable, but also impossible.
- (例一) J.J.Rousseau "Confessions".
- (例二) 我之自記. 寫作之難. 溈明等
- (例三) 美國某君說其.一人之一生大要服至三千字,以作小說,結果平淡無奇 (見 Clayton Hamilton. op. cit.)
- (例四) from Sterne to Marcel Proust (1871-1922)
  James Joyce
  Virginia Woolf
  Gertrude Stein
  T.S. Eliot

2. Not all Literature is Autobiography. Purpose of literary writing is not always, Self-Revelation. ∴ The foolishness of the labour of "Literary Research":
- (例一) Homeric Epics. Excavation of Troy. S.Butler's Female authorship of the "Odyssey".
- (例二) 石頭記之索隱, 以撰寄喜為. etc. Contra. 惠頓之紅學考據及書信小說之索解.
- (例三) 我之擬情詩 若遠指一定某人. (例四) Stopford "Break front, etc."

3. The literary work as a whole must be "created", imaginary, & producing a complete illusion; the details, may be true to fact & taken from experience. (例一) Thackeray "Newcomes" (女 includes etc.)
  (例二) Dumas 江 茶花女 (人名弄错)

4. The value of a literary work depends on the "treatment" (art), & not on the Subject (material). All subject are equally good.
  (例一) Apuleius "Golden Ass". (例二) Tolstoy "Resurrection".

5. Good literary work express Author's total conception of Life & Universe but not his judgment on particular men & things.

中華民國廿四年九月二十日 凇

由教师发给，专取各种困难繁复之句法，译卷由教师批改。长篇一学期一次，学生各择专书翻译，而由教师随时指导。3."文学与人生"。研究文学与人生的精义及二者间的关系，以诗与哲理二方面为主，然亦讨论政治、道德、艺术、宗教中的重要问题。选修此学程的学生应参加课堂中的讨论，并先读教授指定的中西文学名著若干篇，为讨论的依据。其中有文有诗，或为哲理及文艺批评，每篇皆须精细研读。拟就此学程撰作研究论文的学生，须读教授为该学生特开的书籍，以汇积个人文学研究及生活经验所得，而于一年中撰成论文一篇。[1]

父亲的教课，因他对讲授的内容十分熟悉，透彻了解，也有兴趣、有爱好，不断地在自己的专业方面继续钻研，注意新发展；一门课讲授多年，能给人以新鲜活泼的感觉，受到学生欢迎。王岷源君回忆说："英国浪漫诗人"和"希腊罗马古典文学"，"这两门课都讲得很好，我从中获得不少知识。特别是'浪漫诗人'一课，对二十来岁的青年，一般都很有兴趣。在课堂上听着讲述拜伦、雪莱、济慈的诗篇和他们富有浪漫色彩的生平，真是一种享受。雨僧先生讲课时也洋溢着热情，有时眉飞色舞。虽然时光已经过了六十年，今天我依然可回想起雨僧师当年在课堂上讲拜伦的《恰尔德·哈罗尔德游记》第三章二十一节以下诸节，雪莱的《西风歌》，济慈的《希腊古瓮歌》《夜莺歌》《圣艾格尼丝前夕》等篇什的热烈气氛。"[2]何兆武[3]君选修过父亲的《文学与人生》课，他的印象是"先生博通今古，学贯中西，讲起课来旁征博引，信手拈来，都成妙谛"。[4]

1　参见《清华大学史料选编》卷二（下），页 577。

2　王岷源《忆念吴雨僧先生》，载《第一届吴宓学术讨论会论文选集》，页 115。

3　何兆武（1921～　），祖籍湖南岳阳，生于北京。清华大学研究院外国语文学部毕业。曾任中学教员、中国科学院历史研究所研究员。1986 年到清华大学思想文化所任研究员。

4　何兆武《回忆吴雨僧师片断》，载《第一届吴宓学术讨论会论文选集》，页 103。

父亲的行事风格与寅恪伯父有所不同。他似乎不安于纯书斋式的学者生活，而愿参加到社会公众的生活实践，特别是培养人的教育实践中来。他在教学研究以外，不仅主持制定了早期的清华学校研究院章程，为西洋文学系规划制定培养方案，并积极参与了被称为"清华宪法"的《清华学校组织大纲》的讨论制定，撰写《由个人经验评清华教育之得失》等文。

寅恪伯父出于爱护，曾屡劝父亲"多为己而少为人"；"谢绝人事，努力为学读书，以成一己之专著。不特友朋托办及学校团体之事，不必费时费力；即《学衡》及《大公报》事，亦力求经济，以支持出版为度，不必过耗精神时间。然后乃能有读书之暇，而有进步之望。"寅恪伯父又力主父亲"屏绝杂务，专心读书著作。生活种种，均不足计也"。[1]

父亲也认为寅恪伯父"此实良言，吾岂不知，当更铭记之"；但也许是他悲天悯人的性情和化民济世的志趣影响所致，往往不够坚持，一旦感情胜于理智，更难以自已。纵观他主编的七十九期《学衡》、三百一十三期《大公报·文学副刊》，为两刊所写的无数"编者识语"，以及他在清华十二年间发表的几十篇文论，尤其像《文学与人生》《民族生命与文学》《道德救国论》《论战争能振起民族精神产生光辉之文学》等篇章，无不充分表明他的文化主张和文化使命感。

父亲感觉压抑、困惑的是，无论他怎么热心、努力，收效日微；他从事社会活动和文学志业的空间，越来越逼仄。甚至创刊后坚守了六年的《大公报·文学副刊》阵地，也终为新文学派主编的《文艺副刊》取代。实际上，他所任教的学校，也在悄然变化中。清华过去因为隶属关系与经济来源不同，地位比较特殊；改为国立大学，直属推

---

1 《吴宓日记》Ⅳ，页21、82。

动新文化的国民政府教育部管辖后，清华经费和基金，已由政府行政院交与新文化派占主导地位的中华教育文化基金董事会掌管。这一切都不能不对学校产生影响，人文学科比理工学科所受影响更甚。学校组织大纲依旧，实施的人观念有变。为顺应潮流，古典文学专家刘文典教授已不再兼任中文系主任。由于留美预备学校的历史原因，全校学生人数最多、师资雄厚的外国语文学系，一九二六年创建以来，一直由戏剧专家，前清华学校教务主任、副校长、代理校长王文显教授担任系主任。北京大学的温源宁教授早在一九二六年来清华兼课期间，就有意谋划推倒王文显[1]，没有成功。一九三七年春夏，却由校长梅贻琦、文学院长冯友兰轻而易举地将王文显换为美籍华裔的 F. T.（陈福田）[2]。

父亲虽曾帮助王文显先生筹划创建外文系外文研究所，并长期辅佐系务，但他一向对人事纷争不感兴趣，也不介入。据父亲日记，他只是一九三七年六月十四日在讨论本届毕业生名单的教授会中，见"冯友兰、陈总各院长，闻一多等各教授，皆显然攻讦王文显君（是日仍未到会）；宓亦未便明为辩护。盖事实之是非，与恩怨之争挟，两有之也"[3]。后来由外文系同事陈铨君谈，始得"知 F. T. 处心积虑，为日已久，且收取系中诸少壮教授之欢心，以推倒王文显，且排宓"。这使父亲顿时想起友人旧句云："人间岂少桃源地，却恨桃源蛮触争。"而感叹"人徒羡清华风物生活之美适，岂知其政争与倾轧耶？……"[4]

随着杜威、罗素哲学的流行，重实用、轻理想的风气大盛，以讥讽、打压《学衡》，向新文化派示好的事例屡见不鲜。父亲作为《学衡》主编，又坚持己见，即使退居斗室，沉默自守，与世无争，也难

1　参见《吴宓日记》Ⅳ，页 313；Ⅴ，页 146。又《朱自清日记》卷 9，页 208。
2　陈福田（1897～1951），广东东莞人。美国哈佛大学硕士。历任檀香山明伦学校教员，波士顿中华基督教青年会干事，西南联合、清华大学外文系教授兼系主任。
3　《吴宓日记》Ⅵ，页 146。
4　见《吴宓日记》Ⅵ，页 157、158。

學衡雜誌稿件（未成）

五弓8.
低二格

按本誌於美國白璧德先生之學說已屢為譯述介紹。其要者為第三期第十九期第三十二期第三十四期第五七期附載各

篇。讀者可自檢閱。今此篇為英國孟孫君 Gorham B. Munson 所作，原題為 The

Socratic Virtues of Irving Babbitt 登載英國新標準雜誌

The New Criterion 第四卷第三號 一九二六年六月出版 以白璧德先生之學

說撮要陳述使英國之人皆知有白璧德皆知有人文主義與。本誌第十九期

所譯堂之馬西爾君「白璧德之人文主義」一篇為法人而作者用意正同。而

其所許白璧德先生之學說亦能得其真而頗頲。其要二篇互有詳略。讀者可參

閱之。知白璧德先生之人文主義已漸行於各國而吾國人之研究亨受為不容

緩矣。又按新標準雜誌。名見年出四冊。該雜誌為編敍 Faber and Gwyer

書店發行。地址如下。24 Russell

Square, London W.C.1 全年四冊售價一金鎊，郵費在內。特論甚正。選材甚精。為英國數一數二之

文學雜誌。吾國人之從事文學者必宜購讀之也。編者識。

清華學校

吴宓为《学衡》所作按语

避免攻讦排斥的纷至沓来。

据父亲日记，一九三七年六月二十八日中午，"12：00 文学院长冯友兰来，言外国语文系易主任之事，以宓欲潜心著作，故未征求及宓，求宓谅解。"[1]

第二天，亦即六月二十九日，"12：00 方午餐，文学院长冯友兰君送来教育部长公函，拟举荐宓至德国 Frankfurt-am-Main 之中国学院任教授。"父亲心知"此职即昔年丁文渊君所任，原属微末，而校中当局乃欲推宓前往，此直设计驱逐宓离清华而已，蛛丝马迹，参合此证，则此次系主任易人之事，必有一种较大之阴谋与策划在后。宓一身孤立于此，且不见容，诚可惊可悲矣！"当晚，"8—10 陈寅恪来。其所见与宓同，亦认为胡适新月派之计谋。而德国讲学，实促宓离清华之方术，谓当慎静以观其变云。"[2]

父亲通过自己的切身经历，更加体会老友的识见高明、友谊诚挚，也逐渐感悟前曾于清华风潮中活跃一时的寅恪，为何后来一心投入教学研究，对校事不再多闻问。寅恪伯父力主父亲"屏绝杂物，专心读书著作"的劝告，实有深意存焉。

一周之后，七七事变发生，抗战开始，形势大变，学校当局的排吴计谋搁浅。

---

1 见《吴宓日记》Ⅵ，页 157。
2 同上书，页 158。

第三章 从北平到蒙自

一九三七年春夏，父亲与寅恪伯父仍一同在清华任教。

这年春天，又一位美国人文主义大师穆尔先生逝世，距白璧德先生逝世仅四年！

据父亲日记，一九三七年四月二十日，晚贺麟[1]示报，"（New York Nation）载美国与白璧德师齐名同道、而为宓等所最敬奉之穆尔先生 Mr. Paul Elmer More，已于三月九日逝世，伤哉！而该报于社论中，撰 The Last Puritan[2]一条，论穆尔先生之一生，多致讥诋之辞。谓先生持身过严，晚年述作，只阐明禁欲修德之要，而举世注意此事者，不过先生一人。该书不啻先生自己与自己辩证云云。然以宓所窥见，则穆尔先生，虽著书发明身心性命之精旨，其人实极富于诗情及风趣者。昔白璧德师尝言，彼乃一 Aristotelian[3]，而穆尔先生乃一Platonist[4]；此语最得其要。惟然，故宓之受穆尔先生之影响，恐尚过

---

1 贺麟（1902～1992），字自昭，四川金堂人。清华学校毕业留美，哈佛大学硕士，柏林大学研究德国古典哲学。曾任北京大学教授，西洋哲学名著编译委员会主任委员。1955年调任中国科学院哲学研究所研究员、西方哲学研究室主任。
2 最后一个清教徒。
3 亚里士多德学派的人。
4 柏拉图主义者。

所受于白璧德者。二先生晚年持论虽有不同，然只方向之差，先后缓急之异，根本全体决无不同。盖白师以道德为言，穆尔先生以宗教为劝。二先生皆以宗教为道德之根据者也。……呜呼，自穆尔先生之逝，西洋贤哲中，无足动宓等之热诚皈依崇拜者矣。虽有之，则学者与哲师耳。未能兼具苏格拉底与耶稣基督之性行，悲天悯人，以化民救世为志业者也。宓之崇拜白师与穆尔先生，只以是故，非世俗攻诋我者之所能知能解也。"[1]

寅恪伯父喜欢海棠，这些年几乎每逢海棠盛开的时候，都要偕父亲往吴氏花园观赏。四月二十七日下午 4:00，父亲又与李赋宁"同至陈寅恪宅，共乘人力车，至燕京西校门外，迤西之吴鼎昌花园（原为庆王园宅），观海棠，凡四株，极盛大。寅恪昔年有诗咏之。时适吴君之四女公子及其情郎（二人皆燕京学生），在海棠花下坐叙，乃并邀宓等另桌而坐，且以茶点糖果款待。6:00 仍乘人力车回校"。[2]

六月三日晚，"9—10 陈寅恪来，共感叹学生不负责，交入成绩及课卷须教授屡次函催，此在外国决无之情形也。"[3]

父亲与寅恪伯父仍经常一起散步、谈天，共论时局，忧叹国事。当时，日本侵略军正步步进逼，平津形势已很严峻。然而怎么也没想到抗战这么快爆发。

据父亲一九三七年日记，六月十三日，"上午读书。10:30 偕研究院旧生谢国桢等，祭王静安先生（国维）于校门内先生纪念碑前，行

---

1 《吴宓日记》Ⅵ，页 111—112。
2 同上书，页 116—117。
3 同上书，页 139。

吴宓与陈寅恪

1937 年春，吴宓在清华园花树下留影

三鞠躬礼。盖先生逝世（自沉）已满十年，前日为祭日[1]，今日星期，补祭耳。"[2]

六月十五日，父亲和寅恪伯父还一道在清华工字厅集聚，列队赴大礼堂，参加本届学生毕业典礼。晚"9—10 陈寅恪来闲谈"。

六月十七日，"晚 8:00 陈寅恪来，闲谈，至 10:30 始去。"

六月二十二日晚，两位老友漫步西园，谈论学术。"寅恪谓熊十力之新唯识派，乃以 Bergson 之创化论解佛学。欧阳竟无先生之唯识学，

1　此处系按旧历五月初三日计算，即端阳节前二日。如按新历，则王国维先生自沉十周年纪念日应为 1937 年 6 月 2 日。

2　《吴宓日记》Ⅵ，页 145。

抗战前在北平的陈寅恪

则以印度之烦琐哲学解佛学，如欧洲中世耶教之有 Scholasticism[1]，似觉劳而少功，然比之熊君所说尤为正途确解也云云。"[2]

六月二十三日，"晚7—8，偕陈寅恪散步。10:30叶企孙偕张景和来，邀出步月（是日，望）；至11:30始归寝，甚倦矣。"

六月二十八日，"6—9，梁宗岱[3]来，晚饭。与陈寅恪君同出散步西园。观天上各色雨云及虹，至美。"

七月六日晚上，父亲还"偕陈寅恪散步，坐体育馆后球场，观晚霞"。

七月七日，卢沟桥事变发生。当晚"在古月堂晚餐，与叶企孙、熊大缜[4]、张景廉、张景和散步"。

七月八日，"昨夜，日军占卢沟桥，攻宛平县城，与中国军冲突。

1　经院哲学。
2　《吴宓日记》Ⅵ，页152—153。
3　梁宗岱（1903～1983），广东新会人。留学欧洲，1931年回国后，任教北京、清华、南开、重庆、复旦大学外文系。1945年办西江学院，自任教务长兼教授。1950年后，任广西省政府参事，中山大学教授，中国文联理事。
4　熊大缜（1913～1939），到中共抗日根据地后改名熊大正。江西南昌人。清华大学物理系毕业，留校任助教。七七事变后，放弃已考取的留德名额，去抗日根据地负责研制炮弹，曾任中共冀中军区供给部长。1939年被诬"特务"，惨遭杀害。1986年平反昭雪。

是日上午，闻炮声。"

七月九日，"阴雨。上午仍闻炮声。"

七月十日，"夕8—9，偕陈寅恪散步，观天上云霾，至美。晚，大风雨。"

七月十一日，晚"8:00，陈寅恪来。8—9同叶君等西园游步"。

七月十二日，"昨夜闻炮声。"夕"6:30叶企孙、熊大缜、张景廉、张景和来，在此晚饭，食高丽馒头、锅烤鸡等。8—9同出游步，9:00—9:30，再来宓室，进茶与咖啡"。

七月十三日，父亲上午进城，午后"乘2:00汽车回校。3:00抵宓室，觉其凉爽静适，真如仙境，蝉鸣鸟语，亦至可悦。念时世之危难，战事之紧迫，如此佳地，如此清福，又岂可多得？念此，深悔宓之恋爱种种，奔波经营，实为得不偿失，愚蠢之极"。"夕6:30至叶企孙宅，与张景廉、景和同晚饭。又同外出至西园散步。"

七月十四日，"晚饭后，7—8与陈寅恪散步。寅恪谓中国之人，下愚而上诈。此次事变，结果必为屈服。华北与中央皆无志抵抗，且抵抗必亡国，屈服乃上策。保全华南，悉心备战；将来或可逐渐恢复，至少中国尚可偏安苟存。一战则全局覆没，而中国永亡矣云云。寅恪之意，盖以胜败系于科学技术与器械军力，而民气士气所补实微，况中国之人心士气亦虚矫怯懦极不可恃耶！宓按寅恪乃就事实，凭理智，以观察论断。但恐结果，徒有退让屈辱，而仍无淬厉湔祓耳。……

"8—9寅恪、叶企孙、熊大缜在宓室中坐谈。9—10赴工字厅秘书长沈履[1]、教务长潘光旦[2]召集之谈话会。由沈等报告连日谒见秦德纯市长等所得消息。大致日军决意并吞华北，大战即在目前，而

1　沈履（1896～1981），字茀斋，四川成都人。清华学校毕业留美，威斯康辛大学心理系硕士，哥伦比亚大学研究教育学。久任清华大学教授、秘书长。1952年改任北京大学教授。

2　潘光旦（1901～1967），上海人。清华学校毕业留美，哥伦比亚大学理学硕士。时任清华大学教务长，1946年任清华大学教授兼图书馆馆长，1952年改任中央民族学院教授。

二十九军决志牺牲抗敌，云云。又讨论校防事。宓念刘永济兄等一九三一年九、十月之交，在沈阳东北大学之所遭；今正同此事境。回忆前言，不觉悲感！"[1]

七月十五日，"是日清华提前发给教职员七月份薪金。计私利，急逃避，此中国人之所能为者耳！"

七月十七日，"正午12—1访叶企孙，路遇何炳棣，谈国难。"

清华园内连日"恒闻炮声"，教职员多疏散入城，寅恪伯父与父亲仍留在清华读书。

据父亲七月二十日日记，仍读《顾亭林诗集》。12—2，至叶企孙宅午饭。夕"6:30，叶企孙、熊大缜来，晚饭。饭后，熊电城中，知日人致宋最后通牒，要求今午撤卢沟桥之兵，未照办。故自下午1:00起，卢沟桥已开战。此当为大战之始云云"[2]。

七月二十一日，父亲仍读《顾亭林诗集》。夕"6:30叶企孙、熊大缜来此晚饭，又同出散步。陈寅恪亦来。熊电城中，并阅报，知宋完全退让，片面撤兵，日内平郊当可无战事。然和战无定策，事事随人转，岂云善计。惟寅恪仍持前论，一力主和。谓战则亡国，和可偏安，徐图恢复。宓谓仍视何人为之，而为之者何如也。寅恪仍安静读书，我宜效法"[3]。

一九三七年七月二十二日，卢沟桥事变起已半月，父亲在日记中写道："晴。日来甚热，郁蒸。战士及被兵之农民，其苦可念也。宓素持感情即真理之说。近由经验，益明古来书史小说中所记叙之人物，其情与事，极真而非假，但必我有类似之境遇及经验，然后方能感觉到，而信其真。如《诗经》《左传》中所载爱国爱君，以及同情于农民兵士之疾苦者，纵出自贵族或闺阁，然必其绝非虚假，亦非矫

---

1 《吴宓日记》Ⅵ，页168、169。
2 同上书，页173。
3 同上书，页174。

吴宓与陈寅恪

情，实由身历其境，而发乎衷情者。此不足为一般俗人言也。"[1]是日读顾诗而有感作诗二首。如下：

读顾亭林诗集
吴 宓

哀时遭乱未为诗，但诵先生不世辞。

多垒久非卿士耻，重关一任虎狼窥。

言和言战须成算，立政立兵好奠基。

回纥启祯当日事，覆亡容易痛残棋。

饕餮邻封难遏闳，纵横流寇尚披猖。

金瓯大国迎风破，天府中原资盗粮。

愚诈早无文教力，精强谁论夏夷防。

振衰功在百年后，明耻博文足瓣香。

父亲于诗后有附注：一九三七年七月七日卢沟桥事变，人心惶惶。宓时在清华图书馆寻得山阳徐嘉详注《顾亭林先生诗》木刻本，细心阅读，并录其要点于宓藏之《顾亭林诗》（木刻本二册）。上写有黄师《讲义》之要点。至七月二十二日阅读完毕，遂作诗二首，如上。时何鲁（奎垣）远来清华小住，读此二诗，甚赞赏。[2]

据父亲日记，一九三七年七月二十四日，"晚饭后 6:30—8:00，与陈寅恪散步。"

七月二十五日，读《顾亭林诗集》。"晚 6:30，叶企孙来晚饭，又同散步。"

---

1 《吴宓日记》Ⅵ，页 174。

2 《吴宓诗集》，页 326。

七月二十六日，读《顾亭林诗集》。"晚饭后，与陈寅恪散步。谈明末事，与今比较。"

七月二十七日，"半晴阴。自今日起，天热骤减，而时局忽紧张。二十五日夜至二十六日晨，日军占廊房，与我军接战。""晚饭后7:00小雨，至叶企孙宅。知日军昨占廊房，与我军冲突。今日上午、下午，宋哲元开军事会议，诸将意见不一，无结果，战事必不可免。企孙等赶急筹备，并送友人眷属，拟乘平绥火车，赴大同、太原等处避难（实则明日路已断，企孙等终未行）。"[1]

七月二十八日，"阴，甚沉闷。5:00仆呼宓醒。日军飞机轰炸西苑（闻损失不重），窗壁为震。宓但拥衾静卧，坐待天命。我今不敢求死，亦不再怨生；但即毙命于今日，亦欣遵上帝之意旨。飞机掷弹虽非甚多，然延至7:00始止。宓乃起，又闻炮声时作。宓取屉中银币三百馀元，以＄100给与校仆吴延增，谓若命尽今日，即以此为彼身家营生之资，以了结十二年居此之情事。吴延增悲泣，泪落不止。宓以馀款及银行存款单据册，带藏身边衣袋内，略尽饮食，复和衣而卧。

"闻宋已决应战，日军将于正午进攻云。自10:00起，直至下午约近2:00止，我军与日军战于沙河与清河之间。大炮与机关枪声，巨声密响，生平所未闻。其声由远而近，继乃由近而远，终于止息。传闻由昌平来之日军，与二十九军战，我军不支，幸得中央铁甲车开到，而汤恩伯援军亦自绥远来，遂转败为胜云。方炮声紧急时，诸同人率妇孺避于科学馆及图书馆楼下。宓则和衣蒙被，仰卧宓室中床上，愿毕命于此室。

"正午，洪谦[2]来。宓亦赴科学馆外，观察一次，仍归卧。1:30以后，炮声渐减，至2:00全停。宓乃进馒首及汤。叶企孙来。熊大缜

---

2 洪谦（1909～1992），安徽歙县人，生于福建。奥地利维也纳大学哲学博士。曾任清华大学讲师，西南联合大学教授，英国牛津大学客座研究员，武汉、燕京、北京大学教授。

并电告，我军大胜，自昨夜已夺回丰台、廊房、天津东车站、总车站及通州。中央将要求日军于48小时内退出华北云云。众皆欢庆。叶企孙在宓榻中寝息。而张肖虎来谈，并围棋二局，于3:30始去。闻我军在圆明园布防，日军已北退。又谓中央飞机已到，且曾击落日机二架云云。自6:00起，炮声复作，然较前稀而远，似在南苑一带。"[1]

七月二十九日，早晨，父亲"在荷花池散步，花犹盛开。日机在空中整队飞翔。偶闻一二掷弹或炮声，旋即平静。8:00企孙电告，因张自忠军走避及石友三保安队等倒戈，我军大败，宋等已于昨夜退走保定。城中已另有政治组织云云。一夕之间，全局尽翻，转喜为悲。不特为事实上之大损失，抑且为道德精神上之大失败；益叹人不能亡我，而我自亡也"！[2]

我军退出北平的讯息证实，留校同人，纷纷向城内迁徙。清华园内，但见学生纷纷乘自行车（携小包）离校，或以人力车运行李入城。教授亦纷纷以汽车载物送眷入城。校工则退还储金，又将发给两月工资而解散。

传闻日军已南进至清河，前队已驻守清华园东站，不久，或即来校接收。情形十分忙乱。父亲"深感清华瓦解之易，与员生之但求自逃、不谋团结维持"。他原拟留清华，至是，叶企孙君力劝入城。陈寅恪伯父亦谓，"在此生命无忧，入城可免受辱。"[3]父亲终以众教授如此行动，遂亦决入城（事后思之，实太急遽）。上午10:00与校工吴延增匆匆收检随身零件、单衣及一部分日记等于二小手提箱，馀皆弃置（深悔平日不早决行止，双轨预备。此时尚可自雇汽车，多带要件及贵物品书籍以行，乃全行弃置，悔咎无极）！至下午1:00毕。

约2:00与吴延增别，托他暂管留下的书物。吴延增又大悲泣，

1 《吴宓日记》Ⅵ，页179—180。
2 同上书，页181。
3 同上。

挥泪送行。相处多年的炊事员关魁元也来道别。父亲心念：今忽如此舍弃可爱之清华园西客厅，一生美满舒适之环境与生活，从兹尽矣！随即附乘叶企孙汽车，并熊大缜君，入城。

此时，寅恪伯父已回到城内西四牌楼本寓。父亲则住到黄化门内帘子库一号姑母宅中。

七月三十日，父亲原拟往清华取书物，但校车不开，城中汽车均不敢出城。旋从钱稻孙君电话中得知：清华内部尚安靖；但今晨朱自清君乘汽车回校，至西直门，因城门关闭而折回。傍晚读报，知昨（二十九日）天津大战，日机掷炸弹轰炸天津市政府、南开大学、中学及女师、工业各学院。至今日，战事犹未止。又悉日昨（二十八日）通州保安队之反正，结果，全城俱毁，杀人甚多。保安队败退至北平城外，已不及追附二十九军，仍被日军歼灭。

三十一日，报纸登载的全是日人消息，然而亦可知（一）天津仍续战。（二）中央有大战之决心与筹备。今日北平各城门仍关闭，但未闻炮声。

八月二日，《世界日报》披露，清华大学将迁往长沙。

八月八日，日军荷枪实弹，大举开进北平，故都人心惶惶。

清华校长办公处于九月二日通告：开学无期。现组织校产保管委员会。自九月份起停止发薪。

九月十二日，清华外文系新任主任陈福田君电邀父亲到清华同学会晤谈，"述赴津接洽，清华校长命教授等即赴长沙，筹备在该地开学。每教授给予旅费＄140，月薪一律＄60。在津可领得＄200，由周培源[1] 君 英租界，中街，福隆洋行大楼二层。Suite3, 191A Victory Road, British Concession 发给，并代办购买船票之事。清华教授同人，行止不一，宓可自决；但冯友兰等甚望宓能前往云云。宓答以容考虑后再决复。又

---

1 周培源（1902～1993），江苏宜兴人。清华学校毕业留美，加州理工学院博士，德国莱比锡大学和瑞士苏黎世高等工业学校研究。曾任清华、西南联合大学教授。1952 年后，任北京大学教授、教务长、副校长、校长，中国科学院副院长，中国科技协会主席。

吴宓与陈寅恪

悉叶企孙在津患病甚重。"[1]

九月二十日下午，陈福田又来到父亲住所，"传言，校长甚望清华教授均赴长沙。陈君尤盼宓往，主持外国语文系计划，俾陈君得所遵依施行云云。但又谓宓可自为计，随所欲而行。其清华留平教员，文学院可与钱稻孙随时接洽云。"[2]

父亲与萧公权[3]相商，曾考虑暂留北平隐居读书一年，静待后变，然亦待请示寅恪伯父后定。

萧公权君九月十五日来家告诉父亲，寅恪伯父尊人陈三立先生（伯严）昨日（九月十四日，阴历八月初十）逝世。父亲听说三立先生是因七七事变、北平沦陷，眼见大局如此，忧愤不食而死；十分悲痛，立即给寅恪伯父去信唁慰。

九月二十三日下午，父亲"2:00 步行至西四牌楼姚家胡同三号陈宅，祭吊陈伯严先生（三立），行三鞠躬礼。先见登恪，次见寅恪。寅恪述病及其所感。寅恪甚赞同宓隐居北平读书一年之想法。惟谓春间日人曾函邀赴宴于使馆，倘今后日人径来逼迫，为全节概而免祸累，则寅恪与宓等，亦各不得不微服去此他适矣。"[4]

一九三七年十月一日，毛玉昆、钱稻孙君来访父亲，"毛出示由津携来梅校长电，命诸教授均赴长沙。如赶十月内到达者，当给九月薪之七成。以后月薪未定。津发旅费办法照旧云云。"[5]父亲以寅恪伯父已决定南下，企孙又屡自津来函促父亲同行。乃于十月七日函熊大缜，谓欲与叶企孙及熊君同行赴湘，迟早均可。十月二十六日又

1 《吴宓日记》Ⅵ，页212—213。

2 同上书，页217。

3 萧公权（1897～1981），江西泰和人。清华学校毕业留美，康奈尔大学哲学博士。曾任南开、东北、燕京、清华大学教授。抗战爆发后，在成都执教光华、燕京大学。1948年当选中央研究院院士，后任台湾大学教授。1949年赴美国，任西雅图华盛顿大学教授。

4 《吴宓日记》Ⅵ，页219。

5 同上书，页223。

偕回平办事的熊大缜同赴天津，视企孙病，商决去留。下午 2:00 至天津英租界，戈登路（十三号路）27 号清华同学会，见叶企孙，病已大愈，惟须休养。父亲当晚即宿于企孙与熊君同住的室中，见企孙与他人接洽校务，所谈学校情形，已经明了。企孙由于校务繁忙，健康有待进一步恢复，父亲自决先行。回北平后，在姑母宅中专意收拾行李。十一月七日，偕毛子水[1]君等离平赴津，候船南下。父亲抵天津，住进六国饭店，得知寅恪伯父携眷住此已多日，于是忙去看望。寅恪伯父比父亲早几天离开北平，十一月三日，未及料理完丧事，满"六七"后，即率全家匆匆来津，候船南行。

父亲因熊大缜君所拟经沪港去湖南的办法太复杂而多纠纷，决定乘船去青岛。购中国旅行社联运车票，登胶济火车到济南，换津浦火车抵徐州；再换乘陇海火车到郑州；又换平汉火车到汉口；最后换乘粤汉火车抵长沙。人多车少，拥挤纷争，再加日机空袭，一路走走停停，非常辛苦。十一月十日登船离津，到长沙已是十一月十九日。寅恪伯父与毛子水、袁复礼等君同行，走的也是这条路线，因为拖家带口，旅途更加艰困，几经辗转，十一月二十日晚上才到长沙。寅恪伯父一家借居北师大文学院长黎劭西（锦熙）先生寓宅楼上亲戚家。父亲则暂住在长沙临时大学陈福田先生的办公室里。

当时，由北大、清华、南开三校联合组成的国立临时大学，设在长沙浏阳门外韭菜园一号美国教会圣经学院。父亲到了长沙，才知道临时大学因长沙圣经学院校舍不敷用，文学院设在衡山的圣经学院南岳分校（圣经学院暑期校舍）；并且已于十一月十九日开学上课。所以，他在长沙没有逗留多久，就又匆匆赶往衡山。行前，特去寅恪伯

---

1 毛準（1893～1988）字子水，浙江江山人。北京大学习数学，柏林大学研习史学及地理学。曾任中山、北京、西南联合大学教授，北京大学图书馆馆长。1949 年去台湾，任台湾大学教授，中央研究院评议员。

父居处看望全家。

父亲于一九三七年十二月七日到达临大文学院所在的衡山圣经学院，住进所谓"山上"的教授宿舍。这是因为学院本身就建在山上，而该教授宿舍还须更上山，攀三百八十四石级始达（仍在圣经学院内）。宿舍二层楼，洋房，板壁。父亲住楼上西北隅的19室，与沈有鼎同室。每人一木架床、一长漆桌、一椅、一煤油灯。室甚轩敞，居之甚舒适，诚佳美之讲学读书地也。教授饭食，有二团体：其一米食，其二面食。米饭每日一次，但此次仍有馒头；乃冯友兰君（文学院长胡适，冯代理院长）所带来之清华之河南厨役制办。父亲加入此面食团。

根据临时大学外文系主任叶崇智（公超）的安排，父亲授三门功课：（一）"西洋文学概要"（每星期三小时），（二）"欧洲名著选读"（三小时），（三）"欧洲古代文学"（二小时），共八小时。比在故都时，空闲暇逸得多。

初抵衡山临大，父亲喜赞该地气候温暖，无风无尘土。晴日当空，南岳初现于天际，渐乃岩壑分明，赭石绿林，深远葱郁，景色至美。他常在教授宿舍登楼望远，眺赏山景。又参加同人的游山组织，登南岳绝顶（观象台）观看日出。但十二月中旬以后，"天气骤变，阴雨，且大风。兼之战事消息又恶。上海早败退，南京又失陷。"于是父亲心情自此开始亦甚悲郁无欢。

十二月十七日，阴，雨，且大风，寒甚。"山上"的教授宿舍"为风所撼，窗壁俱震动"。父亲次日"上午10—12偕诸教授移居山下之楼上宿舍。原为中央研究院占用，今半移往广西。四人一室。宓与沈有鼎、钱穆[1]、

---

1 钱穆（1893～1990），字宾四，江苏无锡人。曾任中小学教员，燕京大学讲师，北京大学副教授，西南联合、华西、四川、江南大学教授。1949年赴香港，创办亚洲文商专科夜校，1950年改日校，易名新亚书院，任院长。1965年转任马来西亚大学教授。1967年去台湾，任教私立文化大学。

吴宓在南岳、蒙自授课时间表

闻一多[1]同室。四木床，草荐。二长桌，四煤油小灯。叠箱为置物处。私厨暂停，与中央研究院同人在另一所房屋。楼下一室共食。至此宿舍之楼之下，即图书馆及教室。宓以楼下厕所至污秽，故每日或间日，仍冒雨登山，至原宿舍旁，山边小亭内之厕所。"父亲"此数日中，心境至为悲郁。国难时危，并深忧苦。"[2]

---

1 闻一多（1899～1946），原名多，号一多，字友三，湖北浠水人。清华学校毕业留美，芝加哥美术学院、科罗拉多大学研习美术。曾任北京艺术专科学校教务长，上海政治大学训导长，北伐军政部艺术股长，南京第四中山大学外文系主任、武汉大学中文系主任、文学院长。1932年后任清华、长沙临时、西南联合大学教授。1944年参加中国民主同盟，1946年7月15日在昆明遭国民党特务杀害。

2 《吴宓日记》Ⅵ，页274。

十二月下旬，风雨不息，重阴浓雾，父亲授课如恒，而心仍悲苦。《乱离》《大劫》两诗即作于此时。

乱离一首　十二月二十二日南岳

吴 宓

乱离流转未成诗，忧世祈天复自危。

一意无营逐日度，顾亭林《夏日》诗云："乃知处乱规，

无营心自闲。"随缘可住共群移。

藜床饘粥今知贵，圣理嘉言莫更疑。

戮力神州千万辈，名心已尽道心痴。

大劫一首　十二月二十四日

吴 宓

绮梦空时大劫临，西迁南渡共浮沉。

魂依京阙烟尘黯，愁对潇湘雾雨深。

入郢焚麇仍苦战，顾亭林诗：楚人固焚麇，庶几歆旧祀。

用《左传》。碎瓯焦土费筹吟。

惟祈更始全邦命，万众安危在帝心。[1]

十二月二十九日，父亲又作七言律诗《魂亡一首》，录入他手编的《吴宓诗集续编》卷十四"南渡集"原始稿本中。

据父亲十二月三十一日日记："晚，在图书馆，即宓等居室之楼下，开分校师生新年同乐会。沿长案列坐，进简朴之糕点。以视昔在北平清华，真可谓流离中之欢聚矣。有冯、钱诸公演讲；有自

吳宓詩集（續編）　卷十四

南渡集

民國二十六年丁丑　曉發北平　十二月十四日

十載閒吟住故都．淒寒迷霧上征途．相攜紅袖與綢繆．非春意．滿座戎裝甚霸圖．烏鵲南飛群未散．時大學諸臨河山北顧．淚常俱．前塵誤盡今知悔．整頓身心待世需．

偕胡彥久姚家聞君遊嶽麓山　一首　十二月廿四日

西山紅景今難見．嶽麓同登一騁懷．知己酒盃隨處有．滔天兵禍與．身儇自慚苟活能閒淡．已悟浮生任擷排．故友凌雲成巨賦．嶽麓山時．蜀山湘水骨長埋．

亂離二首　十二月廿二日　南嶽

亂離流轉未成詩．憂世祈天復自危．一意無營．日度．隨緣可住共群移．藜杯饘粥今知貴．聖理嘉言莫更疑．戮力神州千萬輩．名心已盡道心癡．

大劫一首　三月二十四日

綺夢空時大劫臨．西邊南渡共浮沈．魂依京闕煙塵黯．愁對瀟湘．

1937 年吴宓南渡后诗作

前线工作归来之学生报告；有各种谐谈；有涂文[1]、李劭、傅幼侠等之唱京戏，浦江清、沈有鼎之唱昆曲。又有奏乐器者。8:00 开会，12:00 始散。"[2]

散会后，贺麟君招引父亲到阅报室，指示他看十二月二十六日的汉口《大公报》电讯，载称：熊希龄于二十五日在香港病逝云云。父亲震惊，深为毛彦文女士悲痛。万感纷集，终宵不能成寐，于枕上得诗一首，于是起床，燃灯写录，再寝。

民国二十六年 一九三七年 除夕

忏情已醒浮生梦，遭乱都成隔世人。
金水桥边空吊影，桃花扇底遂栖真。
名山小住延弦诵，献岁赓歌祓苦辛。
惊耗为君彻夜痛，苍茫天地间谁亲。[3]

父亲在这天日记的结尾处写道："思感缠绵，而东方破晓。此空前大劫之国难第一年1937遂于此终，觉地老天荒，一切都尽。彦嫁未满三载，得此结局！人生如小说戏剧，真到结尾收场时矣。"[4]

一九三八年元旦，同人往游山，父亲独留，与贺麟君联名电唁毛彦文女士。南岳电报局以元旦放假，次日始得发出。

一月上旬，中央研究院留在南岳的馀众，全迁桂、滇，故房舍多空出；父亲同室闻一多、钱穆二君别迁。只父亲与沈有鼎君同居一室，较前宽敞，写读都便。只是天气极寒冷，且下雪，父亲买木炭一

---

1 涂文（1896～1975），字奇峦，湖南浏阳人。南京东南大学体育科毕业，曾任东南、女子师范、中法、清华、西南联合大学，湖南兰田国立师范学院、湖南大学体育教员、副教授、教授。1953年调任山西大学体育系教授。
2 《吴宓日记》Ⅵ，页276。
3 录自《吴宓诗集》，页328。
4 《吴宓日记》Ⅵ，页277。

篓，燃火盆取暖。新岁以后，三餐，仍在冯友兰君主持的面食团搭伙，甚适。

长沙临时大学立足未稳，一九三七年十二月十三日南京沦陷，武汉震动，临时大学再次被迫转移。

一九三八年一月，长沙临时大学奉令迁往云南昆明。据清华大学档案馆所存档案：一九三八年四月二日，国民政府教育部发电报给长沙临大，告知：国防最高会议通过国立长沙临时大学改名为国立西南联合大学，电令遵照云云。

临时大学文学院本定一九三八年一月二十四日起大考，提前结束一学期。然父亲功课已授完，遂提前考试，各门试卷均于一月二十二日阅毕，交入成绩，而于二十三日约同汤用彤伯父径返长沙。

临时大学师生，将由长沙分批、分三路迁往昆明。多数人走水路，经粤汉铁路至广州转香港乘船至越南海防，由滇越铁路入滇。陆路为汽车旅行团，由湖南入广西，经桂林、柳州、南宁，出镇南关（今睦南关），经越南北行入滇换乘火车至昆明。另一路为步行为主的湘黔滇旅行团。据清华大学档案馆所存一九三八年一月二十九日，国立长沙临时大学关于迁滇的布告底稿，学校曾要求男生一律步行前往昆明，沿途调查采风。后来才变通为体弱的男生，也可选择水路或陆路入滇。湘黔滇旅行团，后由二百八十四名男生组成，团长为湖南省主席张治中委派的中将黄师岳，另有三位军官分任参谋长和大队长，随团配有炊事员和医生。临大十一位教师组成辅导团，黄钰生、曾昭抡、李继侗、闻一多和袁复礼五位教授组成指导委员会，由黄钰生任主席。湘黔滇旅行团一九三八年二月十九日在长沙圣经学院操场举行开拔仪式，二十日正式出发，由民船夜航下湘江入洞庭，过益阳步行至常德，水路乘船上至辰谿，横越贵州山区，行程三千馀里，历时六十八天，于四月二十八日抵昆明。

寅恪伯父一九三七年十二月在长沙得知学校即将西迁，就没有赶去南岳，而抓紧筹措及早登程南行。他们一家提前于一九三八年一月离长沙，乘长途汽车经衡阳抵桂林，逗留几天，又搭乘长途汽车去梧州。由梧州登内河轮船，沿西江下达香港。寅恪伯父这次未与友人结伴同行而绕道广西，一是想与先期撤离长沙迁至广西的中央研究院同事在桂林晤面，再者原籍广西、少小离乡的唐篔伯母得以与娘家亲戚短暂叙旧。寅恪伯父一家一九三八年一月下旬抵达香港，已近丁丑年岁末。

父亲从衡山临时大学文学院返抵长沙后，始知在国民政府监察院任职的生父芷敬公[1]，从南京疏散内地，曾至长沙寻觅他不得，已去香港祥曼弟家。父亲在长沙逗留两周即赴广州转香港，在九龙祥曼弟家与生父团聚叙话，等候船去海防。寅恪伯父全家先于父亲抵达香港，住在罗便臣道 104 号地下，即 ground floor，邻近香港大学许地山教授宅。父亲于一九三八年二月十九日到香港后，就电请许君转告寅恪伯父：他的衣箱已由父亲受毛子水君之托，从长沙带来香港。于是寅恪夫人唐篔伯母，偕陈乐素乘汽车来酒店，载取寅恪衣箱以去。

一九三八年二月二十六日上午，父亲受叶公超的委托，"至 A. B. C. 西书店，为外文系选定可购之旧书。正午，乃至上海即汇丰银行大楼寻得温源宁君 'Mr. Wen Yuan-ning' 之办公室。见温君，及全增嘏君，承赠英文《天下》月刊一册。旋公超携戴淮清君来。温君乃请宴于 Wiseman 地下西餐馆，甚佳且廉"。父亲"下午 1—3 陪公超至香港大学访许地山教授夫妇于其宅。次至邻近访陈寅恪夫妇于其寓宅（罗便生道，104 号，地下，即 ground floor）。食桔，以《天下》留阅"。[2]

---

1 吴建寅（1874～1949），字芷敬，陕西泾阳人，学于味经书院，师从刘古愚先生。曾在上海《民立报》、上海大学、国民政府监察院任职。
2 《吴宓日记》Ⅵ，页 309—310。

第二天下午 2:30，寅恪伯父唐篔伯母偕毛子水君到九龙来访父亲。父亲又陪他们渡海至香港，共游街市久久。"寅恪与宓，各购呢帽一顶（$3H. K.）。又遇傅斯年于途。已而 5:30，寅恪夫妇并其二女孩。乃请子水及宓在安乐园楼上吃晚饭（西餐）。寅恪谈，《天下》中所载胡先骕君《陈散原先生评传》一文，事实多误。而如译'吾衰已著藏兵论，汝舅原题示衡儿，此指通州范肯堂。还成问孔篇'，胡译竟误谓散原自作文章责诋孔子，则尤荒疏不可恕矣。云云。"[1]

父亲二月十九日下午抵香港，先住大东酒店，后即迁入九龙祥曼弟寓宅。除外出访友、办事，惟随祥曼弟陪侍生父芷敬公游览香港，或在家闲话。芷敬公须发多白，已甚衰，述自南京出走之艰难，及在长沙寻访我父亲遇表侄、清华工学院学生陈之颉情形。香港夜晚有时试行防空袭灯火管制，家人早睡，父亲即在黑暗中侍芷敬公谈吴家早年旧事。

三月一日早餐后，父亲拜别芷敬公，辞祥弟夫妇，至弥登酒店，同毛子水乘酒店代雇的小汽油艇，由酒店近处码头入海，登广东船。同舱的有陈梦家、赵萝蕤[2]夫妇及弟赵景伦，又范崇武君等。下午 4:00 开船，出海较舒适。每日三餐，即在舱内中室，父亲进食如恒。至晚八九时，船颠簸厉害，父亲尚可安卧，而萝蕤等已病，且呕吐。

三月二日，船的颠簸已减。午至夕，船过琼州海峡，水深蓝，舟行平稳。

三月三日晨，舟行放缓，约 9:00 抵越南海防 Haiphong 停泊。中国领事刘君，临时大学办事处徐锡良君及雷夏 E. Reichar 来码头迎接，至天然大旅店投住。父亲与毛子水、范崇武君，共住临街一室。父亲以受热又食饮冷热过多，病泻。三月四日上午仍泻，未能进食。

---

1 《吴宓日记》Ⅵ，页 310。

2 赵萝蕤（1912～1998），女，浙江杭县人。燕京大学毕业后，入清华大学外国文学研究所，1935 年毕业。美国芝加哥大学哲学博士。曾任燕京、北京大学西语系教授。

下午略愈，稍食面包。傍晚，父亲随徐锡良及旅行团长吴有训率领，将本团的大件行李，全送到火车站过磅，送上本团所包定的一辆四等火车，由旅店派人看守。这天晚上，父亲睡得较熟。因天热前后窗门均开，夜中偷盗入室，窃取去毛君、范君床前椅上的西服一套，明晨始发觉。毛子水借穿陈梦家青衫，不无狼狈。父亲和衣而睡，小箱亦置床内，仅失去衣架上在香港新买的呢帽一顶。

三月五日，全团同上滇越火车，7:00 开行。车行甚速，多沿富良江（一名红河）上溯，两岸稻田茂美。父亲与毛子水、陈梦家、赵萝蕤等同座。晚 6:30 抵老街。老街与中国的河口，仅隔一条小河，有桥。临时大学办事处雷教官率张起钧迎于车站，宿天然旅社，行李免验，护照由旅店代办入境签字。

三月六日晨，过桥，上火车。约 7:00 开行，已入中国境。"今日所经，万山重叠，林木丛茂，如在太古未开辟之境界。而铁路盘旋上下，危桥山洞极多，工程艰巨可知。"[1]下午 4:30 过碧色寨。夕 6:30 抵开远。吴有训等往寻觅旅店，父亲与毛子水及范君等在火车中守视行李。是晚，父亲与 Reichar 及 J. J. Gapanovich[2] 君三人，共住法国铁路旅馆——Bungalow[3]一室，用法式晚餐。次晨，复进法式早餐。

三月七日，天未明，父亲早醒，不寐，感念身世，怆怀今昔，兼以近在海防生病，得诗一首，题曰《流转》。"按顾亭林年四十五，作《流转》诗，'流转吴会间，……登高望中原，何处非吾土，……'我今年亦四十五，遭空前之国难，故窃用其题也。"[4]晨约 7:00 火车开行，一切如昨。渐升渐高，而至高地之平原。下午，将近昆明，见云日晴

---

1 《吴宓日记》Ⅵ，页 315。
2 John Jan Gapanovich，噶邦福，俄国人，生于 1891 年。彼得堡大学毕业，海参崴历史语言研究所研究。1936 年至 1952 年，任清华、西南联合大学希腊罗马史教授，1952 年转任北京大学俄语系教授。1954 年离华去澳大利亚。
3 孟加拉式平房（屋前或周围有平台）。
4 《吴宓日记》Ⅵ，页 315。

丽，花树缤纷，稻田广布，溪水交流。其沃饶殷阜情形，甚似江南，而上下四望红黄碧绿，色彩之富艳，尤似意大利。夕约6:00，火车抵云南省城昆明。"西南联大校务委员蒋梦麟[1]君等，及云南大学文学院院长林同济[2]夫妇等，迎于车站。父亲等一行，随即被引导至拓东路迤西、全蜀两会馆分别住宿。

父亲居于全蜀会馆后院楼下大厅的西壁，与 Gapanovich 及陈瑾昆为邻。汤用彤、贺麟君等乘汽车取道广西，已先到昆明，住本厅的东壁。厅中诸君，惟闲谈或下棋，读书者少。父亲每晨早起，坐厅外廊下，读 Frazer & Squair 的 *French Grammar* 二十页，再读 G 君的法文书二种：一为历史哲学，二为俄国文学史。此外，偕汤用彤至云南大学访熊庆来[3]校长，取回二人由长沙邮包寄来的书；送别清华外文系老同事 R. J. Jameson 夫妇回美国；访问将往檀香山任汉学教授的赵元任先生夫妇；看望梦家、萝蕤……随众出城游览等。

仍然是校舍不敷的原因，西南联大文法学院决设于蒙自，称为联大分校，由北大的樊际昌[4]教授担任分校主席兼总务处主任。预计从长沙来滇的学生，四月下旬才能到校，分校定于一九三八年五月初开学。

父亲没有在昆明久留，决早往蒙自。四月一日，与清华体育教授涂文相约同行。7:00登滇越火车，晚6:00抵开远，宿大东旅店。四月二日晨再上火车，7:00车行，约9:00抵碧色寨。换乘简碧小火车，

1　蒋梦麟（1886～1964），字兆贤，号孟邻，浙江余姚人。美国哥伦比亚大学哲学博士。曾任商务印书馆编辑，北京大学教授兼总务长，国民政府大学院院长，教育部长，北京大学校长，行政院秘书长，国民政府委员，中国农村复兴委员会主任委员。1949年去台湾。

2　林同济（1906～1980），福建福州人。清华学校毕业留美，加利福尼亚大学哲学博士。曾任南开大学教授，云南大学文法学院院长，复旦大学教授。

3　熊庆来（1893～1969），字迪之，云南弥勒人。法国国家理学博士。曾任东南、清华大学教授。1937年赴昆明，任云南大学校长。1949年赴巴黎参加联合国教科文会议，遂留巴黎研究数学。1957年回国，任中国科学院数学研究所研究员。

4　樊际昌（1898～1975），字逵羽，浙江杭县人。美国华盛顿大学硕士。曾任北京、西南联合大学教授，西南联大教务长。抗战胜利后，仍在北京大学教育系任教，一度兼任系主任。

吴宓与陈寅恪

9:30抵蒙自。车站有人接，随挑夫运行李，沿县城东向南步行约二里，抵达蒙自海关，即西南联大分校所在地。

蒙自光绪十三年（1887年）根据与法国签订的条约，开放为通商口岸，设立海关。法国在蒙自有东方汇理银行和领事馆。蒙自对外曾有它的重要地位；但清末法国殖民者从河口起修建滇越铁路，路经碧色寨而不经蒙自，使它昔日繁荣不再，重要性大受影响。

西南联大租用的房舍包括蒙自海关旧址（法国领事馆、法国东方汇理银行，均其中的一部区）和附近法籍希腊人开的Kalos（歌胪士）洋行附设的一所假期旅店。海关为一法国式的花园，园子很大，花木繁盛，多亚热带植物，如棕、榕等（榕即白树。据寅恪伯父说，即玉树神油，其汁可避瘴气，制金鸡纳）。绿荫浓茂，美丽缤纷。房屋半中半西，甚稀少，且多破坏倾圮，正在芟除修理中。分校庶务，暂由郑天挺[1]君主持，夏震寰[2]君负责工程。

蒙自小城，古貌古风。海关旧址，虽系"租用"，但据蒋梦麟代表学校与蒙自关税务局具名签署的租用合约，商定租期一年三个月，租金则纯粹象征性的，仅"国币一元，预先付清"。蒙自原法国领事馆房屋还"免费让与联大住用"。足见当地政府及民众的抗战爱国胸怀，与对临时大学师生的深切同情和尽力援助。[3]

联大分校安排旧海关作教室上课；图书馆、讲堂及教职员宿舍设在法国银行；Kalos洋行旅店楼下及后进为学生宿舍，楼上尽作教授住所。海关与洋行通达，相隔一百多米。

1　郑天挺（1899～1981），字毅生，福建长乐人。北京大学毕业，北京大学研究所国学门研究生。曾任北京大学副教授、教授，西南联合大学教授、总务长。1946年复任北京大学历史系教授兼系主任、秘书长。1952年后，任南开大学历史系教授、副校长。
2　夏震寰（1913～2001），浙江余姚人。清华大学土木工程系毕业，时任助教。后留学英、美，获英国曼彻斯特大学科学硕士、美国依阿华大学博士学位。1946年回国，任清华大学土木工程系教授。
3　参见《国立西南联合大学史料·六》，页190、192。云南教育出版社1998年版。

父亲等初到蒙自，均暂住银行一排有地板的半西式房内。父亲与涂文君合住 311 室的前半小间。两床、两写字桌（到此以后多日，方始有桌）。已占满房间。饭食在教职员食堂。晨粥，一鸡蛋。午晚米饭。（每桌七人，五菜一汤。每日饭费 0.40 元。）父亲总患不饱，以越南人咖啡店的面包佐餐。（每枚 0.06 元，至八月增为 0.07 元。）夜晚用线绳将面包悬于空中，以防鼠食。

父亲初来一周，日日晴明，且无风沙，惟较昆明为热。因教授学生均尚未来，此间仅十馀人，甚感静适之乐，除欣赏云天花木自然之美外，即读本室旧藏的 *Revuedes des Deux Mondes*[1]。

四月八九日以后，教授来蒙自的渐多，于是银行一排，每室均住教授四人。父亲与涂文君仍住 311 室的前半小间，自此 311 室中实住六人，而各室内均有门互通，故其喧扰纷乱的状况，与昆明全蜀会馆也相差不远，读书写信均难。父亲参加自选一人一室的单间平房抽签，得教室后排的 211 室。阴湿黯晦，且将倒塌，又屡见蛇，于是放弃。其后发现食堂邻近、图书馆后面的 347 室，为弃置未用的两间平房，一门二窗。父亲与涂文君言于樊际昌主席，遂得共居此室。涂君找来工匠将网球场拆卸的砖石水泥，修造案桌及箱架盥台，且在石壁开窗，流通空气。涂君居内而父亲居外。光线不足，父亲恒临室门移置书桌。

四月二十四日，父亲又迁入校外"天南精舍"（The Concordia House）。这是父亲与汤用彤、贺麟、浦江清等在校外合租的一幢西式二层小楼，父亲给起的名。位于海关之东，法国医院旁，花木盛开，景色至美。房主提供木器及厨房用的碗碟锅铲箕帚等。同住的还有汤用彤伯父在联大读书的儿子汤一雄和外籍教师噶邦福一家。父亲住楼上南室，斜壁小窗，外望只见云天或绿野，很像轮船中近船头或船尾的舱室。所以父亲《始居天南精舍》诗中，有"楼高室小似轮

---

1 《世界评论》，法国文学刊物。

186   吴宓与陈寅恪

舟"之句。他们雇用一位张媪和她的儿子，帮助治馔，挑水、送信、服役、买菜等。大家就在精舍用餐。父亲起初晚上仍住校内 347 室，四月二十九日始完全迁入天南精舍。

四月十二日至二十日之间，经广东、香港来云南的临大男女学生，分批抵达蒙自；于是城内外及校园中，顿时十分热闹。由长沙列队步行来滇的学生，也于四月二十八日抵昆明，四月底转车到达蒙自。男生多住在歌胪士洋行，房间大小不一，都摆满双层木床，只留出通道，没有桌椅。床位由学生自由组合，学校只稍作调剂。也有少数男生在城内租住民宅。女生则全住学校在城内租用的周家花园里一座三层楼房。三层都是厅式，四周回廊环绕，可能原是花厅。作为女生宿舍后，一层为饭厅，二三层为寝室，住七十多位女生，睡双层床。虽然拥挤，因房是厅式，窗户大，空气流通，回廊可供散步，大家还较满意。令人奇怪的是这楼风大，不论南湖之滨或蒙自城内小街无风或微风吹拂，一登女生宿舍楼，就听到风声呼呼，进屋依旧风声在耳。日子一长，同学们也就习惯，都称呼此楼为"听风楼"。

蒙自城小，东南西北四门，一小时内就能走遍。进东门，出西门，只需一刻钟。城里只几条街，庙却有多座，文庙、关帝庙、东岳庙、城隍庙、三元宫等。西门大街最热闹，西门外是市集的地方，当地人管"逢集"叫"赶街"。每隔三天一次，"大街""小街"互相间隔。联大师生有时也来市集，买点土特产，看苗、彝、哈尼等少数民族男女，穿着异彩纷呈的服装来赶街，每每以物易物。

小城治安，初来还好。后来听说学生郊外被劫的事，联大分校决定女生晚上在教室自修，到九点半钟，由四名校警护送她们回城。外文系英籍教授燕卜荪[1]先生，一次在郊外下河游泳，衣服脱光

1　William Empson，燕卜荪（1906～1984），英国诗人，批评家。剑桥大学硕士，曾在东京大学、西南联合、北京大学任教。1953年后，任英国谢菲尔德大学英国文学教授。

放在河岸上被人偷走。害得他在河水中大声求助，幸好有同学散步路过，回校借衣服，才把这位落难的诗人救上岸来。此事在校内，传为笑谈。

寅恪伯父是四月二十三日到蒙自的。唐筼伯母心脏病发，体力不支，孩子幼小，留在香港没有同来云南。寅恪伯父四月十五日只身登嘉应号轮船离港，同轮的有浦薛凤[1]、沈仲端、蔡尚萌夫妇及张荫麟君等，还有一大批长沙临时大学学生约一百七八十人。

嘉应轮当日下午三时启碇，在海口停一日，北海停半日，上下货物。四月十九日清晨到达越南海防。寅恪伯父等留此候车并稍事休整，于四月二十二日黎明搭乘四等火车赴云南。晨五时半开车，当晚七时半抵老街，夜宿简陋污秽的天然客栈。二十三日午后四时三刻，车抵碧色寨，换乘小火车赴蒙自。到联大分校所在的海关旧址，已近夜晚。

据同行的浦薛凤君回忆，他们抵达蒙自次日中午，决定住所问题。他与寅恪伯父、沈仲端君分得歌胪士洋行楼上两室，一大一小。寅恪独住里面小间。住房本须抽签，他们是与樊际昌主席商量通融的。歌胪士洋行房舍本身不比清华学生宿舍差，只是陈旧，散步必下楼，上课较远，雨季更不方便。房中设备，每人一张用两张条凳、三块木板搭成的板床，书桌、木椅、洋油灯各一，馀则一无所有。后来他与寅恪伯父各自向洋行购置旧藤椅一张。初到两周，每日三餐均在海关，往返不便。以后歌胪士楼上人满，就自己组织伙食。包饭每月十四元，而饭菜不佳。为增加滋补营养，不得不每日由桌上同人轮流添菜。寅恪伯父与浦薛凤、沈仲端、周先庚、刘文典、闻一多等君同

1　浦薛凤（1900～1997），字逖生，江苏常熟人。清华学校毕业留美，哈佛大学政治学硕士。曾任云南、东陆、浙江、清华、西南联合大学教授，《中央日报》总主笔，行政院善后救济总署副署长，行政院副秘书长。1949年去台湾，1979年赴美国任教。

　　　　　　　　　　　　　　　　　　　吴宓与陈寅恪

桌用餐。樊际昌、陈岱孙[1]虽住歌胪士，却往海关进饭食。[2]

滇南空气湿热，瘴疠流行，寅恪伯父抵达蒙自不久即染上疟疾，唐筼伯母听说后十分焦急。幸亏寅恪伯父有先见之明，离港赴滇前即准备了治疟的奎宁（金鸡纳霜）及治恶性疟疾的阿托平。此时便按量服药，自我治疗，未求医而病愈。

五月四日联大文法学院在蒙自开学。选课注册凡二日，联大外文系主任叶公超、清华外文系主任陈福田，尚未来蒙自，委托父亲代办外文系主任事务。

五月六日上课，父亲仍授"西洋文学概要""欧洲名著选读""欧洲古代文学"三门课，八小时，同上学期。教室在海关 105 和 106 室。教室外院中，花艳树密，彩色斑斓。"一星期后，叶公超、陈福田均到此，曾邀宓共商外国文学系诸问题解决办法。其后公超遵教育部令，拟就《国立大学外国语文学系分年课程表》及本校下学年外文系课目一览，宓均为之润色损益。"[3]

学生中，父亲很赞赏叶棨[4]、李鲸石[5]二君，"皆北大外文系四年级，聪慧勤敏，而笃厚可亲，均颇相契。"[6]叶棨本年暑期毕业后，留在联大为外文系助教。

父亲三月在昆明时，即曾偕汤用彤君至云南大学访熊庆来校长，取回他们由长沙邮寄来的书，赴蒙自时，以二竹篓载来。五月中旬，

1　陈总（1900～1997），字岱孙，福建闽侯人。清华学校毕业留美，哈佛大学博士。久任清华、西南联合大学经济系教授兼系主任，曾兼法学院院长。1952 年调任中央财经学院副院长，次年任北京大学经济系教授。

2　参见浦薛凤《蒙自百日》，载《西南联大在蒙自》，云南民族出版社 1994 年版。

3　《吴宓日记》Ⅵ，页 332。

4　叶棨，字石帆，浙江温州人。北京大学外文系 1938 年毕业。曾任西南联合大学外文系助教，后为纽约联合国总部高级翻译。

5　李鲸石（1915～2003），天津杨柳青人。北京大学外文系 1938 年毕业。曾任中学教员，北京大学讲师，后久任北京农业大学教授。

6　《吴宓日记》Ⅵ，页 332。

又在蒙自收到一月二十三日于长沙交付学校庶务科代运的书箱，"幸均无失"。这对父亲尽心授课很重要。寅恪伯父却没有我父亲幸运，"欲授课而无书"[1]；到蒙自即为授课搜集必要用书，久而无获，不得不向时在昆明的中央研究院历史语言研究所的同事劳榦、陈述等君求助，请他们将史语所的《南史》《北史》《魏书》《隋书》《通典》等书借出邮寄。待陆续收到昆明寄出的书，已是五月中下旬，而他所授"佛经翻译"课需用的佛书，寄到蒙自竟已是五月三十日！

史语所本有书箱运到蒙自，借与联大。只因无目录，又无人点交，未能开箱。寅恪伯父惜时如金，勤奋著述。在联大分校无书可看的情况下，仍作出研究文章两篇。自嘲"无书可查，可称'杜撰'，好在今日即有著作，亦不能出版，可谓国亡有期而汗青无日矣。大局如斯，悲愤之至"[2]。

父亲初来蒙自一月，很赞赏此地"日日晴明，且无风沙"；不想自五月初开学以后，几乎每天下雨。除由校门进城的一条石子路外，道途泥泞难行。而由天南精舍至校，须横过田野，久雨则积为泥淖，尤不易度越。于是父亲于五月十五日，仍完全迁回校内347室，与涂文君合住，在校内教职员食堂用膳。然饭菜日趋菲劣，父亲常感不饱，每晨先以鸡蛋继以面包佐餐。学生大众到蒙自后，新开饭馆极多。父亲自六月底起，始屡与李赋宁至校门外咖啡馆食猪排（一角）或西红柿汤（一角六分）。而最喜欢城内美生菜馆的汤面（一角）及包子、馒头（均每枚三分）。以其价廉而适口。

五月开始的阴雨连绵，直至六月下半月始间有晴时，七月下半月始常有晴日，而八月则全月又大雨不息。因为久雨，父亲室中的积水淹及床脚（后由校中铺撒石灰）。蚊虽无多，蛇则屡见于邻室（沈有

---

1 《陈寅恪集·书信集》，页202。
2 同上书，页208。

吴宓与陈寅恪

鼎君之室中）。及他处。

五月二十日天雨，上午十一点，正对父亲授课教室门前的两株大树突然倒下，声如巨雷，压死鸟儿数只，父亲诗句"折树摧花未忍看"，即咏此事。五月十二日，寅恪伯父为借书写给史语所劳榦、陈述等君的信中也提到："蒙自已入雨季，起居饮食尤感不便，疾病亦多，吾侪侨寄于此者皆叫苦连天，想昆明或较此略胜。"[1]

寅恪伯父心中的悲苦，是旁人难以体会也无法承受的。体质本来就弱，心脏高原反应，胃纳复不佳；没有了唐篔伯母的精心照料和饮食调理，生活真很艰难。歌胪士洋行的包饭，味道既差，营养也缺乏，寅恪伯父每日都从咖啡店购食面包。蒙自本地不制面包，全由开远运来，法国式面包皮硬难咽。

法币贬值，外汇飞涨，而抗战以还，清华校薪七折[2]。寅恪伯父每领薪，立即去换越币，当时港币已涨到一元八角，越币与港币相仿佛。迟则换得更少。所有家眷滞留香港的，都不得不如此。蒙自本无银行，联大分校成立，始有金城银行办事处，但不办外汇，只有城内一店铺可兑换越南币，汇率与昆明东方汇理银行相当。薪资汇到香港，家人也很难维持生活，寅恪家几次搬家到比较偏僻的地方，都只因为房租低廉。唐篔伯母心脏病加重住院，最大的女儿流求方才十岁，已知为父母分忧。"在父亲远离，母亲生病的家中，自己已是要担负责任的'大人'了。"[3]

而令寅恪伯父最最痛心的，是他的两只最重要的书箱，交付滇越铁路转运途中被盗，近二十年所拟著述而未完成之稿，全部在越南丢失！其中包括他用力很勤的"'蒙古源流注'，系依据其蒙满文诸本，并参稽其所出之西藏原书四库提要所谓咖喇卜经等者，考订其得失。

1　《陈寅恪集·书信集》，页205。
2　《吴宓日记》Ⅵ，页325、342。
3　陈流求、陈小彭、陈美延《也同欢乐也同愁》，页151。

与沈乙庵书[1]大异。后闻伯希和在库伦获元秘史元本，故欲俟其刊布，再有所增删。""又有'世说新语注'，主旨在考释魏晋清谈及纠补刘注之疏失。""又有'五代史记注'，其体裁与彭、刘旧注不同，宗趣亦别，意在考释永叔议论之根据，北宋思想史之一片断也。""又凡佛教经典之存于梵文者，与藏译及中译合校，凡译匠之得失，元本之如何（今梵本亦非尽善本，有不及译本所依据者。又其所据之本，亦有与今不同者。其异同得失，皆略能窥知）列于校记。"还有"巴利文长老尼诗偈一部，中文无今译本，间散见于阿含经"。寅恪伯父"前居柏林时，从德名家受读，颇喜妇人入道之诗，哀而不怨，深契诗经之旨。然俱是西历纪元前作品，尤为可贵。欲集中文旧译并补释及解释其诗，亦俱失去。"[2]

寅恪伯父理性强，修养深，能够很好控制自己内心的痛苦，只在感时抒怀的吟咏中，才有所流露。然羁旅千里，思家之苦，及对家人的无限牵挂，却无时不铭刻心上，难以释怀。一日，偶去西门外集市，见一苗族妇女身背一个小女孩，脸圆圆，眼大大。寅恪伯父因小孩很像他可爱的小女儿美延，就盯着看，跟着走；那妇女以为他对小孩有什么歹心，赶快离去。这事使寅恪伯父很感慨，也反映出他身在边陲，对远隔千里在港避难的家人是何等的思念！

联大分校师生无不关心时局战事。蒙自本地没有报纸，昆明寄来报纸，总要迟两三天。中央社所发战局消息，语多含糊。学校后来虽有无线电装置，发音不清，大家也懒得听，只有越南的法文报纸登载各方通讯，从中可以看到一些动向。总的情况，都不令人乐观。

联大同仁对民族国家出路、战局发展前途，希望虽同，看法不一。歌胪士洋行楼上，亦不例外。据浦薛凤回忆，饭桌上、散步中

1 指沈曾植《蒙古源流笺证》。
2 以上俱见《陈寅恪集·书信集》，页244、245。

谈论的两种不同观点，笼统而言，甲方重感情，出于主见，表示乐观，认为早应抗战，精神士气较武器重要，无论如何，不可委屈讲和，必须作战到底，"宁为玉碎，不为瓦全"。乙方重理智，取客观态度，持戒慎恐惧心理，认为当初倘能拖延时日，充实准备，形势较优，倘能保持主权，虽暂时委曲，可徐图伸张。国际关系与世界局势，如有变化，对各国影响的利害得失，亦难逆料。观点不同，论断各异。甲方讥乙方怯懦悲观，乙方斥甲方鲁莽糊涂，甚或如寅恪所云"非愚即诈"。诸君以浦薛凤专研究政治所见，浦君谓，"苟向一般民众谈话，自应采取甲方立场；若关起门来，私相推测，尤其是为整个国家前途打算，则允宜力求客观，参考史例，而长期打算。"[1]

闻一多君是抗战派，而且是不久即可见天日的乐观派。在饭桌上，他是少数；所以他在《八年的回忆与感想》中说："在蒙自，吃饭对我是一件大苦事，……同桌是一群著名的败北主义者，……他们人多势众，同他们辩论是无用的。这样每次吃饭对我简直是受罪。"[2]

抗战最后是胜利了，闻先生这个"不久"拖了八年多；而国际关系与世界变化的因素，似也不容忽视。

据父亲日记，一九三八年五月，"诚以阴雨连绵，人心已多悲感，而战事消息复不佳。五月十九日徐州失陷，外传中国大兵四十万被围，甚危云云。于是陈寅恪先有《残春》（一）（二）诗之作，而宓和之。均另录。因忧共产党与国民政府不能圆满合作，故宓诗中有'异志同仇'之语。而寅恪又有《蓝霞》一诗。另录。'蓝霞'二字出吴文英《莺啼序》末段，李岳瑞丈《烛影摇红》词已用之（别录）。而寅恪用之则指蓝衫党通称蓝衣社。及红军。寅恪之意，吾能识之。吾爱国并不后人，而极不慊今日上

1　浦薛凤《蒙自百日》，转引自《西南联大在蒙自》，页63。
2　转引自闻立雕《记父亲在蒙自二三事》，《西南联大在蒙自》，页143。

下之注重'革命'等观念，而忽略中国历史文化之基本精神。日兵俘虏，亦有言此者，见报。此则二十馀年来学术思想界所谓'领袖'所造之罪孽，及今而未已也。"[1]

殘春

陳寅恪

（一）

無端來此送殘春，一角湖樓獨愴神。

讀史早知今日事，對花還憶去年人。

過江愍度饑難救，棄世君平俗更親。

解識蠻山留我意，赤榴如火綠榕新。

（二）

家亡國破此身留，客館春寒却似秋。

雨裏苦愁花事盡，窗前猶噪雀聲啾。

羣心已慣經離亂，孤注方看博死休。

袖手沈吟待天意，可堪空白五分頭。

　　寅恪伯父《殘春》七律二首，一九三八年五月作于云南蒙自。《寅恪先生诗存》中，只收入《殘春》第一首，题改为《戊寅春晚蒙自楼居作》，文字也有些不同。

残春和寅恪　五月二十一日

吴 宓

阴晴风雨变无端，折树摧花未忍看。

小胜空矜捷坦堡，　今译坦能堡 Tannerberg，

---

1 《吴宓日记》VI，页334。

　　　　　　　　　　　　　　　　　吴宓与陈寅恪

覆军终恐败师丹。—译绥丹 Sedan。

降心苟活全身易，异志同仇御侮难。

一载颠危能至此，何堪回首梦长安。

藍霞一首

陳寅恪

天際藍霞總不收，藍霞極目隔神州。

樓高雁斷懷人遠，國破花開濺淚流。

甘賣盧龍無善價，警傳戲馬有新愁。

辨亡欲論何人會，此恨綿綿死未休。[1]

以上各诗，均录自父亲手编的吴宓诗集续集"南渡集"原始稿本。《寅恪先生诗存》中未见收入。父亲在寅恪伯父《藍霞一首》诗后有注："按蓝霞二字，出吴文英《莺啼序》，此别有所指。蓝指蓝衣社，霞指共产党红军。宓注。"

寅恪伯父所住的 Kalos 洋行联大教授宿舍楼，在蒙自南湖边上。

据父亲日记，南湖原为校外低地，绿草满覆。以久雨故，而悉变为湖，是谓南湖。"南有瀛洲亭。北岸为蒙自师范学校、蒙自中学校及联大教授寅恪与焉。居住之 Kalos 洋行楼房。东为由校入城之石路。西则为堤，有桥，有树。堤西更为巨湖，有荷花红白极广且盛。更西南为菰岛。遥南为军山公园，蓄三五鸟兽。湖岸环以柳槐等树。南岸有三山公园，又有昔法人布置之墅宅，以花树覆叠为壁，极美。夏日水涨，湖光鲜艳。"[2]

---

1 《吴宓诗集》，页 338—339。

2 《吴宓日记》Ⅵ，页 334。

父亲与寅恪伯父等常散步南湖堤岸。寅恪伯父也尝与浦薛凤在军山、蓬莱公园品茗清谈，山光水色，树影荷香，不失为避难时世的暂时桃源。游步赏玩之间，思念的还是难归的故土。父亲在日记中写道："宓以南湖颇似杭州一九二八年特所留恋者。之西湖，故有'南湖独步忆西湖'之诗。寅恪以南湖颇似什刹海，故有'风物居然似旧京，荷花海子忆升平'之诗。皆合。惟当此时，日军已攻陷开封，时已六月上旬中旬间。据陇海路，决黄河堤，中日两军互讦，孰为决堤者，莫能知。死民若干万人，我军势颇不利。故寅恪诗有'黄河难塞黄金尽'指国币价值低落。据云，语出《史记》封禅书或河渠书。之悲叹，而宓和诗亦有'舜德禹功何人继，沉陆殿鱼信有哉'之责讯。"[1]

南湖一首　五月二十九日
吴　宓

南湖独对忆西湖，国破身闲旧梦芜。

绕郭青山云掩映，连堤绿草水平铺。

悲深转觉心无系，友聚翻怜道更孤。

亘古兴亡无尽劫，佳书美景暂堪虞。

南湖即景
陳寅恪

風物居然似舊京，荷花海子憶昇平。

橋邊鬢影還明滅，樓外歌聲雜醉醒。

南渡自應思往事，北歸端恐待來生。

黄河難塞黄金盡，日暮人間幾萬程。

---

1 《吴宓日记》Ⅵ，页 335。

此诗未见收入《寅恪先生诗存》。

南湖游步和寅恪　六月十九日
吴　宓

一载风光万变来，天南此地共徘徊。

夕阳白马嘶芳草，晨露红蕖点水埃。

多难始能身少累，全生更叹死徒哀。

舜德禹功何人继，沉陆殴鱼信有哉。[1]

　　一九三八年七月七日，卢沟桥事变周年。晨微雨，联大分校全体师生在操场举行纪念礼。樊际昌主席致词。冯友兰演讲，"言一年来中国之胜而非败，语极乐观"。散队时，曾身经目击战事惨酷的历史系教授Gapanowich想起欧战，顿生感触，忽病甚，几昏倒。父亲等忙扶至校医室外，寝以小床，覆以绒毯，幸即得医生注射，而免于危殆。"是日仍上课如恒，并举行献金救国。"

　　这天，寅恪伯父有《七月七日蒙自作》一诗。

七月七日蒙自作
陳寅恪

地變天荒意已多，去年今日更如何。

迷離回首桃花面，寂寞銷魂麥秀歌。

<small>徐騎省李後主輓詩：此身雖未死，寂寞已銷魂。</small>

近死肝腸猶沸熱，偷生歲月易蹉跎。

南朝一段興亡影，江漢流哀永不磨。

1　以上三诗录自《吴宓诗集》，页339—340。

父亲于日记中钞存寅恪伯父此诗时，写有附记："按寅恪诗学韩偓，音调凄越而技术工美。选词用字均极考究。如右诗，中两联对仗已工，而末二句以影字与流字互相照应，然后江汉之关系始重。更于影上，着一段字，则全神贯注矣。"[1]

一九三八年秋，联大分校年轻副教授容肇祖（元胎）[2]赋赠父亲七绝四首；寅恪伯父见到后，作《蒙自杂诗》四首和容元胎。此诗，《寅恪先生诗存》中仅收入三、四两首。原第三首，题改为《别蒙自》，文字亦有不同。第四首，题名《戊寅蒙自七夕》。

奉赠雨生先生

容肇祖

（一）

毗邻何意亲风雅，昼说佉卢晚背诗。

横看侧看富记诵，旦课男儿及女儿。

（二）

吴郎高咏最堪听，击碎珊瑚记此声。

再见定公南渡集，滇南风物入诗评。

（三）

南湖夜月欣同赏，湖水无波印月光。

自是诗人甘淡泊，不无感慨为沧桑。

（四）

总为文心薄世情，美人迟暮感今生。

幽怀自有姮娥解，试出新诗诵与听。[3]

---

1 《吴宓日记》Ⅵ，页338—339。
2 容肇祖（1897～1994），字元胎，广东东莞人。北大哲学系毕业。曾任厦门、中山大学讲师，中山、西南联合大学副教授，北京大学教授。中国科学院哲学研究所研究员。
3 《吴宓诗集》，页340。

　　　　　　　　　　　　　　　　吴宓与陈寅恪

七月七日蒙自作　陳寅恪

地變天荒意已多．去年今日更如何．迷離回首桃花面．寂寞銷
魂來秀歌．徐騎省李後主晚詩，此身近死肝腸猶沸熱．偷生
歲月易蹉跎．南朝一段興亡影．江漢流哀永不磨．

按寅恪詩學韓偓．音調悽越而技術工美．遣詞用字均極考究．如右
詩中兩聯對仗已工．而末句以影字與流字互相照應．益後江漢之闊
係始重更於影上，着一段字則全神貫注矣．

吴宓1938年7月7日日记评陈寅恪诗

蒙自雜詩　和容元胎

陳寅恪

其一

少年亦喜定盦作，歲月堆胸久忘之。
今見元胎新絕句，居然重誦定盦詩。

其二

定盦當日感蹉跎，青史青山入夢多。
猶是北都全盛世，倘逢今日定如何。

其三

我初來時湖草長，我將去時湖水荒。
來去匆匆百日耳，湖山一角亦滄桑。

其四

銀漢橫窗照客愁，涼宵無睡思悠悠。
人間從古傷離別，真信人間不自由。[1]

寅恪伯父的《蒙自杂诗》第四首，作于旧历七夕，别具深意，向夫人唐筼倾诉他的离愁别恨，不胜思念之情。唐筼伯母时寄寓九龙宋王台，和作："独步台边惹客愁，国危家散恨悠悠。秋星若解兴亡意，应解人间不自由。"[2]句句情真而深明大义，以国家的兴亡安危体味小家的聚散悲喜、个人不自由。真是贤淑人！

蒙自联大分校自八月一日起放暑假，至十一月底止。

因柳州中央航空学校要迁到蒙自，占用西南联大分校校舍，分校奉令让出。联大文法学院本拟于八月中旬迁回昆明，后以昆明没有安

1　录自《吴宓诗集》，页 340—341。
2　录自《陈寅恪集·诗集》，页 26，题作《和寅恪云南蒙自七夕韵时寄寓九龙宋王台》。

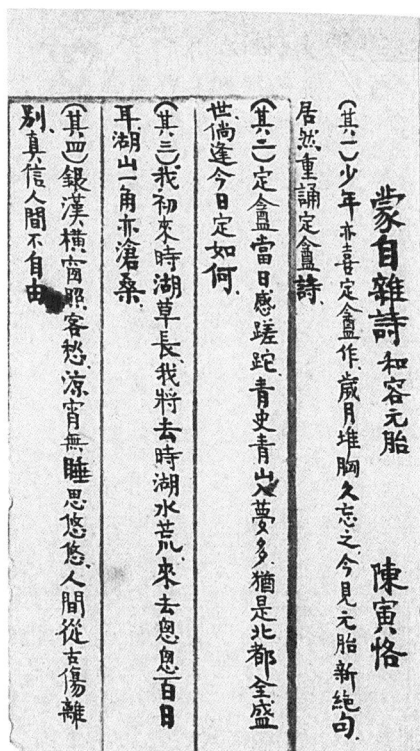

蒙自杂诗 和容元胎

陈寅恪

（其一）少年亦喜定盦作，岁月堆胸久忘之，今见元胎新绝句，居然重诵定盦诗。

（其二）定盦当日感蹉跎，青史青山入梦多，犹是北都全盛世，倘逢今日定如何。

（其三）我初来时湖草长，我将去时湖水荒，来去恩恩百日耳，湖山一角亦沧桑。

（其四）银汉横窗照客愁，凉宵无睡思悠悠，人间从古伤离别，真信人间不自由。

吴宓手录陈寅恪"蒙自杂诗"

置学生的地方，改于八月底全迁。樊际昌新任西南联大代理教务长，提前去昆明，分校主任由朱自清继任。于是布置初妥的联大分校，又处于纷纭动扰之中。

分校教授，自七月底考试完结，陆续离去。家眷在昆明，在沪港的，相继登程。寅恪伯父于八月十三日早晨与邱大年、刘崇铉同搭快车动身，快车当晚可抵昆明，过山洞时没有煤烟熏染之苦，只车行过速容易头晕目眩。离开蒙自以前，大考期间，寅恪伯父曾与歌胪士同仁结伴游黑龙潭。寅恪坐轿，浦薛凤、陈岱孙、周先庚、邱大年、郑天挺等步行，带去餐点，席地而食。

八月二十七日上午，父亲去蒙自文庙参加祭祀孔子礼。据是日日记："晨 5:00 即起，肃衣冠。中国长袍，单马褂。偕朱自清、姚从吾君，6:00 至城内文庙外院今为蒙自民众教育馆。参加圣诞恭祀孔子典礼。县长李宝钤主祭，音乐乃民间婚丧俗乐，而学生唱歌则似中国耶教徒唱颂之声调，三牲则缺太牢，等。然比之'打孔家店'者，则胜过天渊矣。宓初到云南，处处见有'天地君亲师之神位'，金字朱牌，宓甚喜乐。盖斯数者，匪特代表价值之等级，抑且显示生活或人生之各方面，即宗教、科学、或经济。政治、社会、哲理是也。此理容另详论。……7:00 礼毕，进糕面而归，未赴午晚祭席也。"[1]

八月二十八日、二十九日，联大分校男女学生大队分两批离开蒙自，赴昆明军训。应届毕业生也于九月一日结队赴昆明。父亲熟悉的学生叶柽、李鲸石、曹宗震、陈慈、李赋宁、张志岳、杨荣春、张起钧等纷纷来辞行，冒雨而去。大批学生去后，顿觉冷落。

据父亲一九三八年八月二十九日日记："是日下午，宓自城中西门步归。街中及城边，均不见诸多黄色军服之男生，与蓝袍或花衫之女生行聚。又不闻纯正爽利之北平官话。于是蒙自全城立成寂寞空虚，馆肆中尤阒其无人。而宓行过桂林街女生楼舍及早街之转角宅楼，不见倚窗人语，又有人面桃花之感矣！及出城，步绕南湖一周，风景依然，荷花正好；而寅恪诗中所谓'桥边鬓影，楼外歌声'者，渺不可见闻。即 Kalos 教授学生所居之楼上楼下，亦门窗严扃，栏柱尘封焉。"[2]

由于开学还早，父亲没有急着去昆明，而留在蒙自读书。八月三十日，父亲"移入天南精舍居住。上午，校仆左育才为宓搬行李，并安设床帐。赏以 $2，前已给一元八角。下午，自加扫除。宓再来天南精舍，仍

---

1 《吴宓日记》Ⅵ，页 348—349。
2 同上书，页 349—350。

居楼上旧室，月租五元。而脱卸管理责任，现社长已废。只设经理，贺麟任之。麟去后，由汤用彤继任。尤觉轻舒。独居楼上一室，如离浊世，进退自如。凭窗外望，绿稻盈田，杂花饰壁，而秋山青紫，秋云缭绕。白鸟群飞，牛铃续响。殊足畅怀适性也"。[1]九月七日，钱穆、姚从吾[2]、容肇祖、沈有鼎等君也搬来天南精舍居住。连旧有的汤用彤、贺麟与吴宓共七人，所以父亲九月十六日作《再居天南精舍赋答容元胎肇祖》诗，有"竹林栖隐共贤豪"之句。这段期间，父亲除了业务参考书，还读了汤用彤著《印度哲学讲义》《汉魏两晋南北朝佛教史》，还有谢佐禹著《人生哲学讲义》等，作有笔记。

九月二十八日晨，日军飞机九架轰炸昆明，西南联大教职员、学生所居住的西门外昆华师范，落弹最多，一楼全毁。幸教授皆逃出，仅损毁书物。死学生二人，由津来复学者。校工三人，又教职眷属二三人。过后两天，陈福田有英文信给父亲，详述此事。这天上午，蒙自亦发警报，父亲及同舍诸君穿过法国医院，东行入乡野，沿大路，至河边止。过午步归。九月三十日，第二次警报，仍按二十八日的路线，至乡野躲避。警报解除，步归。

十月初，贺麟应周炳林之约，往重庆中央政治学校任教。杨蕴昌君迁入天南精舍。同居诸君在美生菜馆公饯贺麟君，并到车站送行。

十月十七日，冯友兰从昆明来信说，联大各院均定于十一月十五日提前在昆明开课，另外，晋宁县的蟠龙寺也在布置中。于是同舍诸君议定十月二十九日集体离蒙自赴昆明，推举汤用彤为赴昆明旅行团团长，吴宓为会计。父亲即函托陈福田、陈岱孙在昆明代觅住室。

父亲依恋蒙自秋景，行前，常常独游南湖、军山。十月二十五

<hr />

1 《吴宓日记》Ⅵ，页350。
2 姚从吾（1894～1970），河南项城人。北京大学文科研究所国学所研究生。德国柏林大学研究。曾任柏林大学讲师，北京大学历史系教授，河南大学校长。1949年去台湾，1958年当选中央研究院院士。

日"晚，知广州日前（二十三日）失守，武汉危急，甚忧惶"。十月二十七日，上午10—12，"偕钱穆、沈有鼎至南湖、军山一带游步。下午，收检行李。夕，至自然咖啡馆，食猪排，如恒。又至校门侧，湖边，红顶白屋西式二层。中，安南人陶刚处，取所洗衣。濒行，事事作最后一次。不胜依恋之感。夕，知武汉已于二十五日失守，甚忧。"[1]

十月二十八日，离蒙自的前一天傍晚，父亲独自在南湖湖心堤上久立，作《蒙自湖滨晚立》诗一首，以广州、武汉连日失陷，心情悲郁，故有"凄绝国殇万感俱"之句。是日夜晚，汤用彤命父亲作公函，向"天南精舍"房东李尊三、伴梅兄弟致谢并叙别。

蒙自湖滨晚立　十月二十八日
吴宓

强去难留莫叹吁，且缘暮景立斯须。

西看水墨银屏画，东观彩虹辐射图。

白鸟群栖榕树密，黄牛队响铎铃纡。

归来塔底灰猿叫，凄绝国殇万感俱。广州、武汉连日失陷。

十月二十九日，离开蒙自当天，晨行事悉具。父亲于9—10偕汤用彤外出，至邮政局、文康书局等处告别，并托转信。父亲已作函，并写诗二首，致蒙自中学诸君道别。至是，与汤君坐南湖北岸树下石上久久，细观蒙自景色。父亲赋《离蒙自赴昆明》七律一首。旋即回天南精舍与同人午饭。正午与同人督率挑夫肩挑行李至蒙自车站，王站长为挂专车一辆，送父亲等至碧色寨。王站长、梁汉章医官、建设局长马君，蒙自中学校长周宝琮、教员中的清华毕业同学，及精舍房

---

1 《吴宓日记》Ⅵ，页366—367。

主人李伴梅君等均来送行。

下午 1:40 火车开行，2:00 抵碧色寨。换乘滇越火车，约近 4:30 开行，夕 6:30 抵开远，宿大东旅店。十月三十日晨，再上滇越火车，7:00 开行，下午 2:30 至宜良，钱穆、姚从吾、沈有鼎、杨蕴昌四君下车，在此小住。晚 7:00，车抵昆明，父亲及汤用彤、容肇祖君下车，各有人来接。从此开始新一段的联大生活。

钱穆、姚从吾、沈有鼎等君途中在宜良下车小住。钱穆静居宜良，撰写《国史大纲》。稿初成，写一引论发表报端，在昆明引起议论。据钱穆《师友杂忆》，他所编撰的《国史大纲》稿既成，"写一引论载之报端，一时议者哄然。"传闻毛子水见钱穆文，愤慨不已，将作文批驳。后来未见其文。钱穆旋又从由浙大来昆明出席中央研究院评议会的张其昀晓峰处听说，寅恪伯父曾告他近日此间报端有篇大文章，君必一读。张晓峰问何题。寅恪伯父谓：钱某《国史大纲引论》。《国史大纲》印出后，钱穆特函寅恪伯父，"恐书中多误，幸直告。寅恪答书，惟恨书中所引未详出处，难以遍检。"钱穆的解释是"教科书，宜力求简净，惜篇幅，所引材料多略去出处，今乃无可补矣，亦一憾也"。[1]

寅恪伯父的批评，话说得很婉转，实际明示：引文注明出处，乃国际通行的学术规范标准，为学人著作应严格遵守的准则；不仅便于读者查检，亦是对原著作者的尊重。寅恪伯父本人对此是非常注意的。杨树达[2]《积微翁回忆录》提到，张孟劬改订《蒙古源流笺证》多用寅恪伯父之说而不言明出处。而寅恪之说"系用梵藏文字勘校得之，非孟劬所能"。寅恪伯父于此颇不以为然。杨树达亦不满于其所撰《左传军实解》之说，为人引用而不言出自积翁。[3]

1 钱穆《师友杂忆》，页 201—202。
2 杨树达（1885～1956），字遇夫，号积微，湖南长沙人。任湖南省立第一女子师范学校、湖南省立第一师范学校教员，国立师范、清华、湖南大学教授。国民政府教育部部聘教授，中央研究院院士。
3 见杨树达《积微居回忆录》，页 120—121。上海古籍出版社 1986 年版。

第四章　昆明时期

（一九三八至一九四四年）

一九三八年的暑假格外长，达三个半月之久。寅恪伯父却没有利用这个难得的长假，去香港与日夜思念的家人团聚，原因是路途遥远，舟车劳累，旅费高昂，承受不起！

寅恪伯父在昆明住青云街靛花巷三号。小巷不过二十来米长，只两三户人家，巷名雅美而实际又狭又脏。这是中央研究院历史语言所租用的一处民居，一座带院落的木结构老式四层小楼。史语所一九三九年夏因为躲避日机轰炸迁往龙头镇，这里就转为北大文科研究所。寅恪伯父兼任该所史学组特约导师，自一九三八年八月自蒙自归来，至一九四〇年六月最后离开昆明，一直住在这座陈旧木楼的三层楼上。寅恪伯父称此院为青园学舍。

同楼居住的先后有傅斯年、罗常培[1]、汤用彤、姚从吾、郑天挺、邓广铭[2]等君。邓广铭回忆在青园学舍"一年多的时间内，与陈先生

1　罗常培（1898～1958），满族，姓萨克达氏，字莘田，号恬庵，北京人。北京大学毕业。曾任南开、西北、厦门、中山、北京、西南联合大学教授兼北京大学文科研究所所长，中央研究院历史语言研究所研究员。1950年后，任中国科学院语言研究所所长，中国文字改革委员会委员，被聘为中国科学院哲学社会科学部委员。

2　邓广铭（1907～1998），字恭三，山东临沂人。北京大学历史系1936年毕业，留校任助教。1943年至1946年任复旦大学教授。1946年回北京大学任历史系教授、系主任。

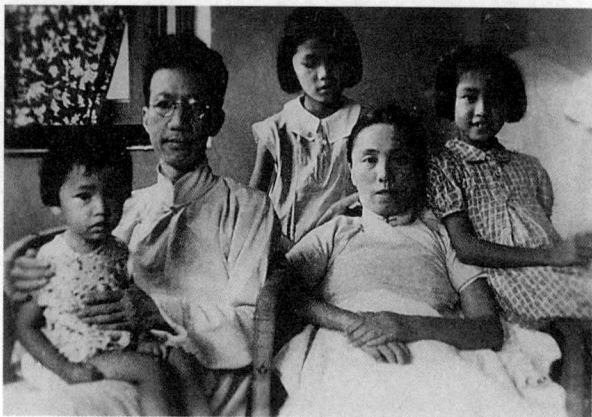

1939年暑假陈寅恪全家在香港九龙山林道寓所

同桌共餐，朝夕得以聆听他的教言。他当时在联大历史系讲授'隋唐制度渊源论'和'魏晋南北朝史'，我都去旁听。虽然因为我的根柢太差，对陈先生所讲授的未必能有深切的体会，但反思在那一年多的时间之内，我在治学的方法方面受到的教益，较之在北大读书四年之所得，或许可以说是有过之而无不及的。"[1]三楼的两个大房间，住有北大文科所的研究生，每遇什么学术问题，时时向寅恪伯父求教，总能得到认真解答。文科所首届研究生王明于此印象深刻，回忆在青园学舍向寅恪先生等问学，"仿佛有古代书院教学的亲切感"[2]。

靛花巷宿舍左邻云南大学，右邻租用南菁中学校舍的中法大学，倚着楼窗可遥望西山，南面邻近翠湖，湖心亭有茶座，是散步品茗的好去处。只是离联大文学院教室所在的昆华农业学校较远，离联大总

1 邓广铭《在纪念陈寅恪教授国际学术讨论会闭幕式上的发言》，载《纪念陈寅恪教授国际学术讨论会文集》，页35。
2 《王明（学术）自传》，页11，巴蜀书社1993年版。转引自《陈寅恪先生年谱长编》(初稿)，页197。

吴宓与陈寅恪

办公处及北门外校舍也不近，寅恪伯父体弱多病，每次出大西门往农校授课步行往返，很是辛苦。

寅恪伯父一九三八学年第二学期，在昆明西南联大开的史学课程为"晋南北朝史"，国学课程为"佛经翻译文学"。这实际上是寅恪伯父离平南渡以来首次开课。课室在大西门外昆华农业专科学校主楼西北角上。史学课听讲的约有十人，除一九三九级的徐高阮、翁同文[1]、季平，还有王永兴等几名学生，清华史学系毕业、已进北大文科所的汪篯，[2]在联大师院任教的丁则良[3]等也来旁听。学生中，徐高阮好学深思，受到寅恪伯父欣赏。一九三九年毕业后，由寅恪荐，入中央研究院历史语言研究所；抗战胜利后，寅恪伯父回清华任教，聘请他当助手，因故未北来。一九四八年，寅恪伯父还曾为他校勘整编的《重刊洛阳伽蓝记》一书作序。徐高阮后来随史语所迁台，一九六九年死于脑溢血，就葬在中央研究院对门的胡适墓园。这是后话。

据翁同文回忆，他与徐高阮、季平三人即将毕业，照章应写论文，而同为中文、历史两系合聘的张荫麟君本可指导论文，此时不在昆明，只有劳烦寅恪伯父与议定题目，帮助指导论文。寅恪伯父预先警告，文字务必简洁，若太冗长，必有浮滥，他就不愿评阅。他们经过六七个月努力，论文终于完成，寅恪伯父评给的分数，居然都不低于80分。[4]

据一九三九年北大中文系毕业后，在西南联大任助教、教员的

1 翁同文（1916～1999），浙江泰顺人。清华大学历史系1939年毕业。曾任教西南联大、东方语文专科学校；云南、上海圣约翰大学。1948年游学欧洲。1955年起任巴黎大学研究院研究员，任教德国博宏鲁尔、美国威斯康辛、新加坡南洋、台湾东吴等大学。
2 汪篯（1916～1966），江苏扬州人。清华大学毕业，入北京大学文科研究所，毕业后任助教，曾任陈寅恪助手，后为北京大学教授。"文革"中自杀。
3 丁则良（1915～1957），福建闽侯人。清华大学历史系毕业，先后在西南联大、昆明师院、云南、清华大学任教。曾赴英国伦敦大学研究。1952年调东北人民大学（今吉林大学），1957年被错划为右派，自沉于北大未名湖。1980年改正错划。
4 参见翁同文《追念陈寅恪师》，载《纪念陈寅恪先生百年诞辰学术论文集》，页54—57。江西教育出版社，1994年。

周定一君回忆，一九三八年秋，他上过寅恪伯父的"佛经翻译文学"课，虽只是旁听，但每堂必到，并用歌胪士洋行买来的高级横行纸做了详细笔记。寅恪伯父每堂课都用布包提一大摞佛典放在讲桌上，却很少翻动。"先生能整段整段地背诵佛经。一边口诵，一边往黑板上写。……佛经本来艰涩，但他讲得平实易懂，得意处自己仰面大笑，完全陶醉在学术之中。"[1]

寅恪伯父在忙碌的教课之馀坚持著述。一九三九年初生病，还在病中撰作《隋唐制度渊源稿》。

一九三八年十月十三日发生的长沙大火，连烧了三天三夜，馀烟兼旬不息；一座有两千年历史的文明古城焚为废墟。这场大火也为寅恪伯父带来极大不幸，他和家人离开北平前寄往长沙的书籍，主要是教学用书，在他们一九三八年一月离开长沙后始陆续寄达，堆在亲戚家，火灾中统统化为灰烬！同滇越铁路失书一样，对寅恪伯父又是莫大打击。那都不是普通的书籍，而是寅恪伯父多年心血的结晶；书页的空白处布满寅恪伯父写记的考证、比较和见解心得，学术价值无可比拟！

父亲一九三八年十月底由蒙自迁回昆明，住在昆华农业学校东楼楼上一个大教室隔成的三小间中的一间，与苏国桢、赵淞君同住，在陈铨主持的教授食堂用餐。十一月二日，父亲从外文系助教叶柽等君及高年级同学建议，以暑假期长，为学生补授功课，由赵瑞霖[2]、李赋宁具名，出通告，宣布办法。自十一月四日开始，每晨 9—10 时，在农校中楼乙 18 教室，上课一小时。星期一、三、五讲"文学与人生"；星期二、四、六授"第三年英文"，用吴经熊等编的《近代英文

1 周定一《蒙自断忆》，载《西南联大在蒙自》，页 81—82，云南民族出版社 1994 年版。该文关于陈先生授课的地点记述有误，应在昆明。不在蒙自，陈先生在蒙自时未开课。
2 赵瑞霖（1915～1999），后改名瑞蕻，浙江温州人。西南联合大学外国语文学系 1940 年毕业。曾任教南开中学、中央大学、民主德国莱比锡大学，后久任南京大学教授。

在西南联大执教时的吴宓

散文选》第三册为读本。每日讲毕，答复学生疑问。父亲并将个人藏书，舁至讲堂，借与诸生。这项"补授功课"一直持续到十一月底开学告一段落。

昆华农校地处城外，往来不便。父亲进城，总要抽空去靛花巷看望寅恪伯父，如十一月二十九日，"入城，访寅恪。"十二月四日，"访寅恪，悲观"[1]等。看来寅恪伯父心绪不佳。

寅恪伯父心情怎么会好，接连丢失文稿和批注书籍不说，右眼早在一九三七年秋已发生视网膜脱落，因仓促登程南下，没有及时应北平同仁医院医生之命手术治疗，以致失明。仅剩左眼视力，看书仍多，负担很重，照明又不佳，极非所宜。而当此乱世，香港家人的生活起居健康安危，尤使寅恪伯父放心不下，牵念不已。特别是唐筼伯母一九三九年五月心脏病加剧住院，十岁的长女流求担起

---

1 《吴宓日记》Ⅵ，页 381、382。

西南联大图书馆　　　　西南联大新校舍

重担，探望母亲，照顾妹妹，还坚持学业。寅恪伯父忧心如焚，恨不得立即赴港。只以校课关系，不便遽回，勉强留滞到六月下旬学课结束才动身。

本年初，寅恪伯父受英国皇家学会研究员职称，并应英国牛津大学汉学教授之聘，准备于是夏离联大赴英讲学。寅恪伯父此前已曾两次谢辞英国牛津大学。本年接受讲学的邀请，一是驻英大使郭复初先生以中英合作，即大使馆与牛津之关系为言，不得不试为一行。主要还是考虑唐篔伯母屡病需照顾，想通过携家赴英讲学，使家人得共聚于一地，克服生活、经济困难及种种不便。如今唐篔伯母病剧，愈后能否与同赴英大成问题。若此次唐篔伯母不能偕往，则寅恪伯父所以欲赴英的目的即家人共聚于一地的愿望全不能实现，殊非寅恪本意，因此不愿久留英。且牛津近日注意中国之宗教及哲学，而寅恪伯父的兴趣却移向历史和文学方面。寅恪伯父不愿"离家万里而作不甚感兴趣的工作，其思归之切不言可知"[1]。

寅恪伯父为此给梅贻琦校长写信，拟向清华请假一年，很快得到批准。

1　《陈寅恪集·书信集》，页152。

　　　　　　　　　　　　　　　　　　吴宓与陈寅恪

茅草屋顶的宿舍

　　六月十四日，寅恪伯父将返香港而后浮海西行，父亲不胜依依，赋五古长篇送别。

陈寅恪兄赴牛津讲学行有日矣

赋诗叙别　六月十四日

吴　宓

相交二十年，风谊兼师友。学术世同尊，智德益我厚。

玄鹤飞冲天，慧目烛万有。遗恨塞乾坤，海棠诗诵久。

萍踪多离合，三洲往复走。十载故都安，鱼水羡佳偶。

燕婉息精神，煦沫增福寿。无何夷氛来，率土横流后。

易箦立忠节，弥天黄发叟。衔哀奔南服，讲席仍指授。

兵火历危机，流转蒙尘垢。几筵喜再亲，笑谈即诲诱。

忽作海西游，传经人文薮。鹏举未惬心，虿处何瞻首。

而我惭愚拙，痴妄行多苟。毁家爱成空，勤职位莫守。

悲观生死齐，避世深缄口。此别难为别，况复丁阳九。

龙虎挟风云，泰岱连培塿。伫盼早言归，忾忾依左右。[1]

1　《吴宓诗集》，页349—350。

六月二十一日，旧历端阳，寅恪伯父临行在即，父亲在昆明的第一中菜馆海棠春餐馆为寅恪伯父饯行，并赋赠七律一首。

己卯端阳 昆明海棠春
饯别陈寅恪兄赴英讲学
吴 宓

国殇哀郢已千年，内美修能等弃捐。

泽畔行吟犹楚地，云中飞祸尽胡天。

朱颜明烛用黄晦闻师（节）诗意。依依泪，乱世衰身渺渺缘。

辽海传经非左计，蛰居愁与俗周旋。[1]

寅恪伯父仍由滇越铁路至越南海防登轮赴香港，一路艰辛，于七月三日抵家。这是他离香港一年三个月后唐筼伯母和孩子们第五次搬的新家：九龙弥登道旁的山林道 24 号三楼寓所。对孩子们来说，父亲远道归来，母亲出院回家，没有什么比这个大团聚的暑假更幸福和快活的了。

唐筼伯母身体虚弱，尚需调养，不宜长途旅行。寅恪伯父决定只身赴英讲学。寅恪伯父在昆明时已开始作去牛津的准备，回到香港后，病中仍继续批校整理讲学用的书籍文稿资料。原拟八月底乘法国海船启程，不料欧洲局势日趋紧张；德国继吞并奥地利、捷克斯洛伐克之后，又于九月一日入侵波兰；九月三日，英法对德宣战，欧战爆发。面对如此形势，寅恪伯父不得不致函牛津大学，推迟一年前往就任。于是十月中旬动身，取原路重返西南联大授课。于十月二十日下午六时半抵昆明，仍住靛云巷青园学舍。

寅恪伯父回昆明后，十二月十日写示父亲《己卯秋发香港重返昆

---

1 《吴宓诗集》，页 350。

吴宓与陈寅恪

明有作》七律一首，浮海西行事与愿违的失望与苦恼，国难、家愁、离恨，种种复杂心绪已尽情抒发于诗章之中。

己卯秋發香港重返昆明有作
陳寅恪

暫歸恩別謂夫人唐簣，宓註。意如何，三月昏昏似夢過。

殘賸河山行旅倦，亂離骨肉病愁多。

狐埋狐搰催亡國，雞犬飛昇送逝波。

人事已窮天更遠，只餘未死一悲歌。[1]

此诗《寅恪先生诗存》没有收入。

西南联大一九三九学年第一学期始于十月四日。是日，由梅贻琦常委主持，举行了联大始业式及精神动员集会，十月十一日正式上课。寅恪伯父本学年除在中文和历史系分别讲授"佛经翻译文学"和"晋南北朝史"外，另开设"晋南北朝隋唐史研究"，为三四年级选修课。教室改在大西门内文林街昆华中学南院，这样，住在靛花巷的寅恪伯父，授课可免出城远赴昆华农校。翁同文此时已毕业，留在西南联大师范学院当助教，寅恪伯父所开"隋唐史"和"佛经翻译文学"课，他都去旁听，除了他和同在联大师院任教的丁则良、中研院史语所的汪籛，旁听的还有时在北大任教的邓广铭君。

寅恪伯父授课而外，研究著述方面也是硕果累累。一九三八年即著有《读通志柳元景沈攸之传书后》，后收入《金明馆丛稿二编》；《读洛阳伽蓝记书后》，发表在一九三九年九月出版的《历史语言研究所集刊》第八本第二分册；《敦煌本心王投陀经及法句经跋尾》《敦煌石室写经题记汇编序》，刊于一九三九年十月出版的《历史语言研究

1　此诗录自吴宓1939年12月10日抄存稿，载《吴宓诗集》，页354—355。

所集刊》第八本第一分册；《顺宗实录与续玄怪录》，载一九四〇年一月出版的《国立北京大学四十周年纪念论文集》乙编上册；《陈垣明季滇黔佛教考序》，载于陈垣《明季滇黔佛教考》一九四〇年八月本。这些论著，都是寅恪伯父在南渡西迁数千里，颠沛流离、困苦难状的情况下撰作的，在接连遭受失书打击、图书资料极端匮乏的条件下完成的，有时甚至是扶病握笔著述；念及于此，令人心酸，也更加体会寅恪伯父精神力量的强大。

父亲在昆明，住所不似寅恪伯父稳定；自一九三八年十月底自蒙自抵昆明，至一九四四年九月休假离校，先后曾五次迁居。父亲最初住大西门外昆华农校，一九三九年七月由联大安排迁到城内昆明师范，得郑之蕃君照顾，让父亲与王竹溪、赵淞君同住一室，三人均不吸烟，父亲甚喜。一年后，联大需腾还向昆华师范所租房屋，父亲乃于一九四〇年八月按学校排布，随迁到玉龙堆二十五号，住楼上北屋，与陈省身共居。

父亲授课，则不论昆华农校或联大新建校舍，一直都在城外。所开课程，一九三八学年为"欧洲文学史""欧洲文学名著选读""翻译""人文主义研究"。"欧洲文学史"为外文系二年级学生必修，是外文系学生最重要的一门专业基础课，一九三七学年称为"西洋文学概要"，一九三八学年起改称"欧洲文学史"。该课程内容广博，不仅包括西欧、北美文学，还兼及俄国、东欧，以及印度、波斯、日本等国文学，为学生提供广阔的视野和系统的世界文学知识。"翻译"课为外文系四年级学生必修，系父亲与叶公超合授，父亲授英译中，叶授中译英。父亲一九三九学年所授课程，大体与一九三八学年相当。

父亲为安慰老友，时往陪伴，并帮助料理一些琐事。

据父亲日记，一九三九年十二月三十日，"10:30—2:00警报。4—6访寅恪，陪至华山西路，配电筒。"一九四〇年三月二十三日，"上午10—12访寅恪，明日赴渝。为至西仓坡及工校代领薪金。下午 2:30—5:00 '欧史' 小考。5—6 访寅恪，送款。"一九四〇年六月十一日，"阴，雨。9—11 访寅恪，同步翠湖。下午 2—3 赴工校，为寅恪送成绩。"等等。

昆明素称四季如春，一九三九年的冬天却冷得出奇，自十二月中旬以后至次年一月初，天气时常雨中夹雪。寅恪伯父体弱畏寒，当地向无取暖设备，严冬难熬。加以战争形势严峻，思念留港家人，唐筼伯母生病，尚欠中英庚会款无法偿还等等，心情负担沉重；终于一九四〇年一月底大病。心悸心跳，出汗发抖，彻夜难眠。即便如此，病中仍坚持撰写《隋唐制度渊源略论稿》。据父亲日记，一九四〇年二月二十五日，"访寅恪，患心疾（忪忡），甚似非轻，不觉黯然。"三月十日，"探寅恪病，示所作《庚辰元夕》诗。粘存。十时归寝。"

庚辰元夕

陳寅恪

魚龍燈火鬧春風，節物承平似夢中。
人事倍添今夕感，園花猶放去年紅。
淮南米價驚心問，中統錢鈔入手空。
賸有舊情磨未盡，且將詩句記飄蓬。[1]

此诗，《寅恪先生诗存》中，题为《庚辰元夕作时旅居昆明》，字句也有改动。第二句作"仿佛承平旧梦同"。第三四句作"人事倍添今日感，园花犹发去年红"。第六句作"中统银钞入手空"。第七八句作"念昔伤时无可说，剩将诗句记飘蓬"。

第二天，即一九四〇年三月十一日清晨，父亲作成《和寅恪庚辰元夕诗》，立送寅恪伯父一阅。

---

1 录自《吴宓诗集》，页 356。此诗 1940 年 2 月昆明作，3 月 10 日写示吴宓。

陈寅恪手书"庚辰元夕"诗

十年万事马牛风，苦乐兴亡一瞬中。

昔梦鹏飞逐海阔，今同鹿走泣林红。

看人妾妇成功业，老我诗书悟色空。

匝地兵戈独温饱，良宵敢复怨飘蓬。[1]

父亲是日晨 8—10 上课，讲欧战后德国复兴之经过，以证《论语》去兵去食而不可去信之义，并与柏拉图之国中三级人比较。"4:00 出，访彤及寅恪，均寝。"[2]

这年三月下旬，寅恪伯父曾赴重庆，参加中央研究院院长的选举。

中央研究院自一九二八年成立以来，一直由创建者蔡元培先生任院长。蔡先生一九四〇年三月五日在香港去世后，院长人选，按章程，应由院评议会通过评议员投票方式，选出三位候选人报呈国民政府主席，由国民政府主席圈定一人。

评议员中的学界人士多希望时任中国驻美大使的胡适继任中央研究院院长，而主持评议会工作的评议会秘书翁文灏会前却接到陈布雷的信，言及蒋委员长"盼以顾孟余为中研院院长"。傅斯年认为这种事先指定的做法，于中研院组织法不符；汪敬熙、李四光主张应有 Academic Free Spirit[3]，闻讯的评议员多表示愤慨。1999 年《档案与史学》所载文，《1940 年中央研究院选举》述称寅恪伯父谓"我们总不能单举几个蒋先生的秘书"，不知是否也由此而来。

会议第二天，进行院长候补人的正式选举。到会评议员以无记名投票方式推举三名候选人，结果：翁文灏、朱家骅各二十四票，胡适二十票，李四光六票，王世杰四票，顾孟余一票。评议会当即将得票

---

1 《吴宓诗集》，页 357。参阅《吴宓诗集》卷十一有《庚午上元夜清华园步月》诗。
2 《吴宓日记》Ⅶ，页 140。
3 学术自由精神。

最多的翁、朱、胡三人具名上报国民政府。国民政府直至九月十八日才正式公布任命朱家骅为中央研究院代理院长。此时距蔡元培先生去世已半年有馀。

寅恪伯父三月底从重庆回到昆明，父亲即往探视。据日记，一九四〇年三月三十日，"下午雉面更衣。2:30—3:30上课发考卷。4:00欲访寅恪，旋折归。"三月三十一日，"晨6:00即起，为守和改蔡元培纪念文（英文）。9—10送往。遇守和于华山西路，同访铉、彤、寅恪。陪寅出。"

四月二十三日，"寅恪持还宓诗稿，并示新作一首。

重慶春暮夜宴歸有作
陳寅恪

頗恨平生未蜀遊，無端乘興到渝州。

千年故壘英雄盡，萬里長江日夜流。

食蛤那知天下事，看花愁近最高樓。

行都燈火春寒夕，一夢迷離更白頭。"

父亲亦将此诗收入他手编的《吴宓诗集续集·昆明集》原始稿本中，诗后写有附记："寅恪赴渝，出席中央研究院会议，寓俞大维妹丈宅。已而蒋公宴请中央研究院到会诸先生。寅恪于座中初次见蒋公，深觉其人不足有为，有负厥职，故有此诗第六句。"[1]

此诗，《寅恪先生诗存》中，题作《庚辰暮春重庆夜归作》，文字亦略有不同。

父亲与寅恪伯父时常"同散步翠湖"，叹国事，谈校事家事。寅

---

1 《吴宓诗集》，页360。

恪伯父惦念唐篑伯母卧病香港，心神不安，父亲尽量安慰宽解。父亲有烦心事，寅恪伯父也及时劝说开导。如父亲以为原清华外文系教授南来不多，温德 Winter 留平，王文显赴沪，翟孟生 Jameson 和毕莲 MS. Billie 返美……于教学特别是外国文学方面不无影响；而钱锺书一九三九年秋来校，除授"大一英文"，开设"Renaissance Literature""Contemporary Novel"课，甚受学生欢迎。一九三九年十月，父亲读了李赋宁君所记钱锺书讲义，"甚佩服，而惜钱君今年之改就（湖南蓝田国立）师范学院之教职。"怨叶公超不去信挽留。据父亲日记，一九四〇年三月八日，参加宴会，晚"10:00 散，随超、F. T.、徐锡良陪侍梅校长同归。梅邀至其宅（西仓坡）中坐，进茶与咖啡。宓倦甚思寝，而闻超与 F. T. 进言于梅，对钱锺书等不满，殊无公平爱才之意，不觉慨然。"[1]后因清华外文系主任陈福田不聘钱锺书，父亲愤愤不平，斥为"皆妾妇之道也"。他奔走呼吁，不得其果，更为慨然，"终憾人之度量不广，各存学校之町畦，不重人才也。"寅恪伯父也爱才，同意父亲的看法，但劝导父亲冷静对待。据父亲日记，一九四〇年三月十二日"5—6 归途遇寅恪，行翠湖"，"寅恪教宓'不可强合，合反不如离'。谓钱锺书也。"[2]

父亲坚持不舍，努力争取，终于一九四〇年十一月六日晚，F. T. 在冠生园请便宴，商清华外文系系务，决定研究生论题，"而席间议请锺书回校任教。忌之者明示反对，但卒通过"[3]此项议案后经清华聘任委员会认同，记录在案。父亲与寅恪伯父稍感宽慰。但一九四一年六月，清华外文系教授、教员都已收到聘书时，已经得知将被清华召回任教的钱锺书，由蓝田国立师院辞职回沪，没有在上海另找工作，始终眼巴巴地在等待西南联大的消息。系主任陈福田未遵照校章于七

---

1 《吴宓日记》Ⅶ，页 85、139。

2 同上书，页 140、141、147。

3 同上书，页 258。

此日片

梦觉四首　　庚辰冬作

序曰：民国十九年（一九三〇）十一月二十四日（星期六）夕，于在牛津接海偷目美国光来函，大学电函许以终身约，为优惧其後诀，诀车致离分，忽忽十年，又逢荣读所感痛，成为四诗。　　吴宓

（一）梦觉十年海外鬼，沧桑历劫渐超尘，惟新速死完生懂尽枝浮。荣疲本真，望色赊多，终识一诚明得智更依仁，蝈居救服奔軷好。

（二）采云飞展除记当晓，密约幻颜喜可支，私草蕓漉马丽殿，如佛子。嘴黄牛娅投林佬，楼同乐饮水鱼逗跪，瞗目知宜意跪乾成永别。

（三）南渡西边，问死薔遊，插地壶力兵络雾楼遥伤如是，绵树林。续盟前盟愁悠世论非吾卦，深书玉京凤纸但能通，片语当胜胪默望。

（四）瓊揵孤氤甚高峥，魔国摸荒军事难常恐双财的患害，兄憎景，回起波澜人美赋垂金石，编季易安念令从昆，来强怒许心览。

宓晓老

大作唯音韵有小疵，似可更易，其馀字句不必改动。又柳卞㈣身分不合，若易他事更佳。

渊恪：评吴梦觉诗　1940

吴宓"梦觉四首"油印页

陈寅恪评吴宓梦觉诗手迹

月初以前将聘书送达，而直拖至一九四一年十月下旬，联大已开学三周，他回檀香山度完暑假后，始到上海"请"钱锺书回校任教。钱锺书心里明白 F. T. 的姗姗来迟并非无心，自己不受 F. T. 的欢迎，就客客气气地推辞退让不去了。据当时在场的杨绛回忆，"陈福田对锺书的推辞，并无一句挽留。"[1]

一九四〇年十一月二十四日，父亲有感于一九三〇年十一月二十四日在牛津，接毛彦文女士自美国密西根大学电函，"许以终身，约为伉俪。其后蹉跎舛误，卒致离分。忽忽十年，又逢此日，积所感痛"，作七言律诗《梦觉四首》，并油印诗页，邮寄知友，求请教正。寅恪伯父评云："大作唯音韵有小疵，似可更易。其馀字句不必改动。又柳下（宓按，第三首三四两句）似身份不合，若易他事更佳。"[2]由此可看出，寅恪伯父于柳如是、陈子龙、卞玉京等情事早有深研。

昆明一九三九年至一九四一年，时时遭到日机空袭，特别是一九四〇年九月二十二日日军在越南海防登陆以后，滇境更紧张。日机日渐频繁来袭，对昆明及滇缅公路狂轰滥炸，我军民伤亡惨重，西南联大亦遭重大损失。

联大三常委之一的蒋梦麟校长，在他所著《西潮》（英文名 *Tides from the West*）一书"前言：边城昆明"中，曾这样写道：

"炸弹像冰雹一样从天空掉下，在我们周围爆炸，处身在这样的一次世界大动乱中，我们不禁要问：这些可怕的事情为什么会发生呢？

"昆明是滇缅公路的终点，俯瞰着平静的昆明城，城中到处是敌机轰炸后的断垣残壁，很像庞贝古城的遗迹。"[3]

1　参见吴学昭《听杨绛谈往事》，页 182，北京生活·读书·新知三联书店 2008 年版。

2　《吴宓诗集》，页 363—364。

3　见左右《蒋梦麟在西南联大》，载《抗战时期文化名人在昆明》（一），页 18—19，云南美术出版社 2000 版。

从父亲日记的有关记述中，亦可见当时被炸景象于一斑。

一九四〇年十月十三日，下午"2:00见日机27架飞入市空，投弹百馀枚。雾烟大起，火光迸铄，响震山谷。较上两次惨重多多。

"被炸区为沿文林街一带。云大及联大师院已全毁，文化巷住宅无一存者。大西门城楼微圮，城门半欹。文林街及南北侧各巷皆落弹甚多，幸联大师生皆逃，仅伤一二学生，死校警、工役数人云。

"至玉龙堆寓舍（父亲当时所居），则见院中一片瓦砾，盖十馀丈外若园巷即落一弹，毁数宅。寓舍受震击，屋顶瓦破若干处，幸有木天花板为障蔽。宓室中之窗洞开，玻扇已毁。墙壁之木片灰屑纷然剥落，室中满覆尘土，已经省（陈省身）整理清除。电灯已坏。众坐谈，并有同事之毁家者，挈妻儿来舍暂住一宵。"[1]

一九四〇年十月十四日，"晨6:30出舍，经由先生坡天君堂巷而出城，至新校舍北区。见房屋毁圮，瓦土堆积。难民露宿，或掘寻什物。7—8上'欧文史'课，仍不惬。8—10沿凤翥街，至城门口旧肆早餐。入大西门，城门扇斜立欲倾。沿文林街而东，备见轰炸之遗迹。文化巷口棺木罗列，全巷几无存屋。宓至联大总办公处及女生宿舍，虽免于难，亦受飞来巨石震击，门窗破倾，瓦砾尘土堆积。众人皇皇无所归宿。"

一九四〇年十月十八日，"入大西门，行断壁颓垣、瓦砾尘土中，无殊墟墓也。"[2]

一九四一年八月十四日，"10:30前后，敌机三批27架，来炸联大及拓东路。状元楼，立时起火，远见大黑烟。

"旋宓至师院（工校）视察，落弹二十枚，新楼全毁。联大新校舍北区弹毁学生三舍及图书馆书库并教务处、出纳组、校委办公处等。南区毁生物实验室等。校门之云光饭馆夷为平地。昆华南院女舍

---

1 《吴宓日记》Ⅶ，页244—245。
2 同上书，页246、248。

中四弹。北院弹落操场及大门内，无损伤。

"女舍，则弹正落饭厅楼中。西楼已不存，东楼则成为透明之木架格，壁门均破倒，满楼皆木片、瓦砾、尘土。……女舍东邻崔书琴等寓楼全毁，成一大弹坑。西仓坡梅校长宅亦同。翠湖北路亦中数弹，幸宓等宿舍无恙。"[1]

清华梅贻琦校长在一九四二年四月《抗战期中的清华》（三续）中亦称："昨岁八月十四日敌机狂炸联大新校舍及昆明西北城一带，办事处四周落弹甚多，其东院为余及家人分住者，直接中一巨弹，致全部倾圮，私人什物，亦略有损毁。西院之办事处，被波及者，仅门窗屋瓦及一部分墙壁；公物均获保全，诚不幸中之大幸。"[2]

一九四〇年，日机轰炸昆明频繁，联大以日机通常在上午十点至下午三点之间空袭，只好把上课时间改在上午十点以前，下午三点以后。为了躲避空袭，一些教师尤其是带有家眷的，多疏散到乡间居住，每周集中几天来校上课。乡居来校，交通不便。多数人无车可乘或无钱乘车，只有步行。周培源君家迁至西山龙门脚下滇池边的山邑村，离联大二十公里。周君买了一匹马，骑马来校上课，被物理系主任饶毓泰笑称"周大将军"。一次，因马受惊，摔下，负伤。待路修好便卖了马，后来进城改骑自行车。[3]

中央研究院历史语言研究所一九三九年十月，由昆明迁到北郊龙泉镇庙宇的大殿；一九四〇年冬，又迁至四川南溪李庄镇，都是为了躲避日机轰炸。

寅恪伯父需在联大授课，没有随史语所迁去乡下。好在北京大学文科研究所于史语所迁出后，即在靛花巷开办，傅斯年兼任所长，寅

---

1 《吴宓日记》Ⅷ，页151—152。
2 《清华大学史料选编》三（上），页31。
3 参见周如苹《昆明情结——记父亲周培源与任之恭诸先生》，载《抗战时期文化名人在昆明》（二），页5。

恪伯父兼任特约导师，故继续住靛花巷三号。院内空地上挖有一个防空洞，但常积有雨水。据北大文科所人们回忆，每次警报一响，大家都赶快往楼下跑，甚至跑出北门，去乡下田野躲避。孟真先生傅斯年字却往楼上跑，去三楼通知寅恪伯父（因为他体弱多病，有时会睡早觉或午觉），搀扶寅恪伯父下楼入防空洞。傅先生身体胖胖，爬楼梯够吃力，对朋友如此关怀，大家很受感动。

据说寅恪伯父幽默地对入防空洞亦有一联："闻机而坐，入土为安"。"机"指飞机；"土"者，入防空洞也。

寅恪伯父在一九四〇年六月十七日授课结束后，即匆匆启程回香港。父亲代他将学生成绩单送去联大教务处。行前，两人几次翠湖步谈，谁也没有想到寅恪伯父其后再也没有重返昆明授课。此一别，再次相见竟在四年半之后！

寅恪伯父离开昆明，所幸躲避了一九四一年八月十日至十五日敌机对昆明最猛烈的侵袭，其中十四日一日似专为摧毁西南联大而来。不幸的是，寅恪伯父这次回港，本准备暑假过后即赴牛津大学践讲学之约，却很快接到中英庚款董事会总干事杭立武来电转述驻英大使郭泰祺来电称，因时局关系可请假一年。实际此时要去亦难办。故待暑假过后，仍须回西南联大上课，然日军九月侵占越南后，滇越路断，港越间停航，无法返回昆明，困守香港又无经济来源。后来亏得杭立武与香港大学商洽，并得许地山周旋，寅恪伯父被港大聘为客座教授，由中英庚款会支付薪水，每月港币三百元，勉强维持生活。此事由杭立武与梅贻琦函商，向西南联大请假一年。

父亲自寅恪伯父离昆，没有知友谈心，很感寂寞，一九四〇年末，曾仔细阅读研究寅恪校笺注释的韦庄《秦妇吟》，以寅恪在香港大学讲学的题目之一也是《秦妇吟》。《秦妇吟校笺》是寅恪伯父对一九三六年旧作《读秦妇吟》的增订，由唐筼伯母题签，于本年在

吴宓与陈寅恪

昆明自印线装本，分赠友生。父亲读后写诗一首，寄托对老友的思念之情。诗云：

寄怀陈寅恪 时在香港大学主教席

吴　宓

待时观变岁星周，去住无端许暂留。

东海鲸吞文物尽，西天龙战鬼泣愁。

入关罗什逢秦乱，作赋兰成类楚囚。

新注韦庄诗共读，花开港屿慰绸缪。

寅恪近成《秦妇吟校笺》，独具新解，业已印行小册。[1]

一九四一年二月下旬，寅恪伯父在香港收到中央研究院代理院长朱家骅、历史语言研究所所长傅斯年的联名电报，嘱咐他参加三月十二日在重庆召开的中央研究院第二届评议会第一次年会。寅恪伯父原考虑本次年会不如去年选举院长重要，届时如影响港大教课，拟不飞渝参加。后适逢香港大学耶稣复活节放假，不影响教课，而寅恪伯父今后行止、何处安家，急需与俞大维、傅斯年等细商面议，于是由港飞渝，再次赴会。本次年会，主要讨论加强国内外学术交流问题。会议期间，寅恪伯父仍居新午妹、俞大维妹夫宅。

寅恪伯父重庆赴中央研究院评议会年会归来，复赋七律一首，一如去年。

辛巳春由港飛渝用前韻

陳寅恪

海鶴飛尋隔歲遊，又披煙霧認神州。

1　录自《吴宓诗集》，页362。

江干柳色青仍好，夢裏蓬瀛淺水流。

草長東南迷故國，雲浮西北接高樓。

人間春盡頭堪白，未到春歸已白頭。

　　这首诗是寅恪伯父一九四五年一月因目疾在成都存仁医院病床上口授父亲的。父亲在录入其手编的《吴宓诗集续集·昆明集》原始稿本时，写有按语两则。一为"宓按，寅恪两次春日飞渝，皆为中央研究院开评议会。前诗指《重庆春暮夜宴归有作》，一九四〇年作。六句，初见蒋公于群宴中，而失望，知其非英雄。此诗一九四一年作。六句，似指延安与莫斯科泱泱大国之连结为一体也。"另一则为"宓按：此诗乃寅恪一九四五年一月在存仁医院病床口授宓者，钞写恐有错误，故三四句末对未工。"[1] 三联书店二〇〇一年出版的陈美延编《陈寅恪集·诗集》中，此诗第四句为"梦里逢瀛水浅流"，与三句末"青仍好"对，熨贴。

　　寅恪伯父再次返港，几无一日不为行止、移家焦虑愁苦。欧战加剧，浮海西行一时无望；回联大授课，云南高原于心脏病体极不相宜，寅恪伯父自言去岁初"患怔忡病，几死于昆明"[2]，况交通中断，已无法返回；移家离港，无旅费，广州湾路阻，不能通达；留居香港，又以物价、汇价之高，寅支卯粮，生活很难维持。尤其杭立武告：香港大学讲座六月份届满后不能继续，将无收入可言。真是进退维谷，行止两难。寅恪伯父忧愁所致，顶发一丛忽变白，[3] 诗句"人间春尽头堪白，未到春归已白头"，实有感而发。

　　暑假后，因许地山先生不幸去世，香港大学聘寅恪伯父代授历史课四门，每周八小时。寅恪伯父自教书以来，授课从未超过三门，每周六小时。现以衰病之躯担负反而加重，且住家离香港大学甚远，每

1　《吴宓诗集》，页365—366。

2　见《陈寅恪集·书信集》，页175。

3　参见《书信集》，页71。

劉攽与寅恪兩次春日飛渝皆為中央研究院開評議會。前詩1940,句見蔣公於群眾中,而失望知其非英雄。詩1951,句似指延安與莫斯科共洪大國之連結為一體也。

民國三十年辛巳

辛巳春由港飛渝用前韻　　陳寅恪

海鶴飛尋隔歲遊,又披煙霧認神州。江干柳色青仍好,夢裏蓮瀛淺水流。草長東南迷故國,雲浮西北接高樓。人間春盡頭堪恨,未到春歸已白頭。

劉攽:此詩乃刻印於1942二月後海上賀陵病林
據刻者鈔寫迻看錯誤,故亦。　　寅恪對未正。

吴宓记陈寅恪"辛巳春由港飞渝用前韵"诗

次往授课，须乘公共汽车至轮渡码头，渡海至香港，换乘电车到香港大学，路途单程约需两小时。寅恪伯父"异常劳倦，上课回家，心跳不能安眠"。劳苦如此，仍坚持整理在港大讲义为文稿，考证杂文，从事著述。生活窘迫，"每饭几无肉食，仅食鸡蛋而已。一室有床三张，较之在靛花巷时饮食起居尚不能及"。[1]

一九四一年十二月，太平洋战争爆发，港岛沦陷，学校停课，经济无来源，生活更加艰难。寅恪伯父忧患与饥饿交加，"食粥不饱，卧床难起"，无钱就医，"忍病不诊"。更可恨广州汪伪组织、北平伪"北京大学"、香港倭督及汉奸纷来打扰，利诱胁迫附逆。寅恪伯父明确拒绝，急须逃难而苦于无旅费可筹。愁苦、郁闷，难以言表。千灾百难中熬至一九四二年四月底，收到朱家骅营救密电，"如死复生，感奋至极"。[2]以后才得知他们曾先后五次派人送信，均未收到。听说送信的人中，有一次被敌人用火油烧杀，接信的人被日本宪兵逮问，寅恪伯父一家幸未受害。

一九四二年五月五日早晨，寅恪伯父与家人随逃难的人群排队，通过日军关卡，登上遣送难民的海轮驶往广州湾（今湛江）。中午，抵澳门。寅恪伯父带二女儿小彭上岸，在码头与一位事先约定的先生见面，取得营救他们逃难的旅费。傍晚船到广州湾，寅恪伯父重返故国，精神一振，有诗抒情。因需与内地有关各方联系沟通并等候接济汇款，在广州湾耽搁至五月下旬再上路，水陆兼行，历经曲折，于六月十八日抵达广西省会桂林，暂住酒店。[3]当时中央研究院的物理、地质、心理研究所，疏散在桂林四十里外的雁山良丰镇，物理所位于雁山半山腰，其后乃由所长丁西林派人将寅恪伯父一家接到物理所，并

---

1 参见《书信集》，2001年版，页79、70。
2 参见《书信集》，2001年版，页85。
3 参见陈流求、陈美延、陈小彭《也同欢乐也同愁》，页165—168。

分一半"所长官邸"给寅恪家——两间离地架空的茅草屋顶住房。

寅恪伯父原计划携家人同往四川南溪李庄历史语言研究所；然而旅途过于劳顿，待至山中稍息之馀，旧病渐次复发，除非长期休息，恢复健康，很难继续扶病登程。与中英庚款会商议结果，设一讲座于广西大学，每周授课三小时。于是全家暂时在良丰安顿下来，寅恪伯父也是从这时开始逐渐恢复与川滇等处同人故旧的联系。

西南联大师生自日军进驻港岛，对寅恪一家安危都很关心。学校当局偶然在集会上透露一星半点，语焉不详。父亲听说种种关于寅恪伯父的传闻，却一直得不到真实可靠的消息，非常不安，直到一九四二年七月接读寅恪伯父良丰手书，确切得知全家已脱险归来，才放下心来。

据父亲一九四二年七月二十四日日记："接寅恪七月十五日自桂林良丰中央研究院物理研究所寄来诗函。通讯处：桂林四会街，中央研究院驻桂林办事处转。凡诗二页。"[1]

父亲向来赞赏喜爱寅恪伯父诗作，稔知其中今典旧典，得寅恪伯父诗函，喜悦兴奋不已，"心事早从诗句解"，立将寅恪二诗工工整整录入他的《吴宓诗集续集·昆明集》原始稿本中。

壬午五月五日發香港赴廣州

灣舟中作　用義山"萬里風波"無題韻

陳寅恪

萬國風波一葉舟，故邱歸死不夷猶。

袖間縮手人空老，紙上刳肝或少留。韓昌黎詩"刳肝以爲紙"。

此日中原真一髮，蘇東坡詩"青山一髮是中原"。

當時遺恨已千秋。宓按，寅恪一九三五年海棠詩云，"此生遺恨塞乾坤"。

讀書久識人生苦，未待崩離早白頭。

---

1 《吴宓日记》Ⅷ，页344。

此诗题句与《寅恪先生诗存》所载，略有不同。

壬午五月五日發香港，七月五日
至桂林良豐雁山作　略改舊句爲之

陳寅恪

不生不死欲如何，二月昏昏醉夢過。

殘賸河山行旅倦，亂離骨肉病愁多。宓按，二三四句乃用
《己卯九月發香港重返昆明》詩中原句。

江東舊義饑難救，宓按，戊寅蒙自《殘春》詩云"過江愍度饑難救"。

浯上新文石待磨。唐元結浯溪中興頌，意謂中興今尚有待，委婉言
之耳。

萬里乾坤空莽蕩，百年身世任蹉跎。

宓按，己卯春和宏度詩云，"萬里乾坤孤注盡，百年身世短炊醒。"[1]

父亲接读寅恪伯父诗函的次日凌晨，在枕上作成《答寅恪》诗。

答寅恪

吴　宓

喜闻辛苦贼中回，天为神州惜此才。

心事早从诗句解，德名不与世尘灰。闻香港日人以日金四十万圆
强付寅恪办东方文化学院。寅恪力拒之，获免。

灵光历劫孤峰秀，沧海横流万类哀。

山水桂林得暂息，相依我正向黔来。时将往遵义浙江大学，后不
果行。[2]

1　以上二诗录自《吴宓诗集》，页374—375。按语文字与日记略有不同，圈点为吴宓所加。
2　录自《吴宓诗集》，页375。

　　　　　　　　　　　　　　　　　　　吴宓与陈寅恪

据父亲一九四二年八月九日日记："函复陈寅恪——桂林四会街，中央研究院驻桂办事处转。寄示宓《答寅恪》诗及一九四一年《岁暮感怀》诗，并求询关于彦之一切消息。"[1]父亲与寅恪伯父别后的思想心绪，已全在《杂感》诗四首中了。

父亲随后不久，又接到寅恪寄示《夜读〈简斋集〉自湘入桂诗感赋》，诗笺上写有"雨僧兄教正"字样。此诗原有注，乃寅恪伯父一九三九年旧作，而特于此时写寄父亲，父亲心感老友锐敏，初返故土已为国事增添新愁。

此诗《寅恪先生诗存》未见收入。

夜讀《簡齋集》自湘入桂詩感賦

陳寅恪

我行都在簡齋詩，今古相望轉自疑。

只謂潭州燒小劫，豈知楊獠舞多姿。簡齋詩"楊獠舞吾側"。

寅恪案，楊么以均貧富爲言，號召徒衆。

還家夢破慨慨病，去國魂銷故故遲。

誰挽建炎新世局，昏燈掩卷不勝悲。[2]

一九四二年八月，父亲被国民政府教育部聘为首批（西洋文学）部聘教授。清华外文系主任陈福田先生"首来函（英文）道贺"。父亲在八月二十七日的日记中写道："此固不足荣，然得与陈寅恪（历史）汤用彤（哲学）两兄齐列，实宓之大幸已！"[3]一九四一年六月三

---

1 《吴宓日记》Ⅷ，页358。其中《岁暮感怀》诗为《岁暮杂感》之笔误。

2 录自《吴宓诗集》，页375。吴宓依诗作收到时间之先后顺序，编于陈寅恪《壬午五月五日发香港赴广州湾舟中作》二诗之后。《陈寅恪集·诗集》此诗题作《夜读简斋集潭州诸诗感赋》。

3 《吴宓日记》Ⅶ，页369。

日教育部颁行《教育部设置部聘教授办法》十条，规定："在大学任教十年以上，声誉卓著，具有特殊贡献的教授，经审议会三分之二以上通过，可为部聘教授。任期五年，可续聘。"部聘教授是那时中国教育界的最高荣誉。一九四七年父亲得到续聘，时在武汉大学任教，未届期满，大陆解放。

同年九月七日，父亲接寅恪伯父八月二十七日桂林（良丰科学馆）航函，钞示《雁山七夕》诗。此诗，《寅恪先生诗存》题作《壬午桂林雁山七夕桂林良丰山居时作》。另附《香港壬午元旦对盆花感赋》七律一首，有句"劫灰满眼堪愁绝，坐守寒灰更可哀"。[1] 充分反映困守港岛的悲怆愁绪。

雁山七夕　壬午
陳寅恪

香江乞巧上高樓，瓜果紛陳伴粵謳。

羿彀舊遊餘斷夢，雁山佳節又清秋。

已涼天氣沈沈睡，欲曙星河淡淡收。

不是世間兒女意，國門生入有新愁。

寅恪伯父信中还回答父亲所询毛彦文女士滞港脱险情况。寅恪伯父告知，毛女士"（一九四一年）十二月六日到港，而八日晨即进入战时状况，故内子未曾与之一晤也"。"当港战骤起时，内子曾与之通话。后又连打电话数次。港九交通至难，而电话亦不能多说，不过互讯平安而已。后在电话中只言将赴广州转道回沪。约二十日后，许（地山）夫人谓知伊已由粤赴沪矣。港信检查极严，详情不悉。惟闻

---

1 《吴宓诗集》，页371。

其去年十二月六日到港，迄回沪，时日虽久，但平安无损而已。"[1]

父亲自一九三七年除夕闻熊公猝然病逝，十分同情毛彦文女士的不幸，更加痛悔当年毛彦文允婚而自己不娶[2]之过。除曾与贺麟君联名去电唁慰，其后又屡次去信，希望联系，最后只求此生再见一面。毛彦文四五年间不曾亲笔回复一字。据父亲日记，一九三九年八月二十七日，"毛子水得其在桂林之堂弟复函，云：彦嘱寄语水转宓，谓'旧日朋友，均不愿再与接近交往'云云。"一九四〇年三月二十日，"接彦三月十日自沪复书。不着一字，仅剪取宓函中数语，粘贴信笺上，为复。略谓伊'决为熊公守节终身。祈宓勿再接近'云云。"[3]

一九四〇年十一月，毛女士又要上海熊公馆的主事、秉三先生的外甥田学曾以"熊夫人已离申它去"的附言，退回我父亲的去信；并授意田作函致沈从文，托沈转告宓请绝。[4]所以父亲此信，是田先生托付他在西南联大任教的亲戚沈从文[5]代为退还给我父亲的。沈君不负重托，用毛笔写了四页半长的附函，对父亲进行了委婉的劝告。

寅恪伯父向来对父亲追求毛彦文不以为然，很惋惜父亲为此耗费时间精力。寅恪伯父此次不多一字的简单回复也是一种态度，于父亲对毛女士的一厢情愿、自作多情不无影响。

一九四二年十月二十四日，寅恪伯父和父亲都很爱重的张荫麟君，在贵州遵义浙江大学病逝。张荫麟一九二九年毕业于清华大学旧

---

1 《吴宓日记》Ⅷ，页378。
2 吴宓保存有毛彦文允婚的信函，凤凰卫视曾收入"百年婚恋"节目而未见播出。
3 《吴宓日记》Ⅶ，页57、145。
4 同上书，页268。
5 沈从文（1902～1988），湖南凤凰人。高小毕业入伍，后赴北京任香山慈幼院、香山教育图书馆、北京大学图书馆职员，中国公学教员，武汉、青岛、西南联大、北京大学教授，中国社会科学院历史研究所研究员。

制部（留美预备部）高等科，与贺麟、陈铨同为父亲所授"翻译"课班上的学生，父亲曾将三人翻译的诗作，收入《吴宓诗集》。[1]张君学生时代即参加父亲主持的天津《大公报·文学副刊》的撰稿与编辑工作，自号素痴，著译甚多。留学美国斯坦福大学，研习西洋哲学、社会学，获文科硕士学位。一九三四年自美取道欧洲回国，遍历英岛欧陆诸邦。一九三四年任清华大学专任讲师，授课哲学、历史两系，一九三六年晋升教授。七七事变后，只身南下，为浙江大学大一新生讲学天目山中。一九三八年回昆明西南联大任教，一九四〇年秋复就浙大聘于遵义，教学劬苦，竟病至不起。

寅恪伯父爱才，于张荫麟君尤甚，从寅恪伯父一九三三年十一月二日写给傅斯年的一封推荐信，也可看出对张君评价之高。信中说："昨阅张君荫麟函，言归国后不欲教哲学，而欲研究史学，弟以为如此则北大史学系能聘之最佳。张君为清华近年学生品学俱佳者中之第一人，弟尝谓庚子赔款之成绩，或即在此人之身也。"又说"其人记诵博洽而思想有条理，若以之担任中国通史课，恐现今无更较渠适宜之人。若史语所能罗致之，则必为将来最有希望之人材，弟敢书具保证者，盖不同寻常介绍友人之类也。"[2]

寅恪伯父闻张君噩耗伤感痛惜，立赋七言律诗《輓张荫麟二首 良丰山居时作》，寄遵义浙大。

> 流輩論才未或先，著書曾用牘三千。
> 共談學術驚河漢，與叙交情忘歲年。
> 自序汪中疑太激，叢編勞格定能傳。
> 孤舟南海風濤夜，戊寅赴越南與君同舟。回憶當時倍惘然。

---

1 见《吴宓诗集》，页135。
2 《陈寅恪集·书信集》，页47。

大賈便便腹滿脈，可憐腰細是吾徒。

九儒列等真鄰丐，五斗支糧更殞軀。

世變早知原爾爾，國危安用較區區。

聞君絕筆猶關此，懷古傷今併一吁。[1]

　　西南联大同仁在张荫麟君病逝两天后始得知这一不幸的消息。据父亲日记，一九四二年十月二十六日，"吴晗[2]接电，知张荫麟素痴，东莞。十月二十四日病殁浙江大学。享年三十六岁。英才早逝，殆成定例。宓素以荫麟为第二梁任公，爱其博雅能文，而惜其晚岁《中国通史》之作，创为新体，未免误入歧路。且未卒业而殂逝，亦与任公同。至1940因爱容琬而与妻伦慧珠离婚，终则琬乃回北平嫁一协和医士。荫麟于是抑郁烦躁，有以促其天才。此则遭遇相同，令宓尤为悲感者也！晗立成一文为悼，登《中央日报》。"[3]十月二十八日，父亲为联大师范学院历史系青年教师丁则良讲述张荫麟生平。丁旋即在《云南日报》撰文《追悼张荫麟先生》，父亲寄给浙大张其昀。[4]十二月一日，"夕4—5张炜麟来，会谈其兄荫麟临殁及身后事。"

　　十二月四日，西南联大同仁在北门街七十一号联大教授宿舍厅中开会悼念张荫麟君。前一天，父亲"2—3在厅中与诸君书写挽张荫麟联"。父亲挽张君联："玉碎珠沉怜尔我　麟伤凤逝黯人天。"毛子

1　《陈寅恪集·诗集》，页34。

2　吴晗（1909～1969），原名春晗，字辰伯，浙江义乌人。清华大学历史系毕业，留校任助教。1937年任云南大学教授。1940年后任西南联合大学历史系讲师、副教授、教授。1949年后任北京市副市长、北京市政协副主席、中国科学院哲学社会科学部委员、民主同盟中央副主席。"文革"中被迫害致死。

3　《吴宓日记》Ⅷ，页404。

4　参见《吴宓日记》Ⅷ，页405、416。

水代汤用彤、姚从吾等撰挽张荫麟联云："史有成篇，心胸万古赖开拓 魂归何处，天地四方多贼奸。"吴宓按，此句见楚辞宋玉《招魂》。又接谢文通挽联云："据古参今，云浮冬绿 通中直外，雹碎春红。"[1]

据父亲十二月四日日记，"下午4—5在本舍厅中举行张荫麟追悼会。事前宓助诸君布置会场，并代写挽联。会中有宓演说，略谓'兔死狐悲，物伤其类。吾侪与会者，皆为自悼。盖生人各有不能说之隐痛，如宓挽联所暗指者是也。……'云云。会毕，募集张荫麟纪念奖学金诸委员宓为其一。在宓室中开会。"[2]

关于这天的会，梅贻琦校长在日记中也有简要的记述："下午四点校中同人追悼张荫麟君于北门街宿舍，到约三十人，致词者余及冯、雷、吴春晗、吴雨僧[3]（有兔死狐悲之语），最后其令弟略述在浙大临终情形。"[4]

梅校长这天在会上说些什么，父亲日记中没有提及。却记下此前不久陪联大秘书沈刚如宴梅校长，听"梅公谓，'人云，张荫麟苟不赴浙大而留联大，当不至死。'噫嘻，此何言哉？……"[5]

梅公此言当非无的放矢，父亲愕然敏感亦很自然。清华当局甚不喜教授之他就，而父亲本年暑假恰有辞联大赴浙大之请，为外文系学生和梅校长、冯友兰院长、陈福田系主任挽留劝阻而不果行。父亲知友汤用彤"力主宓赴浙大，不必留此受辱。谓'当局对宓礼貌久衰，劝留更无诚意'云云"。毛子水则力劝宓留联大勿行，谓"应从大处着眼，留此乃为讲学传道，不当重视个人恩怨及待遇末节"云云。汤伯父后知父亲"又止不行，叹息而去"。[6]

---

1 《吴宓日记》Ⅷ，页420、417。
2 同上书，页420。
3 即梅贻琦、冯友兰、雷海宗、吴晗、吴宓。
4 《梅贻琦日记》，页114，清华大学出版社2001年版。
5 《吴宓日记》Ⅷ，页409。
6 同上书，页350—352。

实际此次父亲将行又止，于学校当局挽留关系不大，最让父亲放不下的，是外文系那些好学的学生。他们醉心文学，勤奋刻苦，研读经典，习作诗文；利用暑假，请父亲加授课程；课堂内外，与父亲交流文学与人生。有的参加了美国志愿空军翻译工作，仍不时寄来诗作请父亲点评修改；有人写的英文作文令父亲感动泪下。他们不仅是父亲的学生，也是他的朋友。生活上，相助情殷。父亲迁居，他们为撑杆设帐，沸水消臭虫，书物床榻，妥帖安置；父亲卧病，他们为烹汤送药。父亲十分珍惜这种在颠沛流离的生活中结成的师生情谊。

父亲本年初夏，拟辞联大赴浙大，暑假将行，李赋宁赋诗"为学从师历七年，燕都滇楚久随研。喜听高论忘尘俗，私庆无知得道传。……"表达他的临别依依之情。[1]而"接女生林同珠、英文。易绍兰、关懿娴、刘缘子、于绍方、沈师光等六人挽留之函。沈师光、施松卿、刘倩影、林同珠并各来谒阻行，宓颇为心动"。[2]

父亲后既决定留下，便潜心读书，课馀并为爱读《红楼梦》的师生续作《红楼梦》讲谈。刚巧"潘光旦送来 Paul E. More 先生遗著 *New Shelburne Essays*, Vol. Ⅱ—The Special Approach to Religion（1934）；Vol. Ⅲ—On Being Human（1936）"[3]。父亲喜不自胜，在日记中写道："我今得读此书，则不去黔而留昆明，无论如何，皆属值得者矣。（尚有 More 先生遗著 *The Catholic Faith*[4]一册，宓未得见，亦 Princeton 出版）。""上下午读 More 先生 The Special Approach to Religion，极乐。"[5]

父亲本年四月二十九日，即"曾应中国文学会之邀，演讲《红楼

---

1 《吴宓诗集》，页 375。

2 《吴宓日记》Ⅷ，页 350。

3 保罗 E. 穆尔先生遗著《新谢尔本论文集》卷二《对宗教的怀疑态度》（1934）；卷三《论人性》（1936）。

4 《天主教信仰》亦普林斯顿出版社出版。

5 《吴宓日记》Ⅷ，页 356、358。

梦》，听者填塞室内外"。[1]暑期中，又每周一次，连续七次演讲《红楼梦》。第一次《红楼梦》讲谈，七月二十九日上午开始，毛子水亦在座。父亲主要"分析爱读《石头记》者之理由及动机。女生李宗渠、薛瑞娟相继发言，均甚爽直而有见。一切见《红楼梦研究》笔录。"第二次讲谈，八月五日上午，"9—10 在校中北区 5 甲教室，续讲《〈红楼梦〉与现代生活》。听者三四十人。宓假述今世如有贾宝玉、曹雪芹之性行者，其生活爱情经验，及著作小说之方法，应为如何。并述《红楼梦》与今世爱情小说之两大异点。"[2]八月十二日 9:00—10:30 第三次《红楼梦》讲谈。父亲讲"爱情与道德宗教之关系"，注重爱情之人生观及爱情之实况。沈有鼎发言，郑昕等参加。八月十九日，上午 9:00—10:30 在南区 2 甲教室作第四次《红楼梦》讲谈：《〈石头记〉与〈金瓶梅〉等比较》。前一晚撰讲稿直至凌晨近 3:00 鸡鸣，始寝。八月二十六日，上午作第五次《红楼梦》讲谈，讲《甄士隐与贾雨村为重一重多两种人之代表》。九月二日、九月九日作第六、第七次《红楼梦》讲谈。暑期讲座到此结束。

九月二十一日，一九四二年度第一学期开学上课。父亲本学年仍授"欧洲文学史""文学与人生""欧洲名著选读（上）"之古代文学。课目依旧，内容常新。"欧洲文学史"后改为"世界文学史纲"，是外文系所有课程中学分最多的必修课，也是联大最叫座的课程之一，旁听的学生很多。从清华到联大，一直由父亲讲授。父亲一九四四年休假离联大后，无人能接任此课，便改为"英国文学史"，由他的弟子李赋宁讲授。历史系学生彭国焘正因为慕名选修了父亲的这门课程，从此爱上外国文学，而于一九四二年转入外文。他回忆父亲"讲

---

1 《吴宓日记》Ⅷ，页 288。
2 同上书，页 349、355。

述荷马史诗《伊利亚特》《奥德赛》，但丁的《神曲》，卢梭的《忏悔录》，塞万提斯的《堂吉诃德》等有声有色，如数家珍，让我至今难以忘怀。他讲课极为生动，特别是讲述那些名著中的故事，更引人入胜，犹如亲历其境。他对书中人物，不仅介绍，而且作出评价，指导人生，让人跟着他赞扬英雄、歌颂真理、批评邪恶小人，嫉恶如仇，在思想感情上受到感染，潜移默化。我们听他讲课，不仅学到知识，而且提高了思想境界，升华了感情"。"他上课的另一特点是能恰如其分的评论各国作家及其作品的历史地位和文学价值，所以，他也是一位了不起的文学批评家。"[1] 联大外文系的年轻教师杨周翰以为，吴宓先生不论在国学方面如何"守旧"，在比较文学方面是"一位有意识的拓荒者"，是富有创新精神的。他分析吴先生的成就由于他的学贯中西。"这里面包括知识、见解和热情。知识的多寡是相对的，当然越广越好，才能触类旁通。见解是可以辩论的，……但没有见解只能是'述而不作'。见解的形成往往和参照、吸收新观念是密不可分的。这两方面，吴先生都给了我们很大启发。而吴先生给我最深的印象是他对他所熟悉的中西文学有一种热爱，有感情。他和作者在感情上水乳交融。说这是浪漫派的心态也未尝不可……文学批评也应如文学创作一样，应当是有感染力的，能打动读者的感情的。吴先生的批评文章有理有情。有理不稀奇，有情却是极可贵的。他把自己写进了文章里，读其文如对其人。这一点也许是我们也应该继承的吧。"[2]

父亲授课自己非常投入。"文学与人生"课提出的中文参考书，

1　彭国焘《我的导师吴宓先生》，载《我心中的西南联大——西南联大建校七十周年纪念文集》，页106—107，清华大学出版社2008年版。

2　杨周翰《吴宓——中国比较文学的拓荒者》，载《回忆吴宓先生》，页18—19，陕西人民出版社1990年版。杨周翰（1915～1989），原籍江苏苏州，生于北京。北京大学1939年毕业，留校任教。1946年留学英国，牛津大学研习英国文学，毕业后在剑桥大学图书馆整理汉学书籍。1950年回国，任教清华大学，1952年转任北京大学西语系教授。

有《论语》《孟子》《大学》《中庸》《诗经》《楚辞》以至《红楼梦》等共三十三本；外文方面有苏格拉底、柏拉图、亚里士多德等哲人著作和其他西方名著等约六十本。同学们没有被这长长的书单吓退而选修此课，有的就是为父亲讲授的热情所感染；有的喜欢聆听他那些结合现实对人生的意义、文人的道德、文学的本质、艺术创作规律等独特而新颖的见解。

据父亲日记，一九四二年九月二十八日晚 6:30，"上'文学与人生'本年第一课。听者满座，约 80 人以上，至 8:00 散。"十月五日，"晚 6:30—8:00 南区 10 教室上'文学与人生'课，讲'物有本末，事有终始……'听者益众，约 100 人。"十月十九日，"晚 6:30上'文学与人生'课，讲灵魂与肉体。听者仍满室。"十一月九日，"晚 6:30—8:00 上'文学与人生'课。因项粹安救弃婴事，讲'以羊易牛，不忍人之心'及'行而无着'。听众鼓舞。"

读书、备课之馀，父亲也应邀参加学术交流活动，乐在其中。"文史讲座"在联大很有名，演讲的都是各院系的著名教授。每次演讲，座无虚席，教授学者、讲师、教员、助教们，与学生一起专心听讲。据父亲日记，他也曾参加演讲，一九四二年十二月十八日，晚 7—9 在昆北食堂讲《清末之小说》，为文史十六讲之一。……是晚听者填室塞户，父亲讲时亦兴高采烈。讲毕，罗常培请同马芳若等青云街食元宵。一九四三年一月八日晚，金岳霖讲《哲学与小说》，因为听者众多，父亲站在昆北食堂外聆听。

父亲早先参加较多的是儒学会的活动。儒学会为一纯学术团体，由联大哲学系副教授王维诚[1]发起，不定时地请当代前辈学者作专题演讲。父亲的日记中，记有他在儒学会的初次演讲以及他对儒学会的印

1　王维诚（1904～1964），福建长汀人。北京大学文科研究所毕业，留学牛津大学。先后在西南联合、南开、北京大学任副教授、教授，1956 年任中国科学院哲学研究所研究员。1958 年任辽宁大学教授。

　　　　　　　　　　　　吴宓与陈寅恪

象和感想。一九四〇年七月二十五日，晚"7—10王维诚来，邀宓至师院小图书室儒学会演讲。宓综述世界文化之四大宗传，儒教对今后世界之价值。以今世比战国时代，而揭示白璧德师以及顾亭林、黄晦闻师之学说教旨。并力陈文言文之不可废，古书之必当诵读云云。沈有鼎继讲中国文字之功用及儒教之必昌盛等。宓即自署为儒学会会员。偕石峻[1]归舍。自思王、石、任[2]诸君，皆渊和沉笃之少年英俊。留居联大，与此诸君切磋学术，讲明义理，并从彤[3]学读佛典，共麟[4]述论理想，不但我确有所得，内心恬适，且可感化一部分学生，使之倾向仁德。若此者，宁非高僧之正行，西北、浙大均不必劳碌跋涉前往矣！"[5]当时，西北大学校长胡庶华接连来电聘父亲为西北大学教授兼文学院长；浙江大学亦来聘电，学衡社友敦促入黔，父亲乃有此感。

其后，父亲又屡赴儒学会，聆听王维诚讲《论语》；石峻讲《理一分殊》；任继愈讲《儒家所以胜过诸家之故》，父亲附述《评三民主义之缺失》。一九四一年一月七日晚，汤用彤演讲，"大意谓（一）中国文化即是儒教儒学。若释若道，均非中心及正宗。（二）中国与印度之历史情境及思想，甚为近似。而中国与西洋，无论古希腊或近今之西洋。则相差甚远。今世西洋文明以科学为基本。中国今兹接受西洋文明，教育学术思想行事，一切以西洋为本位，则其轻视或不能了解中国文化也固宜。今应如何改途易辙，方可发挥光大中国文化（即儒教），以救中国且裨益世界。此为甚重要之事，亦极艰难之事，愿会

---

1 石峻（1916～1999），湖南陵零人。北京大学1938年毕业，先后在西南联合、北京、武汉、北京师范、中国人民大学任教，1963年升教授。
2 指王维诚、石峻、任继愈。任继愈（1916～2008），字又之，山东平原人。北京大学文科研究所毕业。1942年起，在西南联合、北京大学哲学系任教。1964年筹建中国科学院世界宗教研究所，任所长。1987年调任北京图书馆馆长。
3 指汤用彤。
4 指贺麟。
5 《吴宓日记》Ⅶ，页198。

众熟思之，云云。论极深邃。宓随所感而发言，语多激愤。"[1]

父亲在西南联大，与一批青年教师和研究生很亲近，常一起讨论中西诗歌、小说，一度还结成诗社，写旧体诗，互相唱和，定期聚会。他们背后亲昵地称父亲为"吴夫子"，既有钦佩他道德文章的涵义，也有取笑他过于天真、方正以至迂阔的意思。杨周翰以为"其实这正是吴先生极其可贵的品质。可谓'人之生也直，罔之生也幸而免'，可谓'觚不觚，觚哉，觚哉'"。[2]

所以，当青年教员、助教们一九四二年十一月新成立十一学会，来邀父亲参加，他欣然入会，并为讲《人文主义》。他还因会长丁则良、干事王佐良[3]，笑称该会为"二良学会"。后来又讲过《一多的理论与实用》，林语堂在昆明志愿医疗队服务的女儿林如斯也来听讲。以后，朱自清讲《中国散文发达史》，冯至讲《德国文学的特点》，王佐良讲《英国文学中的时间 Time 观念》，李赋宁讲《法国文学中新旧之争与南北之别》，季镇淮[4]讲《才学论》，李廷揆[5]讲《理想之人格与教育》，丁则良讲《王道与霸道》等等，父亲均往听讲，并屡发言，畅抒己见。

因为躲避空袭，聚会多在夜晚举行。

其时，通货膨胀，物价飞腾，西南联大师生多数生活困窘，家庭人口多的更加困难。有的全家常年喝粥，有的不得不在外兼些差事增加收入，有的变卖书籍衣物，教授太太们也联合制作糕点，放到冠生园寄售，赚一点加工费贴补家用。

---

1 《吴宓日记》Ⅷ，页 7。
2 杨周翰《吴宓——中国比较文学的拓荒者》，载《回忆吴宓先生》，页 15。
3 王佐良（1916～1995），浙江上虞人。清华大学毕业，任教西南联合、清华大学。留学英国牛津大学研究英国文学。回国后，任北京外国语学院教授兼中国社会科学院外国文学研究所研究员。
4 季镇淮（1913～1997），字子韦，江苏淮安人。西南联合大学中文系毕业，清华大学研究院毕业。先后任清华、北京大学讲师、副教授、教授。
5 李廷揆（1916～2000），祖籍河南叶县，生于北京。北京大学教育系毕业，留校任助教。留学瑞士洛桑大学、法国巴黎大学。回国后任北京外国语学院教授。

父亲此时住在北门街七十八号宿舍的阁楼上，"楼室矮且斜，窗低案无光"，形如一巨棺；贴邻为车马店，因而"日夜闻马粪之气息，聆市井之恶詈，难乎其为安居矣"。[1]联大教授宿舍少有食堂，父亲以前与邵循正[2]君在叶公超家搭伙。叶先生一家离昆后，又曾在周珏良、郑侨等租住的民居入伙。周珏良离校，父亲无论晴云风雨每日踽踽入市就餐。学生的情况更差，二十人、四十人的大统间，双层床毗连，中间隔一木板搭的长桌，没有凳椅。图书馆座位八百，容纳不下近两千学生，许多人就"泡茶馆"；泡上一碗茶，在那里读书、作题、写论文。学生食堂仅供午晚两餐，没钱买早餐的学生只能枵腹上课。靠近联大的文林街，多的是食摊、茶馆、小面馆、小饭馆。人们在这里可以看到布衣布鞋的汤用彤先生，与学生同样吃价廉物美的鳝鱼米线。过去一向考究饮食的金（岳霖）博士，如今进小饭馆也不过点一客蛋炒饭。

生活虽然艰难清苦，论究学术的劲头不减。西南联大各种演讲座谈之多，讨论争论之认真热烈，较之战前有过之而无不及。难怪林语堂海外归来，目睹联大种种，连呼"（物质上）不得了！（精神上）了不得"！

清华抗战前，即有教授互相听课的风气。王国维先生和寅恪伯父上课，父亲常往听讲。西南联大教室分散，有的相距甚远，加以授课钟点冲突，所以父亲在昆明不曾再往听寅恪伯父的课，而改为留意寅恪伯父的著述。寅恪伯父抗战以还新著，父亲无不认真细读写有笔记，或在日记中简述心得。

---

1 《吴宓日记》Ⅷ，页274。
2 邵循正（1909～1973），字心恒，福建福州人。清华大学政治系毕业，入清华大学研究院改习历史，1934年毕业。入巴黎法兰西学院东方语文学院习蒙古史，德国柏林大学研究。回国后，任清华大学历史系讲师、副教授、教授。1945年至1946年冬赴英国牛津大学访问，回国后仍任教清华。1952年改任北京大学历史系教授兼中国科学院近代史所研究员。

一九四三年二月，父亲以半个月时间重读了寅恪伯父尊人陈三立（伯严）先生的《散原精舍诗》四册。二月十五日，父亲重读完毕，写就读诗笔记五页。开首谓："按宓凤不喜江西派之宋诗，故虽平生久敬　散原先生，一九二一年在上海、南京数次谒见，一九二二年秋在南京叩祝七十寿。而多年读《散原精舍诗》未有心得。今于一九四三年二月再取读之，乃深觉其佳。服诵之馀，杂记若干条，其中人物、事实、典故、意旨有不解者，留待他日请询　寅恪兄也。"[1]

父亲于《笔记》末尾写道：

"宓又按散原先生凤为侪辈所尊礼。盖其德行高洁，证见超闳，性情简挚，如赤子。又多年不亲世务，不任官职，虽曾为南浔铁路帮办（协理），而未有所成，亦实不长于此事。隐居超处，颐养纯修。而其渊博之学问，深至之见解，亦不表见于他类文章著作，先生古文甚佳，然所作不多。而均吐纳于其诗中。故其诗能精厚。杜工部如此，黄师如此，古今大诗人皆如此也。

"又先生一家三世，宓凤敬佩，尊之为中国近世之模范人家。盖右铭公受知于曾文正公，右铭公之家世经历，亦略同曾文正公。为维新事业之前导及中心人物，而又湛深中国礼教、德行具有根本；故谋国施政，忠而不私，知通知变而不夸诬矜躁，为晚清大吏中之麟凤。先生父子，秉清纯之门风，学问识解，惟取其上，而无锦衣纨袴之习，所谓'文化之贵族'，非富贵人之骄奢荒淫。降及衡恪[2]、寅恪一辈，犹然如此。诚所谓君子之泽也。

"先生少为'四公子'之一，佐父首行维新政革于湘中，坐是黜废禁锢，而名益显，望益高。所与交游倡和者，广而众。又皆一世之

1　吴宓《读散原精舍诗笔记》，载《吴宓诗话》，页 284。
2　陈衡恪（1876～1923），字师曾，号槐堂，江西义宁（今修水）人。日本高等师范学校毕业。曾任北京政府教育部编纂兼女子高级师范、北京女子师范教员，北京高等师范教员，北京美术学校、美术专门学校国画教授。

吴宓与陈寅恪

名士学人高才硕彦。故义宁陈氏一门，实握世运之枢轴，含时代之消息，而为中国文化与学术德教所托命者也。寅恪自谓少未勤读，盖实成于家学，渊孕有自。而寅恪之能有如斯造诣，其故略如宓以上所言，非偶然者也。

"重读散原先生诗集毕，辄书其平日之所感所思，以示友生，并质寅恪云。一九四三年二月十五日。"[1]

父亲这篇读诗笔记，后于一九四五年八月初，在成都托燕京大学中文系学生程曦[2]君为寅恪伯父诵读，承寅恪伯父改正数处，父亲悉以笔墨遵改，或旁注于稿上。

一九四三年七月，父亲作长函复寅恪伯父去年八月二十七日桂林来函，附寄丁则良追悼张荫麟文、父亲油印诗页，并赠桂林《旅行杂志》第十六卷第三期一册，该期杂志载有父亲撰写的《〈石头记〉评赞》。《〈石头记〉评赞》是父亲根据多年研究西洋文学、哲学、艺术之所得，及自己的体会，对《石头记》作出全面的评论。一九三九年元旦用英文作成，一九四二年秋译为中文（文言），刊于《旅行杂志》。

父亲致寅恪伯父长函及所附各件，都是托付西南联大历史系本年毕业生房鸿机带去桂林面呈的。父亲在信中谈到西南联大下学期不拟聘刘文典教授的事。

解聘教师，不是一件小事，更何况解聘一位随校南迁的著名教授。

刘文典教授被清华解聘，父亲最初是听浦江清说的。父亲日记中，只记有为此事不平，没有说明事情原委及内在原因。有一种说法，"是由于一次课间休息，教师休息室中刘先生直指一位读错了古音的同事，这在学界自然会引起极大的反应。从某种意义上说，这是一种令人难堪的羞辱。由羞辱而积怨，终于导致报复，贤者在所不

---

1 《吴宓诗话》，页 290—291。
2 程曦（1920～1998），字仲炎，河北文安人。成都燕京大学中文系毕业，留校任助教。1950 年任中山大学中文系助教。后去美国，任教爱荷华大学。

免。"[1]另一种说法，谓一九四三年春，普洱磨黑井大盐商张希孟请刘文典为其母写墓志铭，并作游记，开发该地；刘一九四三年四月赴磨黑。五月，学校按惯例给教师发送聘书。时任清华中文系代理主任的闻一多，本不满刘文典去普洱，学校未与他联系径直发送聘书，大怒，立刻给刘去信称，发了聘书，也要收回。且云："昆明物价飞涨数十倍，切不可再回学校，试为磨黑盐井人可也。"据说闻一多发信前找过文学院长冯友兰，提出对刘文典先停薪然后考虑解聘。冯"看到闻一多态度很是坚定，便接受了这种处理意见"。[2]

事实经过究竟如何？刘文典本人也有说明。他起初认为闻一多的信不过是"半官式信"，没有回复；只给西南联大中文系主任罗常培写了一信说，"雨季一过，必然赶回授课，且下学年愿多教两小时，以为报塞。"七月二十五日，刘文典又给联大常委、清华校长梅贻琦写去一封长信说明情况，自剖心迹。此信寄由西南联大中文系主任罗常培转，全文如下：

> 月涵先生校长道鉴：敬启者，典往岁浮海南奔，实抱有牺牲性命之决心；辛苦危险，皆非所计，六七年来亦可谓备尝艰苦矣。自前年寓所被炸，避居乡村，每次入城，徒行数里，苦况尤非楮墨之所能详。两兄既先后病殁湘西，先母又弃养于故里。典近年日在贫困交迫之中，无力以营丧葬。适滇南盐商有慕典文名者，愿以巨资倩典为撰先人墓志。又因普洱区素号瘴乡，无人肯往任事。请典躬行考察，作一游记，说明所谓瘴气者，绝非水土空气中有何毒质，不过疟蚊为祟，现代医学，尽可预防。"瘴乡"之名倘能打破，则专门学者敢来，地方富源

1　鲲西《清华园感旧录》，页 13。
2　见闻黎明《关于刘文典的记忆》，载《西南联大北京校友会简讯》第 35 期，页 9—11。2004 年版。作者原文将一九四三年误记为一九四二年，笔者此处已予改正。

可以开发矣。典平日持论，亦谓唐宋文人对瘴气夸张过甚，王阳明大贤，其瘗旅文一篇对贵阳修文瘴气形容太过。实开发西南之大阻力，深愿辞而辟之，故亦遂允其请。初拟在暑假中南游，继因雨季道途难行，加之深山中伏莽甚多，必结伴请兵护送。故遂以四月一日首途。动身之先，适在宋将军席上遇

校长与蒋梦麟先生、罗莘田先生，当即面请赐假。承嘱以功课上事与罗先生商量，并承借薪一月治装。典以诸事既秉命而行，绝不虞有他故。到磨黑后，尚在预备玄奘法师传，妄想回校开班，与东西洋学者一较高下，为祖国学术界争光吐气。不料五月遽受停薪之处分，以后得昆明友朋信，知校中对典竟有更进一步之事。[1]典初尚不信，因自问并无大过，徒因道路险远，登涉艰难，未能早日返校耳。不意近得某君来"半官式"信，云学校已经解聘。又云，纵有聘书亦必须退还。又云昆明物价涨十数倍，真有此事耶？米果贵至万元耶？切不可再回学校，长为磨黑盐井人可也。其他离奇之语，令人百思不解。典此行纵罪在不可赦，学校尽可正式解聘。既发聘书，何以又讽令退还？典常有信至校中同人，均言雨季一过，必然赶回授课，且有下学年愿多教两小时，以为报塞之言。良以财力稍舒，可以专心全力授课也。此意似尚未向罗先生提及也。此半官式信又言，典前致沈刚如[2]先生信中措辞失当，学校执此为典罪状。伏思典与沈君笃交，私人函札中纵有文词失检之处，又何致据此兴文字之狱乎？[3]学校纵然解聘，似当先期正式通知，何以用此半官式信？此事芝

1　作者此处有眉注：此事有罗先生为证。何竟有人以物价飞涨劝其久住磨黑，一面又说典将不再返校耶。

2　沈刚如，时任西南联合大学常委办公室秘书。

3　此段文字上方，作者有眉注：当时因为债家所逼，急迫之中诚不免有失当之处，然自问之尚未至大逆不道也。

月涵先生校長道鑒敬啟者典往歲浮海南奔實抱有

犧牲性命之決心筆苦危險皆非所計六七年來亦可

謂備嘗艱苦矣曾前年寓所被炸避居鄉村每次

入城徒行數里苦況尤非楮墨之所能詳兩兄既先後

病歿湘西先母又需養於故里典近年日在貧病交迫

之中無力以營窆葬適滇南鹽商有慕典文名者願

以鉅資倩典為擴先人墓志又因普洱區素號癘

鄉無人肯往往事請典躬往考察作一遊記說明所

劉文典再拜　七月二十五日

刘文典 1943 年 7 月 25 日致书梅贻琦，反映被解聘情况

吴宓与陈寅恪

生、莘田二公亦无片纸致典，仅仅传闻昆明谣言典一去不返，故正觅替人。典虽不学无术，平日自视甚高。觉负有文化上重大责任，无论如何吃苦，如何贴钱，均视为应尽之责。以此艰难困苦时，绝不退缩，绝不逃避，绝不灰心；除非学校不要典尽责，则另是一事耳。今卖文所得，幸有微资，足敷数年之用。正拟以全副精神教课，并拟久住城中，以便随时指导学生。不知他人又将何说？典自身则仍是为学术尽力，不畏牺牲之旧宗旨也。自五月以来，典所闻传言甚多，均未深信。今接此怪信，始敢径以奉询，究竟典致沈君私人函札中有何罪过，何竟据以免教授之职？既发聘书，何以又令退还？纵本校辞退，典何以必长住磨黑？种种均不可解。典现在正整理著作，预备在桂林付印[1]。每日忙极。今得此书，特抽暇写此信，托莘田先生转呈。

先生有何训示，亦可告知莘田先生也。雨季一过，典即返昆明，良晤匪遥，不复多赘。总之，典个人去留，绝对不成问题，然典之心迹不可不自剖白。再者，得地质系助教马君杏垣函，知地质系诸先生有意来此研究。此间地主托典致意，愿意全力相助，道中警卫，沿途各处食宿，到普洱后工作，均可效力，并愿捐资补助费用。特以奉闻。忙极，不另写信矣。专此寸简。敬请

道安不一

弟刘文典再拜

（一九四三年）七月二十五日[2]

梅校长收阅刘文典长函一个多月以后，始于九月十一日手拟信稿，简复如下：

1　此段文字上方，作者有眉注：此间诸盐商筹款巨万为典刊印著作。拙作前蒙校中特许列为清华大学整理国学丛书。不知现尚可用此名否？乞并示知。
2　刘文典 1943 年 7 月 25 日致梅贻琦信，今存清华大学档案馆。

叔雅先生大鉴，日前得罗莘田先生转来

尊函，敬悉种切。关于下年聘约一节，盖自琦三月下旬赴渝，
六月中方得返昆，始知尊驾亦已于春间离校，则上学期联大课
业不无困难，且闻磨黑往来亦殊匪易，故为调整下年计划，以
便系中处理计，尊处暂未致聘。事非得已，想承

鉴原。专函布臆，藉颂

旅祺不一　　　　　　　　　　　　　　　　　梅贻琦敬启

（一九四三年）九、十一[1]

　　梅校长的复信，对刘文典来信的诸多奉询，未作一语解答。似亦
完全不记得刘文典行前在宋希濂席上，曾向他与蒋梦麟、罗常培二先
生当面请赐假。

　　为刘文典教授被解聘，清华中文系同事亦曾去向代理系主任闻一
多讲情。据王力回忆，"我们几个同事去见闻先生，替那位老教授讲
情。我们说这位老教授于北平沦陷后随校南迁，还是爱国的。闻先生
发怒说：'难道不当汉奸就可以擅离职守，不负教学责任吗？'他终于
把那位教授解聘了。"[2]

　　父亲初闻刘文典遭清华解聘，曾与联大外文系法文教授林文铮[3]提
过此事，"铮命必速函请寅恪函梅校长留典。"父亲有无采纳林君建
议，不得而知，也不重要。因为早在梅贻琦校长复函刘文典表明不再
续聘以前，寅恪伯父已向云南大学校长熊庆来、云大文法学院院长姜

<hr />

1　梅贻琦 1943 年 9 月 11 日致刘文典信，今存清华大学档案馆。

2　王力《我所知道闻一多先生的几件事》，载《闻一多先生纪念文集》，页 172，北京生
　活·读书·新知三联书店 1980 年版。

3　林文铮（1903～1989），广东梅县人。赴法国勤工俭学，高中毕业后，入巴黎大学习美
　术批评及美术史。先后任国民政府大学院秘书、杭州艺术专科学校教授、教务长，西南
　联合、中法、中山、南京大学教授，1957 年被划为右派、反革命，判刑劳改。1979 年改
　正错划，回杭州故居。

梅贻琦复刘文典信（草稿）

寅清[1]荐典为教授。据父亲日记,一九四三年八月十五日下午,"接陈寅恪八月四日桂林函,房君未往见,宓甚懊丧。知寅恪已函云大熊、姜二公,荐典。又寅恪将于八月中,携家赴成都,就燕京教授聘。宓因此,痛感宓在此经济、精神种种艰迫,遂决即赴燕京与寅恪、公权共事共学。"[2]一九四三年八月十九日,"又接寅恪八月九日桂林函。知房生已往见,甚慰。又云'毛女士返沪后,地址变更,姓名亦改。欲通音问,殊无办法'。"[3]

寅恪伯父一家留居桂林良丰后,一九四二年度第一学期,仍住雁山。寅恪伯父除了下山到广西大学授课,其馀多在山上埋头著述。屋顶有时漏雨,亦不隔热,蚊蝇飞舞扰人。家具奇缺。木箱为案,小凳为椅,双腿蜷曲箱边,一坐半天,笔耕不辍。寅恪伯父为杨树达撰《小学金石论丛续编序》,为邓广铭作《宋史职官志考证序》等,就是在这样艰苦条件下写成的。寒假中,全家迁入山下广西大学校园,住进教职员宿舍"半山小筑",条件略有改善。

一九四三年七月,寅恪伯父还曾应迁于粤北的中山大学文科研究所坚约,冒着路上遭遇轰炸的危险,由桂林乘火车到坪石住几日,去作短期讲学。

1　姜寅清(1902~1995),字亮夫,云南昭通人。清华学校研究院毕业,法国巴黎大学进修。曾任大夏、暨南大学,中国公学,复旦、东北大学教授,云南大学教授兼文法学院院长,昆明师院,浙江英士大学教授。1949年后,任职云南博物馆,1993年任杭州师院教授。

2　《吴宓日记》Ⅸ,页97。

3　同上书,页100。

第五章　成都燕大

（一九四四至一九四六年）

一九四三年八月底，寅恪伯父率领全家再次踏上艰难漫长的逃亡途程，前往四川。据流求姐妹回忆，这一决定，是寅恪伯父当时根据对战争形势的判断作出的。日本发动太平洋战争，很快占领东南亚地区。一九四二年春又决定偷袭中途岛，诱使美国太平洋舰队出战予以全歼。海战结果，日军惨败，海上优势丧失殆尽，往东南亚的海上补给线遭美军切断，日军为打通往东南亚的陆上交通，势将进攻湘、桂。所以尽管旅途艰辛，寅恪伯父仍选择及早离开桂林。战局后来的发展，证实了寅恪伯父的预见。旅途的艰辛困难，却远远超出了全家的设想。主要交通工具是寅恪伯父最怕乘坐的货车，颠簸行驶于遭战争破坏的公路上。唐篔伯母不堪旅途劳累，入贵州境内即病，勉强撑持到贵阳，病情加重，不得不暂作停留，治疗调养。其间，寅恪伯父和幼女美延亦病。经过一个月的休整，全家重又登公路客车北上，一路曲折辛苦，困难重重，抵达重庆，已是秋冬时节。

寅恪伯父和唐篔伯母在重庆新午妹、俞大维妹夫家调理一段时间，身体稍微恢复，十二月下旬又携同女孩们搭乘长途货车西行。头天夜晚宿内江，次日晚歇龙泉寺，到达成都时近年底，住进燕京大学在陕西街租赁的民房。

寅恪伯父举家入川，没有应傅斯年的一再敦促邀约去李庄中央研究院历史语言研究所，而留教于在成都复校的燕京大学；主要考虑李庄古镇气候与环境，于寅恪夫妇病体极不相宜。该镇地处偏僻，交通不便，缺医少药。李济君家两个上中学的女儿鹤徵、凤徵相继病逝，令人惋惜痛心。听说凤徵确诊伤寒，只因药物匮乏，无法救治。

战时的成都华西坝，汇聚了五所高校，除了东道主华西协和大学（校长张凌高），还有内迁的中央大学医学院（院长戚寿南），金陵大学（校长陈裕光），金陵女子文理学院（校长吴贻芳[1]），齐鲁大学（校长汤吉禾），燕京大学（代校长梅贻宝[2]）。教会五校联合办学，图书资源共享，学生互相听课。

内迁蓉城的几所高校，燕京抵达最晚。燕大在沦陷后的北平坚守了四年多，一九四一年十二月七日（夏威夷时间）珍珠港事件爆发，美国正式对日宣战，才被迫暂告中止。一九四二年十一月八日，燕京大学在成都复校，此时华西协和大学的校舍，几已全为先期到达的内迁友校占用，燕京只得租用因敌机轰炸奉令疏散的华美女中，及毗连的启化小学校舍开课。启化小学规模有限，校舍用作教员宿舍，另租民房补充。成都燕大随校内迁的教授也比他校为少，原因是日本侵略军一九四一年十二月八日悍然开进北平西郊的燕园，将校长司徒雷登（John Leighton Stuart），校务长陆志韦和赵紫宸、张东荪、邓之诚、洪煨莲等二十多位著名教授，全部逮捕入狱；博晨光（Lucius Chapin Porter）、夏仁德（Randolph C. Sailer）等外籍教授，则统被

1　吴贻芳（1893～1985），女，江苏泰兴人。南京金陵女子文理学院毕业，美国密西根大学生物学博士，后为金陵女子文理学院校长。1949年后任金陵大学校务委员会副主任委员，南京师范学院副院长，江苏省副省长，中华全国妇联副主席，中国民主促进会中央副主席。

2　梅贻宝（1900～1997），天津人。清华学校毕业留美，芝加哥大学博士，德国科隆大学研究。曾任燕京大学哲学系教授兼注册课主任、教务长、文学院长，齐鲁大学校长，成都燕京大学代理校长。1949年赴美国，任依阿华州立大学教授。退休后，复任香港中文大学教授，台中东海大学教授。

监禁于集中营中。所以，当寅恪伯父和萧公权、李方桂[1]等先生不嫌燕大条件简陋，光临讲学，全校师生欣感学校生辉、学生受益，激动不已。

一九四三年冬，寅恪伯父初抵蓉城，燕大代校长梅贻宝即在全校周会上欣告众云："我校迁徙西南，设备简陋，不意请得海内著名学者陈寅恪先生前来执教。陈先生业已到校，即可开课，这是学校之福。"学生闻讯雀跃。

燕大历史系师生也于一九四四年初寒假期间，开会欢迎寅恪伯父和时在四川大学任教的徐中舒来燕大兼课。徐中舒说自己是陈先生的学生。寅恪伯父当即插话："他（指徐）是当时清华国学研究院最好的学生。"寅恪伯父谈笑风生，平易近人。欢聚时间不长，气氛亲切。学生多年后仍记忆犹新。[2]

一九四三学年第二学期于次年春季开学，寅恪伯父开了"魏晋南北朝史"和"元（稹）白（居易）诗"两门课，授课地点就在陕西街27号燕大校本部。

寅恪伯父一家初抵成都所居陕西街中式院落，人声喧闹，寅恪伯父夜间不得安眠，倦极苦极。幸得暑假中迁入华西坝广益学舍，环境幽静，条件改善。一九四四学年第一学期秋季开学，上课改在华西大学文学院教室，较前近便，亦有利于华西坝其他高校学生听课。寅恪伯父本学期授"唐史""元白刘诗"课和"晋至唐史专题研究"。听讲的除了学生，还有燕大和他校教师。金陵大学国文系主任高文，讲师程千帆、沈祖棻，每课必来听，且详作笔记。著名诗人、晚清名士、

1　李方桂（1902～1987），原籍山西昔阳，生于广州。美国芝加哥大学语言学博士，中央研究院历史语言研究所研究员，中央研究院院士，燕京大学访问教授。1946年定居美国，历任哈佛、耶鲁、华盛顿、夏威夷大学教授，美国语言协会副会长。

2　参见石泉、李涵《追忆先师寅恪先生》，载《纪念陈寅恪教授国际学术讨论会文集》，页55。

復校感言

梅貽寶

三十年冬十二月八日太平洋釁啟，北平燕京大學亦於是日爲敵人更肆凶燄，拘禁我師生，橫加凌辱，頃使于百青年學子流離失所，無所適從。而校舍及一切儀器圖書，亦轉瞬淪入敵手，遭遇之慘匪可筆罄。

彼方校友及董事中同人與夫各有關人士，聞訊憤慨，倡議籌復，三十一年春孔董事長庸之，召開臨時校董會於重慶，決議進行，遂組織復校委員會，並撥復校籌備處，僉由貽寶負主持，乃於南北各大鎮會設立同學接待站，擇定成都爲校址，延聘教職人員，舉行新生考試。幸承各界之愛護贊助，及工作同人之共同努力，諸事俱能依次進行，得於去年十月正式復課，不但私衷哀感激，實乃我燕京之幸。

溯自籌復以還，北平師生因風來歸，陸續到蓉，時至今日內避教職員已逾三四十人，內遠園學則逾二百，可謂盛矣。其所以間關萬里，不辭辛勞者，良以志在效忠祖國而亦我燕京禱神之衷現也。

憶昔在北平，燕京之規模，相當宏大，今此復課，限於人力財力及抗戰期環境之艱困，文理法三院，共二十餘系，今此復課，凡設備亦頗完備予有研究及本科兩大部份，本科暫分設止，本科三院則先設九系，屬文學院者，凡國文英文歷史新聞等四系，國理學院者，凡數學家政兩系，國法學院者，凡政治經濟社會三系，其餘哲學理化生物體育各科則暫設必修課程，徐圖恢復，圖書儀器則在可能範圍內盡力設備，並承成都華西壩各大學贊助與合作，差可敷用，設之荏苒，惟處此困難情形之下，不覺容懷，誠知校友困難諸多但校內同人同學和衷共濟此困難情形，形之感嘉之餘，並以告校友暨愛護燕京諸君子。

今者我國抗建大業方興，乃當前急務，而國內外人士對燕京之愛護贊鑑，至，所期望於燕京者，必必殷切，際此新慶初啓，任重而道遠，凡我同人同學敢不以此自勉，尤望各界賢達維護愛始，俾觀厥成，實爲幸甚。

梅贻宝成都燕京大学复校感言

文学家林思进山腴[1]教授亦曾来听课。林老先生为陈三立先生诗友，寅恪伯父向以父执视之，忽见山腴先生在学生座中，为之瞿然。语人曰："山公厚我励我，真我之良师也。"[2]

寅恪伯父授课之馀，笔耕不辍。《以杜诗证唐史所谓杂种胡之义》《长恨歌笺证》《元微之悼亡诗笺证稿》《白乐天之先祖及后嗣》《白乐天之思想行为与佛道关系》《论元白诗之分类》《元和体诗》《白乐天与刘梦得之诗》等十一篇文论，都乃在成都所作。有关元白诗的九篇，后来收入《元白诗笺证稿》中。

这一时期寅恪伯父家，住所虽较安定，生活极其困窘。钞票贬值，物价腾飞，身病家口多，薪津不敷数日家用。别无积蓄及其他收入，衣物能变卖的在广西已将卖尽，到成都后"家人大半以御寒之具不足生病"[3]。成都电力不足，灯光昏暗，三日一停电，以火舌闪烁的油灯照明，于寅恪伯父单靠左眼阅读写作非常不利。此外滋养缺少，血气不旺，对视力保养也有影响。唐篔伯母忧急，托人买得一只怀胎的母羊，因为跛足价格比较便宜，交由小女儿美延放养。母羊生小羊后，唐篔伯母每天挤些羊奶给寅恪伯父饮用，希望多少能补充一点营养。

这一年，寅恪伯父任教成都燕京大学期间，当选为英国科学院通讯院士（Corresponding Fellow of the British Academy）。这是由英国科学院的陶德斯（Eric Robertson Dodds）[4]、汤因比（Arnold Joseph Toynbee）和库克（Stanley Arthur Cook）三位院士联名向英国科学院

1　林思进（1870～1953），字山腴，号清寂、清寂翁，四川华阳人。清举人，四川省图书馆馆长。曾任教成都、华西大学。

2　唐振常《承传立新——陈寅恪先生之学》，页121，香港商务印书馆2000年版。

3　《陈寅恪集·书信集》，页96。

4　陶德斯，中文名陶育礼。

推荐的。推荐的主要依据为寅恪伯父二十世纪三十年代的学术成就，列举的著作有《天师道与滨海地域之关系》《支愍度学说考》《东晋南朝之吴语》等，均发表在中央研究院历史语言研究所集刊上。

其中陶德斯院士为牛津大学希腊语言文化教授，一九四三年初曾与牛津授中国宗教和哲学的高级讲师（reader）休斯（Ernest Richard Hughes）[1]同赴昆明访问西南联大，父亲参与接待，同住北门街71号西南联大单身教授宿舍的客房中。一九四三年一月二十六日在联大，曾由梅校长介绍，作讲演，题为 Silent Revolution in England（"英国的无声革命"）。

休斯（Hughes）先生汉名修中诚，在牛津为汉学专业，后来留在西南联大进修，要求研究中国古代哲学。梅贻琦校长安排他住北门街71号正厅西侧楼上客房，并请邵循正君做他的导师。休斯苦读先秦诸子百家，日以继夜和古汉语拼搏，邵循正耐心地用英文回答他的提问，与他讨论各家学说和各流派的不同观点。半年后，休斯先生满意地回到牛津。回国前，曾到成都燕京大学访问寅恪伯父，重申牛津大学对他的邀请。

父亲与寅恪伯父身处两地，精神是相通的。不论周围环境、客观形势怎样发展变化，他们坚守自己的文化信仰与主张，决不随波逐流。寅恪伯父虽已离开昆明三年，从推荐刘文典教授入云大任教一事处理的快捷利索，可见他对于西南联大的情况并不隔膜。

父亲自一九三〇至一九三一年休假赴欧洲游学，归后迄至一九四三年，已连续教课未尝休息者十二年，曾申请并获准于一九四三至一九四四学年度休假一年，拟赴遵义浙大访友、成都燕大讲学。后因陈福田休假，温德亦拟回美国，联大外文系教授减少，主要功课多缺，梅贻琦校长要父

1　Ernest Richard Hughes，修中诚（1883～1956），英国伦敦会教士。1911年来华传教，曾在上海中华基督教青年会全国协会任职。1933年回英国，任母校牛津大学中国宗教和哲学高级讲师。1948至1952年在美国加利福尼亚大学任教。

亲休假而不离昆明，一切生活如旧，且命代办清华外文系事，须指导新旧研究生数人学业。父亲考虑如此休假实与在校上课无异，故宁推迟休假而改他年再说。

父亲受命一九四三至一九四四学年度代理清华外文系主任之初，即向系主任陈福田君声明："宓虽代 T. H. 外文系事，但系中教授之聘黜及教员等之升迁，应请 F. T. 明年暑假前自定，宓不代为主张。云云。"[1]

父亲这种不代主张的态度，自有他的苦衷。此时的西南联大外文系，虽仍是校内学生人数最多的大系之一，情形已今非昔比。教授的阵容、课程的丰富、安排的适当，师生的协作，精神的焕发等等，固无法与战前清华外文系的鼎盛时代相比，较之抗战初期亦有相当差距。一九三八至一九三九学年度开出的"欧洲名著选读"课，至今为人津津乐道。这门课程上起希腊，下迄现代，从全部西洋文学史上，选出十部辉煌的文学经典，由九位有专门研究的教授分别讲解，学生课外精读名著，写论文或作读书报告。十部名著和分担的教授是：钱锺书讲《荷马史诗》；吴宓讲《柏拉图语录》；莫泮芹[2]讲《圣经》；吴可读[3]（A. L. Pollard-Urquhart）讲《但丁》；陈福田讲薄伽丘的《十日谈》；燕卜荪（William Empson）讲《堂吉诃德》；陈铨讲歌德的《浮士德》；闻家驷[4]讲卢梭的《忏悔录》；叶公超讲托尔斯泰的《战争与和平》和陀思妥耶夫斯基的

---

1 《吴宓日记》IX，页 87。
2 莫泮芹，生于 1903 年，广东台山人。美国哥伦比亚大学哲学博士。曾任北平师范、北京、西南联合大学教授。1944 年 10 月赴美国，任洛杉矶西方学院教授。
3 A. L. Pollard-Urquhart，吴可读（1894～1940），英国牛津大学硕士。1923 年 8 月到北京清华学校任英语教授。抗战爆发，随校南迁。先后任长沙临时大学、昆明西南联大外文系教授。
4 闻家驷（1905～1997），湖北浠水人。汉口法文学校、上海复旦大学肄业。法国巴黎大学及格林卢布大学习法国文学。回国后任教北京、西南联合大学。复员后，任北京大学教授。

《卡拉马佐夫兄弟》。曾几何时，九位教授已去其大半，钱锺书、叶公超、陈铨先后离校，燕卜荪回英国，吴可读病逝。莫泮芹虽身兼一九四三至一九四四年度代理西南联大外文系主任，已以其主要精力投入军委战地服务团及赴美讲学的准备工作。

昆明自一九四一年深秋被美国陈纳德将军率领的"飞虎队"（中国空军美国志愿大队）选为基地，春城的上空得到了保护，日机空袭渐少。一九四一年十二月八日美国对日宣战后，飞虎队改编为美军第十四航空队，仍常驻昆明。随之而来的军事委员会战地服务团，与西南联大联合举办美军译员训练班，为美军培养输送了不少合格的译员，也给联大外文系教学带来不小的冲击。

父亲在代理清华外文系系务期间，工作中感受的种种无奈和不快，只能尽情抒发在日记中。据一九四三年八月六日日记，评阅新生入学试卷，父亲写道："下午 2—5 续阅卷。莫泮芹不来。宓痛感联大外文系成为战地服务团之附庸。F. T. 及今之莫、毅、诏、嘉[1]，并教员、助教多人，每日 8a.m. 至 4p.m. 皆在该团，忙于编印 WASC 英文日刊[2]；又兼留美预备班教员，得薪俸极多。而在联大授课草草，课卷不阅，学生不获接见，系务完全废弛。即连日评阅新生考卷，亦仅轮流到场，匆匆即去。系中实情如此，宓勉强留此，徒为若辈牺牲，且目笑而心非宓。呜呼，难哉！"[3] 又一九四三年八月十八日日记，"9—10 系中

1　陈福田及今之莫泮芹、胡毅、赵诏熊、陈嘉。
　　胡毅（1904～1994），彦仁，湖南长沙人。清华学校毕业留美，芝加哥大学博士。先后在湖南、中山、华中大学任教。1941年到西南联大师范学院、文学院教授英语。1946年后任昆明、河北师范学院教授，河北省教育厅副厅长，河北大学副校长。
　　赵诏熊（1905～1999），江苏武进人。清华学校毕业留美，哈佛大学文学硕士。曾任南开、北京、云南、西南联合、清华大学外文系教授。
　　陈嘉（1907～1986），字子嘉，浙江杭州人。清华学校毕业留美，耶鲁大学文学博士。曾任武汉、浙江、西南联合、中央大学外文系教授。1952年后，任南京大学外文系教授兼系主任、外国文学研究所所长。
2　战地服务团英文日刊。
3　《吴宓日记》Ⅸ，页91。

办杂务。莫泮芹不到校，一切委（助教顾）元。甚至外文系必修、选修课目亦茫然不知；且 F. T. 与蒋铁云（助教）全无交代。系事一无根据，完全废弛。宓在此为若辈牺牲，殊郁愤也。"[1]

父亲心感困扰郁悒，还因为他传道授业的内容受到质疑，他尊奉的先贤圣哲、宝爱的文化遗产遭受攻讦。据父亲一九四三年六月三十日日记，晚"7:30—10:20 云大客厅赴中国文化讲谈会，备著点。姜寅清主席。沈有鼎讲《大学》。宓最后被请略发言。而如闻一多自诩用 anthropology 治中国古籍，觉中国古圣贤之文化实甚 primitive[2]。而如《大学》中之格、致、心、物等字，皆原出初民之风俗及习惯，均是日常卑俗之实物近事。故四书五经实极浅俚，不过初民之风俗及迷信。即周秦诸子如老庄亦同。此中本无些须哲学，后儒神而化之，强解释出一番深奥高尚之义理，乃有所谓中国圣贤之文化。又曰，予治中国古学，然深信其毫无价值。中国今日实际措施，只有纯采西洋之物质科学与机械工程耳。云云。又如雷海宗[3]则谓《大学》是道家之书，而周秦时代之道家，实出于巫祝，其中以巫咸最著名。神道设教，不脱迷信。祈福禳灾，念念有词。后人以此等词衍成哲学耳。云云。"父亲不禁深为感叹"呜呼，今清华有力之名教授，皆如闻、雷二君，其他后进之教授，由彼等选拔聘用。而陈寅恪等引去。而外文系则 F. T. 以下，莫不以服役美国空军及战地服务团等机关，惟多得金钱之为务。系中所有教员、学生踊跃仿效。宓之强留此间，虱彼群中，一傅众咻，为力亦仅。而清华及联大固'世犹视此硕果尊'者也，岂不哀哉！"[4]

---

1 《吴宓日记》Ⅸ，页99。

2 用人类学治中国古籍，觉中国古圣贤之文化实甚原始。

3 雷海宗（1902～1962），字伯伦，河北永清人。清华学校毕业留美，芝加哥大学哲学博士。历任中央大学、金陵女子文理学院，武汉、清华、西南联合大学教授。1952年后，任南开大学教授。

4 《吴宓日记》Ⅸ，页63—64。

一九四四年七月，教育部高等教育司司长吴俊升[1]来到昆明，就部颁大学科目表征求修改意见。父亲为此写了《修改外国语文学系课程意见书》，并参加讨论。据当年七月十日日记，"3:00 雨，至清华，赴吴俊升邀集三大学文法学院主任教授，讨论'部颁课程表'如何修改，直至 9:00 方毕。其间奚[2]发言最多，痛诋政府。又闻一多发言，痛斥各大学之国学教法，为风花雪夜、作诗作赋等恶劣不堪之情形，独联大翘然特异，已由革新求合时代云云。又盛夸其功，谓幸得将恶劣之某教授（典）排挤出校，而专收破烂货、藏垢纳污之云大则反视为珍奇而聘请之。云云。云大在座者姜寅清无言，徐嘉瑞圆转其词以答，未敢对闻一多辩争。"

是晚九时，吴俊升请宴，陈岱孙引父亲上坐，梅贻琦出极佳的黄酒。父亲"因闻一多等暴厉之言行，心中深为痛愤（宓此次发言，撮述昨拟之《意见书》各条。奚对'世界文学史'怀疑，莫〔泮芹〕直不赞成），故以酒浇愁，痛饮多杯。又因积劳空腹（未进饭），遂至大醉，为三年来所未有"。[3]

此前父亲赴西南联大宴请英国 W. L. Renwick 及美国 George B. Cressey 二教授，"席间诸人盛道新文学，而指宓为守旧。宓默不一言，极深厌世离群之感。"[4]

一九四四年五月九日，父亲见"报载昨晚联大文艺晚会，诸人盛表五四身与之功，而痛诋中国之礼教与文学。读之愤怒已极，惜年衰

1　吴俊升（1901～2000），字士选，江苏如皋人。东南大学毕业，法国巴黎大学文学博士。曾任北京大学教授，教育部高等教育司司长，教育部政务次长，政治大学文学院长，香港新亚书院校长，新亚研究所所长兼中文大学副校长。1979 年侨居美国。
2　张奚若（1889～1973），陕西朝邑人。美国哥伦比亚大学文学硕士。曾任北京法政、中国大学教授，国民政府大学院高等教育处处长，清华、西南联合大学教授。1949 年后，任教育部长，对外文化联络委员会主任，中国人民外交学会会长。
3　《吴宓日记》Ⅸ，页 290—291。
4　同上书，页 191。

力孤，末由与彼辈争战"。次日又见"报载前日闻一多演辞，竟与我辈'拥护文学遗产'者挑战。恨吾力薄，只得隐忍"。[1] 学生壁报出特刊批判尊孔、复古问题，也使得父亲久久不快。

父亲只朦胧地感到周围的变化，而全然不知一九四四年，沉寂了两三年的西南联大民主运动正在从复苏一步步走向高潮。学生新校舍大门东边一带的围墙，贴满了各种各样的壁报，进步团体如雨后春笋般相继建立。这围墙已被大家称为"民主墙"。一九四一年春皖南事变后，撤离联大的中共党员和进步学生，有些已回到学校，与留校的党员一起，在师生中积极开展工作。中共"广交朋友，积蓄力量，以待时机"的方针，几年来实施效果显著。一九四四年"五四"纪念活动的成功举行，成为西南联大民主运动从复苏走向高潮的标志。闻一多"不仅积极参加，而且成为带领青年为民主而斗争的战士，率先地喊出'里应外合，打倒孔家店'的战斗口号"。[2]

以闻一多先生为导师的新诗社，有一期壁报外形是一团用红纸剪成的熊熊火焰，一首首锋利像匕首的小诗和一幅幅漫画，就插在这团跳跃着的红色火焰里。"这是青春的火焰，民主的火焰，革命的火焰！我们的诗在燃烧！画在燃烧！无数颗青年的心在燃烧！"这张壁报引起了联大同学的注意，也引起了联大三民主义青年团负责人陈雪屏[3]教授的注意。两三天后，他在一次三青团员的集会上说："新诗社把壁报办成一团火，明显的要把联大烧掉。他们是什么人，还不清楚吗？"[4]

---

1 《吴宓日记》Ⅸ，页 257—258。

2 史集《闻一多先生和新诗社》，载萧荻《最初的黎明》页 81、71，2005 年版。

3 陈雪屏（1902～1999），江苏宜兴人。北京大学毕业，美国哥伦比亚大学硕士。曾任东北、北平师范、北京、西南联合大学教授，国民党六届中执委，国民党中央青年部长，国民政府教育部政务次长代理部务。1949 年后任台湾大学教授，考选部部长，行政院秘书长，总统府国策顾问。

4 史集《闻一多先生和新诗社》，页 68、71。

国共两种政治力量在西南联大重又展开面对面的较量，随着中国民主同盟在教职员中积极发展盟员，阵营力量的对比也在变化中。出于对世局国运的关心，时事演讲和座谈会不时举行，成为联大最受欢迎、参加人数最多的集会之一。

教师的思想倾向无法不反映在教学中。

西南联大中文系的必修课"历代诗选"，分汉魏、六朝、唐宋三期讲授，中文系文学组的学生必须于三四两年内择修两种。主讲教授之一闻一多一九四三年秋却"在'唐诗'课上满怀激情地介绍解放区诗人田间的《给战斗者》，并誉之为'时代的鼓手'"。而田间的诗集，闻先生是从朱自清那里得到的。[1]

闻一多反对旧体诗，而且倡导青年不写旧体诗；这点父亲早有耳闻。一九四一年九月八日，老舍在西南联大首次讲演，题目是《抗战以来文艺发展的情形》。闻一多主持并致词，其中说："老舍先生是以生活的语言创造了活的文学"；"中国语言文学系培养的对象只是限于'乾嘉遗老'式的和'西风东渐'式的学者，很难出作家。"并尖锐批评当时重庆写旧诗成风的现象，"在今天抗战时期，谁还热心提倡写旧诗，他就是准备当汉奸！"[2]但朱自清也是写旧诗的呀！我父亲一九四三年七月，因长女学淑即将由成都燕大转学联大，有《淑女将至》七律一首。朱先生读后，很快写来题为《雨僧兄以〈淑女将至〉诗见示，读之感喟，即次其韵》的旧体诗作。

一九四一年四月，清华在昆明庆祝成立三十周年纪念的聚餐会上，北大校长蒋梦麟曾用 Bulwark of Democracy（民主堡垒）一词

---

1 史集《闻一多先生和新诗社》，页68、71。

2 《闻一多年谱长编》，页415，转引自《清华人文学科年谱》，页258，清华大学出版社1999年版。

吴宓与陈寅恪

朱自清手迹，和雨僧淑女将至诗

来称赞清华，也可说对清华寄予这样的期望。[1]蒋校长的本意当指学风、学术自由而言；不意时仅两三年这个词在西南联大已转为纯政治性的含义了。而民主在实践中，只注重少数服从多数，而忽略了多数对少数的尊重与宽容。

父亲不管别人如何反对、质疑，我行我素。本学年度在联大所授课程仍是他研究多年并喜好的"欧洲文学史"及"中西诗之比较"。在云大则授"世界文学史纲"及"十九世纪英国诗人"。只是自觉与环境不适应，心中郁屈，很想离开一段。于是向联大当局申请下年度休假，并致函成都燕京大学代理校长[2]梅贻宝，仍欲来燕京讲学。去年梅贻宝听说父亲将休假，曾来函电邀往讲学。

暑假初始，联大外文系诸君方集阅一年级新生入学试卷，"而莫泮芹来，云将赴美讲学，求中国文学史材料于宓。又云日内飞成都，委托宓代阅转学及研究生英文及专科卷，并代出席教务会议，决定去取云云。宓勉允之，乃告（注册组主任）朱荫章，并邀朱与莫（泮芹）面洽为证，而归。"[3]

据父亲一九四四年八月二十三日日记，"《中央日报》载教部核定本年休假教授名单，联大罗常培、吴宓。又载联大新生榜，淑名见焉（获录取转学三年级）。"[4]

又据八月二十九日日记，"接（1）成都燕京校长梅贻宝八月二十三日航快函，欢迎宓往，命授'世界文学史大纲'及'文学与人

1　参见鲲西《清华园感旧录》，页84。

2　成都燕京大学董事会，于1942年9月14日燕大开学前夕，在重庆举行会议。会上（一）推举孔祥熙（庸之）为董事长，张群（岳军）为首席副董事长，费起鹤（云垲）为第二副董事长，美国联合援华会（United China Relief）驻华执行干事艾德敷（Dwight W. Edwards）为第三副董事长。（二）推举孔祥熙为校长，司徒雷登为校务长；在校长及校务长未能到校供职期间，推举梅贻宝为代理校长及代理校务长。

3　《吴宓日记》Ⅸ，页308、319。

4　同上书，页319。

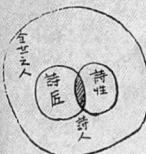

吴宓"中西诗之比较"讲稿首页

吾生之略歷

當前對學生之歲規　良華對症　雪中送炭

一、服務不宜太勤，而須節省時力，多多讀書。

二、學生為預備時期救國，可於異日擔當大事。時切實表現施行此時，品宜讀書蓄學林，不宜涉己耘人空談滋擾，故政治不必參加，亦不必討論。尤不當以政黨闌入學校。

三、處今之世宜先對一切懷疑，不妄私愛亦莫宗事宣傳，強人從我而當屬意中西古今粗上之書而宣講。信仰五種宗教問題……非由五教之中求少年之急務，故今心精神之事不須外求，通信崇教為個人兩心……

四、編撰書寫壁報及閱讀壁報而專力多多讀書。宜停武減少壁報而專力多多讀書。

續發課卷，此次記分等第之標準：

一、本學期讀書甚多。

二、所讀為重要且難讀之書。

三、所讀係文言舊籍或稿式判別原本（如"Paradise Lost"）。

四、所讀與本科所講有關，可作參證。

五、所述感想及事實，皆係本人生活經驗，又皆發自本心真摯切實，不矯不飾。

六、所見解玄疑問皆驗本科堂上所講而得，尤以能應用啟發於是推衍之。

七、無論……內容英文，文筆優美，Good Style 字，勘證之一——

一多 One 或 Many 之原理而得當者。

八、書寫工整，句少錯誤。

九、不取（1）已有成見、全固某黨某派之主張者（2）專談最近出版之……者大善（3）鈔綠文史古武俠小說

編撰碩士論文武俠小說之一段
（一）灘譯本（二）……（三）……

270　　　　　　　　　　　　　　　　　　　　吴宓与陈寅恪

吴宓在成都燕大"文学与人生"课的选课要求

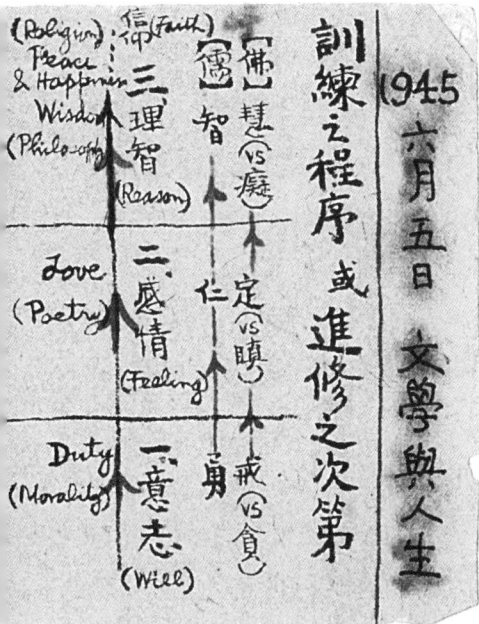

吴宓在成都燕大"文学与人生"课学生试卷评点

生'两课。每星期六小时，薪金待遇与寅恪同……住宿及授课，均在华西大学云云。（2）重庆中央大学新任校长顾毓琇八月二十二日电云，'西仓坡四号梅校长转吴雨僧兄：本年度休假，请惠临中大讲学。弟毓琇叩。养。'"[1] 这以前，父亲曾托时在成都的朱自清君代为了解到四川大学讲学的可能。八月十四日，收到四川大学校长黄季陆十一日来电谓："吴雨僧兄，别久念深，顷由佩弦兄转至 尊意，俯允来校，极表欢迎。拟请讲"欧洲文学史""英国浪漫诗人"两课。以专任教授全年所得总数，作为讲演研究费，并先奉旅费一万元。聘书另致。请将启程时间电告。弟黄季陆。"[2]

父亲随即"作函（1）致燕京校长梅贻宝，复宝八月二十三日来函。各条件均赞同，惟薪金拟以部聘教授薪津及研究费拨归燕京，即令燕京每月扣除 $800 云云。（2）复川大校长黄季陆八月十一日来电，各条件均赞同，并述宓此游计划及目的。"[3] 又作函（航空快信）一封，"复重庆中央大学校长顾毓琇养电，辞谢其讲学之聘，但约往访。"[4]

父亲至清华见潘光旦教务长，决令他指导的研究生俞铭传、茅于美休学一年。另一名研究生何兆武，则改请汤用彤先生任导师。又至联大见梅公，陈述出游及讲学计划。梅公劝乘飞机赴渝，又重嘱在蓉只可讲学不可授课云云。梅校长不了解父亲的诗人情趣，宁肯一路辛苦赶乘军车、邮车，由黔入川，在贵阳、遵义、重庆各地看望阔别多年的老友，游览沿途的山川形胜，也不取快捷省事的昆渝直航飞机。

父亲临行，参加了十一学会的第 45 次会，为讲《一多的理论及

---

1 《吴宓日记》Ⅸ，页 324。

2 同上书，页 313。

3 同上书，页 324。

4 同上书，页 325。

实用》，进茶点，并讨论。他整理了清华外文系的文件，存文书科，留交陈福田。至于他在北门街七十一号前楼楼上212号的宿舍，那个仅放得下一床一桌的小房间，自一九四二年九月末迁来一直住在这里；决定继续租用，予以保留。室中书物陈列如平日，请原住楼下正厅东侧小室、时任外文系专任讲师的李赋宁君搬来入住，代为看房。

父亲行时，长女学淑及相熟的友生都来送行，悉以一年再见为约；他自己也没想到此一去，竟再也没回昆明来。

父亲是一九四四年九月二十三日，搭乘英国军事代表团的酒精军车离开昆明的。当晚宿平彝，二十四晚宿晴隆，二十五日抵贵阳，逗留五天。由严景珊、李振麟[1]贵大外文系教授。陪谒财政厅长周诒春师，至贵州大学见潘家洵[2]贵大文学院长。访陈逵。与李振麟、潘家洵同去花溪，在清华中学见到许多清华、联大校友。校长唐宝鑫[3]以下，热烈招待。父亲为全体师生演讲，释清华校训，感"一切极似昔年之清华"[4]。晚，步月，至花溪公园，在草地，演讲《红楼梦》。在贵阳，父亲受到报界友人谢鸣雄、屠石鸣二君款待，《日本文学史》作者谢六逸宴请，见到旧友熊佛西，又西南联大毕业同学公宴等，应酬繁忙。

浙江大学诸友，特派父亲学生、外文系副教授张君川[5]自遵义来贵阳迎接父亲去浙大。九月三十日晨八时半乘邮车出发，下午四时到

1　李振麟（1914～1992），山西太原人。清华大学毕业，研究院肄业。时任贵州大学外文系教授，后任上海同济大学德语系、复旦大学英语系教授。

2　潘家洵（1894～1990），字介泉，江苏吴县人。北京大学毕业，英国牛津大学研究。时任贵州大学文学院长。复员后回北京大学任教。1954年后任中国科学院文学研究所研究员。

3　唐宝鑫（1914～2001），后改名宝心，北京人。清华大学毕业，研究院肄业。抗战时期，创办贵阳清华中学，并任校长。后赴美留学，获加州伯克利大学硕士学位。久任天津师范大学外语系教授。

4　《吴宓书信集》，页239。

5　张君川（1912～1999），山东惠民人。清华大学毕业，研究院肄业。时任浙江大学外文系副教授。1949年后，任上海戏剧学院、杭州大学教授。

遵义，"即投住郭斌龢家（君川亦居此楼上）。龢夫妇以彼之居室，让与宓住，有男女仆，一切极舒适。每晨，供宓以大肉面加鸡蛋二枚。每餐为加馒头，并红烧肉豆腐等，亦时有鸡。在此半月，郭夫人将宓之羊皮袍等，一一亲手缝补完密，小衣亦命女仆洗濯，极可感。""十月一日（中秋）上午，郭兄陪宓拜客。由下午起，纷纷来回拜并请宴。致宓极感应酬繁忙，谈话多，极疲倦，而亦无暇写信到昆明（乞谅）。盖宓之友好，在浙大，乃当朝，而非在野。故不但校内（竺校长来拜访，请宴并陪聆演讲）纷纷请宴。即校外人士，如社会服务处主任等，亦特请宴。又有酒精厂长汤元吉（译歌德等人之剧本）邀至其厂（郊外风景极好）一宿。"[1]

父亲在遵义共演讲三次，一为浙大文学院学生（校长以下均到）讲"文学与人生"（一多）；二为（晚间）应外文系学生会之邀，在社会服务处，公开讲《红楼梦》，听者拥塞。在酒精厂亦讲《红楼梦》一次。又赴张君川所授戏剧班及现代文学班学生邀茶会，二次，座谈。联大毕业的浙大中文系讲师、父亲的年轻诗友张志岳，特费数千元，自九十公里外的永兴（一年级，分校）来遵义陪父亲半月；缪钺赋二十四韵五言长律见赠。陈乐素、王焕镳、费巩及思想与时代社许多朋友欢聚倾谈；父亲均深感。又见田德望、谢文通等在此都好，甚慰。

老友梅光迪与李今英夫人，住近邻。邀父亲共度中秋。梅君示父亲以 *Irving Babbitt: the Man & the Teacher*（《欧文·白璧德：人与师》，1938）一书，乃纪念白璧德师的文集，以梅光迪所撰纪念文的篇名为书名，取"经师易得，人师难求"之意。父亲"读之，极感欣慰。[2] 此书即是金岳霖 1943—1944 访美时，白璧德师母 Dora Drew Babbitt 请他寄候父亲并托他带赠父亲的书，不幸"为（金岳）霖弃置于康

---

1 《吴宓书信集》，页 241。
2 《吴宓日记》IX，页 322。

吴宓与陈寅恪

成都燕京大学执教时的吴宓

桥", 父亲始终未能得见, 也从此与师母失去联系。父亲后托因公赴美的梅贻宝帮助打听, 始于一九四五年六月得哈佛英语系函复: 白璧德师母已殁!

父亲对遵义浙大的印象是"学生颇用功。教授亦多勤慎笃学之士。书籍不比联大少, 但无外文系之书耳"。"教授月得（平均）四千至七千元（米在外）, 物价较低。天气则阴雨时多, 在此无日不阴雨。"[1]

一九四四年十月十三日, 父亲乘花纱布管理局车（＄1620）赴重庆, 与复旦生物系张孟闻教授同行。十月十五日, 抵重庆, 先后住中国桥梁公司及诗友潘伯鹰[2]家。十八日往"访俞大维, 谈近一小时。维自述治学之心得, 略谓明太祖、明成祖在北京, 得元朝阿拉伯人之历法及天文学, 科学此时即已传入中国, 其后又失之耳"。[3]在重庆得与刘泗英、卫士生、王作民、顾良等诸多友生宴聚叙谈, 意甚欣畅。

---

1 《吴宓书信集》, 页242。

2 潘式（1903～1964）, 字伯鹰, 号鳬公, 安徽怀宁人。少从桐城吴闿生学, 曾入北方交通大学。上世纪三十年代从政并发表小说。1949年后任上海文物保管委员会委员、市政府参事。

3 《吴宓书信集》, 页266。

惜与时执教中央大学的柳诒徵先生约会，而由重庆往磻溪，失路后时，未得叩谒亲聆道论。

父亲一九四四年十月二十五日晨离重庆，西上途中，专程到江津的黑石山凭吊亡友、白屋诗人吴芳吉（碧柳）的埋骨之地。是夜宿内江，十月二十六日傍晚到成都。第二天即往华西坝广益学舍看望寅恪伯父。老友久别重逢，叙晤欢畅，只是谈到国事战局难免忧虑抑郁。父亲在当天写给毛子水的信中说："在蓉见寅恪，身体较前好，盖由锻炼而来。家无男女仆，自助太太做一切事。仍觉燕京托足，胜于他校。宓亦已为兄及锡予兄道候。"[1] "十月二十七日傍晚，萧公权来马宅访晤，相见甚欢，以宓诗稿授之。越日，公权作七律诗二首赠宓，甚佳。"[2]

父亲到成都，初住马鉴[3]代理校长。先生家八日，旋迁入曲径通幽、石阶很多的何公巷文庙男生和单身男教员宿舍。父亲对马鉴先生印象甚好，以为"其在燕大，助梅贻宝校长综理内外，协和师生，早作夜思，兼治本末。一方能尊重寅恪等之品学，一方又能不辞劳苦，尽心校务，使宓钦佩，窃叹联大未见此人也"。[4]

十月二十八日上午，马鉴先生介绍父亲晤识燕大各部办事职员及教授等，其中英文系主任包贵思（Miss Grace M. Boynton）是上世纪三十年代父亲在北平燕大的旧识、Winter的老友，父亲与略谈学淑女儿转学西南联大，又为详述陈梦家、赵萝蕤赴美等情。

十月三十日（星期一），代理校长马鉴先生又邀父亲至燕大纪念周，作简短讲话。"燕大学生共四百人，2/3为平津来者，悉操北京

---

1 《吴宓书信集》，页 266。

2 同上书，页 243。

3 马鉴（1882～1959），字季明，浙江宁波人。美国哥伦比亚大学教育学硕士。久任燕京大学、香港大学中文系教授。

4 《吴宓书信集》，页 246。

吴宓与陈寅恪

语，整洁而有礼貌。燕大校内地域极小，然洗刷洁净，地无微尘。办公各组，均聚于一楼，接洽甚便。"

父亲十一月二日（星期四）始在燕大上课。"学生热心听讲，且整洁有礼貌，宓甚喜之。所授二课，均在中文系。'世界文学史大纲'二小时，上午 8:30—10:30。'文学与人生'二小时。多人旁听，学生又请星期六下午 2—3 另讲一小时（不重复），以免听者向隅。"[1]

十二月十五日晚，父亲"交谊室赴燕京国文学系、英文学系俱乐会，为欢迎宓。会中宓致答词，略谓宜精通汉文文言及英文，而多读佳书。惜所言未畅"。"按燕京男女学生，亲热而有礼貌。又整洁英爽，甚为可爱。惜皆读中西书过少，故宓评之为'质美而未学'云。"[2]

十月二十八日，四川大学校长黄季陆先生在全校集会上，介绍父亲与学生见面。父亲见到川大外文系主任罗念生及教授或讲师石璞、李梦雄夫妇（石为李之妻，皆清华 1933 外文系毕业）、饶孟侃、谢文炳诸君。又见他系教师中之清华校友周辅成、朱延丰等。而父亲最亲洽者，则李思纯（哲生），昔在东南外文系同事，学衡社友。其诗又为父亲所最欣佩也。学淑生一岁时，哲生甫回国。在南京家中住。李现任川大师范学院史地系主任，其二子多读旧书，著作斐然。均治国史。黄建中（离明）为师范学院院长。父亲旧识的四川诗文朋友，如蒙文通、庞俊、彭举等，亦多在川大任教或兼课。

在四川大学，父亲授课两门，外文系"英国浪漫诗人"二小时，中文系"世界文学史大纲"二小时，学生前者（英语）少而后者（国语）多。父亲每星期二、三由燕大"来此上课，颇感如昔年在清华时，每星期五，到城内师大等处上课也"[3]。

一九四四年十一月十一日，父亲到成都后不久，寅恪伯父写示本

---

1 《吴宓书信集》，页 246—247。

2 《吴宓日记》Ⅸ，页 377。

3 《吴宓书信集》，页 247。

年八月所作《闻道》诗。十一月十四日晨，父亲作《和寅恪〈闻道〉
原韵 兼和哲生》诗。

聞　道
陳寅恪

聞道飛車十萬程，蓬萊恩怨未分明。

玉顏自古關興廢，金鈿何曾足重輕。

白日黃雞窆按，白日黃雞，出白居易詩。雞爲酉時。遲暮感，

青天碧海別離情。

長安不見佳期遠，怊悵陳鴻說華清。

吳宓註：時蔣公別有所愛，於是宋美齡夫人
二度飛往美國。此詠其事。[1]

此诗《寅恪先生诗存》中题作《闻道白日黄鸡》，个别文字不同。
第一句为"闻道飞车几万程"，第八句为"惆怅陈鸿说华清"。

和寅恪闻道原韵 兼和哲生
吴 宓

云路迢遥是昔程，重来形势判幽明。

星驰俊彩全球仰，日落馀光片羽轻。

怨敌狰狞同快意，家门宠贵自伤情。

玉环虽死君恩在，补恨犹能到上清。

用《长生殿传奇·补恨》一出。[2]

父亲与寅恪伯父四年多不见，感到寅恪伯父显得苍老，心里很

1　录自《吴宓诗集》，页404。圈点为吴宓所加。
2　同上书，页405。

陈寅恪写示吴宓"闻道"诗手迹

和寅恪聞道原韻，兼和哲生　　　　吳宓

雲路迢迢是昔程，重來地勢隔幽明。星馳俊
彩全球仰，日落餘光片羽輕。怨敵猙獰同快
意，家門榮貴自傷情。玉環雖死君恩在，補
恨終能到上清。

用長生殿傳奇，補恨一齣

1944
十一月十四晨作
成都

吳宓和陳寅恪"聞道"詩手迹

吳宓與陳寅恪

难过。他更为担心的是寅恪伯父的视力，右眼久已失明，紧张的研究著述加上教课，使本已高度近视的左眼劳累过度，视力下降，而战时成都的生活又何其艰难，营养远远不足！寅恪伯父有"日食万钱难下箸，月支双俸尚忧贫"的诗句，梦中都愁大米卖作珠价钱，说明物价飞涨、货币贬值、生活困难有多严重！

父亲很清楚，对于寅恪伯父来说，视力是何等的重要。然而，使父亲最为忧虑和担心的事，不久还是发生了。

据流求姐妹回忆，寅恪伯父一九四四年"十一月中旬不慎跌了一跤，惟一的左眼更加昏花，虽曾去看病，但仍继续工作，也未忘为提携的青年学人写推荐信，眼睛始终没有得到休息"。[1]

十二月十二日星期二，寅恪伯父上午有课，晨起突然发现眼前漆黑一片，不能视事，忙叫长女流求去通知学生，今日暂停上课。唐篔伯母陪同到陕西街存仁医院（眼鼻耳喉专科医院）就诊，得知左眼视网膜不幸脱离，随即住院。

据父亲日记，一九四四年十二月十二日，下午三点半，父亲步行至华西坝，"访寅恪于广益学舍宅。始知寅恪左目今晨又不明，……而夫人与幼女亦皆病"。[2]

寅恪伯父于一九四四年十二月十四日住进医院治疗。父亲几乎每日前往探视，有时一天去两次。

据父亲一九四四年十二月日记：十二月十四日，"阴，小雨。又风，寒。寅恪以目疾，住陕西街存仁医院三楼73室。1—2往探视，久陪坐谈。其新病之左目，瞳孔之内膜已破，出液，不能辨视清晰。而（马）鉴私述医言，谓必将失明云云。（宓）深为忧伤。"[3]

十二月十五日，"阴，微雪。寒甚。西御街口，探益体食品店，

1 陈流求、陈小彭、陈美延《也同欢乐也同愁》，页181。
2 《吴宓日记》IX，页374。
3 同上书，页376。

备为寅恪购面包。上下午系中读书。10—11 存仁医院探寅恪病。聆寅恪述前年在港居，一千门万户、曲折回环、而多复室密隧之巨宅（电影《白云乡仙》所取景），日军官及台湾兵来逼扰，幸获脱免事。[1] 及拒绝汉奸诱入东亚文化之团体，并名人某某辈，实已甘心从贼，且奔竞求职情形。客来乃止。"下午"4:00 再探寅恪病，以万元付寅恪作家用（越二日，未用，退还）"。[2]

十二月十六日，"下午 2:30—3:30 在燕京大礼堂讲《红楼梦评论》（一）"毕，"探寅恪病。"

十二月十七日，父亲"晨 8:30 出，赴陕西旅蓉同学会各大学陕籍学生所组织欢迎宓之会"。"下午 1:30 始得至存仁探寅恪病。夫人唐篔率长女在，遂议暂勿用手术刺病目。寅恪口授其所作挽汪精卫（兆铭）诗，命宓录之，以示公权。诗如下：

阜昌劉豫爲齊帝年號。天子頗能詩，集選中州未肯遺。

元遺山選中州集，列入齊曹王劉豫詩。按豫曾爲進士。

阮瑀多才原不忝，褚淵遲死更堪悲。

千秋讀史心難論，一局收枰勝屬誰。

事變無窮東海涸，冤禽公案有傳疑。"[3]

寅恪伯父的左眼，于一九四四年十二月十八日根据当时著名眼科专家陈耀真[4]、毛文书教授共同研究，决定进行手术治疗。据父亲日

---

1 据寅恪伯父长女流求回忆，此处记述可能有误。电影《白云乡仙》取景的楼房，为位于寅恪伯父寓宅前的幼儿园，而非寅恪寓宅。

2 《吴宓日记》IX，页 376—377。

3 同上书，页 379。

4 陈耀真（1899～1986），广东台山人。美国波士顿大学医学博士，约翰·霍布金斯大学威尔玛眼科研究所研究员。曾任齐鲁、岭南、中山大学医学院眼科教授兼系主任，中山医学院附属眼科医院院长，中国医学科学院、协和医学院眼科教授。毛文书（1910～1988），陈耀真夫人。四川乐山人。时在华西大学医学院存仁医院任教，亦眼科专家。

记，“12—1 探寅恪病。今日下午，左目将行割治。筼夫人在侧。”

十二月十九日，父亲晨去四川大学教课，“行前，往存仁医院视寅恪，仅得见夫人。筼言，开刀后，痛呻久之。又因麻醉药服用过多，大呕吐，今晨方止。不能进食云云。”

十二月二十一日，父亲上午 8:30—10:30 上课后往医院，“探寅恪病，甚有起色。戒宓勿以吴贻榘事作小说[1]，因吴贻芳病，恐伤其心。又详告宓《故宫博物院画报》各期载有曹寅奏折。及曹氏既衰，朝旨命李榕继曹寅之任，以为曹氏弥补任内之亏空。李曾任扬州盐政。外此尚有诸多文件，均足为考证《石头记》之资，而可证书中大事均有所本。而后四十回非曹雪芹所作之说，不攻自破矣。又曹氏有女，为某亲王妃。此殆即元春为帝妃之本事。而李氏一家似改作为王熙凤之母家。若此之线索，不一而足，大有研究之馀地也。云云。筼阻寅恪勿多言劳神，宓遂辞出。”[2]

十二月二十三日，“夕，探寅恪病。仅见筼夫人，言寅恪又不如前。不消化，失眠等。”

十二月二十四日，“上午探寅恪病，转佳。筼夫人议，欲得宁夏产而在宝鸡可购之枸杞子煮汁，制糖膏，或以羊肝及羊胎、熊胆等，食寅恪，以益 Vitamin B_1 及 B_2 而使寅恪身强，血多，目明。”“寅恪又极忧医或客之微触动其床，至损目之长成，于是揭示于门。”[3]

十二月二十五日，午后“探寅恪病。逢陈医检查其病目。陈医名耀真，乃陈美宝之兄，云，美宝已嫁多年，有三子女，今居澳门云云”。

---

1 吴贻榘，系吴贻芳之兄。陈寅恪在美国哈佛大学留学期间，曾将吴贻榘的故事向吴宓讲述。吴宓详作笔记，拟写小说。

2 《吴宓日记》Ⅸ，页 382。

3 同上书，页 384。

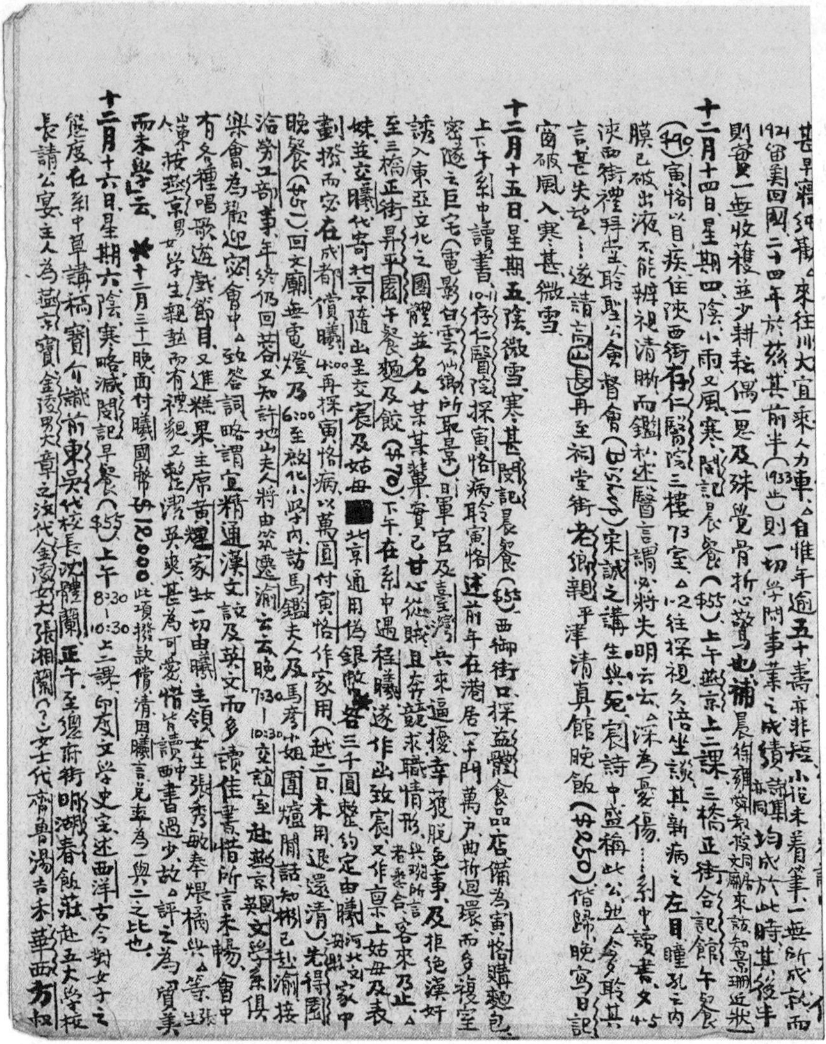

吴宓1944年12月14、15日日记手迹

吴宓 1944 年 12 月 17 日日记手迹

十二月二十六日，上午"探寅恪病，医方检视，宓急退出"。

十二月二十八日，"夕，探寅恪病，方眠。笕夫人言，昨夕医言割治结果不佳，致寅恪大忧戚烦躁不安，日来健康又损。宓深佩笕对寅恪爱护之忠诚及其处事之明达。"[1]

寅恪伯父所住的存仁医院，就在燕大租用的华美女中校舍对面。燕京大学学生见寅恪伯父病目行动不便，唐笕伯母四处奔波，心力交瘁；心中不忍，自动组织看护队，轮流到医院陪护伺候寅恪伯父，替唐笕伯母分劳。男同学值夜班，女同学值日班。燕大同人，也不时往医院探候。寅恪伯父感念，对前来看望的燕大代校长梅贻宝说，"未料你们教会学校，倒还师道犹存。"几十年后，梅先生述及于此，还说"笔者至今认为能请动陈公来成都燕京大学讲学，是一杰作，而能得陈公这样一语评鉴，更是我从事大学教育五十年的最高奖饰。"[2]

十二月三十日，上午"探寅恪病，方食。后笕夫人送出，秘告：医云，割治无益。左目网膜脱处增广，未能粘合。且网膜另有小洞穿。寅恪未知此层，已甚焦烦云云"[3]。

父亲很担心寅恪伯父情绪焦躁影响病体的恢复，一面招呼燕京看护队的同学们仔细陪护，自己则更经常去看望和宽慰。据父亲一九四四年十二月三十一日日记，午后"探寅恪病，方眠"。

一九四五年元旦，父亲起床后的第一件事就是去医院"探寅恪病"。因知寅恪伯父喜听读张恨水小说，下午2—3点又"以借得的张恨水小说《天河配》送与寅恪。笕言，与彦在金陵女大同学，曾于1939在港见彦。至1941十二月，彦甫抵港，购得飞机票，将往桂林慈幼院，即值太平洋战起。此次笕始终未得见彦云。笕又陈'近接不

1 《吴宓日记》IX，页388。
2 梅贻宝《记成都燕京大学》，载《燕京大学成都复校五十周年纪念刊》，页10。
3 《吴宓日记》IX，页390。

吴宓与陈寅恪

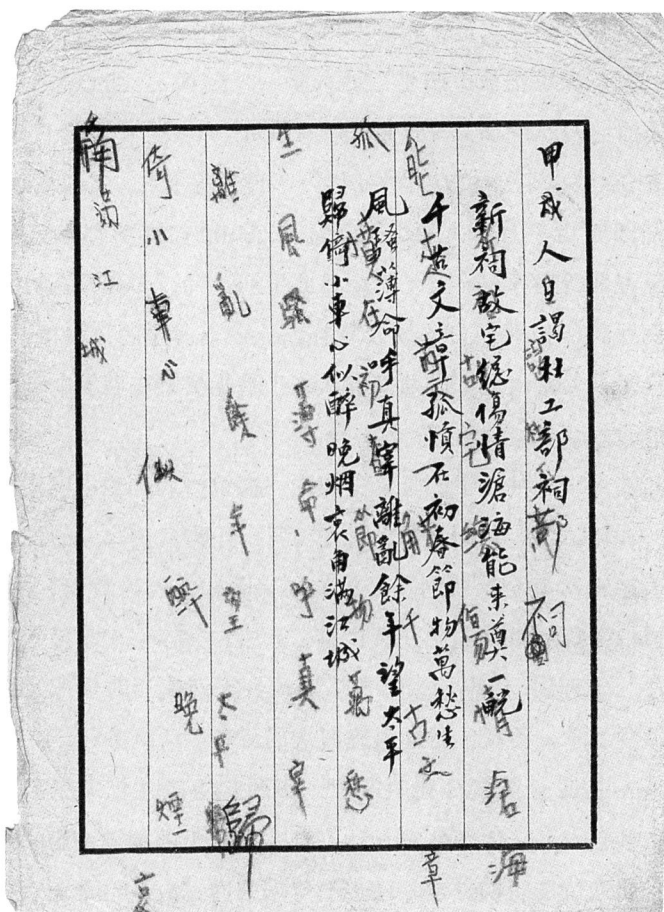

甲戌人日謁杜工部祠廟

新荷歡宅□傷情　海內能來顧一□
千□文章哭孤憤　石□春節物萬愁
□□□□□奇華真　離亂餘年望太平
孤風□□□□□
歸□小車心似醉　晚烟哀角滿江城
生鳳□□□呼真章

陈寅恪失明后用铅笔所书诗手迹（他人加写毛笔所书
"甲戌"为"甲申"之误）

如远看'之旨，以讽宓。"[1]唐筼伯母跟寅恪伯父一样，都希望父亲在"追求毛彦文"这事上能更加理性。

一九四五年一月三日，唐筼伯母劳累过度，"以病回家"。父亲就时时去医院"探寅恪病，陪坐"，"久坐"，"陪谈"。细心的燕京女同学们，还抽空去广益学舍安慰照顾唐筼伯母。

寅恪伯父终以坚强的毅力面对现实，情绪安稳下来，父亲感到高兴。

一九四五年一月十九日，父亲上午11:00往探寅恪病。筼夫人来，述说寅恪新集苏东坡诗句'闭目此生新活计，安心是药更无方"。请省教育厅郭厅长有仁夫人杨云慧湘潭杨度之女书写后，将裱而悬之。又听说父亲不久将由成都赴西安省亲，于是托父亲在西安购枸杞子一小木箱带回。

一九四五年一月二十四日，父亲往"探寅恪病，谈中国近今政治外交"。一月二十六日"11—12探寅恪病，托购黄芪"。一月三十日，父亲偕表弟王次斌至陕西同乡开设的恒兴药栈，访冯笠斋，泾阳人商定为寅恪伯父购药材枸杞子、黄芪事。正午，父亲引次斌至寅恪伯父病室，介与王锺翰[2]相识。又陪寅恪闲谈。王锺翰当时任燕京大学历史系讲师，受学校委托，帮助料理寅恪伯父家生活事务。

父亲一九四五年二月利用寒假，回西安探望九年未见的嗣父仲旗公。父亲自一九二七年西安长达二百三十五天的围城甫解，曾返陕西省父，兼迎诗友碧柳外出，已十七年未曾回过故乡，难免兴奋。行前，萧公权教授以五言律诗三首送别，题为《雨僧将赴西安省亲，书此以壮行色，并乞教正》。有云，"蜀道归心切，秦关客路遥。驿云空旅枕，栈雪度飞轺。吊古三分国，留题万里桥。征程劳有味，诗满锦

1 《吴宓日记》Ⅸ，页395。

2 王锺翰（1913～2007），字君墨，湖南文安人。燕京大学研究院历史学部1940年毕业，留校任教。1946年赴美国哈佛大学研究院学习。1948年回国，任燕京大学历史系副教授。1952年后，任中央民族学院研究部研究员、历史系教授。

吴宓与陈寅恪

囊骄。"果不其然，父亲一九四五年二月三日由成都乘邮车出发，晓行夜宿至宝鸡，改乘火车到西安，二月二十四日返抵成都，一路吟诵，得纪行诗二十五首。

寅恪伯父于一九四五年二月上旬旧历除夕前，出院回舍休养。二月十三日有《甲申除夕病榻作，时目疾颇剧，离香港又三年矣》诗。父亲钞存稿与《寅恪先生诗存》中载《甲申除夕自成都存仁医院归家后作》一诗，文字多有不同。诗云：

> 雨雪霏霏早閉門，荒園數畝似山村。
> 携家未知家何置，歸國惟欣國尚存。
> 四海兵戈迷病眼，九年憂患蝕精魂。
> 扶牀稚女聞歡笑，依約承平舊夢痕。[1]

一九四五年二月二十四日，父亲刚从西安返抵成都，即去广益学舍访候寅恪伯父，探病。此后，课馀不时去寅恪伯父家看望、陪坐、谈心，并为寅恪伯父读报、录诗。

这段时间，寅恪伯父作诗较多。一九四五年二月末，父亲录有寅恪伯父新作《乙酉二月十四日，目疾久不愈，感赋》。此诗，唐筼伯母钞存稿题名《目疾久不愈书恨》，文字亦略有不同。第三句作"著述自惭甘毁弃"。诗云：

乙酉二月十四日目疾久不瘉感賦
陳寅恪

天其廢我是耶非，嘆息甚弘强欲違。
撰述自慚甘棄失，妻兒何託任寒饑。

1　录自《吴宓诗集》，页412。

西浮瀛海言空許，北望幽燕骨待歸。先君柩暫厝北平，待歸葬西湖。

彈指八年多少恨，蔡威惟有血霑衣。[1]

一九四五年五月，父亲录有寅恪伯父四月二十八日作《目疾未愈，拟先事休养，再求良医，以五十六字述意，不是诗也》：

潢洞風塵八度春，蹉跎病廢五旬人。

少陵久負看花眼，東郭空留乞米身。

日食萬錢難下箸，月支雙俸尚憂貧。

張公高論非吾解，見《晉書·范寧傳》。

且就巢仙學養真。巢仙養生說，見《渭南集》。

一九四五年五月，父亲还录有寅恪伯父四月三十日所作《忆故居》诗并序：

寒家有先人之敝廬二：一曰靖廬，在南昌之西山。門懸先祖所撰聯，曰"天恩與松菊，人境託蓬瀛"。一曰松門別墅，在廬山之牯嶺，前有巨石，先君題"虎守松門"四大字。今臥病成都，慨然東望，暮景蒼茫。因憶平生故居，賦此一詩，庶親朋覽之者，得知予此時之情緒也。

渺渺鐘聲出遠方，依依林影萬鴉藏。

一生負氣成今日，四海無人對夕陽。

破碎山河迎勝利，殘餘歲月送悽涼。

1　录自吴宓钞存稿。

松門松菊何年夢，且認他鄉作故鄉。[1]

原诗和序没有标点和着重符号，以上是父亲钞存后所加。父亲在寅恪伯父此诗钞稿后写有附注："时盟军攻陷柏林，四月二十七日墨索里尼死于 Como 湖畔，日本势亦穷蹙。"

其后又录有寅恪伯父《玄菟》诗。

玄 菟
陳寅恪

前朝玄菟陣雲深，興廢無端夢可尋。
秦月至今長夜照，漢關從此又秋陰。
當年舊事當年恨，一寸殘山一寸金。
留得宣和頭白老，錦江衰鬢獨哀吟。

此诗录自父亲钞存稿，与《寅恪先生诗存》中所收《玄菟》诗，文字略有不同。父亲在钞存稿中写有附注："时宋子文与苏俄订约，从罗斯福总统雅尔达秘议，以中国东北实际割让与苏俄。日去俄来，往复循环，东北终非我有。此诗及前后相关数诗，皆咏其事而深伤之也。"[2]

《玄菟》一诗，父亲没有具体书明寅恪伯父何时所作；从父亲的附注看，当在一九四五年七八月间。

一九四五年二月，美国总统罗斯福、英国首相丘吉尔、苏联人民委员会委员长斯大林，在苏联克里米亚半岛的雅尔达讨论德国投降后苏联对日作战问题。美国希望减少自己在对日"逐岛作战"中的损失，早日取胜；以损害中国主权为条件，与苏联达成默契：苏军在对德作战结束

---

1 此二诗，录自吴宓钞存稿，圈点为吴宓所加。《陈寅恪集·诗集》《忆故居》诗序文中
  "暮景苍茫"作"暮境苍茫"。
2 《吴宓诗集》，页 415。

后三个月内，即东移对日作战；作为回报，中国承认外蒙古独立，中国东北的经济、军事命脉，由苏联掌握。三大国以此为主要内容秘密签署《关于远东问题的协定》。国民政府迫于美国的压力，以宋子文为首的中国代表团于一九四五年七月即与苏联谈判，协商争持一个多月，苏联始于美国在日本广岛投掷原子弹后二日，即一九四五年八月八日对日宣战。八月十四日，中苏两国签订认可雅尔达秘密协定的所谓"中苏友好同盟条约"[1]；第二天，即八月十五日，日本宣布投降！

外蒙古正式离去，附庸苏联；东北主权，丧失殆尽。中国作为战胜国，无异蒙受新国耻。对于历经八年艰苦抗战，作出无数牺牲的中国人民，对此很难接受。寅恪伯父更是痛心疾首；切肤之痛，悲怆情怀，全形诸这段时间及其前后吟咏的篇章中。

据父亲日记，一九四五年七月七日，"夕访寅恪，留晚饭。筼夫人并手削水蜜桃食宓。晚 9:00 回舍。"录寅恪伯父新作《乙酉七月七日听说〈水浒新传〉后闻客谈近事感赋》，父亲有注：诗题一作《乙酉七月七日听说〈水浒新传〉后，闻客谈近事，感赋》。

誰結宣和海上盟，燕雲得失涕縱橫。

花門久已留胡馬，柳塞翻教拔漢旌。

妖亂豫么同有罪，戰和飛檜兩無成。

夢華一録難重讀，莫遣遺民說汴京。[2]

此诗《寅恪先生诗存》中未载入。

1　中国国民政府与苏联 1945 年 8 月 14 日缔结的此项《中苏友好同盟条约》及协定，在 1950 年 2 月 24 日中华人民共和国政府与苏联签订中苏友好同盟互助条约当日，中苏双方互换照会中声明，该《条约》及协定全部失去效力。

2　此诗吴宓抄存初稿收入《诗集》时，文字有不同，页 415。

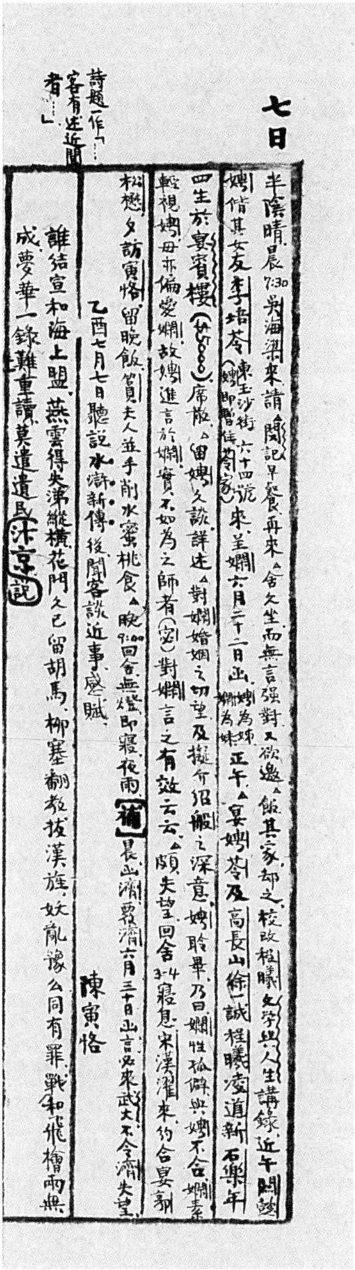

七日

半陰晴。晨7:30吳海瀾來請閱記早餐，再來。舍久坐而無言，强對，又欲邀。館其家，卻之。校改程曦《文學與人生講錄》。近午[illegible]

嫻偕其女友李培苓（陳玉沙街六十四號）（嫻即習住李家）來。呈嫻六月二十二日函，娉為姊，嫻為妹。正午，宴娉、苓及高長山、徐誠、程曦、凌道新於石樂年

四生於宴賓樓（$5000）。席散，留娉久談，詳述對嫻婚姻之切望及擬介紹嫻之深意。娉聆畢，乃曰：嫻性孤僻，與娉不合，嫻素

輕視娉，母亦偏愛嫻，故娉進言於嫻，實不如為之師者（宓）對嫻言之有效云云。頗失望。回舍3-4寢息。宋漢濯來，約合宴劉

松懋。夕訪寅恪，留晚飯。賀夫人並手削水蜜桃食。晚9:00回舍，無燈，即寢。夜雨。〔補〕晨函劉發瀾六月三十日函，言必來武大，不令瀾失望。

乙酉七月七日聽說水滸新傳後，聞客談近事感賦　陳寅恪

誰結宣和海上盟，燕雲得失涕縱橫。花門久已留胡馬，柳塞翻教拔漢旗。妖亂豫么同有罪，戰和飛檜兩無成。夢華一錄難重讀，莫遣遺民說汴京。

詩題一作「……客有述近聞者……」

1945年7月7日吴宓日记手迹

又据父亲一九四五年七月九日日记："5—8访寅恪，为读报，留晚饭。

"寅恪诵吴梅村诗，多所发明。谓梅村《七夕》（七律）一诗，乃指董鄂妃之妹小董鄂妃，原为平南王尚可喜之侍妾，其后强取入宫，世祖甚宠幸之。世祖薨后，葬日，梓宫后，紧随一小柩，或谓即此小董鄂妃殉死而合葬者。故梅村《七夕》诗有'南国绿珠辞故主，北邙黄鸟送倾城'之句，工美已极。必如此解方合。妃事详见张尔田《清史后妃传》注。寅恪又言，四部丛刊《吴梅村诗集》，乃王式通所编订，有序，甚美。且有图。不可不一读云云。"[1]

这天晚上，寅恪伯父还与父亲谈到他的《王观堂先生挽词》。

父亲在第二天，即七月十日的日记中是这样记述的：

"是日，读《东方杂志》四十一卷八期。中有方豪撰《唐代景教史稿》附记有关袄教者。……该期又有邵祖平撰《韩偓诗旨表微》，亦可读。韩偓《避地》诗云，'西山爽气生襟袖，南浦离愁入梦魂。人泊孤舟青草岸，鸟鸣高树夕阳村。偷生亦似符天意，未死深疑负国恩。白面儿郎犹巧宦，不知谁与正乾坤。'按陈寅恪《王观堂先生挽词》中'更期韩偓符天意'，即出于此诗之第五句。

"又据寅恪昨谈，其《挽词》中'孝定临朝空痛哭'一句，亦有所本。盖用民国三年，大总统袁世凯以宋育仁、劳乃宣等，擅倡君主，鼓吹复辟，明令递解回籍。命令中有'孝定景皇后临朝痛哭'云云。盖袁氏自辩其辛亥冬出山执政之不得已。寅恪用此语入诗，极工。故下文即接云'再起妖腰乱领臣，遂倾寡妇孤儿族'，更见绾合之妙。

"又韩偓《惜花》诗，'皱白离情高处切，……总得苔遮犹慰意，若教泥污更伤心。第五第六句……是绿荫。'此诗五六句，即陈宝琛

1 《吴宓日记》Ⅸ，页473。

《落花诗》'泥污苔遮各有由'所自出也。

"以上均应录入《吴宓诗集》附录《空轩诗话》注。"[1]

寅恪伯父随后还示父亲以《与公逸夜话用听水斋韵》四律的改正之稿。父亲录存稿与唐筼伯母钞稿文字较多不同，写有附注："宓按，公逸为张遵骝[2]南皮张文襄公之曾孙字。听水斋韵，指陈宝琛弢庵太傅《乙未感春》及《落花诗》，见宓诗集。夜话内容不悉，惟寅恪此四诗大旨，乃深伤国民党早即容共、国共一体，由革命而引出共祸，实国民党人所造之大罪孽。其后转而清共，自觉反覆。迄今政协和谈，不免于国共大战，中国亡。"[3]

父亲晚年校订其1935所编《吴宓诗集》增补其后本人和友生所作诗稿时，又将寅恪伯父这篇《与公逸夜话用听水斋韵》钞稿粘附于《诗集》附录《空轩诗话》第十二则《陈寅恪王观堂先生挽词》之后，新加按语如下："右诗一篇四首，乃1945春末夏初寅恪兄在成都所作。宓时亦在成都。题中公逸为南皮人张遵骝已毕业燕京大学，充助教。系张文襄公之洞之曾孙。其妻王宪钿王宪钧之妹。则为庚子殉节之福山王文敏公懿学之孙女，宓皆识之。听水斋韵，则指陈弢庵太傅宝琛（1848—1935）乙未1895《感春四首》、己未1919《落花四首》、1914至1925《后落花诗》四首原韵诸诗具见《吴宓诗集》页146至147。宓又按，曾闻寅恪兄言：此诗（四）首之末二句七句、八句。谓孙中山晚年'联俄、容共'，殊为失策。当时曰'容共'，后改称'联共'。此二句，初稿作'同心密誓长生殿，遗恨千秋未许休'。"[4]

---

1 《吴宓日记》Ⅸ，页475。
2 张遵骝（1916～1992），字公逸，祖籍河北南皮，生于北京。北京大学哲学系毕业，任教成都金陵、上海复旦大学，后调中国科学院近代史研究所，从事中国史研究。
3 录自吴宓钞存稿。
4 录自吴宓晚年重编《吴宓诗集》之增订稿。

中推墮有人兒，畫號不得依慈母，夜啼惟應怖怪鴟，除阻艱難兵後覺，天親骨肉亂來疑，最傷逆旅奔投夜，猶要嬌嬰索亂癡」佳詩也。

十一日

陰雨。閱記。早餐（\$90）。上午，出黃桷埡（黃瓦街三十號）寄回宋詩集。棠葉香午飯（\$120）。下午，寫日記。于生克成來請示書籍，並商就職復興公司抑充譯員。余教以擇定一事，全力以赴，萬不可三心二意，忽此忽彼云云。夕5-6開明書店觀書。晚6-9赴張遵騮、王憲鈿夫婦請宴，宴賓楼餞。▲及年宗三，進白酒，客有周輔成等。▲日來時覺腹痛，未敢多食。晚回舍，接湘棠、又馮友蘭（聯大文學院長）七月六日航函，略云：「尊擬授課辦法，……惟聯大人多論雜，恐或有人謂講學離校一學期似嫌過長，經與福田兄商酌，仍擬懇兄於九月以前回校。如識大成約實不便取消，則萬不獲已，只好照兄前函所提辦法，下學年（1945-46）作為全年請假，於明年暑假後返校授課，惟萬望下學年再勿有他約也。若何之處，仍望兄決定」云云。

吴宓1945年7月10日听陈寅恪谈王观堂先生挽词的日记手迹

與公逸夜話用聽水齋韻

陳寅恪

天迴地動此何時，不獨悲今昔亦悲。

與我傾談一夕後，恨君相見十年遲。

舊聞柳氏誰能述，密記冬郎世未知。

海水已枯桑已死，傷心難覆爛柯棋。

憶逐長安士女狂，玄都曾共賞瑤芳。

重來紫陌紅塵路，但見荒葵野麥場。

門寂漸稀車馬客，春歸難進別離觴。

去年崔護如回首，前度劉郎自斷腸。

金谷繁華四散空，尚餘殘照怨東風。

亭池竹亂惟聞鳥，花木根枯早穴蟲。

蝶使幾番飛不斷，蟻宮何日戰方終。

年年辜負春光好，難息園林舊主翁。

贏得聲名薄幸留，夢回惆悵海西頭。

擘釵合鈿緣何事，換羽移宮那自由。

夜永獨愁眠繡被，雨寒遙望隔紅樓。

當初一誓長生殿，遺恨千秋總未休。

（一九四五年七月）[1]

　　不久，父亲又录有寅恪伯父《华西坝》及《夏日听读报》二诗。《寅恪先生诗存》中未见收入。

---

1 《吴宓日记》IX，页 477—478。此诗第三首第二句，《吴宓诗集》中作"尚餘残照怨春风。"

298
吴宓与陈寅恪

華西壩

陳寅恪

淺草平場廣陌通，小渠高柳思無窮。

雷奔乍過浮香霧，電笑微聞送晚風。

酒困不妨胡舞亂，花嬌彌覺漢妝濃。

誰知萬國同歡地，卻在山河破碎中。

夏日聽讀報

陳寅恪

掉海鯨魚蹙浪空，蟠霄雕鷲噴煙紅。

獨憐臥疾陳居士，消受長廊一角風。[1]

　　父亲后尚录存有寅恪伯父听读报后有感所作的一首七绝。此绝句当作于一九四五年八月末。八月二十八日，报载毛泽东、周恩来、王若飞在国民政府代表张治中、美国大使赫尔利陪同下，从延安飞抵重庆，开始国共会谈。

報載某至重慶距西安事變將十年矣

陳寅恪

鐵騎飛空京洛收，會盟贊普散邊愁。

十年一覺長安夢，不識何人是楚囚。[2]

　　寅恪伯父每日听读报，于时局国运至为关切，世界风云激荡变化，了然于胸。此时不仅已敏锐地预感到国内战争将不可避免，历经

1　《吴宓诗集》，页 415。
2　同上书，页 417。

战乱苦难的同胞，不得休养生息；而且预见内战结果若何。

英国文化委员会（British Council）于我国抗战时期，曾推派两位学人来华报聘，加强联系。人文方面为陶德斯，即推荐陈寅恪为英国科学院院士的三位院士之一的牛津大学希腊语言文化教授；科学方面为李约瑟（Joseph Needham），剑桥大学生物化学教授。两人都曾访问西南联合大学。一九四五年五月，欧战胜利结束，战火熄灭不久，牛津大学即邀请西南联大四位教授：邵循正、沈有鼎、洪谦、孙毓棠赴牛津讲学或作研究。英国文化委员会、牛津大学和英国科学院并请寅恪伯父到英国去医治目疾，希望治愈后留在牛津讲学，以践前约。

父亲以寅恪伯父不久将远行求医，而自己休假届满，无论回西南联大或去他校任教，都将与寅恪伯父暂别，故于七月二十九日晚及三十日晨赋五言律诗二首，呈寅恪伯父留别。

赋呈陈寅恪兄留别

吴 宓

（一）

半载清谈接，平生问学心。

锦城欣得聚，晚岁重知音。

病目神逾朗，裁诗意独深。

神州文化系，寅恪兄《挽王静安先生》诗云，"文化神州丧一身"。

颐养好园林。

（二）

学海寰瀛汇，儒风世德传。

勤修资异禀，博大出精专。

三女承欢秀，古今人有三女而无子者，如英国弥尔顿、沙克雷、安诺德及今中国之林语堂君、方令孺女士并寅恪兄（三女，长流求、次小彭、三美延）与宓皆是也。一妻举案贤。

春回龙战息，西土挈家迁。[1]

　　父亲对下学年是否回联大，有些犹豫。从教学看，西南联大不乏好读书、有潜质的学生，似应回昆明任教，只是有些人事又令人厌烦。他在日记中写道："细思此间学生生活及感情虽美，然读书不多，用功未苦。故宓下年仍决回联大，特某某诸主任教授，握权而逞威者，甚非宓所喜耳。"[2] 又朱自清与父亲谈及联大近情，谓"大抵学生教授皆分二党，对立相争。而学生更极骄横，教授为其指挥云云"。[3] 这也是素不喜政治的父亲难以适应的。

　　行止商诸知友，意见亦不一。毛子水赞成父亲早回联大，并劝宓函上梅公，剀切详陈宓行止之实情，俾其明悉真相。汤用彤则一如既往，不赞成父亲回联大，而"劝宓向清华请假，仍留居成都"。[4] 萧公权"主张宓仍应回联大，盖因（一）老年乏创造力，不当迁地另图。（二）燕京、川大等校，其中人物，比联大、清华更为器小卑俗。（三）教会学校前途黯淡。……但公权认为武汉大学甚可栖托终身。其中人物，待友甚厚。于是劝宓春假即往乐山武大见济等商洽云"。[5] "寅恪亦劝宓春假往访济等，观察情形，再定行止。又权与寅恪均认为异日华北必入共产党掌握，吾侪只宜蛰居长江流域则武大较宜云云。"[6] 父亲原拟春假期间赴乐山武大访问，不巧成都大雨，父亲所居文庙舍中前院成湖，街衢大水，陕西街中段全没水中。父亲滑跌院内水渎，伤右胯骨而不果行。

1　《吴宓日记》IX，页 483。

2　同上书，页 420。

3　《吴宓日记》X，页 73。

4　同上书，页 34。

5　《吴宓日记》IX，页 456。

6　同上书，页 457。

武汉大学呈请教育部调派父亲为该校教授，遭到西南联大拒绝。联大蒋梦麟、梅贻琦、张伯苓三常委于一九四五年五月九日、六月十五日两次致函慰留，并敦促父亲返校。五月九日原函如下：

雨僧先生大鉴：

　　本校顷奉教育部留字第二一八三三号代电，为援武汉大学，呈请调派台端为该校教授，特电转知，仰即电复，等因：查台端在本校外国语言文学系主讲有年，同人钦敬，诸生景仰。暑假后，正待文旌归来，重主讲席。武大之议，当难同意。除电复教部外，特函奉达，务希荃察惠允，早日返校，不胜盼祷。专此顺颂

时祺

蒋、梅、张同启[1]

　　武汉大学校长王星拱后又以该校外国文学系方重、陈源二教授出国讲学，该系教授遂感不敷。七月五日再函西南联大请体察该校外文系教学困难，俯念同舟之谊，准予借聘吴宓教授一年。一年期满，仍回联大任教。西南联大一九四五年八月十六日复函，"上项借聘，如得吴教授本人同意，本校可以勉允借聘。"[2]冯友兰知照父亲：讲席移设武大，须向西南联大请假一年。

　　一九四五年八月六日，将往牛津讲学的西南联大历史系教授邵循正来看望父亲。"宓详述行止、去就之交涉经过。正亦谓冯公及F. T.对宓之意不善。F. T.当勿兼职，但梅公仍深倚畀。"[3]父亲得知邵循正等将于九月赴英，心里非常高兴。他正发愁寅恪伯父急欲赴英就医，眼疾太迟则不治，而唐筼伯母体弱多病不能相伴远行。本拟由长女流求伴护同往，

1　见《国立西南联合大学史料（四）》，页 418。原函今存清华大学档案馆。
2　同上书，页 416。原函今存清华大学档案馆。
3　《吴宓日记》IX，页 486。

吴宓与陈寅恪

又因英国军用飞机不允搭载女乘客而作罢。寅恪伯父在双目失明的情况下只身远涉重洋，甚艰难。现在正好，可请邵循正一路照顾，陪伴寅恪伯父到伦敦。

第二天上午，父亲即去广益学舍，报告寅恪伯父拟由父亲和邵循正分段陪伴出行的设想。寅恪伯父欣然同意，并"极赞许宓速回联大之新决定"。

据父亲一九四五年八月七日日记：上午"待邵循正来。商定寅恪由宓伴护，约九月五日飞昆明，再由正伴护赴英国治目疾。遂共拟定正致（他在昆明指导过的牛津大学高级讲师休斯）Hughes 英文电稿，又请（燕大校董、四川省政府）张群主席特给飞机客位之函，宓为钞缮。在寅恪宅午饭。下午，偕正至交际公署访吴蔼宸，见何立仁。次乘人力车至四圣祠附近新巷子英领馆见英领事 G. M. Tingle，询出国手续。"[1] 父亲原计划下学年向西南联大请假去内迁四川乐山的武汉大学讲学，于是又忙"作函上教育部高等教育司，表明今仍愿回联大，不去武大，请查照办理云云"。[2] 托付邵循正带去重庆代呈。

一九四五年八月八日，父亲为准备陪护寅恪伯父飞昆明，到天竺街达尔美照"飞机像"，并加印三张（＄1150），由流求往取。……随即至寅恪伯父宅，大雨不止。5:00 邵循正来，寅恪起，共议事，邵循正先去。父亲商定与寅恪伯父母合宴燕京华西坝诸人。

八月九日，成都《新民报》发号外：苏联对日本宣战。

八月十日，"约9:00，喧传日本已无条件投降（新民报社布告）。全市欣动，到处闻爆竹及大炮声，文庙燕大诸生，亦竞撞钟、燃爆竹，并喧呼歌唱，至夜半始息。宓遂失眠。"[3]

寅恪伯父闻讯又喜又悲，百感交集，立即成诗一首。

---

1 《吴宓日记》IX，页 487。

2 同上书，页 487—488。

3 同上书，页 491。

乙酉八月十一日晨起闻日本乞降喜赋

陈寅恪

降书夕到醒方知，何幸今生有此时。

闻讯杜陵欢至泣，还家贺监病弥衰。

国雠已雪南迁耻，家祭难忘北定时。丁丑八月先君卧病北平，

彌留時猶問外傳馬廠之捷確否。

念往忧来无限感，喜心题句又成悲。[1]

父亲也于八月十五日作《日本投降抗战结束感赋》，诗云：

东西齐奏凯，寰宇战云终。

戎首原无幸，天心本至公。

及兹宜戒惧，举世尚贪功。

归去吾何往，悲欢匪众同。[2]

八月中旬，父亲突患胸疽 carbancle，病势不轻，甚为痛楚。幸就中央大学医学院教授、外科名医阴毓璋[3]（清华 1926 级，曾上父亲"翻译"课。）诊治，手术后，在妹夫罗清生教授家调养。据父亲九月十二日致李赋宁信，谓"八月下旬，阴医言，'宓疮口需一月始合，最近三数月内，断不能离成都作任何旅行。'阴医自任，直函达联大梅校长贻琦证明此事。宓旋亦勉强疽宜仰卧，坐立则觉下坠，伏案写字则尤痛。上联大梅、潘、冯、陈 F. T.[4] 诸公一函，请假一年或半年。今知已

1　录自吴宓钞存稿。

2　《吴宓诗集》，页 416。

3　阴毓璋（1903～1968），字玉章，山西沁源人。清华学校 1926 毕业留美，约翰·霍普金斯大学医学博士。回国后，任中央大学医学院教授、附属医院院长。1952 年后任第五军医大学（中大医学院改称）、第一军医大学教授。"文革"中含冤去世，1978 年平反昭雪。

4　指梅贻琦、潘光旦、冯友兰、陈福田。

吴宓在成都燕大宿舍

邀准，甚幸。为居此养病，遂复告马鉴先生代代校长。愿仍在燕大任教，甚蒙欢迎。马公命宓为外文系主任，宓力辞却之。今仍由李方桂君兼为外文系代理主任。李君及其夫人徐樱对宓甚好，常往还。"[1]

一九四五年度第一学期，父亲依马鉴先生意，改任燕大外文系教授，授课二门，六小时（一）"文学批评" Literature Critism 四小时，其中二时用英语讲解并指导学生读课本；二时用国语讲述文学批评之原理及历史。课本用 Saintsbury *Loci Critic*。（二）"约翰逊博士" *Dr. Johnson* 二小时，用英语。此外，指导毕业班三学生的毕业论文。父亲与四川大学本有约，本年新任国文系主任潘重规[2]君1924—1928年间肄业东南大学，对父亲殷勤契重，乃受聘为该校"文学院中国文学

<hr />

1　《吴宓书信集》，页258。
2　潘重规（1908～2003），字石禅，江西婺源人。中央大学中文系毕业。曾任东北、暨南、四川、安徽大学，台湾师范大学、新加坡南洋大学中文系教授，香港中文大学新亚书院中文系主任、文学院院长，法国巴黎第三大学访问教授，台湾中国文化学院中文研究所主任。

系特约讲座"教授，授课二门，（一）"中西比较诗学"；（二）"文学与人生要义"。

　　父亲自一九四四年冬至燕大，一直住在何公巷文庙内。本年九月，迁入陕西街燕大校内所谓Ladies`Building之三楼男教职员单身宿舍，干燥高爽，窗明几净，居之甚适。入伙男教员饭团，楼内厅中会食；授课亦在院内，较前近便许多。

　　父亲十分抱憾自己无法亲自陪伴寅恪伯父飞赴昆明，便出面向校方请到燕大历史系助教刘适[1]君护送寅恪伯父飞昆，并在昆明服伺送行。

　　寅恪伯父与刘适于一九四五年九月十四日早晨七点，由成都飞往昆明。下榻于北门街七十一号西南联大单身教授宿舍客房，逗留一周。每天来看望的人络绎不绝，他们多是北大、清华文科研究所的人员，对寅恪伯父健康极为关怀。寅恪伯父目虽不明，精神仍佳，听说话人的声音，就能辨认出来访者是谁。九月二十一日，寅恪伯父再次动身，偕邵循正、沈有鼎、洪谦、孙毓棠等同乘英国军用飞机由昆明飞印度转赴伦敦。

　　寅恪伯父离蓉后，他原在燕大指导的唐代文学研究生刘开荣[2]，改由父亲任导师。父亲给寅恪伯父寄去燕大研究院委员会记录，写信报告国内情况。他甚至在夜深人静时，为老友治好眼疾恢复视力而默默祈祷。

　　令人失望的是，在英国，寅恪伯父的眼睛虽经英国著名眼科专家Sir Steward Duke-Elder诊治并主刀，做了两次手术，左眼视网膜上部粘合了一点，视力略有改善，未能复明。一九四六年四月，寅恪伯

1　刘适（1917～2005），后改名石泉，安徽贵池人。燕京大学研究院毕业，曾为陈寅恪研究生及助教。后任武汉大学历史系教授。
2　刘开荣（1919～1973），女，湖南衡阳人。成都燕京大学研究院毕业，师从陈寅恪，专攻唐代文学。美国明尼苏达州立大学文学硕士。回国后任金陵女子文理学院、南京师范学院、苏州江苏师范学院中文系任教授。

父乘海轮离英归国。原想去美国再试治疗，因此横越大西洋，绕道美国。抵达纽约布鲁克林码头后，得知美国著名眼科专家也提不出更好的治疗方案，就没有登岸。

一九四六年五月末，寅恪伯父归国，新午九妹由南京赶到上海，亲自乘小船登海轮，迎接寅恪伯父上岸，到表弟俞大纲寓所小住后，同到南京新午、大维夫妇家休养。此时，唐篔伯母和流求姐妹因复员人众，船票难求，尚滞留重庆。流求接连排了几天队才买得机票，于八月六日、七日先后到达南京。一家人离别一年后，重又团聚。

寅恪伯父万里求医，未能复明，心情沉重忧郁。这一心绪，充分反映在他回国后寄示父亲的一些诗作中。

來倫敦治眼疾無效將東歸江寧感賦
陳寅恪

金粉南朝是舊遊，徐妃半面足風流。

蒼天已死三千歲，青骨成神二十秋。

去國欲枯雙目淚，浮家虛說五湖舟。

英倫燈火高樓夜，傷別傷春更白頭。[1]

此诗《寅恪先生诗存》中题作《南朝》。

來英治目疾無效將返國寫刻近撰元白詩
陳寅恪

眼昏到此眼昏旋，辜負西來萬里緣。

杜老花枝迷霧影，米家圖畫滿雲煙。

餘生所欠爲何物，後世相知有別傳。

1　录自吴宓钞存稿。

歸寫香山新樂府，女嬰學誦待他年。¹

此诗唐筼伯母手编诗目题作《来英治目疾无效将返国写刻近撰元白诗笺证留付稚女美延读之》。

大西洋舟中記夢
陳寅恪

貧賤夫妻已足哀，亂離愁病更相催。

舟中正苦音書斷，夢裏何期笑語來。

去國覊魂銷寂寞，徐騎省集李後主輓詩云：此身雖未死，

寂寞已銷魂。還家生事費安排。

風波萬里人間世，願得孤帆及早回。²

丙戌春遊英歸國舟中作
陳寅恪

百尺樓船海氣寒，憑欄人病怯衣單。

遠遊空負求醫意，歸死人嗟行路難。

蠶食光陰春黯澹，龍吟風雨夜迷漫。

人生終古長無謂，乾盡瀛波淚未乾。³

这首七律唐筼伯母所编目录，未收入。据陈美延编《陈寅恪集·诗集》注，本诗第四句"人嗟"疑为"仍嗟"之误。

寅恪伯父非常关心时局，听读报纸成为习惯。在伦敦医治目疾

1　录自吴宓钞存稿。陈美延编《陈寅恪集·诗集》，此诗题作《来英治目疾无效将返国写刻近撰元白诗笺证》。

2　录自吴宓钞存稿。

3　录自吴宓钞存稿。

时，请时来探视的熊式一、邵循正等友人为他读报。到南京的头两个多月，流求姐妹尚未出川，就由俞大维的幼子、正读初中的俞小济，天天为六舅读报。据流求回忆，听小济说，寅恪伯父当时能看清报纸的大字标题，后来视神经越来越萎缩，就只剩光感了。

寅恪伯父逗留南京期间，远在庐山的五兄隆恪，已由四川乐山复员武昌的八弟登恪也来到南京萨家湾九妹新午家；加上原在南京的康晦姐和七弟方恪，六兄妹抗战多年以来首次大聚会，共话家常，畅叙手足之情。商议决定尽早将尚寄厝北平的陈三立老人灵柩南运，与俞太淑人合葬杭州茔地。

寅恪伯父的下年行止，也是在南京决定的。虽然宁沪亲友多，可相互照应，其时内战已向全国规模升级，也预感"北归一梦原知短"，但他没有留在南京专任中央研究院历史语言研究所研究员，而选择北上清华授课。根据流求体会，这固然由于寅恪伯父的确比较喜欢教书，喜欢带研究生，悉心传授自己的学识和科学的研究方法；另方面可能与他不愿在政治中心工作有关。如一九四三年秋由广西入川，在重庆亲友甚多，中大、复旦等国立大学都可教书，寅恪伯父还是没有留下而选择去成都燕大授课。

第六章 从复员到解放

（一九四六至一九五六年）

日本投降，抗战结束。一九四五年九月，北京大学、清华大学、南开大学奉命复员。

西南联合大学一九四五年度第二学期，于一九四六年五月提前结束。五月四日举行结业式，西南联大的战时使命完成，北大、清华、南开三校的复员随即开始。联大学生，依各人志愿，分发于北大、清华、南开三校，从五月至八月分批由昆明北返。三校教职员也自六月起，分别通过水路、陆路或航空经湖南、武汉或重庆北返平津。

北平，系一九四五年十月中由国军第十一战区受降。清华大学于同年十一月下旬委派张子高、陈福田教授，会同教育部特派员前往接收。校长梅贻琦也同陈岱孙、施嘉炀、毕正宣等，于十一月末到清华园视察。清华园校舍，经日军八九年长期占用，最初驻兵，继改作伤兵医院，破坏严重。一九四六年春，又为国军六十军医院迁入占用数月，校舍续遭破坏。该医院七月中旬迁出后，学校迅即修葺整理校舍。清华园户外景象，骤观如昔，但内部创痕深重且巨；经费不足，人力有限，恢复不易。

清华大学一九四六学年度第一学期，于十一月五日在北平清华园旧址始业。学生由昆明随校复员来的九百多人，北平临时大学补习班

1947 年陈寅恪在清华大学新林院 52 号家中书房内

吴宓与陈寅恪

分发三百七十馀人，一九四六年夏招考录取一年级及转学生、研究生九百馀人，加上先修班二百馀人，共两千三百馀人。学生宿舍不敷容纳，只有暂时挤住，并将先修班学生安置于农学院。

教授由于出国讲学或进修、借聘、他就、生病、请假等等，随校北返的不是很多。如中国文学系复员之后到校教授仅四人；外国语文学系随校北返六人，其中三人为主授第二外国语者，而学生人数骤增，第一年第二年英文教学负担甚重。师资缺乏，选修课难开。所以梅贻琦校长得知寅恪决定受聘北返，喜不自胜。在一九四六学年第一学期的始业式上和《清华校友通讯》关于复员的报告中，都格外述及于此。他一直以寅恪伯父这样中外仰慕的权威学者能留校任教是清华的荣幸，因而作出许多努力进行争取。据《梅贻琦日记》，早在一九四六年三月寅恪伯父尚于伦敦医治目疾期间，梅校长即致电同在英国的邵循正"约陈寅恪返校"。同年六月，寅恪伯父返国在南京妹夫俞大维寓宅休养，因公赴宁的梅校长六月十二日即偕浦江清"同往慈悲社俞家访陈寅恪，坐三刻许"。六月二十九日，又"至慈悲社俞家看寅恪，稍坐"。[1]中心意思都是坚邀寅恪伯父北返清华授课。

一九四六年十月下旬，寅恪伯父和唐篔伯母带着小女儿美延离南京赴上海，登轮北上。航行三天，到天津留宿一夜，转乘火车，抵达北平。流求、小彭姐妹九月已入读南京金陵女大附中，没有随同父母北来。

寅恪一家离开九年后重返清华园，住进新建不久的教授住宅区新林院五十二号。相知旧友，时相往还，邻舍孩子且来"给陈伯伯读报"。

一九四六年十一月五日正式上课。

寅恪伯父重返清华园后，仍为中文系历史系合聘教授。在中文系

---

1 《梅贻琦日记》，页211、227、233。

轮番所授课程"唐诗研究"及"元白诗笺证",历史系轮流所授课程"隋唐五代史(或唐史)"及"魏晋南北朝史",均为文科研究所研究生所开。其中"魏晋南北朝史"及"隋唐五代史(或唐史)",亦为历史系二至四年级学生自"殷周史"至"清史"的中国断代史八种中所必修的三种课程之一。

寅恪伯父一九四六年指导的中文系研究生王忠,论文题目"唐代藩镇与文学";一九四七年指导的历史系研究生艾天秩[1],专业研究方向是三国。据艾天秩回忆,一九四七年九月,当他作为新考入清华历史研究所攻读硕士学位的研究生,选择寅恪伯父为导师接受面试时,寅恪伯父曾严肃地对他说,自己是治魏晋南北朝隋唐史的,也就是中国的中古史,现在想把治史的范围从前后两头都延伸一下,后面延伸是五代,前面延伸则是三国。他想先把研究领域伸向三国。艾天秩如果要做他的研究生,就得服从他探索三国这个历史阶段的需要。[2]此外,寅恪伯父退还了哈佛燕京学社的聘书,但经燕大陆志韦校长亲来商请、梅贻琦校长同意,寅恪伯父应允担任燕京大学研究院的兼课教授,以继续指导复员北上的原成都燕大研究生刘适,俾完未了功课。研究方向为探索甲午战争中国惨败的内政背景:从晚清满汉关系入手,解析中国当时为何不能像日本明治维新那样推动改革,反在平定太平天国后由统一趋于分散,终演变为后来的军阀割据。刘适是寅恪伯父指导下唯一作中国近代史学位论文的研究生。寅恪伯父熟稔晚清历史,经过三年来精心的指点、问难与审查,刘适完成长达十五万字的硕士论文《中日甲午战争前后的中国政局》。

1　艾天秩(1925～2008),陕西米脂人。1947年西北大学毕业,考入清华大学历史研究所,攻读硕士研究生,师从陈寅恪。1949年3月参军南下接管武汉大学,后任中共湖南省委党校哲学教授、教育长。

2　参见艾天秩《忆先师陈寅恪先生》,载《清华校友文稿资料选编》第四辑,页56,清华大学出版社1996年版。

寅恪伯父就在新林院家中上课。以一间二十多平米的大屋子为教室，学校搬来课桌椅和黑板。原请的助教徐高阮君未能按时就任，北京大学历史系主任郑天挺教授暂请北大研究助教王永兴君代理；旋又派北大教师汪篯君来帮助工作，清华亦派陈庆华君来任助手。王永兴主要负责教学方面，上课前，将寅恪伯父指定的材料在黑板上写好；上课时随时将寅恪伯父讲到的材料原文、出处或重点词、字，工整地写于黑板。下课后，在寅恪伯父家用完午膳离去。有时陪伴寅恪伯父在阳台散步。陈庆华下午来家工作，分管研究工作涉及西语的部分。汪篯的工作重点在研究，他因编制在北大，不能在清华分配宿舍，就住在寅恪伯父家。

寅恪伯父像过去一样，非常关注世界学术动态，每周两个下午，助手们分别为读中西学术期刊有关资料。周一良也时常来与寅恪伯父叙谈，并为译读日文杂志的论文。寅恪伯父听读十分认真，以日语辨问所读为"既"抑或为"即"。

教室有二十多个位子，听课的除了中文、历史两系的高年级学生，还有研究生、讲师以至副教授、教授。周一良等校内外一些学者，每周也来陈宅旁听教课。寅恪伯父虽然体弱，从未缺课。一般是上午授课；与研究生谈话，大多约在下午。艾天秩在寅恪伯父门下受业一年零四个月，每周一个下午个别指导，时间长短不一。有时碰上寅恪伯父谈兴很浓，至唐筼伯母进来提醒他该休息了才止。艾天秩回去误了晚饭，丰富的精神享受使他乐而忘饥。

寅恪伯父授课旁征博引，讲解详明，论证紧密，环环相扣，迸出的思想火花、推出的崭新见解令人折服；听课者深深为之吸引，很难想象这一切出自盲人教授的讲授。

寅恪伯父谨严的学风，科学的治史方法，一如既往。没有材料，从来不讲课。讲课涉及的史料，讲课有关的每一条材料，都经过严谨的校勘与考证。流求姐妹"常听父亲说，虽然史学目前难以达到数理学科的精确度，他仍尽力提高历史学的科学性"。[1]

寅恪伯父对学生要求严格，他曾要艾天秩试写一篇几千字的小论文，以考察其科研能力。题目是曹魏政权内部分裂三次大的叛乱为什么都发生在寿春？而且为什么都败给了司马氏？三次叛乱的各自特点、相互联系和共同的败因何在？这实际上是要他"解开曹魏政权兴亡内在原因一团乱麻的线头"。

寅恪伯父要艾天秩动手前首先弄清国内外在这个问题上已经作出了什么成绩，他只能在前人已有成绩的基础上进行新的探索，才不致浪费精力。为此，他根据寅恪伯父的推荐，向清华图书馆的一位老先生求教，又去北大、燕京图书馆搜索，得瑞典人写有关论文两篇、日本人写三篇。五篇论文基本上都未接触到寅恪伯父所提问题，就要他围绕这些问题，去收集第一手材料，不外是有关的那几部书，"关键是带着自己的问题去精读细想由此及彼地思考，不忽视同一史实不同史书提法的细微差异，抓住问题去寻根究底，尽力把原始材料按题目的要求排比起来。"艾天秩用了一个多月的时间摘录、整理材料，遇到问题向寅恪伯父提出，寅师提示他从哪个方向去找，主要是细钻裴松之的注，其次是查证《通典》《通鉴》，参考建安七子和曹氏父子的诗文。最后，用集中起来的材料中选择了二十几条，用以论证曹魏时寿春作为对抗吴国的军事重镇的同时，在经济、政治有可能与洛阳的中央抗衡的形势。他惊喜地发现，"按照陈先生的方法把材料排列起来，结论自然而然就出来了。"

艾天秩的这篇小论文，寅恪伯父给了九十分的成绩，并说这可作为他指导艾写硕士论文的开端，"以下就是一步一步地加深和开拓的问题；开头是重要的，但是否学有所成，主要靠以后的努力。"寅恪伯父接着又提了几个问题，如曹氏集团与袁绍等四世三公大豪门的关

1　陈流求、陈小彭、陈美延《也同欢乐也同愁》，页216。

　　　　　　　　　　　　　　　　吴宓与陈寅恪

系，与其他大士族如司马氏的关系等等。艾天秩体会，这是寅师要他对有关曹氏兴亡的已有史论，"既能走进去，又能走出来。"[1]

一九四八学年第一学期，艾天秩在寅恪伯父的步步指导下明确了硕士论文的思考方向，起草了论文的详细提纲，寅恪伯父听后，要艾"正式写出来交给他，要求标明每一个论点根据的史料有哪几条，它的原文和出处在哪里"。[2] 然而令艾天秩万万想不到并十分难过的是，当他这项工作接近完成时，寅恪伯父匆匆南飞，离开清华。他"永生难忘那天上午按时去新林院陈宅听课时，人去楼空，满目凄凉，凛冽寒风中使人欲哭无泪"。[3]

寅恪伯父于一九四八年当选为中央研究院院士。国民政府教育部一九四二年颁发的首届部聘教授，几全部当选为院士。父亲得到国立清华大学、武汉大学两校推举，然以中央研究院不设外国文学学科，未被列入候选人名单；中央大学首届部聘教授楼光来亦然。学衡派中坚人物多外国文学著名专家学者，皆因此而无缘入选。

一九四六年秋，清华大学在北平复校，父亲没有回清华，八月二十七日离成都经重庆去武昌，应知友刘永济之邀，至珞珈山武汉大学任教。

据父亲日记及致友生书信，一九四五年八月，"武大周鲠生新校长到任后，闻有意振作。知友刘永济兄，仍续任文学院长，极欲逐渐多招邀学深品洁、志同道合之士，树立风气。朱光潜君现主外文系，二君皆盼宓前往武大。"[4] 一九四六年一月二十六日至二月十八日，父

<hr>

1　以上引文均出自艾天秩《忆先师陈寅恪先生》，载《清华校友文稿资料选编》第四辑，页 60。
2　同上书，页 61。
3　同上书，页 64。
4　《吴宓书信集》，页 261。

在武汉大学执教时的吴宓

亲曾利用寒假由成都赴乐山（嘉定府）武大讲学、访友。此行决定下年就职武大。同年八月十日，父亲"函上昆明青云路一九九号清华梅校长，并复企孙、沈履七月八日来函。附还清华聘书，说明今就武大外文系主任，请向清华辞职，并商询还都补助费及退还已领旅费等问题"。[1]梅校长八月二十一日复函挽留，父亲乃改请辞为请假。

父亲在武汉大学两年，先后授"英国浪漫诗人"（一称"长篇英诗"）、"文学与人生""世界文学史""文学评论"课；又久代周叔娴讲师授"应用英文""现代短篇英文选读"。此外，在武昌华中大学兼授"文学批评"课。

学生孙法理[2]这样形容任教武大时的父亲："他很瘦削，颅顶谢得厉害。眉毛短短的，眉毫却很长，覆在深陷的眼窝上，眼睛闪着光。这一双眼睛和千千万万的眼睛不同，那眼神严峻，即使在笑时，也带

---

1 《吴宓日记》Ⅹ，页 103。
2 孙法理（1927～　）四川内江人。1948 年毕业于武汉大学外文系，同年入中央大学外文系读研究生。1949 年回重庆，在中学教书。1957 年西南师范学院外语系读研究生，旋留校任教，后任外语系教授。

　　　　　　　　　　　　　　　　　　　　　　　吴宓与陈寅恪

着庄重。

"不知为什么那时的人还不知道用提包（名媛仕女们小巧玲珑的钱包例外），师生们上课都腋下夹着书。吴先生却与众不同，夹着个布包袱，拿根手杖，咔、咔、咔地点着地，走得风快。

"上了讲台，他的第一件事便是打开包袱，取出一个墨盒和一两枝毛笔，然后拿出课本开始讲课。讲完又整整齐齐包好，咔、咔、咔拄着手杖走掉。他的这一包袱、文房四宝，第一次在课堂上露脸时，曾使我大吃过一惊，特别是那墨盒，我总怕它有淋漓外溢的危险，可它却像有魔法一样，从不出事。

"后来看到吴先生的'讲义'，我才懂得那墨盒的重要性。吴先生写惯了墨笔，他的讲义有汉字也有英文，却都是用墨笔写的。汉字写得整整齐齐，通行亮格，可以叫做'蝇头小楷'，英文也大体是印刷体。重要的地方还用墨笔、红笔打上圆点、波浪线、直线，加以强调。看见了这些点点和道道，我们便仿佛看到吴先生那长眉毫下的眼睛盯着我们，说，'Important'，'Emphatically important'，'Pitfall'！

"他那讲义的纸也出奇。有剖开的信封，有购物的包装，也有大小不同的连史纸或毛边纸，仿佛是从各种纸张上裁下来的'边角废料'。分成参差不齐的若干叠。这一叠是A·丁尼逊的《洛克斯利大厅》的介绍，那一叠是但丁《神曲》的讲述（还用粗大的线条画上倒漏斗形的天堂、涤罪界和地狱示意图），诸如此类。每讲完一讲便发下一叠，让大家传看。

"第二年他教'文学批评'，……讲义由助教打字发给同学，原来那奇特的讲义便绝了迹。'文学批评'课内容很多，亚里士多德的《诗学》，朗加纳斯的《论崇高》，但丁的《论俗语》，亚·波普的《论批评》、《论人》，莱辛的《拉奥孔》……大多是古代作品。吴先生的讲义主要是阅读指要，提纲挈领，阐明重点。一叠又一叠地发下来，叫我们目不暇接，读得好苦。但很显然，他这课备得更苦，抉

国立武汉大学 LITERARY CRITICISM
Jan. 18, 1949 March 2nd 1949 补考

I. Write down from memory as many lines as you can, from Pope's "Essay on Criticism" (1711).

II. Summarize Matthew Arnold's ideas of "Culture" (Sweetness and Light)

III. According to Plato ("Republic " Book X), why the Poets should be banished from the Ideal State?

IV. Explain and discuss Horace's Phrase "Ut pictura poesis" in his "Art of Poetry" (Epistle to Pisos)

吴宓在武大所出"文学批评"补考题

深剔隐,深入浅出,对我们的帮助很大。吴先生的备课和教学是非常扎实的。"[1]

父亲授三四年级的"长诗",与朱光潜的教法不同,不要背诗,"但是考试的题目却要求从更广的角度和观点加以诠释。后来读了雪莱的 *Alastor, Adonais* 和济慈的 *Endymion*,解说这位诗人早期的浪漫思想和现实冲突。"[2]

在指导毕业生写作论文方面,父亲一九四六年续接已去北大任教的朱光潜先生指导齐邦媛,一九四七年指导陈佩荃等。一些非由父亲指导作论文的学生也前来求教问难,父亲虽不愿越俎代庖,有些迟疑,还是腾出时间,详为指点解惑。

父亲是至性中人,对学生热忱关怀。他可能从朱光潜先生那里得知齐邦媛的爱友在抗战胜利前夕的空战中为国捐躯,正困在悲伤中走不出来;就建议她以雪莱的长诗 *Epipsychidion*(希腊文,意为"致年

---

1 孙法理《回忆吴宓先生——一个把一切都给了别人的人》,载《第一届吴宓学术讨论会论文选集》,页 119—121。

2 参见齐邦媛《巨流河》,页 166,北京生活·读书·新知三联书店 2011 年版。

吴宓与陈寅恪

轻灵魂")作论文。后来，又把齐邦媛所"拟的大纲几乎改了一大半。他用毛笔写了两页英文大纲，并且加上一句中文：'佛曰爱如一炬之火，万火引之，其火如故。'"告诉齐邦媛，"要朝一种超越尘世之爱去想，去爱世上的人，同情、悲悯，'爱'不是一两个人的事"。[1]再后来，齐邦媛按我父亲修改过的大纲写了初稿，交上；父亲又"修改近半"。父亲喜欢有文学天赋或潜质的学生。一九四七年十二月，与台湾大学文学院长兼外文系主任钱歌川通信时，还附函覆时任台大外文系助教的齐邦媛，谈关于其毕业论文事。[2]

父亲素不喜欢政治，从不参加活动，对外文系同事缪朗山教授在"俄国文学"课上少谈文学而大谈政治、鼓动学生反对政府，很不以为然。但当武大"六一惨案"[3]发生，缪朗山无法在武汉立足而南下香港时，父亲还是以外文系主任的身份保护缪朗山的安全，不仅亲自护送他到机场登机，而且一直等到缪抵达目的地来了电话，自己才离机场回家。

武大事权，校长、教务长而外，集中于各院院长，系主任无足轻重，劳碌琐屑，实不足为。况父亲受聘迟，一切夙定；虽为武大引进了田德望、周煦良等教授，原所聘名贤及亲洽精干的友生多不能来，这也许与待遇菲薄有关，抗战时期内迁的每一教授必可得之复员费、旅费，武大规定新聘者概不发给。父亲可以为友牺牲，已将清华发给的复员费及旅费全部退还。其他教授不能不为家庭生计考虑。加以系内诸人为住宅、课时、薪津待遇争攘纠结，父亲耗时费力于簿书期会、排难解纷；未能尽己之长，发挥正道，作育英才，几次请辞系主任职务而

1　参见齐邦媛《巨流河》，页 166，北京生活·读书·新知三联书店 2011 年版。
2　《吴宓日记》X，页 209、296。
3　指 1947 年 6 月 1 日凌晨，武汉行辕、武汉警备司令部调集军、警、宪、特一千多人闯入武汉大学教职员和学生宿舍，开枪打死学生三名，打伤二十多人，逮捕一批进步师生。

不成，心境郁悒。

一九四七年八月末，武汉大学接到教育部训令，父亲作为首届部聘教授，任期自一九四二年八月至一九四七年七月，业已届满。教育部经核定续聘五年，自一九四七年八月至一九五二年七月，讲座设武汉大学。父亲曾设想以部聘教授身份，离此他适，去知友所在的熟悉的国立大学自由授课一二年，以摆脱行政日常琐屑事务；终以时局关系及不现实未能实现。

父亲与寅恪伯父自一九四五年在成都握别后，书信来往不是很多，但通过报刊和亲朋好友、学生的来访来信，经常得知寅恪伯父的一些消息。一九四七年初北方严寒，寅恪伯父卖书买煤取暖的事，父亲就是从报上读到的。

寅恪伯父的诗作，父亲仍同过去一样，注意录存研究。据父亲日记，一九四八年一月二十七日，"昨程曦钞寄陈寅恪乙酉、丙戌、丁亥诗若干首。浑成妥贴，而情事真切，词句典雅，甚欣佩。"[1]九月二十八日"晚，读唐长孺携借之中央研究院《历史语言研究所集刊》第二十本（上册）完。三十七年七月出版。首为陈寅恪《元微之悼亡诗及艳诗笺证》。中有季羡林《浮屠与佛》，谓浮屠乃印度梵文俗语Buddha之对音，汉时即入中国，且通用。其后佛之单音自中亚细亚诸国［吐火罗文 β（较古）龟兹文 Püd，吐火罗文 A（较近）焉耆文Pat］译语传来，遂替代前名。实则此二字渊源不同，佛非佛陀之简省也。云云。"[2]

父亲到武大后，清华几次来信联系回校授课之事，一九四八年初，父亲原拟寒假开学至清华授"世界文学史"及"文学与人生"二课，但又举棋不定。二月十一日曾给寅恪伯父写信，"详述宓下

---

1 《吴宓日记》Ⅹ，页 322。
2 同上书，页 437—438。

吴宓与陈寅恪

学期至清华任教之目的，及行止去留之利害，比较论列，而求寅恪兄指示决定，以便遵行云"。[1]二月二十二日，"展读曦寄来寅恪二月十八日复宓函。略谓（1）在平薪多而实不为益。（2）书宜售出，免遭兵损。（3）宜授外文系高深课程。（4）华北大局，应视两月内锦州能否坚守，云云。"[2]其后，因武大只准短假，父亲回清华授课之旅濒行又止。

一九四八年四月，父亲曾到西安西北大学作学术讲演，讲"世界文学史纲"、"文学概论"、"中国小说"等。五月下旬，父亲又应邀到广州中山大学讲学，并到岭南大学作学术演讲。据父亲在广州所作笔记，"此次来广州中山大学讲学，系由中山大学工学院长陆凤书（清华校友，原在武大，随王星拱校长来粤）介绍、接洽，而主持促成者，则文学院长王力（了一）与中文系主任孔德（肖云）也。"父亲在广州，受到两校殷渥礼待，与旧友谈叙欢洽。又谒见叶恭绰先生，承赠书，并曾到香港看望马鉴先生及友生周叔娴、关懿娴女士等。

一九四八年暑假，中山大学校长陈可忠聘请父亲任该校文学院长。武大也有朋友"力劝宓就中山大学文学院长。以德化人，无为而治，树之风声，以慰粤士之望"。[3]父亲考虑再三，没有应聘。七月二十六日，下午作长函覆广州中山大学校长陈可忠，辞该校文学院长、研究所长、外文系教授之聘。退还聘书三件，并述中文系必须维持旧贯。荐孔德主中文系，并荐举尹炎武、柳诒徵、李沧萍、严学宭、林文铮、严既澄诸人。

一九四八年十一月八日，父亲函程曦，告宓已函孔德荐举寅恪为中山教授，先送足旅费。父亲本人，原定于十二月初至一九四九年一月二十日，赴中山大学讲学，并已约定武大哲学系洪谦教授同往，后

---

1 《吴宓日记》X，页332。
2 同上书，页340。
3 同上书，页382、397。

文學副葉

吳宓主編

每星期一出版

1947 十月十三

中華民國三十六年十

第四十三期

吳宓在武汉大学任教时主编的
《武汉日报·文学副刊》

改期。一九四八年十二月十四日，父亲作吴宓、洪谦覆广州中山大学孔德函，列举三理由：（1）武大方始复课，不能遽去，致摇动人心。（2）火车票头等增至850金圆，尤虑时局有变，不敢置家于此而只身赴粤。（3）已近寒假，此时来粤，只能上三四星期之课，故不克遵命即来，而决当于寒假后，下学期开学时，来中山大学久住，授课，云云。晚饭后，访洪谦，持函签署。

由于南北通讯中断，加以国民政府封锁新闻；父亲与武大同事对外界情况，仅从报刊及外国电台广播得知一二。据父亲一九四八年十二月十六日日记，下午"偕（何君）超、（周景）俞访（洪）谦，以德语谈时局。报载十四日北平西郊炮战，弹落清华园内，新斋后，伤一厨人。于是清华师生纷步入城中。又传司徒雷登之顾问傅泾波往北平为居间说和，于是傅作义军今日向南撤退，而共军已入驻北平城内云。又报载胡适偕眷及陈寅恪教授飞抵南京。十五日"。[1]刘永济述所闻，则谓"平郊大战，清华、燕京校舍大半毁于炮火，学生分散奔逃，半入城内，半随共军去，书物行李尽失，且死者亦不少云云"。父亲忧虑故都祸劫，真不堪设想。自忖："在此幸得苟安，念北平心一、学昭及姑母大人以下，处围城炮火之中，而西安父处音息早绝，汇兑亦不通，更不必言全国惨劫、生民大祸矣！"[2]

父亲不知实际情况不然：一九四八年十一月东北完全解放后，清华、燕京即作应变准备，主要是积储粮食，并成立巡防委员会，组织全校师生员工，防护学校，维持秩序。十二月十二日校园北面炮声隆隆，晚间有大部平绥路退下的国民党军，住在两校附近。十三日炮声更近，清华气象台及宿舍楼顶，可以望见北面战争的进行。国民党军炮兵十三日晚进入清华园设置炮位，但十四日晨即撤去。其他军队亦

1　《吴宓日记》X，页485。
2　同上书，页490。

于十四日下午纷纷后撤，两校附近成真空地带。十五日，解放军开到。十九日下午，国民党飞机盘旋清华上空，投弹十馀枚，四枚落入校园内，幸未伤人，亦未损及建筑物。北平自十二月十四日国民党军后撤即入围城时期，西直门至海甸中间地带，时有小规模战事发生。至一九四九年一月二十四日北平开城，战事方告中止。[1]

寅恪伯父一家，是在炮火越来越逼近的十二月十三日午间仓促离开清华园的。据流求姐妹回忆，寅恪伯父不久前虽有去南方的想法，但在当时只打算进城去亲戚家避几天炮火，所以除了寅恪伯父的文稿箱，家人只带了几件随身换洗内衣，并嘱托原住陈家的助手汪篯君帮助照看几天这个家，待时局稳定，他们即回。谁知寅恪伯父一家进城的第二天，北平即围城。胡适先生辗转通过邓广铭、俞大缜君找到寅恪伯父的大嫂家，告知国民政府派来飞机接胡适等去南京，交通部部长俞大维带口信要寅恪伯父一家随这架飞机离开战火中的北平。寅恪伯父听闻邓广铭传话后，稍加考虑即决定与胡适同机飞宁。当日未能出城，十五日始得再往南苑机场登机离平，傍晚飞抵南京。寅恪伯父一家只在俞大维妹夫家住了一夜，次日即搭乘京沪夜车到上海，下榻表弟俞大纲寓宅。寅恪伯父二女儿小彭原在南京就读，此时已随新午姑在沪。

寅恪伯父在上海住了一个月，后决定应岭南大学礼聘南下广州，遂偕唐篔伯母及小彭、美延于一九四九年一月十六日登上招商局的客轮"秋瑾号"南航，一月十九日抵达广州。长女流求留在上海，入国立上海医学院借读，后转学二年级。[2]

岭南大学，就在珠江边上。寅恪伯父一家经过三天的海上航行，刚从靠岸珠江口黄埔港的海轮上下来，又坐上岭南大学专门派来的交

---

1 参见冯友兰《解放期中之清华》，载《清华大学史料选编》第四册，页85。
2 陈流求、陈小彭、陈美延《也同欢乐也同愁》，页228—232。

　　　　　　　　　　　　　　　　　　　吴宓与陈寅恪

通船。船抵学校北门码头，受到陈序经[1]校长和文学院师生的欢迎。

寅恪伯父一家搬入校内西南区五十二号宿舍，很快安顿下来。二女儿小彭转入岭南大学附属中学，小女儿美延进入岭大附小就读。寅恪伯父在岭南大学仍为中国文学系和历史政治系两系授课，所开课目为"白居易诗"及"唐史"。

一九四九初，父亲在武汉大学收读寅恪伯父寄示的《戊子阳历十二月十五日于北平中南海公园勤政殿门前登车至南苑乘飞机途中作并寄亲友》（父亲称之为《南飞》诗）诗，句句惊心，尤其首联："临老三回值乱离，蔡威泪尽血犹垂。"如杜鹃泣血，鸣声凄厉，父亲非常触动，写有附注。可惜寅恪伯父诗笺信函和父亲所写附注，"文革"中全被抄走，至今未能找回。仅存寅恪伯父的《南飞》诗钞稿。

戊子陽曆十二月十五日於北平中南海公園
勤政殿門前登車至南苑乘飛機途中作並寄親友
陳寅恪

臨老三回值亂離，北平盧溝橋事變、香港太平洋戰爭及此次。

蔡威淚盡血猶垂。

眾生顛倒誠何說，殘命維持轉自疑。

去眼池臺成永訣，銷魂巷陌記當時。

北歸一夢原知短，如此恩恩更可悲。

一九四九年三月，父亲的知友、岭南大学中国文学教授李沧萍病

1　陈序经（1903～1967），海南文昌人。复旦大学毕业留美，伊利诺大学哲学博士，德国柏林大学进修，曾任岭南、南开、西南联合大学教授。1948年任岭南大学校长。1952年任中山大学副校长，1962年任暨南大学校长，1964年调任南开大学副校长。

逝，父亲作挽李沧萍联，寄请寅恪伯父改定，寅恪伯父作了非常认真的修改。寅恪伯父也有挽联送沧萍，联云："短梦兴亡，珠海魂归迷故国；高楼风雨，玉谿春尽感斯文。"悲感中也有自伤的意味。沧萍夫人黄真如女士乃黄公度（遵宪）先生孙女，寅恪伯父祖父右铭先生（宝箴），与公度先生同抱经世维新思想，共办时务学堂，极其友好，上代还有亲戚的旧谊。而沧萍是父亲的业师黄节（晦闻）先生在北大的门弟子，擅诗学，年仅五十二岁去世，寅恪伯父认为很可惜。据沧萍二弟韶清一九四九年三月五日给父亲写信报告治丧情况说："四日下午三时大殓，随即发引，安葬岭大坟场。由起病迄逝世，足为一月。兄与家兄为异姓兄弟，闻此噩耗必为之流涕。出殡日陈寅恪先生亲来执绋。会葬时亲友及门生到者数百人，可见萍兄平日至忱感人之深。"[1]

不久，父亲又接寅恪伯父《丙戌春旅居英伦疗治目疾无效取海道东归，戊子冬复由上海乘轮至广州感赋》及《己丑元旦作时居广州康乐九家村》等诗函。《己丑元旦》诗有句"避秦心苦谁同喻"，父亲心有同苦，故能深喻老友心情。他自己去年秋即有意为宗教和理想志业入蜀，"辞卸国立武汉大学外文系主任职务，到成都任教，目的是要在王恩洋[2]先生主办的东方文教学院研修佛学，慢慢地出家为僧。"[3]后虽以种种原因滞留武大，向道依佛之心未减。所以在接读寅恪伯父诗函后，当即步寅恪《己丑元旦》诗韵，作《将入蜀，先寄蜀中诸知友》诗一首。

1　录自吴宓所存李韶清原信。

2　王恩洋（1897～1964），字化中，四川南充人。1919年在北京大学学习印度哲学，后去南京支那内学院师从欧阳竟无研究法相唯识。1925年在该院任教，此后十年从事教学和著述。1942年创办东方文教学院。1957年出任中国佛教学院教授。

3　吴宓《改造思想，站稳立场，勉为人民教师》，原载1952年7月8日重庆《新华日报》、1952年7月19日北京《光明日报》。

将入蜀，先寄蜀中诸知友　步陈寅恪兄己丑元旦诗韵

吴　宓

　　馀生愿作剑南人，万劫惊看世局新。

　　野烧难存先圣泽，落花早惜故国春。

　　避兵藕孔堪依友，同饭僧斋岂畏贫。

　　犹有月泉吟社侣，晦冥天地寄微身。[1]

　　一九四九年四月二十九日，父亲由武昌西飞四川。此行抱着保存、发扬中国文化之目的，要到成都王恩洋所办东方文教学院、北碚梁漱溟所办勉仁文学院[2]讲学。因"宓自幼即有深厚的国粹思想及保守的态度，认为中国文化是世界上最好的，而且可以补充西洋文化之缺点。至于中国文化之内容及实质，宓认为是'以孔子的儒学为主，佛教为辅'。故欲明晓中国的精神、道德、理想，必须'兼通儒佛'。又宓认为：要保存中国文化，首先必须保存中国的文言文和汉字。白话文和简体字，只能作为辅助工具，而不能完全替代。旧时代，同宓思想、态度一致的朋友很多。王恩洋、梁漱溟是在二十年代交识的，但多年中各走各路。宓1949来川，原定是要到成都东方文教学院（以佛为主，以儒为辅）去的，兼在四川大学任教以维持生活。梁漱溟的勉仁文学院（以儒为主，以佛为辅）1948年才在北温泉成立，即邀约宓来"。[3]

　　父亲飞到渝碚，因交通阻断，不能前往成都，而停止在北温泉勉

---

1 《吴宓诗集》，页447。
2 勉仁文学院，原为1946年8月创设之勉仁国学专修学校，1948年8月改办大学之一独立学院，于1949年6月在国民政府教育部立案获准。该院位于重庆北碚温泉松林坡，旨在研究中国文化问题，分设中国文学系、历史系、哲学系。时有教授梁漱溟、陈亚三、邓永龄、罗庸、李源澄、杨砺坚、曹慕樊、杨中慎、孙伏园等，梁漱溟兼任院长。实施导师制及学习小组制。吴宓于1949年5月入该院任教。
3 吴宓1969年9月9日"文革"中所写交代材料。

仁文学院讲学，又不得不兼在夏坝私立相辉学院[1]任教。靠相辉的少少薪资而生活。勉仁文学院直不能发薪，不久即议停办。随后，兼任沙坪坝国立重庆大学外文系教授。

一九四九年十月一日，中华人民共和国成立，定都北京。十月十四日，共产党军队开进广州。十一月三十日，重庆解放。经历过晚清、民国两个历史时期的寅恪伯父和父亲，都有机会离开大陆而选择了留下，这当与政治无关，只因为这片土地是他们视之比生命更重要的中国文化植根所在。

一九五○年初，父亲上书寄候远居岭南的寅恪伯父，寅恪伯父以诗作答。

庚寅春日答吳雨僧重慶書

陳寅恪

絳都赤縣滿兵塵，嶺表猶能寄此身。

菜把久叨慚杜老，桃源今已隔秦人。

悟禪獊獠空談頓，望海蓬萊苦信真。

千里報書唯一語，白頭愁對柳條新。[2]

一九五○年旧历五月十七日，为寅恪伯父六十岁生日，父亲寄诗祝寿。在父亲心目中，自王国维先生去世，已以寅恪伯父为中国优秀文化之代表，故有"文化神州系一身"之句。

1　相辉学院，抗战胜利，内迁重庆的复旦大学返沪后，复旦部分校友及留渝教授，在夏坝旧址创办相辉文法学院，以纪念复旦创始人马相如、李登辉先生。1946 年首届招生，设文史、外文、经济、会银、法律、农艺六系及会计统计、农业二专修科。首任董事长于右仁，继任邵力子。首任校长许逢熙，继任黄默涵。1953 年院系调整，相辉建制并入四川财经学院，其他系科调整到重庆大学及当时的西南农学院、西南政法学院。

2　录自《吴宓诗集》，页 452。

祝陈寅恪兄还历寿（周甲） 1890—1950 五月

吴　宓

卅年承教接音尘，文化神州系一身。

还历为文应集祝，检书代笔有门人。

清贫自守欣盲健，忧患空前味道真。

海鹤添筹成绚锦，重光日月世同新。[1]

一九五〇年九月，寅恪伯父从父亲给岭南大学陈永龄教授夫人高棣华女士及寅恪助手程曦的信中，得知父亲的嗣父仲旗公病逝，给父亲写了一信，内容如下：

雨僧兄左右：昨日讀　兄致高棣華夫人、程仲炎兄書，甚念。弟交陳永齡兄兩萬元作爲奠儀，聊表微意而已。唐稚松君函及詩均佳，信是美才也。嶺大情形亦與蜀中相似，弟教書之生活恐只有一年矣。現已將拙著《元白詩箋證稿》約十六萬字十一月底出版。當寄呈一部求教，並作爲紀念。因以後此等書恐無出版之機會故也。《兒女英雄傳》第三十回"敦古誼集腋報師門"，今日四海困窮，有財力足以濟人之急者皆已遠走高飛，而《儒林外史》中作八股之徒觸處皆是。吾輩之困苦，精神、肉體兩方面有加無已，自不待言矣。前報載有整理《紅樓夢》之說，豈以此事屬之於兄而致傳聞之誤耶，可笑。李哲生前來函，欲在廣東謀事，蓋未能知廣州情形之故。弟前寄金蜜公一信中有近作一首，未知蜜公轉寄上否。兹再附錄於下，若遇邵潭秋君[2]，請便中交與一閱。邵君近寄《庚寅七夕》詩十二

1　录自《吴宓诗集》，页 452。

2　邵祖平（1898～1969），字潭秋，江西南昌人。江西省立二中毕业，刻苦自学。时任重庆大学中文系教授。后调四川、中国人民大学，1957 年被划为右派，翌年调往青海民族学院。

首，未能奉和也。耑此敬叩

著安

弟寅恪敬啟

九月十八日

此信由寅恪伯父口述，助教程曦笔录。父亲旁注有：1950 十月九日夕到。

寅恪伯父信中所说的"近作一首"，即《庚寅广州七夕》，录如下：

庚寅廣州七夕
陳寅恪

嶺樹遮樓暗碧霄，柳州今夕倍無憀。

金甌已缺雲邊月，銀漢猶通海上潮。

領略新涼驚骨透，流傳故事總魂銷。

人間自誤佳期了，更有佳期莫怨遙。[1]

父亲此时仍遵奉儒教、佛教之理想，以发扬光大中国文化为己任，心想自己今后"即不克披薙为僧"，亦决于任课高校的同时，"在王恩洋君之东方文教学院参研佛理，以佛教诚虔之居士终。"[2]然而无论是梁漱溟创办的勉仁文学院，或王恩洋主持的东方文教学院，不久即相继停办，寺院庙宇也全部被人民政府接管。父亲于一九五〇年四月改任专任教授的四川省立教育学院，亦于一九五〇年八月奉令与重庆国立女子师范学院合并为西南师范学院。从此父亲在重庆西南师范

---

1 录自陈寅恪原信。

2 《吴宓日记》X，页263。

吴宓与陈寅恪

雨僧兄左右：昨日读　兄致高秙年夫人
念弟交陈永遴　兄两笺兄作为养　微意西已周耕村　敬書
君函迟均佳信是美才也諛大情形亦与弟中相似　教啟
生浮恐只有一年矣現已将此君函先寄至一部求教並作为紀念因以後此等書
十一月底出版當寄之稿會狀如無出版之機會有財力足以濟人
恐無出版之機會狀如兒女英雄傳　　四　說古誼筆题報
卯門今日四海困惑兒有財力足以濟人　　前報載有整理紅楼梦
高飛两儒林外史中作八脑之徒歸處旨是吾輩之国書精神
两體兩才面有如無己自身待於　　前寄金寫公信中有近作一首
審東諸事蓋走籠如廣州情形之故弟前寄金寫公信中有近作一首
之說豈此事舊舍之於兄西致偉聞之误那可知晶　
未知寅公轉寄上若兹其附緣於下芳迷州團秋高請使中支與一隊
卯君近寄庚寅女夕詩十二首未能奉却也萬此教卯

舊安

1950
十月九日夕到

弟 寅恪 敬啟
九月十八日

学院度过近三十年的坎坷人生，直到一九七七年一月被遣返回乡。

父亲一九五〇年十月九日接到寅恪伯父诗函后，曾覆信致谢并报告自己在重庆的处境，信中可能提到"渝、蓉本无西洋文学可言"，"今上下只欲学实用英文，期为人民服务"等情。[1]据父亲一九五〇年十月二十三日日记："陈寅恪兄十月十三日来函，劝宓'以回清华为较妥'。"[2]寅恪伯父虽远在广州，对清华情况了然。一九四九年十月，时负责清华教务的叶企孙、吴晗两君即曾致电寅恪伯父，恳请返校任教。寅恪伯父以在岭大聘约期内不他往，又畏北地苦寒等为由辞谢。寅恪一九五〇年十月十三日致父亲原函，已于"文革"中被抄走。据当时在寅恪夫妇身边生活的次女小彭回忆，父母希望吴伯伯与原配夫人陈心一女士复合之心甚殷切，劝吴伯伯回清华任教，既有教学环境条件的考虑，恐也有希望吴伯伯与时居北京的陈心一女士复合的意思，觉得吴伯伯年纪大了，应与太太复合，有个安定舒适的生活。

父亲没有听从老友劝告出川。此时也有友生和单位招邀父亲入京，均遭父亲婉拒。他以"首都政治空气太浓，人事太繁。宓最怕被命追随冯、朱、贺三公，成为'职业改造家'，须不断地发表文章，批判自己之过去，斥骂我平生最敬爱之师友。宁投嘉陵江而死，不愿……"又"家中人均进步，长年同居，反多心情上之阂碍与语言行动之不自由"。[3]宁肯隐居西南一隅，默默以终，也不愿入京。

一九五〇年孟夏，我听新民主主义青年团中央宣传部部长杨述同志说，胡乔木同志推荐父亲参加英译毛泽东选集，父亲以"非宓所能胜任"为辞。实际父亲"决不愿任接近政治及时事之工作，如译 毛公选集……纯文学是宓之范围，哲理道德今暂不谈可也"。[4]父亲又闻

1　见《吴宓书信集》，页362、368。
2　《吴宓日记续编》Ⅰ，页15。
3　参见《吴宓书信集》，页384。
4　《吴宓书信集》，页369。

友生"谈北京各校情形及教育政策，主实用与普及；教授咸被征调，忙于外务。而清华今后专重理工，又为东欧党团生留学之所，校中风气全变。宓益不作回清华之想矣。"[1]他哪里知道，在"政治挂帅"的新中国，他所谓的"纯文学"几乎不存。"京中各大学学生亦只愿学实用英文，而不肯选修文学课程"[2]，即使他在高校教授了几十年的英文课，不久也几全部为俄文所取代。

一九五〇年初冬，寅恪伯父将前所著有关元白诗各篇论文，整理修订为《元白诗笺证稿》一书，交由岭南大学中国文化研究室作为该室丛书之一出版，繁体直排线装本。这在一切弃旧趋新的当时，不能不算是一件难能可贵的事。

据父亲一九五〇年十二月十八日日记，"陈寅恪兄十二月二日来函，寄来《元白诗笺证稿》（定价五万元）三部：（一）赠宓（二）捐与西师图书馆（三）赠邵祖平潭秋（已交到，取得邵君手函）。又赙款数甚微，祈宓不必退还。附诗一首《庚寅广州中秋作》，另录存。[3]

庚寅廣州中秋作
陳寅恪

秦時明月滿神州，獨對嬋娟發古愁。

影底河山初換世，天涯節物又驚秋。

吳剛斤斧徒聞說，庾信錢刀苦未求。庾開府詩云：

"人生一百年，得意惟三五。何處覓錢刀，求爲洛陽賈。"

欲上高寒問今夕，人間惆悵雪盈頭。

父亲在寅恪伯父寄示的诗笺上，注有："一九五〇年九月中旬作

1　《吴宓日记续编》Ⅰ，页 167—168。

2　同上书，页 61。

3　同上书，页 15—16。

1951 年 5 月 11 日，西南师院外语系四年级学生与教师合影（第一排左起：王静之、李峻岳、秦荫人、张东晓、吴宓、方敬、赵维藩、尹炎麟、陈克理）

成，十二月十八日寄到宓处。"[1]

父亲收到寅恪伯父寄赠的《元白诗笺证稿》后，非常珍视。虽然多数篇章，前已读过，今日重新披览，仍感意味深长。特别是那些关于社会风习道德观念的分析论证，极富前瞻性，结合当前事境，更觉精绝深入，切合实际。父亲以为，非博学卓识、透视时世睿智敏锐如寅恪，不能作出。父亲的读书笔记，摘有寅恪伯父新书的片段。着重点为父亲所加。

---

[1] 《吴宓诗集》，页 453。

吴宓与陈寅恪

縱覽史乘，凡士大夫階級之轉移升降，往往與道德標準及社會風習之變遷有關。當其新舊蛻嬗之間際，常呈一紛紜綜錯之情態，即新道德標準與舊道德標準，新社會風習與舊社會風習並存雜用。各是其是，而互非其非也。斯誠亦事實之無可如何者。雖然，值此道德標準社會風習紛亂變易之時，此轉移升降之士大夫階級之人，有賢不肖拙巧之分別，而其賢者拙者，常感受苦痛，終於消滅而後已。其不肖巧者，則多享受歡樂，往往富貴榮顯，身泰名遂。其故何也？由於善利用或不善利用此兩種以上不同之標準及習俗，以應付此環境而已。

父亲所写笔记，"文革"中被撕去批判未发还；残留的字迹因磨损已辨认不清。不过从当时留下的其他文字看，父亲自度为拙者，虽身经新旧蜕嬗未久，已深深感受苦痛。寅恪伯父寄赠的《元白诗笺证稿》一书，为父亲渝碚诗友争相借阅，以致破损，父亲不得不细心"抄补缺页"。[1]

一九五一学年，寅恪伯父在岭南大学辞去中文系教职，专任历史系教授。助教程曦不辞而别，离寅恪伯父他去，唐筼伯母自任助手。程曦在成都燕京大学曾从寅恪伯父受业，一九四七年冬在北平燕京大学中文系毕业后，入中央研究院历史语言研究所任历史组助理研究员。北平解放前未随史语所南迁，而在家闲居。一九四九年暑假南下广州，投奔寅恪伯父，是寅恪伯父与校方商议安排在岭南大学中文系担任助教的。一九五一年夏，程曦与岭南大学因职称问题产生矛盾。起因于程曦自"以讲助身份同教授开同样的课"，应获讲师职称。岭大中文系主任容庚允聘程曦为讲师。但此时寅恪伯父已不再担任中文系教授，以寅恪伯父专任助教身份进入岭南大学的程曦，除非辞去寅

---

1 《吴宓日记续编》I，页121。

恪助手的工作，不能担任中文系讲师。容庚以此为由致函岭南大学聘任委员会，又加程君"身有肺病性情乖僻"，撤销对程曦为中文系讲师的推荐。[1]据父亲日记，一九五一年八月二十六日，"接棣华八月二十三日函，知寅恪兄与容庚甚不和，已改入历史系，而曦竟叛离寅恪。寅恪写读各事，均赁夫人代职云云。深为痛伤。曦虽热情盛气，而殊粗疏，故不能坚毅上达，亦以愚人而已。"[2]

解放初期，土地改革、抗美援朝，镇压反革命等政治运动接连不断，全民动员，人人表态。渝市游行集会庆祝中苏条约订立，反对美帝单独媾和武装日本，推行政令下乡宣传；校内学生参军，助学金评议，生活自白，思想检讨，互相侦察，督促进步，父亲都必须循例随众参加，紧张疲惫，且"不得不言，既违良心，又不合时宜，殊自愧又自恨也"。[3]

一九五〇学年第一学期为时半年，只上课三周。第二学期决定复课，犹开会空谈议论不休。据父亲日记，一九五一年二月二十三日晚，应邀同外文系主任方敬[4]参加外文系四年级学生会谈复课问题。先由诸生各作学习总结，次议教授、学习方法，对教师多所责难。父亲"略陈解放后教师悉皆心存畏惧，惟恐受讥惹祸，于是学问无所施，聪明不敢用，呆滞不灵，才情尽失，反致动辄得咎焉。故望学生诸君勿持狭小之见，更勿以片义只词，深文入罪，径讥斥某教师为顽固、反动、有特务嫌疑，则教师方可安心，展其所长，而辅助指导学生云云"。这天晚上会开到半夜始散。父亲"倦极，深悲，觉今后教

1　陆键东《陈寅恪的最后二十年》，页 58。北京生活·读书·新知三联书店 1995 年版。

2　《吴宓日记续编》I，页 199。

3　同上书，页 24—25。

4　方敬（1914～1996）四川万县人。1939 年毕业于北京大学外文系。1938 年参加中国共产党。曾任贵州大学副教授，相辉学院、国立女子师范学院、重庆大学教授。1950 年调西南师范学院，历任外语系主任、副教务长、教务长、副院长、党委副书记。

授益不易充当，不但品质不分，抑且怨尤丛集，吾侪将至置身无地，偷生乏术。噫，始悟陈寅恪兄上次函中有言'自度教书生活将不出一年'云云。即由此类实况而发，虽悲戚甚深，而语实真切……"

是夜，父亲枕上作《复课》七律一首，有句："学海津梁师孰益，名山搜索我何能。记来贤友伤心语，智传薪火后谁承？"[1]

父亲自少年时代起，数十年如一日地坚持写日记。关心的朋友鉴于政治运动中多人皆由日记、诗稿招灾引祸，因此屡劝父亲焚毁日记、诗稿，或简择抄存，以免祸事。父亲虽感其意，而不能遵从，且在一九五一年四月十五日的日记中写道：

"此日记既难割爱焚毁，且仍须续写。理由有三：（1）日记所载，皆宓内心之感想，皆宓自言自语、自为问答之词。日记只供宓自读自阅，从未示人，更无意刊布。而宓所以必作此日记者，以宓为内向之人，处境孤独，愁苦烦郁至深且重，非书写出之，以代倾诉，以资宣泄，则我实不能自聊，无以自慰也。

"（2）宓只有感想而无行动。日记所述皆宓之真实见解及感触，然却无任何行事之计划及作用。日记之性质，无殊历史与小说而已。夫宓苟有实际作为之意，则当早往美国，至迟1949秋冬间应飞往台湾或香港。而乃宓拒绝昀、穆之招[2]，甘愿留渝，且不赴京、沪、粤等地，足证宓已死心塌地、甘为人民政府之顺民，早同吴梅村之心情，而异顾亭林之志业矣。又似苏格拉底之愿死于雅典，而不效但丁之终身出亡、沦落异域者矣。是则宓可称为顽固落后，而非反动与特务，其事昭昭甚明。且特务行事务为诡秘，岂有若宓之大书特书，将一己之所思所言所行所遇，不惮详悉，明白写出，以供定谳之材料，又斩斩保留为搜查之罪证书哉！

---

1 《吴宓日记续编》I，页73。
2 张其昀于1949年冬曾力邀作者赴台湾任教并为办妥机票。钱穆于1949年冬及1950年春多次函邀吴宓赴香港共办新亚书院。

吴宓 1951 年 4 月 15 日日记手迹

吴宓与陈寅恪

“（3）日记中宓之感想，窃仿顾亭林《日知录》之例，皆论理而不论事，明道而不责人，皆不为今时此地立议陈情，而阐明天下万世文野升降之机，治乱兴衰之故。皆为证明大道，垂示来兹，所谓守先待后，而不图于数十年或百年内得有采用施行之机会，亦不敢望世中一切能稍随吾心而变迁。

“宓乃一极悲观之人，然宓自有其信仰，如儒教、佛教、希腊哲学人文主义，以及耶教之本旨是。又宓宝爱西洋及中国古来之学术文物礼俗德教，此不容讳，似亦非罪恶。必以此而置宓于罪刑，又奚敢辞？宓已深愧非守道殉节之士，依违唯阿，卑鄙已极。若如此而犹不能苟全偷生，则只有顺时安命，恬然就戮。以上乃宓之真实之意思，亦预拟之供状。倘异日发现宓日记而勘问宓时，敬请当局注意此段自白，并参阅1951一月十六日所记一段[1]。至于安危祸福，究竟非人之所能知，更非宓所敢深计者矣。”[2]

父亲原有意本年暑假回北京一行，观察实情，决定行止。然不久即为一桩“诗案”羁绊，不得脱身。

一九五一年秋，父亲寄给友人的诗函，在邮检中被发现触忤中共土地改革及镇压反革命政策，层层上报组织，直到西南最高当局。重庆大学校长张洪沅[3]告诉父亲，他的诗句“谁怜禹域穷乡遍，易主田庐血染红”；“僧诵佛名行杀戮，麟为仁兽共鸮携”……已被摘入内部资料，油印分发，供西南文教会议代表及西南人民革命大学高校学习班学员研究讨论。中共中央西南局负责同志在报告中亦曾引用父亲诗句，以见西南大专院校教师中，思想反动、谬误的很多，思想改造运

1 吴宓此一段日记，于“文化大革命”中被撕去批判，未归还。

2 《吴宓日记续编》Ⅰ，页111—113。

3 张洪沅（1902～1992），四川成都人，清华学校毕业留美，麻省理工学院化学工程博士，曾任中央大学、南开大学教授，四川大学理学院院长兼化工系主任，重庆大学校长兼化工系主任，四川省化工学院、成都工学院、成都科技大学教授。

动实属必要。又重庆大学罗容梓[1]教授"闻邓小平副主席曾在西南军政委员会中，手执宓诗之石印本宣读云云"![2]父亲惴惴不安，准备接受严惩。

西南师院教务长方敬，由参加西南文教会议回校，父亲往访，自陈诗案，求指示。"敬谓诗案非政治行动，乃思想问题，不必作专案坦白，只宜检查宓自己之思想。将来在改造学习小组中，暴露宓所具之封建思想，届时可举宓所作诸诗为例证、为材料，即藉此坦白可矣。云云。敬又诵宓《送兰芳土改》诗，谓文教大会小组中研究此诗，指'僧诵佛名行杀戮'句，疑宓讥刺人民政府名为宽仁而实嗜杀行暴云云。宓急为之解。敬续谓政府本尊重而礼待宓，敬更深知宓平生不参加政治，绝无行动嫌疑。惟宓思想未纯，又素重感情，所谓温情主义者，难免不良之人，如某某某等，乘机以诗文或他事与宓接近，而别有所图，宓恐堕其术中，为所利用，是宜慎防云云。"[3]

西南师院是西南地区知识分子思想改造的重点院校。一九五二年五月五日，西南文教部特派中共中央西南局宣传部副部长张非垢为首的工作组，率领少年男女干部二十馀人，进驻西南师院，专办思想改造。先进行资产阶级思想批判，后由谢立惠[4]院长会中介绍与校众相见。

大会动员启发报告，工作同志个别谈话；讲师以上教师，人人自我检讨，分组评议过关。父亲起先顾虑重重，一怕作为旧文人、旧学

1　罗容梓（1900～1967），名伦，江西新建人。清华学校1925年毕业，入清华国学研究院，1926年毕业后留美，芝加哥大学教育学硕士。曾任武汉、四川、中正、重庆大学，国立女子师院教育系教授兼主任。1950年起任西南师范学校教育学教授。1958年被划为右派，1979年改正错划。

2　《吴宓日记续编》I，页253。

3　同上书，页275—276。

4　谢立惠（1907～1997），安徽无为人。中央大学物理系1931年毕业。曾任中学教员，重庆、中央、复旦、兵工大学，女子师院教授。1951年后任西南师范学院教授、教务长、院长。1958年调任成都电讯工程学院教授兼院长。

吴宓与陈寅恪

者的顽固典型；二怕大会发言，受群众叱责凌辱；三怕去冬作旧诗误解土改和镇反政策，此次结合惩处。后经工作组同志谈话，指示检讨大纲之要点，父亲"始悟此次学习与检讨，首在各人须表示投降之真诚与服从之彻底，以政治的立场及实际之行动为主，虽微必录，有隐必抉。至于思想学说以及文章事业，初非所重。私人生活与道德亦不计及。尤注重解放以后，而工作言行中之错误及他人所指责者，必须纤悉列举，痛自悔责"。[1] 父亲于是几易其稿，按照大纲检讨，一次通过。六月十三日晚，工作组联络员命父亲"速用白话语撰作自我检讨全文，缴呈学习会。又杂谈汉字应废，代以拉丁拼音字母云云"。父亲慨叹该同志"年二十八，自称无学，而指挥凌驾宓上，思之伤痛无已。非缘个人倨傲，盖悲世变至于此极也"！[2]

父亲的思想总结长达八千字，题为《改造思想，站稳立场，勉为人民教师》。虽是公开检讨，亦曲折地表述了他坚守的文化观，认为"中国文化是好的，古今政治是坏的。我们的责任，是在任何阶级统治，任何现实情况之下，去努力保存并发展中国文化之好的部分，好的方面。……中国即使亡于日本或任何国家，都不足忧，二三百年后中华民族一定可以恢复独立驱除异族的统治，但若中国文化灭亡或损失了，那真是万劫不复，不管这灭亡或损失是外国人或是中国人所造成的"。

因为父亲自解放以来"恒用推宕之法以守沉默，至今未刊布一文，且各种报告、记录、自白书柬亦一律用文言，未尝作白话"，[3] 所以西南文教部将父亲的白话检讨交重庆《新华日报》七月八日刊布后，上海《大公报》、北京《光明日报》很快全文转载。有些高校如武汉大学等还印发为学习材料，供教师参考。西师校众以为贺，不知

1　《吴宓日记续编》Ⅰ，页359。

2　同上书，页367。

3　同上书，页189。

父亲内心实"悲郁不胜"。

八月三十日，西南文教部高等教育处张纪域副处长来西师，欲父亲赴西南军政委员会干部学习会，往作"启发报告"，即演述父亲个人思想转变之过程，略同《新华日报》文中所言者，以资推动云云。父亲当即拒绝，"谓宓思想改造既不明确，且不深彻，正在学习中，支离矛盾空疏，何能侃侃对人谈述？且人之性情各异，宓最畏作旧文人学者之典型，倘必用宓现身说法，宓视为奇痛大辱，只有一死而已。若张公能代婉辞此役则感激无任云云。张力云此来系与宓研究商量，并无勉强之意，望勿介怀。"[1]

同年十月，友生告父亲"闻当局已将宓之思想改造文，译成英文，对美国广播宣传，以作招降胡适等之用。此事使宓极不快，宓今愧若人矣。"父亲十月三日所作《壬辰中秋》五首，（一）首即咏其事。由此诗亦可得见父亲对思想改造的心迹于一斑。诗云："心死身为赘，名残节已亏。逼来诅楚状，巧作绝秦资。恋旧从新法，逢人效鬼辞。儒宗与佛教，深信自不疑。"[2]

思想改造告一段落，即转入忠诚老实运动，各人书面交代自己的政治、经济、社会关系。接着又是全国高等学校院系调整，西南师院迁往北碚。

院系调整中，父亲在西师比较熟悉的原清华国学研究院友生周传儒[3]、高亨[4]等，忽奉西南文教部命，悉派往东北任教，日内即须首途。父

1　《吴宓日记续编》I，页 407。

2　同上书，页 432。

3　周传儒（1900～1987），号书舲，四川江安人。北京师范大学史地系毕业。1925 年入清华学校研究院。1931 年留学英国剑桥大学。曾任西北、山西、东北、四川大学教授。1950 年任西南师范学院教授，1952 年调沈阳师范学院、辽宁大学。1957 年被划为右派，1980 年改正错划。

4　高亨（1900～1986），字晋生，吉林双阳人。北京大学肄业。1925 年入清华学校研究院。曾任教吉林第一师范学校，东北、河南、武汉、齐鲁大学和相辉学院。1951 年调西南师范学院教育研究室。1952 年调吉林师范专科学校，后改任山东大学教授。

吴宓与陈寅恪

亲"所痛感者，即一切人一切事，今皆全改而迥异。宓生斯世，住渝郊，备员西师教授，真觉如梦如醉，日夕忧惧不胜，而在此稍称和洽，或遇事微可助宓之友，忽皆先后引去，宓虽生如死，岂仅孤寂而已哉！"[1]

父亲历来遵依所谓"人类之公性"，"惟是为归，惟善是从""无偏无党，不激不随""超党派""超阶级"；而一九五二年十月末，西南师院开展一段整党建党学习，由新任副院长姚大非讲《建党工作》，列举中国共产党的功绩，以劝人入党。据父亲日记，十月二十九日，人事处长"李一丁宣布，全校应即学习姚此讲及建党文件。虽云'自愿'，显系强迫矣，宓益愤恨莫释"。教师每日半天表述对共产党今昔的认识后，十一月一日外文系整党建党第三次学习会上，"须各自表白，今年是否欲申请入共产党。至宓，宓直言宓不愿入党。盖（1）宓极信任共产党，故敢如此说，而不惧祸嫌。（2）宓对共产主义信仰未深，不如宓昔信佛教之深。（3）宓缺乏斗争心，至今犹不许友家杀鸡以款待我。（4）愿在党外努力尽责。"随即有人询问父亲是否愿入民主同盟？父亲答："不愿入。因宓素不喜欢政治及社交，为之亦不宜，故宁始终远避此类团体活动，而独行自乐耳，云云。"十二月十日，友人悄悄告诉父亲，"当局已选定若干教授为民主团体会员，求之不得，拒则有咎。名单中有宓为民革会员，校内由（赖）肃主持，宓属于年老、保守，而在教育界夙有声名者一类。"[2]友人力劝父亲顺从，父亲为保持个人之独立自由，坚拒参加任何党派团体。

父亲以忙于应对各种运动，又惧邮检，很少写信。寅恪伯父情况，"偶由友人口中得知一二，恨不悉详"。怀念之情，有增无已。据父亲一九五二年十二月二十八日日记，未晓，梦与陈寅恪兄联句。醒

---

1 《吴宓日记续编》Ⅰ，页317。
2 同上书，页447、450、472。

而遗忘，乃作一诗《怀寅恪》。

> 两载绝音问，翻愁信息来。
> 高名群鬼瞰，劲节万枝摧。
> 空有结邻约，同深换世哀。
> 昆池呜咽水，只敬观堂才。[1]

父亲经过在政治运动中的种种遭遇，自觉心意顿灰，体质大亏损，即幸无祸变，亦来日无多，忧虑老友"若寅恪兄等，更不敢询问其吉凶矣"！[2]殊不知寅恪伯父这几年在岭南大学，竟得游离于政治漩涡之外。除了上课，基本不参加学校的其他活动。从一九四九年至一九五二年，寅恪伯父新著《论韩愈》《记唐代之李武韦杨婚姻集团》《述东晋王导之功业》等十篇论文，先后完成及分别刊行的论文超过十万字，可谓硕果累累。这固然主要由于寅恪伯父博学深思、勤奋著述，可能与不受政治运动干扰也有一定关系。

寅恪伯父没有参加知识分子人人过关的思想改造运动，这也许是全国惟一的例外。听寅恪伯父的小女儿美延说，当一九五一年秋冬思想改造运动自北向南、由东至西全国铺开的时候，中共中央中南局通知广东及学校当局，陈寅恪可不参加。如此特殊优待，令众多知识分子羡慕不已，也引起种种猜测传说。流传最广的说法是斯大林撰作《中国革命问题》时，引用过寅恪伯父著作中所提供的一些资料，并从苏联科学院院士那里得知寅恪伯父精通东方绝学；因此曾向一九四九年访苏的毛泽东询问其人行踪，状甚关心。毛泽东初不知陈寅恪，后始了解他南下广州而未出境，留在岭南大学任教。又有一

---

1 《吴宓日记续编》Ⅰ，页483。
2 同上书，页259。

吴宓与陈寅恪

说，寅恪伯父留学德国时与周恩来有旧等等。由于有关档案解密滞后，一时也难查证。

寅恪伯父本人虽得免予参加思想改造运动，但见朋辈同事备受折磨、苦苦检讨，尤其近旁一心办学的陈序经，被控诉声讨为美帝文化侵略，自我检讨到泪下；亦难免有唇亡齿寒之感，再次"领略新凉惊骨透"。

一九五二年急骤进行的高校院系大调整，全国的教会学校一律被取消。岭南大学自不例外，取消校名，与广东法商学院等校并入原中山大学，校址康乐园变为中山大学；一如调整后的新北大，迁进被取消的燕京大学美丽的燕园。院系调整后，精明强悍、颇得人心的岭南大学校长陈序经，改任中山大学历史系教授。

一九五三年夏，寅恪伯父一家迁居校园东南区一号二楼。四周草坪环绕，走廊宽敞，辟作教室。楼下住着岭南大学医学院院长周寿恺一家。周夫人黄萱[1]女士贤淑敦厚，娴习经书格律，去年冬，由朋友介绍到寅恪伯父家当助教，工作认真努力，任劳任怨，寅恪伯父很满意。一年后，周寿恺先生调任华南医学院副院长，家搬到十多里外的市区竹丝村。黄女士到南郊中大，需两次换乘公共汽车，单程花费两小时，因此提出辞职。寅恪伯父恳切挽留，甚至说："你的工作干得不错，你去了，我要再找一个适当的助教也不容易，那我就不能工作了。"[2]黄女士深为寅恪伯父此言打动，于是每天来回路上花三四个小时挤车，到寅恪伯父家上半天班，不辞辛苦劳累坚持了十三年，直到"文革"开始，被迫离开。在此期间，寅恪伯父相继完成《论再生缘》《柳如是别传》等近一百万字的著作。寅恪伯父在对黄萱先生《工作

1　黄萱（1910～2001），女，福建南安人。闽南华侨巨贾黄奕住之女，在家从名儒受业。1935年与周寿恺结婚。1952年11月应中山大学聘为陈寅恪兼任助教，1955年9月聘为专任助教。

2　原载《黄萱生平档案》，转引自陆键东《陈寅恪的最后二十年》，1995年版，页68。

鉴定意见》中称道："我之尚能补正旧稿，撰著新文，均由黄先生之助力。若非她帮助我便为完全废人，一事无成矣。"[1]

一九五三年十一月二十一日，寅恪伯父原先的学生和助手、北京大学历史系副教授汪籛，带着中国科学院正副院长郭沫若、李四光的信，专程来广州进谒寅恪伯父，邀请寅恪北上担任中科院历史研究所第二所中古史所所长。

据陆键东《陈寅恪的最后二十年》披露：寅恪伯父十一月二十二日晨即作答复，由唐篔伯母书写，提出了担任中古史研究所所长的两个条件：

一、允许研究所不宗奉马列主义，并不学习政治；

二、请毛公或刘公给一允许证明书，以作挡箭牌。

十二月一日上午，寅恪伯父又长篇口述《对科学院的答复》，要汪籛笔录。寅恪伯父说：

"我的思想，我的主张完全见于我所写的王国维纪念碑中。……当时正值国民党统一时，立碑时间有年月可查。在当时，清华校长是罗家伦，是二陈（C. C.）派去的，众所周知。我当时是清华研究院导师，认为王国维是近世学术界最主要的人物，故撰文来昭示天下后世研究学问的人，特别是研究史学的人。

"我认为研究学术，最主要的是要具有自由的意志和独立的精神。所以我说'士之读书治学，盖将以脱心志于俗谛之桎梏'。'俗谛'在当时即指三民主义而言。必须脱掉'俗谛之桎梏'，真理才能发挥，受'俗谛之桎梏'，没有自由思想，没有独立精神，即不能发扬真理，即不能研究学术。

"学说有无错误，这是可以商量的，……但对于独立精神、自由思想，我认为是最重要的，所以我说'唯此独立之精神，自由之思

---

1 《陈寅恪集·讲义及杂稿》，页462。

　　　　　　　　　　　　　　吴宓与陈寅恪

想，历千万祀与天壤而同久，共三光而永光'。我认为王国维之死，不关与罗振玉之恩怨，不关满清之灭亡，其一死乃以见其独立自由之意志。独立精神和自由意志是必须争的，且须以生死力争。正如词文所示，'思想而不自由，毋宁死耳。斯古今仁贤所同殉之精义，其岂庸鄙之敢望'。一切都是小事，惟此是大事。碑文中所持之宗旨，至今并未改易。

"我决不反对现在政权，在宣统三年时就在瑞士读过《资本论》原文。但我认为不能先存马列主义的见解，再研究学术。我要请的人，要带的徒弟，都要有自由思想、独立精神。"

寅恪伯父说，他所以提出"第一条：'允许中古史研究所不宗奉马列主义，并不学习政治。'其意就在不要有桎梏，不要先有马列主义的见解，再研究学术，也不要学政治。"不止他一人要如此，他要全部的人都如此。他从来不谈政治，与政治决无连涉，和任何党派没有关系。"第二条：'请毛公或刘公给一允许证明书，以作挡箭牌。'"其意是寅恪伯父认为最高当局也应和他有同样的看法，应从他说。否则，就谈不到学术研究。

寅恪伯父要汪箋把他的意见"不多也不少地带到科学院"。王国维纪念碑文带去给郭沫若看，并说："碑是否还在，我不知道。如果做得不好，可以打掉，请郭沫若做，也许更好。……我的碑文已流传出去，不会湮没。"[1]

寅恪伯父这一席话真是掷地有声！在全国男女老少，上至名流宿学，莫不规规焉诵述马列、谈讲政治、摹仿追步、莫敢或违之时，无异一声惊雷，发聩振聋，引人深思。所以汪箋的记录当年只为极少数人所知，没有外传。直到改革开放后，才被有心人从尘封的档案中挖掘出来。

---

1 陆键东《陈寅恪的最后二十年》，页 111—113。

我曾问过美延，当时北京方面对寅恪伯父这番讲话的反应。据美延回忆，毛、刘二公没有写字条，后来中山大学校办带来周恩来总理的口信：王国维纪念碑还在，完好无损。我们没有让郭沫若重写碑文。据当时校办秘书同志回忆，周总理还说，其实就让陈寅恪公按他提出的条件来北京也没什么。老舍初来时不也提出"来去自由"等条件么，来了以后，不就适应了不再提了嘛。后面这段话，校办当时未向寅恪伯父提及。

这以后，有关领导和友朋仍不时来信来访，相劝北上任职，寅恪伯父多以"贪恋广州暖和，又从来怕做行政领导工作"[1]为辞，实际是"畏人畏寒，故不北行"。[2]

凡此种种，父亲在渝碚所闻不多，偶尔接读寅恪伯父诗作，得诵佳章，得聆心声，其馀情况，"恨不悉详"。

父亲自院系调整后，教学生活"殊难且苦，心痛实深"。[3]

一九五一学年第一学期，父亲在西南师院尚授外文系四年级"散文"，外文系二年级"英国文学史"，每周各二小时，国文系四年级"世界文学史"三小时，均必修。第二学期以学校加强政治思想教育，精简业务课；"散文"及"世界文学史"各减一小时。而"英国文学史"课，被迫从学生訾议，"改用新观点，引苏俄学者之说。舍玉粒而餍粗粝矣！"[4]

父亲一九五一年第一学期，仍在重庆大学兼授"英国小说选读""世界文学史"及"翻译"课。第二学期先以外文系二至四年级学生下乡土改停课；复课后，应学生请求"世界文学史"改"翻译"课，外文系三年级英译汉，四年级汉译英。不知是否因为课外社会政

1 "文革"第一次交代底稿，载《陈寅恪先生编年事辑》，页147，上海古籍出版社1981年版。
2 《陈寅恪集·书信集》，页179。
3 《吴宓日记续编》I，页232。
4 同上书，页359。

吴宓与陈寅恪

治活动过多，学生心思不够集中，成绩不如以前。重大外四是父亲教过几年、相当看好的一班，考试成绩亦使父亲慨叹"此班学生成绩大逊去年，盖由无暇又无心读书之故，馀各班更不足论矣！"[1]一九五二年九月，西南师院由磁器口迁校北碚，父亲就不再到重庆大学兼课。

一九五二学年第一学期，父亲授外文系三年级"英国文学史"、教育等四系"世界文学史"各二小时；另与人分授"语言学概论"。一九五二年十一月十一日，西师外文系奉令即行取消英语组，各年级学生并入俄语组。英文教师全部参加教师俄文班受课，考试成绩报学校当局。父亲仅上俄语课，而以系主任力主之"互助学习"实耗时无益，求宽容，不必到，幸得勉许。

一九五三年二月，西南师院外文系改为俄语系。一九五六年，赫鲁晓夫于苏共第二十次代表大会期间发表"秘密报告"批判斯大林后，国际共运发生分歧，我国的"一面倒"政策有所调整，俄语系又改回外语系，并恢复英语教学。父亲改任历史系教授兼世界古代史教研组主任，但仍在俄语系学习俄文。一九五二学年第二学期，父亲续完原所授四系"世界文学"，始授"世界古代史"。

父亲自一九五二年起授"世界古代史"三年，教材精熟，善为编排，详略得当，"一人自主，尚无陨越。"课代表没有指责，亦无献替。然自一九五五年春东北师范大学毕业生孙甫儒、王兴运二君分配来校，任历史系助教，对父亲"大肆攻击，谓不堪为师"[2]。苛责父亲教课"未能每一段甚至每一句讲话，每一个名词，深思密造，用马列主义之立场观点，表现出阶级斗争之感情、精神。"尤如讲希腊奴隶暴动一章，"不活泼表演，借此激发学生对奴隶之同情与对奴隶主之仇恨，可谓大失之矣"。[3]发言咄咄逼人，处处横加干涉。

父亲不堪其困扰，商之于历史系领导冀助，而孙培良[1]主任称"事实上，今日政府、学校、学生所要求者，正是如甫等之仅读过二三本汉译之苏联课本及参考书，但合乎马列主义之观点立场，便是好教师。而非博学通识、精读史籍原著以及通悉古今西洋文字语言之人。即王静安、梁任公、陈寅恪诸先生，在今亦必不见重。公应明知此情形。为公计，只有努力学习马列主义。精通之后，出马列主义以与孙甫儒等相周旋，庶可以其人之道还治其人而求胜之，此外无他途。"[2]

史系教师为助教所苦者，并非父亲一人。同事劝告父亲："少年助教人人想作李希凡、蓝翎[3]，急于自见。""甫曾上书姚大非副院长，条陈本校利弊数十事，上月竟得批准给予生活津贴三十万元。彼辈方恃批评教授前辈以进身，而又适投在上者之所好，故不可不恭慎以对之，以求免祸，云云。"[4]

此诸助教皆急于独力开课，父亲早已愿使孙甫儒讲授史系一年级的《世界古代史》，或授一段，或与父亲各授一班。父亲宁甘退休，或专研究供给教材，又或改授他课。奈陈请系主任，未获认可。

一九五五年八月二十九日，父亲通过史系"世界古代史中世史教研组"临时会议讨论，决定一九五五学年退出"世界古代史"课，而加入"世界中世史"课；但仍为孙甫儒、王兴运二助教的指导教授。"世界古代史"课，由孙甫儒、王兴运、陈济沧分授。父亲舍熟就生，舍易就难，用心惟在摆脱助教孙甫儒、王兴运之攻诋与侵逼，也以

---

1 孙培良（1910～1987），河北武强人。北平市立师范学校文科毕业。曾任中国大辞典编纂员，国文编译馆编译，台湾大学、台南工学院、兰州大学、国立女子师院教授。1950年秋起，任西南师范学院历史系教授，曾兼任系主任。

2 《吴宓日记续编》Ⅱ，页 227—228。

3 李希凡、蓝翎 1954 年合写《关于〈红楼梦简论〉》一文，批判俞平伯在《红楼梦》研究中的资产阶级观点而一举成名，由北京的中学教员调入《人民日报》编辑部，从事文艺评论工作。从此，全国支持小人物批判大人物如所谓资产阶级学术权威之风大开。

4 《吴宓日记续编》Ⅱ，页 156—157。

"中世史"实需人帮助。

但此方案未被院领导接受，而对父亲慰勉有加，"谓学校当局平日甚钦佩宓之学问渊博，培养助教尤赖多多尽力，'世界古代史'上学期必须宓主讲；下学期可由沧、甫、兴三人中选定一人主讲，即在选集教材、共同讨论中，宓亦可多作主张，偶有错误亦不必忧。昨已告诫甫等。宓遇有困难，尽可随时陈说云云。"[1]

父亲无奈，一九五五学年第一学期，与陈济沧副教授及孙、王二助教四人合授一年级大班一百五十人之"世界古代史"课，父亲作为"主讲教师"，须撰就讲稿，经四人开会讨论、修改通过，然后上堂遵照讲出。彼三人听讲，并分往小班"辅导"。孙、王二君尊崇其师日知所译苏联《古代世界史》至极，必欲父亲处处遵依该书。"又强宓以该书中材料内容全部传授与学生，毋得有遗漏；不悟该书编纂体例实未尽善，而辞序凌乱，译文尤冗漫晦涩，读之甚费力。今宓编讲稿，不啻将该书另行整编，而甫、兴即任校勘之事者也。宓前二三年编有简明精当之讲稿及大纲、图表等，今不许用。宓力主精简，实合于学生一再表示之请求；而甫、兴阻厄之。"[2]

半年"主讲"，父亲苦不堪言，虽事事从孙、王二助教之意，听命惟谨，犹被斥责刁难不已。有诗"二竖挟持称主讲，千端责难愧为师"。本年十一月"期中教学工作检查"时，孙、王藉词学生不满，委咎于父亲。王兴运在系会中据其所撰就之稿，列举九条父亲讲课思想错误、态度错误，每条举例，"详为磨勘而加斥责，如法官之断狱，类严师之训蒙"。[3]父亲对其所指非实，或硬加曲解，或深文入罪者，亦抗辩不屈。父亲坚辞"主讲"该课，又请改教"世界文学"，是他本行；当局都不许。勉强挣扎到学期末，一切听从孙、王之意。

---

1 《吴宓日记续编》Ⅱ，页 258。

2 同上书，页 291。

3 同上书，页 321。

一九五五学年第二学期，父亲以教研组主任拟定计划，改以助教孙君为主讲，父亲为辅导。又多作培养助教工作，即教孙、王二君英文，为讲罗马文化专题等。又派王君专管函授工作，以示推重。此计划院长初不许，仍要父亲主讲；后经父亲一再陈情辩论，适逢"照顾知识分子"，计划得到批准，父亲乃获苏息！

实际上那些年，父亲最为揪心愤苦的，还不止在授课方面，使他更为愤慨痛苦的，还有文字改革！父亲一贯认为汉字形声美，"表意从形严系统，含情述事美辞章"；他坚决反对汉字改为拼音文字，解放前，曾与全国同心同道之士为此抗争了几十年。所以当一九五五年四月，中国文字改革委员会公布汉字改革方案，父亲读后大愤苦，几痛不欲生！方案略谓中国文字，已由毛主席主张，决改为拼音文字，以与世界各国一致。但此非一蹴可及，故须暂用汉字以资过渡。然汉字繁难，故今决逐步增多采用旧有新造之简体字，云云。兹先公布已选定约八百简体字，嗣后书报文件必须遵用。例如（一）鬍鬚改为胡须；（二）體改体；（三）後改后；（四）叢改丛；（五）鑿改凿；（六）遼僚瞭改辽仃盯；（七）齣改卍等。

此汉字改革方案父亲读之大愤苦。以此方案系行政强制执行，父亲无法公开表示异议，只有在日记中痛加批驳：

"夫文字改革之谬妄，吾侪言之已数十年。最主要者，汉字乃象形，其与拼音，至少各有短长，如鸟飞兽走，又如图画之与音乐，目耳以达于心。此为至公平之论。至于汉字与文言之佳妙处，西儒如高本汉[1]等已畅言之。中国人以数千年之历史习俗，吾侪以数十年之心濡目睹手写，尤能深窥其价值与便利处。但即以采用简体字而论，前此之办法，尚无此次之卤莽灭裂，完全破坏汉文之系统者，如上之例。（三）以同音字代替，为略省笔画，徒兹混淆。（四）（六）或阴

1　高本汉，Kias Bernhard Johamnes（1889～1978），瑞典人，汉语言学家。

平与阳平，或平声与上声去声，其音本不同，胡可代？（五）则以后将只存部首，尽皆废该部中之字矣。至于（七）全不合造字之原意，且亦省笔不多。今之俗妄人所为，焉可尊为典则？……凡此本不待辩，知吴契宁、王有宗[1]诸先生，正必痛哭于地下。"[2]

父亲慨然悲叹，"今政府所主持公布之方案、厉行之办法，乃为胡适所未曾为、所不敢为、所不忍为者耶！亦为赵元任、黎锦熙所未能企及者耶！"[3]多少年来，为保国粹而存文化，父亲历来坚持主张"汉字文言断不可废，经史子集必须诵读"。否则后人将不识繁体汉字、不通历史典籍，更何谈继承发扬中国优秀传统文化！解放前，父亲与共识同辈，有完全的自由，可与主张汉字改拼音者辩驳、抗争。今当何世？只有忍含止默，自己坚持终身使用繁体汉字与文言，并力主史系"历史要籍"课应要求学生必修繁体汉字及文言而已。

无独有偶，寅恪伯父亦甚为文字改革忧心。据美延回忆，国家文字改革委员会公布改革方案以前，寅恪伯父即对于中国文字将改为拼音而以简体字过渡，持不同意见。寅恪伯父认为中国之得统一，因为使用方块字。若改用拼音文字则各省因语言不同文字也各异，将会如欧洲小国那样，后患无穷。寅恪伯父曾托章士钊先生带话给毛公。章老后来告知，大局已定，不容再议。寅恪伯父反对改汉字为简体，毕生未写简体字，且留有遗言，他的著作，必须用繁体字直排出版，否则宁可埋入地下。

自知识分子思想改造运动以后，又经过批判俞平伯《红楼梦》研究、批胡适、批胡风反革命集团及肃清反革命等一系列政治运动，中

---

1 吴、王二君皆民国语言文字学者。吴契宁著有《实用文字学》，商务印书馆 1935 年出版。王有宗著有《今文解剖》，商务印书馆 1936 年出版。
2 《吴宓日记续编》II，页 146。
3 同上书，页 147。

共在文化教育领域树立起绝对权威。一九五六年一月，中共中央召开关于知识分子问题的会议。周恩来在报告中指出，为了实现社会主义工业化，"必须依靠体力劳动和脑力劳动的密切合作，依靠工人、农民、知识分子的兄弟联盟。"[1]报告首次提出，知识分子已经成为我们国家的各方面生活中的重要因素，他们中间的绝大部分已经是工人阶级的一部分。报告还指出，正确地解决知识分子问题，更充分地动员和发挥他们的力量，为社会主义建设服务，已成为我们努力完成过渡时期总任务的重要条件。

正是在这样的背景下，寅恪伯父被特邀为全国政协委员，父亲被邀为四川省政协委员。寅恪伯父可以年高、体弱为由不与会。父亲则请辞不准，不得不随众参加，附和传声，而内心"实羞为之，且厌为之"，[2]心情郁悒。

一九五六年春，中共各地区单位已在知识分子中积极发展党员。父亲作为历史清白的著名知识分子，亦被列为发展对象之一。四川省政协一届二次会议期间，中共四川省委组织部部长安法孝作了关于吸收知识分子入党的大会发言，并有文件发各小组学习讨论。与会者人人表态。父亲的发言稿，竟是这样准备的：

"宓不愿入党，且不愿作民主党派人员，可举以下之理由：（一）宓不承认党章、党纲，不知'八条'之内容，且主张'心物同在'……（二）宓不愿也不能参加任何政治工作；（三）宓仍残存地主（封建）与资产阶级（唯心论）思想作风；（四）宓抱有敌对之思想——宓望毛主席卫护汉字与文言。今文字改革行，宓极愤恨，几欲造反或自杀；（五）宓极轻视个人利益——若党许不入党、不入民盟，我生活虽减少待遇，亦不怨；惟蒙强迫我入党入盟，我决投入嘉陵江

1 《周恩来选集》下册，页160。人民出版社1984年版。
2 《吴宓日记续编》Ⅱ，页98。

而死；（六）我能但极不愿服从并遵守党之纪律。总之，他人求入党，必求不入党、不入盟；许我生则生，不许我生则乐死。"[1]

有关方面获悉父亲心态，没有让他大会发言，以后也没有再与他提入党问题。

一九五六年七月一日，中共西南师院党委召开新党员入党宣誓大会。已获准者一百三十一人，其中正副教授四人。正候审查批准者四十七人，共一百七十八人。

---

1 《吴宓日记续编》Ⅱ，页 396—397。

第七章　反右派与反右倾

（一九五七至一九六〇年）

从"帮助整风"到"反击右派"，跌宕起伏的一九五七，对父亲和众多知识分子来说，真是惊心动魄的一年！

父亲反右中，没有被划成右派，实在与他解放后对待每次政治运动都小心翼翼、如履薄冰、如临深渊有关。尤其此次于中共动员全民大鸣大放帮助党整风之前，也即是毛泽东在最高国务会议上，发表关于"正确处理人民内部矛盾的问题"讲话的同一天，父亲正巧在西南师院听了政治系丘晓教授对全校宣讲"中共八大文件学习解答"，从中得到警示，甚感忧危。他特别记下宣讲的某些要点，以自警戒：谨慎止默。要点如下：

"'百家争鸣，百花齐放'——必须由党领导。彼怀疑党（外行）不克领导科学与艺术者，大误。因反对'公式、概念、教条主义'而反对 Marxism-Leninism，反对 Socialism-Communism 者，是乃资产阶级思想之恶意进攻，必须从严镇压剪除。E. G.《草木篇》（诗）。对封建主义、资本主义思想及作品，必须进行批判。

"'百家争鸣'≠唯心主义可鸣。凡百争论，必符合实际，而归准于 Marxism-Leninism。或认为今乃解除压制，许旧说蜂起，此则大误。

"党之领导＝马列主义＋中国革命之实践。或谓：共产党只能领导革命、政治，而不谙业务，不能办学校；此大误。"[1]

其后不久，父亲所在教研组发生的事，亦使他感慨不已。同事孙甫儒上课时述及史系一年级某生病殁，情形凄惨；而病中送医院迟缓，学校办事仍多教条主义，凡此应反对云云。院领导闻密报，大不悦，谓该教师"'反对学校设施，即是反对社会主义、反对党国'，应即查明惩处"！再有教师陈济沧平庸怠惰，一再争求授课，分配教课后，又告人谓实愿翻译，不愿授课。院领导据党支书等报告，"谓应从彼意，以'发挥其积极性'云云"。父亲无奈，只得在教研组会中，命此教师同众各言所欲，以观其志，庶为周到。而自"思最近又复加强管制，固党国之所有事。然其办法，一切惟据密报，到处调查，不但人人自危，抑且是非不明。甫咎由自取，沧庸碌反见重，皆可证明当局措施之失。一校如此，国事或亦类是欤"！[2]

一九五七年二月二十七日，毛泽东在最高国务会议上发表《关于正确处理人民内部矛盾的问题》讲话，指出人民在社会主义制度下根本利益一致，但人民内部还存在各种矛盾，必须严格区分和正确处理敌我矛盾和人民内部矛盾。讲话提出人民内部要在政治上实行"团结——批评——团结"；在共产党和民主党派的关系上实行"长期共存、互相监督"，在科学文化工作中实行"百花齐放、百家争鸣"；在经济工作中实行对全国城乡各阶层统筹安排及"兼顾国家利益、集体利益和个人利益"等方针。

一九五七年三月六日至十三日，中共中央召开有党外人士参加的全国宣传工作会议。会上传达和讨论了毛泽东《关于正确处理人民内部矛盾的问题》的讲话。十二日，毛泽东又在会上发表讲话，着重讲了知识分子问题、准备整风和加强党的思想工作问题，强调要继续贯彻执行"百花齐放、百家争鸣"的方针。父亲在重庆，也听了毛泽东

---

1 《吴宓日记续编》Ⅲ，页 38、39。
2 同上书，页 46、47。

讲话的录音传达，作有详细记录。

四月二十七日，中共中央发出指示，决定在全党进行一次以正确处理人民内部矛盾为主题，以反对官僚主义、宗派主义和主观主义为内容的整风运动。

各级党组织立即以欢迎党外人士"帮助党整风"的名义，运用各种方式和手段，大力发动各单位群众大鸣大放，给党提意见，为国为民献计出力。报社、电台、出版社、政协、民主党派更纷纷请客吃饭，敦促争鸣。西南师院自五月起停课"鸣放"，院党委两次大会动员全体师生"大鸣大放"，并连日召开正副教授、讲师座谈会征求意见，重庆市委书记鲁大东偕同市委常委、宣传部长张文澄，市委文教部长陈孟汀等亲自到场聆听。各系学生亦举行鸣放会，纷纷邀请教师演讲。学生还出版各种油印小报、快报、黑板报，登载他们访问教师、敦促鸣放的记录、花絮和评论，内容丰富，很是热闹。

这种气氛，这种场景，解放以来何尝有过！人们于是疑虑渐消，郁积心中已久的想法、肃反的冤屈……一一吐露。意见越提越多，越益尖锐。从聘请教师，首重政治；留用助教，多选左派；毕业生分配不公；学生不合格亦予毕业；到肃反不辨诬，悬案不结；从薪级制应按劳付酬、公平合理；多年不增薪，殊误；到机械学习苏联，教训多多；从行政法律化，宪法规定的公民权利应予保障；到学校领导体制应改为党委领导下的教授会制度等等。

五月三十日开始举行的老教师座谈会上，教师们除了继续揭露学校中的各种矛盾，还就高等学校要不要党委领导制问题展开了争论。教育系教授陈东原[1]发言说"党委领导制是产生官僚主义、宗派主义和主观主义的温床。因为党委制是用人惟党，不是用人惟能，使党和非党分

1　陈东原（1902～1978），安徽合肥人。北京大学教育系毕业，美国哥伦比亚大学硕士。曾任安徽大学、中央政治学校、社会教育学院教授，湖南国立南丘师院、重庆女子师院院长，川东教育学院教授。1956年调任西南师院教育系教授，1957年被划为右派，1980年改正错划。

了家，这样就自然产生了宗派主义"。陈东原举马列主义教研组丘晓所作"八大文件"学习报告为例，说明"党委领导制是产生主观主义的温床"，谓丘晓在报告中"由于强调党的领导，便说我们能领导一切，我们什么都懂，我们不仅可以领导改造人的思想，而且可以领导业务思想。他说的我们，就是学校党委，因他自己就是党委委员。依照他的意思，和党委的意见不同，或批评党委，就是资产阶级思想向党进攻，就是反对社会主义。教师们普遍感觉，他那次报告，火药气味浓厚，在向知识分子开炮。他所以这样说，就因为学校是党委领导制"。陈东原认为，党委制在军队中是适用的，在过去学校实行一长制、搞运动时也是适用的，但是在新形势下不适用了。因为"不能发挥百分之百的人的集体力量"。陈东原也反对"教授治校"，认为当时提"教授治校"是为了反对军阀。他主张实行校务委员会领导下的校长负责制。教育系教授罗容梓在六月一日的座谈中发言赞成陈东原的意见，认为"党委制适用于军队、机关、工矿，但不适用于学校，因为学校是个特殊的地方，应当特殊看待"。罗容梓还谈到思想改造，说："知识分子思想改造，人人过关，完全是粗暴，知识分子受到了很粗暴的待遇。思想改造中很多话都不是知识分子自己愿意说的，而是被迫，因为当时人人自危。我虽然平安度过，但是我心里是很难过的。"

座谈会上，外语系熊正瑜、秦荫人，历史系吴宓、孙培良，教育系郝庆培、邓胥功，地理系王钟山等教师认为学校还是应实行党委领导，但须克服缺点，扩大民主。父亲针对院长（非党员）有职无权不能有所作为的情况，主张实行党委领导下的院长负责制，使院长职权分明，名实一致。他和郝庆培建议在学校建立学术委员会，负责评级升等，审查论文，办理学报等工作。[1]

---

1 以上内容参见 1957 年 6 月 3 日《重庆日报》头版要闻，"西南师范学院鸣放逐步深入，教师们就党委制问题各抒己见"。

1957 年 3 月 8 日，写作《柳如是别传》的陈寅恪与助手黄萱在寓所中工作

　　然而，当人们正在党组织的极力鼓动下畅所欲言，言犹未尽之时，风向突然逆转。

　　其实，早在五月十五日，"鸣放"开始不久，毛泽东已在《事情正在起变化》这篇写给党内干部阅读的文章中，指出"最近这个时期，民主党派和高等学校中，右派表现得最坚决最猖狂。"[1] 六月八日，中共中央发出毛泽东起草的党内指示《组织力量反击右派分子的猖狂进攻》，要求各省市机关、高等学校和各级党报积极组织力量正式发动反击右派分子的斗争。同一天，《人民日报》发表题为《这是为什么？》的社论，一声令下，"畅所欲言"称谓"大毒草"；"百花齐放"和"百家争鸣"变成了"恶毒攻击，猖狂进攻"。全国空气紧张，报刊广播舆论为之一变，专务大索右派分子。讦发及攻讦者极多，民盟中央章伯钧成为中国

1　《毛泽东选集》第五卷，页 424—425。人民出版社 1977 年版。

头号右派分子。各地工人及民主党派声讨斥责章伯钧、储安平、葛佩琦等右派分子为反党、反工人阶级、反社会主义，要求惩办。

六月十一日，西南师院广播中，学生已有拥护党、校，斥责反动之言论。六月十三日晚，父亲"巡读大字报、黑板报，一片检讨、肃反之声"。六月十四日，父亲在日记中写道："近日'鸣放'之情势及方向骤变，各地工人及民主党派一片检讨斥责之声，斥责章伯钧、储安平、葛佩琦、董时光等'右派分子'为反党、反工人阶级、反社会主义，要求惩办。即本校教授如陈东原、罗容梓等，主张校内可不设党委会领导者，亦横遭非议。于是'鸣放'之事遂息，加强政治学习、思想改造，与再行肃反澄清，将继之而起。目前实际之结果，惟学生得'减轻考试负担'而已。宓于是不得不服周邦式之老成谙练，而自幸谨慎和平，尚无过分之言论，差可免祸全身也矣。今后恐即文字改革亦不敢参加异议。舍'忍含止默'外，无他途也。"[1]

父亲从未闻"引蛇出洞"之说，至死也未得读毛泽东《事情正在起变化》一文。他只是从"复阅并整理五至六月'鸣放'期中之《重庆日报》，寻其议论之踪迹"，悟及"今日被罪斥之右派分子，如鸟之始出巢，弋人早弯弓张网以待矣"。

又连日阅报，发现"凡鸣放中略抒感愤不平者，悉为罪人矣。此次鸣放及反击右派，只为侦察不轨，铲除异己，并坚定全国知识分子之社会主义立场，加强其思想改造而已，整风徒托辞耳"[2]。

这次"争鸣"，父亲虽经领导和学生上下三番五次敦促，西师院长张永青[3]且亲到家访问，"劝令大胆争鸣，畅言无隐"[4]父亲担心秋

---

1 《吴宓日记续编》Ⅲ，页106、108。

2 同上书，页125、128。

3 张永青（1916～1999），山西榆次人。1935年加入中国共产党。曾任中共中央晋绥分局第八地委书记中共吕梁区委宣传部长，中共川北区委宣传部部长，中共中央西南局宣传部副部长，时任西南师范学院党委书记兼院长。

4 《吴宓日记续编》Ⅲ，页68。

后算账，尽量推辞各种会议邀请演讲表态，只委婉表示"文字改革需慎行"，此外别无他言。

文字改革，始终是父亲此生一个不解的心结。

五月十日鸣放会上，听到化学系教授陈行可发言"文字不可废"。父亲欣喜，"专访陈行可，畅谈简字问题。共认今之推行简字者，其意实图扰乱且破坏汉字，以成汉字拼音、汉字拉丁化之功，俾全世之共产主义国家悉用同一之语文耳。吾侪诋斥简字，则不敢明言其如此，是以为难，而滔天之洪流莫可遏矣！"[1]

五月二十日，父亲接到《重庆日报》记者张天授剪寄一九五七年五月十七日上海《文汇报》载陈梦家撰《慎重一点改革文字》文，又同日上海《文汇报》北京专电《首都学术界激烈争论"汉字要不要改革？"记》。父亲"读此剪报，始知宓一向太过慎重，太为畏怯，愧对自己平生之志事矣。即致唐兰、陈梦家一函，述感佩之意。写示'不死惊看汉字亡'一诗"[2]。

父亲怎么也想不到，陈行可教授一九五七年暑假因事去北京，反右运动起，竟亦被判定为右派分子。父亲有诗"更惜存文陈仲举，天边翻雁待归烹"，借用东汉末陈蕃（字仲举）事影射陈行可，只因其姓陈。而陈梦家亦以反对文字改革为罪成为右派分子。父亲五月二十日写给唐兰、陈梦家的信，八月二日"似因浆糊潮湿，邮票脱落，该函竟以'欠资无人收领'退回，宓幸免牵连矣，然宓自愧不如梦家之因文字改革而得罪也"[3]。

一九五七年六月十九日、二十日，《重庆日报》刊登毛泽东本年二三月两篇讲话全文。父亲慨叹此"乃既经修改者，与前所传宣者颇

1 《吴宓日记续编》Ⅲ，页85。
2 同上书，页89。
3 同上书，页153。

有出入。中间列出六条，明示立论之界限，倘早明白宣布，诸多放言越轨之人或可无罪。未免近于孟子之所谓'罔民'矣。焉有仁人在位，罔民而可为也。"[1]学生中的大多数，都痛惜毛主席六条[2]的不早宣示。因日前出言激烈而今深悔且忧惧者甚多。

六月二十一日，张永青院长讲《本校的鸣放与整风》，号召全院教职员工及同学皆积极参加此次对右派分子的政治斗争、阶级斗争。其时大礼堂等处仍有集会及教授演说，然"观众与听者人数寥寥矣。此次鸣放与整风，结果惟加强党团统治与思想改造，使言者悔恨，中国读书人之大多数失望与离心，而宓等亦更忧危谨慎与消极敷衍而已"[3]。

西南师院原已决定复课，至是又奉令停课至七月十五日开展反击右派分子的运动；考试通融，只考业务课一门，其他成绩依平时作业计。

七月二日，院长张永青向全校演讲"西南师院反击右派分子的运动"。他动员说，反击右派乃"1. 被迫而为之（右派所挑起）。不即反击者，为欲认识右派之真面目。此乃尖锐之政治斗争，右派今犹不改悔。2. 必须与右派划清界限。此乃一大阶级斗争，彼右派有完全组织——民盟中之章罗同盟，其十条指示，季康、舒军在西师已有人代为执行成功（按指澄[4]等），故非'小题大做'，亦不可旁观。（不反

1 《吴宓日记续编》Ⅲ，页113。

2 指毛泽东在公开发表《关于正确处理人民内部矛盾的问题》全文时，所增加的辨别香花毒草的六条标准。即：（一）有利于团结全国各族人民，而不是分裂人民；（二）有利于社会主义改造和社会主义建设，而不是不利于社会主义改造和社会主义建设；（三）有利于巩固人民民主专政，而不是破坏或者削弱这个专政；（四）有利于巩固民主集中制，而不是破坏或者削弱这个制度；（五）有利于巩固共产党的领导，而不是摆脱或者削弱这种领导；（六）有利于社会主义的国际团结和全世界爱好和平人民的国际团结，而不是有损于这些团结。见《毛泽东选集》卷五，页393。

3 《吴宓日记续编》Ⅲ，页117。

4 李源澄（1909～1958），字浚清，四川犍为人。曾在四川大学从廖季平学经学，在开封从邵次公学历算，在南京支那内学院研究诸子及明代理学。先后任教于苏州章氏国学研究会、无锡国学专科学校，四川、浙江、云南大学，重庆勉仁文学院。1949年任四川教育学院教授、史地系主任，1950年任西南师院教授、副教务长。1957年被划成右派，1981年改正错划。

吴宓与陈寅恪

右），社会秩序将大乱：老教师不能在家安居，学生不应计及暑假中休息。已全同匈牙利大乱之初段。3. 右派分子之类别：（1）动（2）言（3）被利用。本校之发言内容错误或态度激昂者，不作为右派分子，且望其仍发言。但其言论为反党、反社会主义而见之于行动者，则确为右派分子。此应分别。或讥共党'度量太小'；若大量，则共党亡矣，西师亦由他党主办矣"。[1] 张院长要求师生员工积极投入战斗。

随后即是一系列大会小会，声讨、批判右派分子。系科教师座谈，称为"消毒会"，每人必须表明立场，与右派分子划清界限。父亲在学习发言中，不忘"兼及陈东原、罗容梓教授所主张取消党委会之确切办法，非反对党之治校，以为二君迴护"。[2]

号称长江三大火炉之一的重庆，夏日苦热，本年取消暑假，反右！偌大校园不见讲学之事，不闻读书之声。师生终日群集开会，斗争右派。

同人皆知"右派本已由党委判定，……而必如此大张声势令人惊慑者，只为对全体师生加强思想改造，必其完全服从耳"。父亲寻思："宓昔固主张开明专制。按古今国家，专制之极，而形式上极端民主，未有如今之党国者也。"[3]

父亲终日参加反右运动，不断开会，虽未受检讨，且少发言，但以精神受刺激太多，久久失眠。

父亲对许多所谓"右派言论"，心有共鸣，怎能不受刺激？据父亲日记，学院广播赵德勋（中文系副教授）之罪，谓"勋之言有曰：（1）共党今不能以十年前在延安边区办训练班之法，办高等学校。（2）古之人，对人先信而治学主存疑；今则反之，对人不示信，处处疑虑提防，而对学问则盲信，不加思考。广播斥之曰，勋之言（1）谓

---

1 《吴宓日记续编》Ⅲ，页121。
2 同上书，页117。
3 同上书，页124。

西南师院任教时的吴宓

党不能办学，即是‘反党’。（2）是攻诋马列主义为教条，故勋乃罪大恶极。云云。呜呼，勋之言即宓之言，亦即全国千万知识分子之言，而言之将有过于勋兹所言者。彼拒谏饰非，虚骄锢闭，其共党衰微之始兆欤？”[1]

父亲由近日的运动学习，深明党和政府的政策方针："中国之宗教、历史、文化，中国人之道德、风俗、习惯，尤其中国之文字，决全部废除，并加以曲解与‘改革’。思想与教育，亦必全为政治服务。高等学校中，专用工农出身之党团员青年教师授课，对所谓‘知识分子’与‘老教师’，既不容许其授课讲谈，亦不利用其知识学问，但给厚薪优礼，以示尊贤重士，使各得安居颐养，不责以工作，不计其成绩，只望其在运动中、开会时申明自己之态度立场，歌功颂德，遵

---

1 《吴宓日记续编》Ⅲ，页138。

吴宓与陈寅恪

令守法，以为群众表率而已。平时则须恭顺含默，不露圭角，欣和愉快，毫无愤郁，且不偶语，无私议，不作危言激论，更不宜发为建议，有所陈说，露才扬己。盖党国极不欢迎党外人、异我者之热心爱国爱校也。按西师同人中，其自处自律，凡不同于以上描叙者，皆必罹祸。如今之梓、澄、樊、勋[1]以及中文系离校他就之王鲁雨顷接其发言稿，所言未尝无理。等，皆是也。宓以遵此而行，故获苟全，此次幸免于难，然而残年枯生，何益何乐？一切志意感情事业著作都无，则生已如死，固不若早获安息之为愈耳。是故近来宓实由忧生而有乐死之心。"[2]

父亲又对许多才学优长、平日苦受压抑的友生，只以性行刚直，或不善自藏，遂遭忌受谗而罹于祸者，感愤不平，怎能不受刺激？

本院副教务长李源澄一诚厚学者、有志之士，并无大罪，徒以身为西师民盟主任委员，右派"鸣放"事起，遂被牵系而陷于罪戾，无法自白。"党内领导亦尽知，而弗能为之开脱。"[3]李源澄被斥之为右派后精神失常，一九五八年五月病殁于精神病院。校内连日获罪者益多，右派分子涌现，父亲"细察此次定罪之径路及范围，要以全国各地章（伯钧）罗（隆基）之党羽、民盟之活动为主；故在西师，以澄为中心首犯，若廖、瑜、辛及史系之涤、彦，中文系之樊、勋等，皆视为澄民盟活动谋逆之从犯"。[4]

父亲痛惜李源澄锐志立功，引贤图治，为党为国为校，而不免于死。他愧疚自反右起，未敢一访澄，亦未通音问，仅相见于梦中：八月十六日，梦在本校某集会中，李源澄随校领导入，将作检讨。"着

---

1 指罗容梓、李源澄、曹慕樊、赵德勋。

2 《吴宓日记续编》Ⅲ，页139。

3 同上书，页180。

4 同上书，页148。廖、瑜、辛、涤、彦、樊、勋，指叶廖、熊正瑜、刘又辛、黎涤玄、赵彦青、曹慕樊、赵德勋。

工作服，面色灰黯若死，精神颓丧。宓深觉其不祥。"父亲忆昔1951同事（反革命之妻）疯，"犹能挺身而出，为求医，治之愈，多方援助，不恤人言；今于交久谊深之澄，乃不敢至其家一探视，亦不能延医为之诊治。足见今日法网之密、禁令之严，亦可见宓之衰老畏怯，见义无勇，自视实毫无人格、有生如死者矣！"李源澄临终命长女知勉往见吴伯伯。父亲"觉澄能知我，知我至少是一旧式无原则之好人，勉来谒宓必能助之，他人未必能助也。"父亲至是关心时读初中的知勉，资助她学费生活费用等，直至她技校毕业分配工作。

暑中，新出右派分子益多，其中不乏父亲相知友生。父亲喟然悲叹："呜呼，经此一击，全国之士，稍有才气与节概者，或疯或死，一网打尽矣！"[1]西师校内则凡为系主任所不怿者，几全被谥为右派。"其存者皆仳仳倪倪，苟合取容，无学、无才、无德而阴狠忌刻，又工谄谀逢迎。如今西师中文系、外文系、教育系、历史系主任之魏[2]、赵[3]、普[4]、郭[5]诸君者，皆固位得志，而肆行报复矣！"[6]

父亲"窃叹私怨报复之事遍全校矣"！"呜呼，鸣放之在西南师院，只为教育系普施泽之对董时光、陈东原、罗容梓。中文系魏兴南之对吴则虞、董寄安、曹慕樊、赵德勋等，兼及赖公。外语系赵维藩之对熊正瑜、阎童、李德才、张正东等。历史系郭豫才之对马益，兼及黎涤玄、赵彦青、文艺陶、凌

---

1 《吴宓日记续编》卷Ⅲ，页152、184、309、135。

2 魏兴南（1910～1986），山东禹城人。山东大学毕业。曾任中央大学讲师，四川省立教育学院、女子师范学院、重庆大学副教授、教授。1952年任西南师范学院中文系教授兼系主任。

3 赵维藩（1905～2002），字竹南，山西文水人。中央大学外文系毕业。曾任中学教员，女子师范学院英语系副教授。1950年任西南师范学院外语系教授，1952年兼系主任。

4 普施泽（1901～1980），湖北应城人。清华学校1923年毕业留美，密西根州立大学硕士。曾任燕京大学副教授，中国学院、武汉大学教授，成都空军参谋学校、机械学校英文教官，四川大学师范学院院长。1952年任西南师范学院教育系教授，1953年兼系主任。

5 郭豫才（1909～1993），河南滑县人。河南大学国文系毕业。曾任河南省通志馆协修，礼乐馆编审，女子师范学院史地系教授。1950年任西南师院历史系教授，1956年兼系主任。

6 《吴宓日记续编》Ⅲ，页123。

道新等。主任之藉端报复、消灭异己者而已。"

父亲不幸，恰与教育系、历史系主任为邻居，夜晚院中纳凉，两君仍讥斥右派不遗馀力。父亲同情受祸诸人，精神痛苦，无可宣泄，作《杀士吟》诗一首，亦不敢久藏；只有将此期间之见闻及所思所感写入日记，且谓"凡宓所记，皆信史之应秘传者也"。[1]

有同事之子亦西师学生，对父亲说，"本校学生之实况，其中百分之五十，皆袖手旁观，未真参加反右派斗争；而百分之三十，则直不服党、政府、学校之所号召，此百分之三十，非右派，乃聪明好学、尊敬老师之好学生也。总之，党与政府此次鸣放而后反击出尔反尔之办法，在一般青年中大失人心，对国家实甚不利，云云。"父亲在日记中写道："按此与宓等所感者同。"[2]

此次反击右派，西南师院教职员及学生先后被划为右派分子者612人，占全校总人数5855人的百分之十以上！父亲虽幸免于难，然悲愤莫名，由忧生而乐死，免见中国德教学术文化尤其文字之破灭！

父亲自诗案后，与知友久未通书问，心中却是很牵挂的。听说一九五三年十二月寅恪伯父对科学院主领的敦请赴京的答复后，深佩老友坚持学术研究必须独立自由进行的原则，曾有诗"灵光枢斗海之南，不屈威尊信美谈"表意。鸣放初期，父亲担心寅恪伯父之学问，"今中国第一人，而道行尤高"[3]，往谒动员鸣放者必不会少。后读到一九五七年五月十日《光明日报》载《访陈寅恪教授》，说"谁若问他对百家争鸣有什么意见，他只淡然地让你去看看他的门联，[4]不轻易发言"。寅恪伯父默默而不鸣，父亲心折心解。

---

1 《吴宓日记续编》Ⅲ，页 146、136。
2 同上书，页 138。
3 《吴宓书信集》，页 402。
4 指寅恪伯父丁酉年元旦所撰写春联：万竹竞鸣除旧岁；百花齐放听新莺。

一九五七年八月十五日，父亲拈香恭祀亲长，在孤寂中度过他的六十三岁生日。《丁酉生日》诗有句："尽绝知交差免祸，偶翻古籍便同仙。亲恩友义终难报，幽室拈香久泫然。"[1]

父亲于紧张的反右会议间隙，偶尔抽暇翻读佳美诗篇，都会很自然想起寅恪老友诸多绝妙的独到见解。据一九五七年八月十三日日记："晚读吴梅村《长平公主诔》，泪下不止。宓凤爱顾亭林与吴梅村之诗，近年益甚。盖以时势有似，故感情深同耳。比而论之，亭林阳刚，梅村阴柔，各具其美，一也。亭林诗如一篇史诗，叙明之亡。梅村诗如一大部小说，皆合其诗集全部而言之。二也。亭林诗如书经，梅村诗如《汉书·外戚传》及唐人小说，三也。亭林诗如《三国演义》，梅村诗如《石头记》，四也。亭林写英雄，而自己即全诗集之主角；梅村写儿女，而深感并细写许多、各色人物之离合悲欢，五也。亭林诗，读之使人奋发；梅村诗，读之使人悲痛。亭林之诗正，而梅村之诗美，此其大较也。然二人者，其志同，其情同，其迹亦似不同而实同，不得以'亭林遗民、梅村贰臣'为说也。亭林诗，黄师曾注释讲授，碧柳亦早称道之。而能言梅村诗之美者，陈寅恪与宓也。其详不具于此。"[2]

后，又得"见杨树达遗著《论语疏证》，一九五七年印行。有陈寅恪一九四八年十一月序，甚精。略谓杨君此书，同于宋人治史之法，即逐条罗列有关之事实及议论，而异于印度佛教昔贤注经之法，即述引神话及灵迹。前者正可解释经史原文之义者，后者又为自己敷陈材料也，云云"。[3]

一九五七学年第一学期，父亲授"外国文学"每周四小时，中文系三年级及进修生必修；"世界文学"二小时，历史系三四年级选

---

1 《吴宓诗集》，页496。
2 《吴宓日记续编》Ⅲ，页150。
3 同上书，页201。

修；两系学生 480 人，三大班十小时，大班辅导两小时。另外，指导"外国文学"进修生三名，授进修班"世界古代史"、"外国文学专书讲读"及"英文"课。本校文史系助教、讲师亦参加进修班"英文"课学习。进修班是西南师范学院本学年新开办的。父亲本学期虽主要讲授世界文学，由于辞职未获准，还未能脱卸历史系世界古代史中世史教研组主任之责，仍须主持安排计划、分工、检查进度、填写报表等等，并为如今担任主讲的讲师提供教材、编译参考资料，又须听评教研组诸君讲课，劳忙已极。

本学期九月十九日方始开课，十月三十日院长又作整风运动改进工作动员报告，开展新一轮的整风鸣放。本院生物系教授戴蕃瑨[1]说，"鼓舞鸣放，不嫌劳民，亦今之治术也"。父亲在日记中写道："既以反右斗争摧残、压抑、遏止有力与多智之意见矣，乃复盛倡一般群众之鸣放而重视之，盖知其中无物，故不嫌其鄙琐，借以收'民主'之名耳。"[2]

十一月，整风鸣放开始，教师先进行社会主义思想教育学习，后座谈整风鸣放，专对党委及院长提意见。众教师心有馀悸，多无所陈。

一九五八年一月初，西师院务会议研究教职员劳动下放问题，第一批定于一月十五日以前下放，以助春耕。下放者，分三类，甲类轮流锻炼；乙类下放调职；丙类下放（裁员）送农村安置。父亲因是院务委员与会始知（乙）（丙）系学院认为无用之人，为"勤俭办校"可裁汰。名单定后，乃与本人说知（事先决不征求意见），不开系委会讨论，以免纠纷。寒假前，系主任须交人名单。名单公布后，乃筹办欢送等热潮。王院长提出，最好不分（乙）（丙），统曰"下乡劳

1　戴蕃瑨（1901～2003），重庆合川人。中央大学生物系毕业，北京大学生物系读植物形态学研究生。曾任四川大学生物系教授。1950 年起任西南师院生物系教授。
2　《吴宓日记续编》Ⅲ，页 203。

动"。孙泱[1]院长谓，实际各分类研究，但守秘密；公布时（乙）（丙）二类不分，统曰"锻炼"，不告知各人之前途。

二月八日清晨，父亲遵令至办公楼前齐集欢送下乡教职员。见勤于科研著述、已满四十七岁的史系前主任孙培良立队首，原规定四十五岁以上之人员，不下乡锻炼。又有聪明美慧、勤奋用功的友生列于队中，属（乙）或（丙），不得而知，父亲喀然无言矣！

一九五八年初寒假，西师教职员没有休息，而在反浪费运动中度过。三月，新学期开课，父亲所授课目虽与上学期全同，却感到步履维艰、动辄得咎。开学伊始，学院即举行全体师生员工反浪费、反保守，开展全面大跃进誓师大会。各系科室师生员工代表及个人，一一致词献礼，保证超额工作增产，又有诸院长演说，欢呼而散。

学生在领袖"卑贱者最聪明""不迷信权威，敢为天下先"的讲话精神鼓舞下，向教师的资产阶级思想猛烈开火的大字报铺天盖地，气势汹汹。当局要求教师亦须以大字报回复学生的质询、讥责及批判。

父亲以学生大字报多责难过度，甚为感愤。如史系某生"竟痛哭愤恨宓之'世界文学'课枉费彼之时力及人民之经济云云"；又有学生以某生生活作风案"为宓讲'世界文学＝恋爱史'之罪"；斥责父亲称赞右派、鼓励学外文，助成彼之罪，"汝不知某生是右派，汝何不求知之"？等等。

父亲只知史系学生判定右派分子甚多，四五十人的班中，右派有十数人；并不详悉具体某生为右派。历史系会中，邓托夫副教授向父亲传授他的办法："九月开学之初，上课前，先在系中询问本课中

---

1 孙泱（1915～1967），四川南溪人。革命烈士孙炳文之子。上海光华大学外文系肄业，留学日本。曾任朱德秘书，东北军区政治部、宣传部及文化部部长，国家计划委员会局长、委员。时任西南师范学院党委副书记、副院长，后任成都电讯工程学院党委书记、中国人民大学党委副书记、副校长。"文革"中被迫害致死。

（1）班长职员之姓名（2）右派分子学生之姓名（3）积极分子、多干工作者之姓名；然后慎所发言，遇事则招请诸班长情商求助，从其意见行事，遇右派分子既不称赞，且贬斥之。而积极分子若成绩不佳，即为改定其分数使不列于下驷云云。"父亲的反应却是"宓恍然，此正如《石头记》第四回门子教贾雨村之法，不得罪于本邑缙绅之有京中大力后援者。呜呼，宓即愿屈节为小人，亦患逢迎之未知其术也。"[1]

一九五八年四月十六日，孙泱院长为双反运动再次动员"尽情鸣放，向党交心"。谓"教师多具资产阶级思想及个人名利心，应受攻，并应互攻。少年人多具卓识，应多提意见。毛主席等、孙文、马克思、章太炎、颜渊、岳飞、李世民皆以少年而举大事。老教师宜学姜子牙、百里奚，以工人阶级为其'明主'，站在正确之一方，而提意见。从毛主席之意，多写大字报，针针见血，说出真心话……教师要欢迎学生'送西瓜'"。又称"党今不拟重行划分'中左、中右'等，亦不拟作出典型，亦不算旧账"；望"'人人讲真话，个个交真心'＝向左转。"[2]

随即全校停课，师生员工向党"交心"。

历史系党支部指示教师"交心要交全心，暴露要彻底。（一）向党交心，勿有顾虑；（二）交出'资产阶级的心'，吐出资产阶级之丑恶思想；（三）历史另报，教课不须说，须谈思想；（四）今专作暴露，不必批判；（五）此为此次思想改造之严重考试，为'红透'之表征"。

父亲自五月八日至八月八日，每天上午 7:40 至 12:10，下午 3:00 至 5:30，又晚 8:00 至 10:30 开会（或全系教职员，或分组座谈）三次，发言，学习。其间又有上午 10:30 前后的体操，夕 5:30 至 6:00

---

1 《吴宓日记续编》Ⅲ，页 255、256。
2 同上书，页 270—271。

的文娱（唱歌），均须集体参加，并登台表演。星期日亦不放假，不休息。偶有一二次星期日下午或某日晚间不开会，但必派有工作，如写报告、检查交代、揭发材料等，在家赶作。总之，不给休息，只要赶速。用历史系党支书季平[1]的话说，"昔以年为单位，今以秒为单位。不可望休息，不可求清闲、舒服；应求紧张、辛苦、赶快！"

季平为史系运动的总指挥，"命史系同人各写出大字报100张（内60张自责，40张责人）"。父亲倦甚，谓"恐难达到此数"，然"平必欲众遵令行事"[2]。

史系规定"交心"必包括：（1）人生观，个人主义——名利之形形色色。（2）对党及党员的看法与关系。（3）对运动及政策。（4）对群众（积极分子）看法及关系。（5）个人与集体。（6）红与专。（7）其他，如道德败坏、男女关系。

又"交心"自评之标准：（1）好——自觉，深透，知非，大体无遗漏，有批判，公开表示改造，信心。（2）次——决"破"，"立"无信心。大体交出，而不深透，乏批判，无坚决之信心，空虚。（3）中——主要未交，止于现象，决心、信心皆不足，未挖出痛根。（4）下——基本未交，只应付，交出表面，无动于衷，以个人主义视此事，且不赞成此运动。

父亲冥思苦想，又经三人为一组的帮促，自评次等。交代内容包括鸣放之高兴及反右之痛苦、失望、退步；与右派分子来往之事实，亲近右派，多因均不赞同文字改革，如袁炳南、陈行可；坚决反对汉字拉丁化及简字推行，宁甘以投嘉陵江而死，又恐疑为政治犯畏罪自杀而株连家人；畏惧教学改革，不堪学生苛责毒讽，不但欲早退休以免罪招祸，且有望早死之心。系党支书犹指示父亲应不怕痛，不隐

1　季平（1928～1991），四川夹江人。四川大学历史系肄业。曾任《川北日报》记者、编辑，中共中央西南局宣传部干事。时任西南师范学院历史系党总支书记。
2　《吴宓日记续编》Ⅲ，页273、396、285。

臭，不护短，必须完全交心，乃能跟随党走。"如宓所作诗甚多，已由各方面缴获，今诵一句'层层制度莫言改，处处服从莫妄评'云云，以概其馀，宓断不能隐讳。"[1]

经历一个多月紧张的各自暴露，互相揭发批判，父亲印象最深的是"今知（1）代表党之人如（季）平者，无论如何皆是正确，皆应服从；（2）有议及文字改革者＝反党、反革命。呜呼，知所趋，知所戒矣！"[2]

六月十日，运动重心由"交心"转入"教学改革"，主题为：（1）认真贯彻毛主席的教育方针：培养"劳动者"而非专家。（2）解决教学工作中的斗争：反对资产阶级及封建思想、修正主义；厚古薄今，重外轻中。（3）联系实际。（4）高等教育应如何办好：党的领导，群众路线。（5）破除迷信，解放思想，拔白旗、插红旗：将马列主义普遍深入推行。

院长再次动员全体师生员工"破除迷信，解放思想，拔掉白旗，插上红旗"，强调"知识分子必须思想改造，方有前途。谓教师92%，学生95%皆已向党交心，众欣愿改造（其事无终）。粉红色道路，力争'中游'，为名不为利，自信力不足，破而不能立，如此之人不少。……今可就教学及科学研究中之两条道路从事'改革'矣。即以马列主义，摧破资产阶级思想；要敢作、敢为、敢想，去权威，破'迷信'，树立'共产主义之风度'，向群众学习；不崇拜外人，尤不崇拜英美"。[3]教学改革的原则步骤为大鸣大放（一星期），大字报二百万张；大争大辩（二星期）；大整大改（至本学期末）。

同一天，《光明日报》发表郭沫若五月十六日一封关于厚古薄今问题给北京大学历史系师生的信，公开点名寅恪伯父为"资产阶级

1 《吴宓日记续编》Ⅲ，页299。
2 同上书，页311。
3 同上书，页324。

史学家"。

郭沫若的信写道：

"资产阶级的史学家只偏重资料，我们对这样的人不求全责备，只要他有一技之长，我们可以采用他的长处，但不希望他自满，更不能把他作为不可企及的高峰。在实际上我们需要超过他。就如我们今天在钢铁生产等方面十五年内超过英国一样，在史学研究方面，我们在不长的时间内，就在资料占有上也要超过陈寅恪。这话我就当对陈寅恪的面，也可以说'当仁不让于师'。陈寅恪办得到的，我们掌握了马列主义的人为什么还办不到？我才不相信。一切权威，我们都必须超过他！"[1]

此信于众批倒、搞臭权威的鼓动作用，远在院长动员报告之上，尤其是父亲所在的历史系。寅恪伯父成了全国最大的一面资产阶级白旗，教师纷纷以往昔崇拜寅恪奉行陈说为过，大行检讨，张东晓且谓，"迷信由于知识之未周。如陈寅恪不通马列主义之真理，不可为权威"，[2]云云。父亲愤愤，不以为然。

学生（受上峰指使）攻击教师的炮火，猛烈出奇。大字报张绳于各教研室中，挂满墙壁，复高堆地板上。没有多久，"学生（中文系、历史系）责宓教课之错误，写给宓之大字报许多册，堆叠之，比宓之身躯犹高。"

两系又举办教学改革展览会，"将宓等每一教师，画成连环画，并加说明，指出宓等之'封建思想、资产阶级个人主义，……教课之不负责任，阶级观点及立场之错误。……马列主义学习不足，材料多，批判少。……毒害了学生，对不起人民'。"[3]史系"画宓二图，有注。（1）宓与韩忠祥上课时褒奖（右派学生）曾祥邹，（2）宓私劝曾祥

---

1 《郭沫若书信集》，中国社会科学出版社 1992 年版。
2 《吴宓日记续编》Ⅲ，页 346。
3 《吴宓书信集》页 408、409。

1958 年西南师院"教学改革"大字报选

吴宓先生在"世界古代史""世界文学"教学中的资产阶级方向

教学改革中 历史系
第一批大字报整理

一、……阶级的治学方法
烦琐的考证　　　B 材料的堆砌
客观的介绍　　　D 形式主义的解释
……厚今重外轻中

二、反动的立场观点
1. 歪曲历史科学　　　B 宣扬资产阶级史学
C 唯心史观　　　D 忽视人民……
E 歌颂"英雄"

三、灌输资产阶级毒素
A 引导学生走"白专"的道路
B 宣扬黄色与灰色的人生观,宣扬旧道德

四、资产阶级教育思想与教育态度

五、知识上的浅薄

六、其他

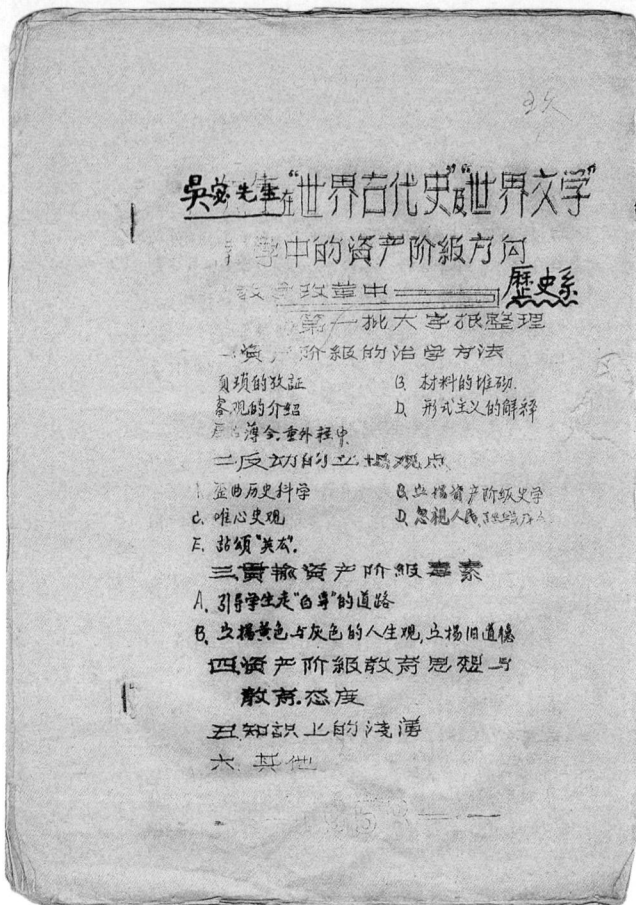

西南师院"教学改革"中批判吴宓的大字报选辑

邹专习外文，并谓'各门校课只求考得及格足矣'云云。"父亲在反右期间所作四诗，被谥为"反动诗"，亦展览，以为罪。学生强邀父亲往参观，并命写"观后留言"。学生又将此等材料，放大画图，放大字迹说明，贴于纸架、壁屏上。在食堂外，全校中心马路上展览多日。"一教楼外，壁上长条，大字报，中文系所出，题曰《戳穿了西洋景，一文不值》，对宓之画四幅，又'反动诗'一首（兼录史系学生恶评）。"[1]

学生的揭发批判，父亲认为"最不合事实者，为史系四年级女生蒋懿菊之《吴宓教授的反动史观》一篇，所举阶级表，似非宓原稿而出于误抄者——该篇在《院刊》157期（1958六月二十日）登出"。父亲自查讲稿，"其中（甲）亚述之社会阶级图，奴隶与奴主对列，奴主下自由民之贫者农夫沦为债奴（当为剥削压迫他人者）——该图与蒋懿菊所录布者显然不同。（乙）埃及之王，理论上（依当时之说法）代表全国人民，掌管水利，非谓'国王＝人民代表'，蒋懿菊所指，未免断章取义矣。"父亲不得公开辩护，恐以此取祸，学生更作攻诋。后又见西师中文系所办《语文》第五期，载"中文系三年级学生李培根等所撰批判宓'外国文学'课之文，索然气尽。盖宓所言者并非如是，颠倒诬栽，以证实旧教师之荒谬而已。"[2]史系同事对学生错误的指责，亦均默然。如学生谓1905日俄战后的朴茨茅斯合约，其地在英国，而教师误称在美国云云。其实不误，当时由美总统T.罗斯福调停，在美签约。诸如此类甚多。

大跃进形势下，水涨船高。史系党办总支六月初起，一方面令检查自己教课、办事及生活中之错误（自己暴露，互相揭发），一面又

1 《吴宓日记续编》Ⅲ，页278、399。
2 同上书，页342、349、524。

命写大字报。规定历史系教职员，每人须写足 1000 张，限于五天内，写出 500 张。同时，尚有半天开会，参加大辩论、集体听广播等，又须遍读学生送来的大字报。父亲挖空心思，尽力赶写，五天内只写出 200 张（居全系之末）。又三天，写到 274 张——忽然又命作其他之事，大字报便停止，不再写（大家都未写完），但全校已写出 360 万张大字报（学生通夜不眠，最多者，一昼夜写 622 张）！有人累得吐血。父亲长吁："呜呼，使师生能如此奋力于学术，岂非佳事，今劳苦何益？或曰当局如此办法，只能使民贫、民愚，而士劳忙不暇用思，又中于宣传，厄于命令，遂不思逞，不敢叛而已矣！"[1]

教学改革大辩论，并无争辩，只是全体教师默坐，聆听学生揭批教师厚古薄今、重外轻中。"历史要籍"讲义用文言；主张识甲骨文 3000 字；以《史通》为经典；推崇《资治通鉴》；历史文学中"今不如昔论"；称赞王国维、陈寅恪……皆是将学生引向白专。即使在教师讨论中，亦于中国历史以马列主义硬套。父亲因而感言："今之为'思想改造'而辩论者，正同于中世之经院学派，皆先有信条（dogma），先具信仰（faith），而后以理论强来说服人。又决不许人尽言、深思，致蹈祸危；故今之辩论毫无价值，只是装饰门面，在辩论之形式下，以威力逼人说假话表示服从、投合而已。"[2]

向党交心、搞臭资产阶级思想，以至教学改革、红透专深等运动，最后以个人自我鉴定、撰"红专规划"集体讨论通过告终。八月八日，整风第四阶段正式宣告结束。

本学期自六月初起，一直停课。期末考试取消，以平时成绩定考试成绩；不能者，以"布置作业"办法作考试。考试成绩，以政治与业务各占其半。不及格者，仍予"不及格"（成绩只有"及格"与

---

1 《吴宓日记续编》Ⅲ，页 331。
2 同上书，页 377。

吴宓与陈寅恪

"不及格"二种）。

八月十日至九月十日放暑假，院长有言在先，"暑假中任务繁重，师生皆须加倍劳苦。"[1]

对于父亲来说，一九五八年五、六、七、八月，真是一段不堪回首的生活。光写检讨、交代，用去洋墨水一大瓶。"劳忙气苦实为多年所未有"，"此次全国大跃进，成绩虽佳，但对于许多人直是逼命。"[2]也许父亲作于本年八月的一首律诗，更能表达他当时的感受。

无 诗

身劳意苦更无诗，已近诗人命尽时。

三月穷源窥肺腑，几番忍痛就刀圭。

风前蜡炬成堆泪，眠后僵蚕未续丝。

比似东坡乌岸怨，纵横嗤点到群儿。 邓托夫、杜昆等[3]

一九五八年的暑假，实只最初两天，"有命在舍，细办家中清洁"。父亲方谓可获休息，又接史系通知开会，讨论保证完成"暑假全面跃进工作计划"：教学大纲四日完成，讲义不定。《毛选》及时事学习，星期三、六下午；劳动，星期一、四（老弱拔草、除虫、做清洁）；集体唱歌，星期二、五。除四害蚊、蝇、雀、鼠，登记数目。每日工作时间，因"跃进"，改为九小时。父亲自是复陷入日夜忙碌之中，叹息"由今日下午起，又复日夜开会学习，不给教师以休息或静修读书之暇；集体讨论果有实益欤？抑监视全体教师使不得读旧书以

---

1 《吴宓日记续编》Ⅲ，页 431。

2 《吴宓书信集》，页 407。

3 《吴宓诗集》，页 499。

第七章　反右派与反右倾 　　　　　　　　　　　　　　　　　383

西南师院教学楼，"文革"时期为吴宓负责扫除的清洁区

传其所学欤？非宓所知者已"！[1]

　　由于破除迷信，清除资产阶级思想，下学期旧教学大纲及讲义，均不可用，必须重新编订。中文系"外国文学"课教学大纲，系主任魏兴南以父亲"在史系有公务"，径命中文系三年级学生及进修生草成。上段自希腊至十九世纪末之欧洲（附美国）文学，就旧教学大纲压缩至54小时授完；下段全为一九一七年以后之欧美（包含南美）及亚非各国之"进步"文学。

　　此次重编"外国文学教学大纲"，中文系主任既不事先召集父亲参与修订之事，各方送来之交流教学大纲等，亦径以授进修生而不使父亲得知得见（且其所派之中文系三年级学生代表皆庸劣，而不派资性聪明、成绩优秀之中三学生）。彼等所拟教学大纲，父亲略一翻阅，殊不合意，但为当时之形势所迫，同意印出后，由中文系召集父亲与诸学生代表一起讨论再定。

──────────

1 《吴宓日记续编》Ⅲ，页449。

　　　　　　　　　　　　　　　　　　　　　吴宓与陈寅恪

父亲后遇中三级刘正基、赵云凯二生，谈"外国文学教学大纲"之改订经过，"始知其上古至十九世纪一段之缩编，全出刘启真手，不胜悲叹。中三学生之用功勤学而识解高超、出刘启真上者，不知凡几，乃独用此浮薄之进修生一人改订'教学大纲'，名为'学生之公意'，强宓以必从，不亦冤乎？宓对学生大字报之责难，作一二条辩解，又主张应加讲古印度、波斯、犹太、阿拉伯及日本文学，即极简略，亦不能略去不讲。"[1]

暑假将尽，父亲与中三级赵云凯、刘正基及进修生张江来、刘启真（1）议定"古代东方文学"大纲之内容。（2）同校勘新印出之"外国文学贰"上下学期"教学大纲"，此乃彼等四人所撰作者，父亲无奈，迫于形势全表示赞同，拱手受成，唯唯而已。

开学在即，中文系党支命于九月十五日以前编成"外国文学贰"之上学期（欧洲上古至十九世纪文学）全部讲义，于是议定分段合编之办法。父亲自任六章二节，赵、刘二生各任一章，其馀全由进修生负责。父亲感慨"今既一切革新，宓上年讲稿已废弃不用，则只有杂抄新书新杂志以成篇应命而已。然赶成亦甚费力也"。亦有学生来访，"劝宓编讲义仍宜详实，同学中不少喜知喜闻宓所讲之材料者也……"[2]

刘叔雅先生于一九五八年七月在昆明逝世，父亲至八月二十二日由戴蕃瑨教授来家，始得知详情；瑨闻之其女，云大学生。"盖叔雅解放后在滇备承优待，乃自1957整风运动及教学改革中痛遭打击，心情极为郁愤。某日忽以脑充血遽死。当局初疑其自杀，侦察后知其非是，方为治丧，登《云南日报》，并在云南大学由中文系开会追悼。该系学生嫌恶叔雅，不肯莅会，经当局严命，始勉强到会云。呜呼，今益服王静安先生1927之自沉，不仅为大仁大勇，且亦明智之极，

---

1 《吴宓日记续编》Ⅲ，页462。
2 同上书，页467、468。

第七章 反右派与反右倾

385

生荣死哀，不屈不辱。我辈殊恨死得太迟，并无陈寅恪兄高抗之气节与深默之智术以自全，其苦其辱乃不知其所极。若澄若典以及光午，其他之友生宓尚未知。今闻其死，宓岂特兔死狐悲而已哉！若碧柳之早殁，得正命而终，比王静安先生为尤幸已。……"[1]

父亲由刘叔雅先生的离去，更加思念故旧知友，尤其寅恪伯父。前闻戴蕃瑨自京中开会回来说，"闻将对王静安先生及陈寅恪'两大白旗'下攻击令云"，[2]心神不宁。父亲从自己的经历，可以想象老友的境遇，十分担心他在雷霆万钧般的大字报、大批判"猛攻"、"火烧"之下，吉凶安危如何。惟有暗中祈祷上苍为中华文化保佑寅恪平安。

父亲此时尚不详知一向远离政治漩涡的寅恪伯父，"厚今薄古""破除迷信"的口号一经提出，便被推向运动的风口浪尖，受到猛烈攻击。他的学术被称为"伪科学"，他的业绩被肆意践踏；大字报、大批判的烈火，出现恶毒的辱骂和诅咒，"拳打老顽固，脚踢假权威"；"烈火烧朽骨，神医割毒瘤"，甚至攻击寅恪伯父资产阶级史学方法"和在一个僵尸身上穿上华丽的衣服……结果仍不改变其为死人一样"。[3]寅恪伯父不屑对所谓的"误人子弟"、"伪科学"作辩解，却为他的人格受辱所激怒。七月下旬，他上书中山大学校长，愤怒地表示：一、坚决不再开课；二、马上办理退休手续，搬出学校。寅恪伯父从此离开讲坛，不论有关各方如何劝解，再也没有重新开课，仅从事研究和著述。[4]

一九五八年九月十九日，中共中央、国务院发出《关于教育工作的指示》，谓"党的教育方针是教育为无产阶级政治服务，教育与生

---

1 《吴宓日记续编》Ⅲ，页 464。

2 同上书，页 429。

3 转引自陆键东《陈寅恪的最后二十年》，页 241。

4 参见《陈寅恪的最后二十年》，页 243、248。

吴宓与陈寅恪

产劳动相结合"。前者，父亲在整风运动的各个阶段、特别是教学改革中，已感受深刻；生产劳动与教学相结合，在劳动中锻炼改造，则是在本学年的新学期开始逐步领略的。

一九五八学年第一学期，父亲几乎没有授课，全在大跃进的狂热气氛下、接连不断的各种运动中度过。

首先是"拥护我国政府对台湾海峡局势的声明，反对美帝国主义的战争挑衅"，学习座谈，参加游行；响应号召，"全民皆兵"。西南师范学院成立特种基干民兵师，由解放军军官授枪授旗。史系学生编为四连，连分三排；父亲与史系教职员另独立为一排，党员助教杨群章为排长；以上合为一营，党支部书记季平任营长。不分男女老弱，皆穿蓝色上下装，着皮鞋，束腰带，佩"历史系工程兵"布徽于胸前，出兵操。

接着是"全民炼钢""为钢而战"。一九五八年五月，中共八大二次会议肯定全国出现的"大跃进"形势，认为中国经济正处于"一年等于二十年"的伟大时期。本年八月中共中央政治局北戴河会议确定，一九五八年要生产 1070 万吨钢，产量比上年翻一番。会议公报号召全党全民为生产 1070 万吨钢奋斗！《人民日报》社论强调，其他部门"停车让路，让钢铁元帅升帐"。全民大炼钢铁运动，很快进入高潮。重庆市决定钢产量一年内增三倍，以"小、土、群"为主。市委号召西南师院建炉十五座，日产钢六十吨。院党委分配中文系一土炉，二转炉（每日产十二吨）。"今决以'半工半读'之精神，努力完成。"所以于本年九月底由历史系转入中文系的父亲，转系后首要的工作是参加中文系教职工自建炉炼钢。与六位老弱残疾教员，奉命打碎白泡石，研磨成粉；后又加派接运砖石、堆砖、劈柴及抟煤球等任务，"如后勤部之在军中"[1]父亲被魏兴南系主任命为组长，督促同人出勤。每日上下午劳动，任务紧迫时，还加夜班。父亲破大石

---

1 《吴宓日记续编》Ⅲ，页 490、500。

块不慎伤右手四指尖，又石粉入眼，疼痛；……曾"状今之中国人生活，为 universal & permanent forced hard labour"[1]。终日劳累，夜间也难得安睡。以"校内各处灯火明亮，遍地钢炉，赶做夜工，复以广播之演说、歌曲，鼓舞众人努力工作，此连彼续，不能入寐"。父亲不禁叹息，"全世今后殆无一时一地可得宁静安息者矣。"[2]

炼钢原料，除学校派专人外出设法，校内则由"工属会为向党献钢，穷搜各家之金属物品，以供销镕炼钢。（历史系主任）豫及宓之铜脸盆各一，宓1944十二月圣诞节成都燕京大学文学院长马季明先生鉴所赠。马老在香港大学，未知存殁如何。皆已登记，行即强取以去，宓始甚不怿"。后闻下乡回校的人言，"近处乡间农民自入社公餐合作食堂后，其家中之锅釜刀铲等金属器具，悉为没收，莫敢有违抗者。……公餐系定量，农民恒不饱。公餐办法行后，缺粮公家不补给，农民亦不能自爨增食，饥饿则嗟怨，日有所闻云。呜呼，全国之人皆甚苦，宓何敢怨？但伤国俗之骤灭，与王道之不行耳。"[3]

全国炼钢，缺乏铁料，然必达1070万吨的指标，重庆市委派出五千人至綦江开采铁矿，下令西南师院出二千人。

一九五八年十一月六日，校党委命中文系、历史系、地理系、图画科全体师生及数学系一部分师生前往，从事此役，即日出发，并在綦江采矿工地上课云云。中文系党支书苏鸿昌[4]在中文系全体师生员工大会上，动员说明全系赴綦江采矿理由有三："（1）非速得巨额之铁为原料，则1958年内炼出钢1070万吨之计划（已宣布于全世者）将不能实行做到，而腾笑于世界。（2）为实行新教育政策，即生产、

---

1 《吴宓日记续编》Ⅲ，页500。普遍和长久的强迫劳役。

2 同上书，页499。

3 同上书，页475—476。

4 苏鸿昌（1932～1982），四川宜宾人。1950年入西南师范学院中文系学习，1953年提前毕业留校工作。时任中文系党总支书记，1965年改作教员，1979年聘为副教授。

　　　　　　　　　　　　　　　　　　吴宓与陈寅恪

劳动与教学相结合，在艰苦之体力劳动中锻炼改造。（3）仿效昔日共产党在延安边区及敌后游击队之办法，训练同志、同学们悉能服从军令，忍受艰苦，以为对帝国主义斗争或战争之预备。"[1]

父亲鉴于历史系朱炳先副教授在川北夜晚昏黑中如厕坠崖重伤，恐致终身残疾；甚忧惧在山地夜晚行路之危险及困难，万一受伤，既未出力，反增同人困累，因此不自请前往綦江。幸得中文系当局决定父亲及赖以庄教授（六十七岁）等六人，以老弱孕特许留校分任教课及办公。据父亲日记，大队人马出发前夜，父亲曾持电筒，"偕赖公冒雨，踏泥，至速成中学礼堂赴 8—10 中文系师生员工赴綦江采铁矿誓师大会，回舍已 10:30 矣。来往均得学生指示路径，然我等二老人已感行步艰难，况在綦江矿山中昏黑泥泞坡陡之地乎？幸哉得留校也！"[2]

父亲留校代授音乐科一年级"语文"课不及一周，张院长又召开全校大会，"谓今需五万人至綦江山中采矿炼铁，重庆市委决派重庆中学师生三千人及西南师院师生三千人前往。本校已去二千人，今再加派一千人，明日出发，即音乐科、政治教育科、外语系之师生，以（1）劳动生产（2）实行新教育政策（3）锻炼改造三者为目的。至留校各系科师生，则应（1）承担全校所有各项生产劳动（2）编撰讲义，改进教学（3）学习政治时事，加强自我改造，云云。"[3]

西南师院十一月七日、十二日先后派遣赴綦江矿山采铁的三千名师生，称为"重庆市野战第一团"者，原计划在綦江"为钢铁而战"两月，终以患病（尤其痢疾）者多，而于十二月十日全体回校。据先期病归的教师称，"其实（在綦江）并未开矿炼铁"。十二月十三日，中文系教职员集会，"作綦江炼铁胜利归来之总结，正副排长演说，

1　《吴宓日记续编》Ⅲ，页 511—512。
2　同上书，页 513。
3　同上书，页 516—517。

对前往綦江之人员施以褒贬，而注重劳动锻炼与思想改造"[1]。

一九五八年十二月十九日，党中央宣布，提前十二天超额完成钢产量翻番任务，钢产量为 1108 万吨。重庆市北碚区二十一日晚发布这一消息，西南师院学生与北碚区人民立即欢呼庆祝，鼓乐游行。历史系师生且在一教楼前歌舞，至夜半始散。全然不知此所谓提前超额完成的 1108 万吨钢，实际合格的钢只有 800 万吨；土高炉所炼 300多万吨土钢、416 万吨土铁根本不能用！而长江上游为土法上马、全民炼钢，因燃料不足，砍伐树木无数，绿油油的缙云等密林变得光秃秃，造成水土流失，生态损坏巨大！

西师全院炼钢告一段落，"教育与生产劳动相结合"的内容转向农业，下乡助农，校内养猪种菜。这固然旨在劳动锻炼，亦为应对粮食短缺之需。本年八月，中央北戴河会议在确定钢产量翻番的同时，亦确定粮产量比上年增产 80%，即由 3900 亿斤达到 7000 亿斤。全民大炼钢铁之时，农业战线棉粮高产喜讯连连，亩产千斤皮棉的棉田，亩产万斤粮的报道接踵而来。然而人们在实际生活中，感受不到丰收的喜悦，却隐约觉得粮食紧张。即使在炼钢高潮的十月底，西南师院曾连续两天全校出动下乡挖掘红苕（白薯）；教职员工眷属更多次被派往农村连日挖取红苕。十二月初，父亲"闻分配与西师之红苕共六十万斤，而限于两个月内吃尽，免久存而腐坏，故日来粥饭内之红苕骤大增加，然食苕过多，则消化不良，而肠胃致病。宓今日上午泻一次，昨上午泻二次，即由食红苕过多所致，但又不得不食，乃减膳以救之，时乃患饥"。[2] 由东北探亲归来的孙培良教授告诉父亲，"沈（阳）、京各地副食品之缺乏、饭馆排队拥挤之情形，有过于渝碚。"又从友生得知，"乡下农民日惟饮玉蜀黍粥汤，不获见米面云。"[3]

---

1 《吴宓日记续编》Ⅲ，页 534、536。
2 同上书，页 532—533。
3 《吴宓日记续编》Ⅳ，页 21、26。

缺粮情况，一九五九年春夏更趋严重。上级报告、报刊宣传只强调自然灾害，从不言国民经济比例失调，更无人敢公开谈论农民深受高指标、瞎指挥、共产风、浮夸风之苦。

据父亲一九五九年八月一日日记，"各地亲友来书，均述天旱禾枯，民食不饱。政府宣示'须自为计，不能增给粮票'云云。窃以国为民而设，民以食为天。若民劳而饥，则虽苏联灭却美国，全世均行共产主义，岂即人类之福？况谦卑为第一品德：古帝王之畏天忧民，兢兢业业，盖深知其责任之大，事功之难，与祸福之无定，安危之倏更。而亡国之君，则皆骄慢，今党国号召人民，与天按即自然争功，妄谓'人定必胜天'，且既斥迷信，复云'向龙王要水'，'使诸神听命'等等。以此骄慢对天之态度，施之于政治措施，则不免横暴以对人，以阶级斗争与阶级报复为正义，则虽残虐而犹自信其为行善政、主公道，骄盈自满，急功图利。吾恐天灾人祸在中国仍将层出不穷也。"[1]

八月二十六日晚，父亲"随众坐员工食堂，全国聆北京国务院广播，毛主席在庐山八月二日至十六日召集中共八届八次中央全会，修改（降低）1959 年之生产指标，改为钢 50%，棉 10%，粮 10%（与1958 相比之数，即钢今定为 1200 万吨，馀从略）。但反复说明，此数仍为跃进指标，修改绝非退缩，而剀切号召全国，应克服右倾思想，厉行增产节约，以继续跃进，云云"。[2]

校众随即分系科写大字报，拥护《中央八届八中全会公报》及《开展增产节约运动之决议》。又连续学习座谈《公报》及《决议》。父亲未发言，但聆党员及先进同事之所谈，"则知此次学习亦是对我辈教职员每人做一鉴定，察其对党之态度如何，是否赞成（1）总路线（2）大跃进（3）人民公社，抑或悲郁不满，与美帝国主义等诋

1　《吴宓日记续编》Ⅳ，页 142—143。
2　同上书，页 155。

毁中国者之言词见《参考资料》若合符节，云云。"[1]夜晚，全校师生员工且在大操场集会，庆祝中共八届八中全会之成功，并拥护其《公报》及《决议》，开展增产节约运动。党委书记、教职员、学生代表演说；各团体向党献礼而散。

学院很快出台节约办法，饬众遵行：（一）节约粮食，教职工每人每月须减去四斤，困难者可暂减二至三斤。（二）省电，每家只许同时开一盏电灯十五瓦。全校改于晚十一时一律关灯。晨晓无电，不开灯。（三）教职工本人及家属，不分老少男女，每人须种油菜十窝（旋接重庆市委通令，每人须种油菜三十窝，限十月十日上午种完）。自此，校园内但见师生荷锄开荒，以种油菜。父亲减粮后，每月定量 21 斤，仅够饭食；以一切副食品必须收粮票，则已不敢问津。父亲宁可忍饥，但最怕没电灯。学校原定，每夜十一时全校熄电灯，晨不开灯，师生不能夜读。后又改为每晚 7—10 电灯只开三小时，冬日昼短夜长，读写时间大减。有时为省电，整晚无电灯，父亲只得燃自制的小煤油灯，"就灯下校对'外国文学'讲义第二章铅印底样，灯光甚微，新改字体极小，稿样又不清楚，不免伤目。陆放翁诗云，可怜白发残年叟，犹读蝇头细字书。宓之伤心更甚矣！"[2]

国民经济计划开始以农、轻、重为序安排，农业形势依然严峻，十月中旬，西南师院奉令出动全校师生员工，下乡突击奋战四秋，出动的目的有三："（一）助秋收，以完成'丰产'及'储粮'。（二）亲自取得农业知识与经验。（三）由目睹而后深信农民之饱食乐业，以破毁右倾机会主义分子散布'歉收、乏食'及诋诬人民公社之谰言，云云。"[3]父亲与其他老弱病残等留校同事，则奉令作种菜及扫除房舍等劳动。

---

1 《吴宓日记续编》Ⅳ，页 156。
2 同上书，页 219。
3 同上书，页 198。

　　　　　　　　　　　　　　　　　　吴宓与陈寅恪

十月二十二日，父亲与留校同事共扫除文娱室并洗拭桌椅时，得悉"本校学生下乡助秋收者，多患痢，由专食红苕而饮冷水，去冬尽收没农民家中之锅釜壶等，故皆不能饮沸水。史系学生雷某且即死去。故学校已派员运送锅釜等物前往，命师生员工一律改饮沸水，重病者用汽车接回治疗云"。旋又闻悉，外语系四年级某男生，此次下乡助秋收秋种，传入钩端螺旋体细菌而得肺部急症，口鼻齐出血而死。"患此病死者，尚有历史系学生二名，图画科学生一名，实共死去学生四人。泰山鸿毛，非所敢论。"[1]

师生员工下乡归来，述农村中所见之实况不一。学生私下多谓"大率农民心情嗟怨，工作疲怠，虽日夜驱策之凭干部，用广播。以下田劳作，且密植，但其行动只是消极之服从耳。必按教师亦同是。（不敢倾诚热中）"。教师在政治学习会上，则皆称"农民俭食以红薯（苕）之根丝皮，加蔬菜煮汤，为食。无米无面且无苕。而勤作每日十四五小时，日夜加班。从令如已一律密植，极少怀疑者。而无怨。其对党只有感激忠诚，如以今年之大旱与昔之荒年对比，今无一人饿死或无食无告之人。至对人民公社及公共食堂，更欢欣拥护，我辈教师应当感愧奋发，云云"[2]。

因为害怕被上纲上线：反对总路线、大跃进、人民公社；人们很少谈论物资匮乏，食不能饱等话题。然而一九五九年九月底，随着中共中央庐山会议文件[3]传达范围的扩大，本以党政军机关为重点的反对右倾机会主义分子斗争，发展成为全国各地普遍开展的一场

---

1 《吴宓日记续编》Ⅳ，页201、215。

2 同上书，页205。

3 指中共中央所发《关于反对右倾思想的指示》以及八届八中全会通过的《为保卫党的总路线、反对右倾机会主义而斗争》和《关于以彭德怀同志为首的反党集团的错误》两个决议。1959年七八月间举行的中央政治局扩大会议及八届八中全会（合成庐山会议），原意是进一步纠正"左"的错误。彭德怀七月十四日给毛泽东写了一信，对1958年以来产生的"左"倾错误及其经验教训提出中肯意见，被毛泽东指责为"资产阶级的动摇性，是右倾性质"问题。根据毛泽东的意见，会议对彭德怀、黄克诚、张闻天、周小舟等进行批判，形成从纠"左"到反右的逆转。

政治运动。

父亲在西南师院参加中文系政治学习，系党支书作启发报告，谓此次学习必须（1）严守纪律；（2）联系自己实际；（3）暴露思想；（4）肆意批评别人。父亲所隶学习组组长耿振华首谈，自解放迄今，已过三关，每段对我辈皆是一严重之考验，逆知今年之第三关，即服从总路线、大跃进，实行鼓足干劲、多快好省。必有若干人不能度过，而定为右倾机会主义分子者，我辈各人不敢不奋勉，以免堕落而已。父亲"闻之悚然动容。一波一波，前冲无已，昔年二关，宓蒙然无知，竟得度过。此次第三关，不知宓之遭遇如何，忧曷可止"！[1]

父亲虽聆听院长传达中央文件，又党员同事各秉党之命令所作发言，仍不能了解运动意义，惶惧于右倾机会主义分子与右倾情绪（或右倾思想）二者无别。"诚恐右倾情绪之人皆惴惴自危。如（1）主张少量者'右'；（2）竭力而未能完成工作者亦'右'，则不免有冤枉者。又如1958六月宓在史系写大字报，每日苦不能及定数，又宓不赞同若干简体字，则将以宓为'右'乎？是用深忧。窃见本校教职员、学生中，尤其党员中，工作积极而身染重病者不少，似不如早令其休息之为善，忆此之事，宓实疑不能解，云云。"[2]其后政治学习小组旧组长谓，二者诚当有别，然皆有损于社会主义建设，如工作拖沓，不如期完成任务，此是右倾情绪，亦应批判云云。新任组长则谓，右倾情绪（或右倾思想）之人，最易受右倾机会主义分子之蛊惑，而为之推波助澜，故尤当警惕，云云。

学习中，父亲最为难者，即一再要求"暴露思想"；虽已尽情暴露，实无所隐，仍令继续暴露。父亲只能在日记中自诉："此所谓'学习'，无异'逼供'，实苦无词可陈出。呜呼，生此国，堕此世中，

---

1 《吴宓日记续编》Ⅳ，页215。
2 同上书，页178。

吴宓与陈寅恪

虽得安居乐业，亦恒不免提心吊胆，盖党及政府，由阶级观点，始终视我等为敌人及异类，而疑惧、防闲、考察、惩治乃无已时。被统治者诚为不幸，而统治者亦良苦矣。"[1]父亲无奈，最后声言："宓平日不看《参考消息》，只知信从党及政府之一切训令。平日亦不多通信交际，更无暇与人闲话。工作偶有馀暇，辄卧床休息，吟读中国古人之诗词，此为宓最大之快乐。《论语》：子曰，视其所以，观其所由，人焉廋哉？西儒谓'欲知某人之性行之真者，应察其闲暇时、独处时，作何事'。今请如此考察宓，可矣，云云。"[2]学习组长始勉颔可。

反右倾运动期间，父亲在三教楼后山坡下菜田劳动，"三教楼二层教室中闻有怒叱瞋骂之声甚厉，历二三小时，闻之颤栗。盖群众斗争（审讯）学生中之右倾机会主义分子者。"[3]

学习会上，集体聆听领导宣读本院学生某某等隐名上重庆市委书，又上本院党委书，命众批评。二书皆直陈食粮不足，同学以饥饿致病者多，医不暇给。似此实不能学习劳动，云云。讨论中，此二隐名函被痛斥为"恶毒的歪曲，反对党及社会主义、人民，只图其个人私利，而无如丰产确系事实"。[4]后查明化名小杨或小羊上书重庆市委及本院党委评说学生食不能饱者，为生物系三年级学生熊德俊。以其函中曾云，共产党是统治者，一般人民是群众。又说中国人之生活远不及英、德、法乃至南斯拉夫、印度人云云。一九五九年十二月四日，被西南师院开除学籍，并作为"反革命分子"由公安局当场逮捕。此前外语系四年级四名男生与二年级女生在白庙子等地聚谈，咸对人民公社及大跃进政策，谓农民乏食，粮食实未丰。又谓"我辈学生饥饿，谁能给我们饱食，便甘心为谁服务"云云。被查出后，四名男生被送交法院，判

1 《吴宓日记续编》Ⅳ，页167。
2 同上书，页177。
3 同上书，页195。
4 同上书，页194。

为反革命分子，发往劳动改造；女生则定为落后分子，尚未处罚。又本校党委公函，缕述中文系四年级学生张其铭出言并贴大字报，谓粮不足，受饿等语，扰乱人心，造谣生事，尚未定罪。父亲估计，"外此各系，亦必有类此者。"[1]

对于父亲来说，物资紧缺，食不能饱，都能忍受，不足为忧。他最为焦虑的是千年流布涵泽的文化道德、哲学人情、社会风习，尤其文字传统，行将斩断渐灭，难以为继。实际事例，生活中屡屡可见，感受至深。

一九五九年一月十五日，父亲"闻街道办事处主办之（西师）全院工属肃反运动今日开始，中有破除迷信一款，拈香祭祖，拜墓供食，皆为罪矣。又悉今年已不印售历书，数千年不断之干支年月日纪，于兹断绝，正同文字改灭，如省嘴为咀，何不用口？又如北京时俗，误读顶为挺音，今乃写作挺好、挺美。又不曰自从、由，而曰打某时之类。历史文化全亡，日日推崇'人民'，而政令则毁民俗、违民情。忆黄晦闻师庚午 1930《元宵》诗云，'……万人遮道看花日，百郡迎年祀灶书。虽未太平犹足乐，敢违同欲况其馀……'今重视外国甚至与中国为敌者之评论（如杜勒斯[2]评中国之人民公社），而全不顾中国士民之感情，强制急行，人莫敢言，且争相趋奉，表示赞同拥护，藉以自保。呜呼，一人之心即万民之心，宓岂独顽固逾恒，盖亦代表中国大多数人之习俗心情而已。……"[3]

父亲此前即有诗痛伤中国文化礼教之亡："哀郢当年犹祀楚，为儒此日但歌秦。"自注前句，非但记屈原，实谓中国文化礼教抗日战

1　《吴宓日记续编》Ⅳ，页 198。

2　John Foster Dulles，杜勒斯（1888～1959），1953—1959 年美国国务卿。第二次世界大战后冷战时期美国外交政策的主要制订者。

3　《吴宓日记续编》Ⅳ，页 16。

吴宓与陈寅恪

时尚存。后句，秦亦兼指苏联。

参观本校整风运动、大跃进成绩展览，父亲叹服师生所作科学技术、工艺美术之发明创造、制作编辑，足见中国人之聪明勤苦及实用天才之高。惟学术思想，如教学大纲等，则殊浅陋，徒以新奇自炫，不敢赞同。

父亲赞扬图画科师生画作精美，不特教授等所绘油画国画，能推陈出新、功力弥满，即一二年级新生所作亦甚有意致，实为难得。父亲以为这固然由于"中国尤其四川之子女本聪明，性与文艺为近，亦以图画之题材虽新，意旨虽新，然其技术方法，以及工具颜料，则仍遵循利用中国及西欧艺术传统之旧，故能有如此之成绩及表现。若夫文学创造，则以文字破灭太甚，形意全失，咸不用毛笔写字，而诗词之韵律格式、技术法程，如平仄四声叠韵分阕等，更无人讲授，少人通晓。其结果，新材料不得入旧格律，此所以文学之成绩难言，而前途亦极黯淡也"[1]。

乡间归来的友生述说农村实况，"谓农民态度消极，耕作并不出力。新令'密植'等办法，与农民之经验违背，又不敢不遵行，而行之未见收效。遇党及公社之监督人员行过时，众皆奋发工作；去后，则农民团坐休息，对生产漠不关心，以平日未得米面为食，徒被驱遣之故。观田中禾苗瘦矮，畜鸟乏绝，可知中国近年农产实未获大丰收，故仍乏粮。宣传统计之数额未可尽信也。"[2]

父亲独自立碚市江边，亦曾亲闻老农聚语，讥笑党组织号召之密植法不合实际。

父亲与下放农村的友生步谈，闻干部强立指标，虚报成绩，丰产实未如所期。而主政者，不养民力，不恤民困，不识民情，惟以强迫驱使为政。而又骄横自满，罥天渎神，侮辱自然，侈言"一切听命于

---

1 《吴宓日记续编》Ⅳ，页 7。
2 同上书，页 44。

我，无事不能成功"。父亲甚以为忧，而又不敢且不得明言之于有关方面，只暗自深忧，"此实破坏宇宙之神秘自然法则，而违反人心中之潜隐力量。长此以往，行见天灾日多，水旱交至，终有民不能安其业而群起为乱之一日。"[1]

在西师校内，一九五八学年第一学期，师生全力投入教学改革，大炼钢铁、下乡支农，基本未上课。父亲仅得于放寒假前，授进修生及助教"英文""英文文法"课月馀。一九五八学年第二学期，父亲原所授中文系三四年级"外国文学"课程，以一切革新，旧讲稿概废弃不用，新讲义尚未编就而停开。父亲本学期的主要任务，为与中文系"外国文学"党员助教及两名进修生（党、师、生三结合）合作共撰"外国文学"讲义。父亲分任三章。

按说父亲乃国内高校最早开设"世界文学史"课程者，自编讲稿，授"世界文学史"已三十馀年，编撰讲义本应不难。然而在思想翻新文字改，事事有成规的情势下，父亲不能畅言其意，不得用其所学；撰写自己不完全认同的内容，竟难落笔。父亲有《俚言》一首言其事："讲义未完受责评，当年我亦有才名。如何握管难挥洒，思想文章有定程。"[2]讲义写成后，须交付"三结合"小组讨论通过，名义上，讲义为"党、师、生"合作共撰，实际由党员助教及进修生审议定夺。据父亲日记，进修生刘启真"还给宓所撰'外国文学'讲义三章之原稿，细察之，则巴尔扎克及海涅各有一二段经两进修生删去，未印入，而不与宓商，径自裁夺。其所删者，乃叙述此二人之生活及恋爱事实（亦其著作之根源）。鸣呼，宓惟知俯从而已，夫何言哉"![3]

教改后的教学工作，亦变化多端，时而强调劳动生产、教学、科学研究"三结合"不可偏废，时而突出科学研究。西南师院院务委员

---

1 《吴宓日记续编》Ⅳ，页128。
2 《吴宓诗集》，页505。
3 《吴宓日记续编》Ⅲ，页508。

　　　　　　　　　　　　　　　　　　　　　吴宓与陈寅恪

会一九五八年末研究下年工作，即为：教师们必须各自加深思想改造，提高教学质量，多作科学研究，并批判资产阶级思想，大放卫星，向党献礼。父亲自念"学习批判无已时，再加劳动生产与体育锻炼，师生已极少读书研学之暇，而今更须办此种种事，徒使师生疲劳忙乱，是实无益于教育与学术，而又害之者也。然众惧祸，孰敢议其非者"？[1]因此，仅就劳动生产、教学、科学研究"三结合"办法提出，生产劳动与政治学习应划定时间，尽力作为，此外，所馀时间可由教师自由支配，以自己之方式工作，其工作应以教学为主，而以科学研究为辅，既以全力多读书，兼深思，以丰富教学之内容及质量，其科学研究则为教学读书预备之副产物，不当以科学研究为专务，或以科学研究篇题之多少定某人之成绩。总之，三者之中，以教学为主。父亲主张似并无误，而为党员教师痛加批驳。

父亲在本校所见，所谓科学研究＝学术批判，其成果多系批判文章，无的放矢者有之，论据不足、强词夺理者亦有之。即以《西师学报》1959第一期所刊中文系四年级学生粟多贵撰《批判吴宓先生在"外国文学"教学中的封建阶级、资产阶级学术思想》为言，长列父亲的人性论、天才论、有神论、厚古薄今、繁琐考证诸罪。至于父亲的思想究竟如何，本文所引述者是否其在讲堂中所言者，则"有宓讲稿，可证其诬"。粟多贵此文后又作为中文系向党献礼之"卫星"，在全院师生大会诵读，且"以撰文诋宓而得为助教"[2]。

又中文系教师毛宗瑗在其《毛主席论文艺之源泉》的报告中，不指名地批判父亲"在讲课中说：希腊喜剧起源于笑谑云云，荒谬之极。按亚里士多德在其《诗学》中，曾下定义：描写人物高于现实，即理想的人物者，为悲剧；描写人物低于现实，即卑俗之人物者，为

---

1 《吴宓日记续编》Ⅲ，页542。
2 《吴宓日记续编》Ⅳ，页41、195。

喜剧。其人并此不知,而谓喜剧起源于笑谑,令人齿冷。如此妄说,吾人必须词而辟之,以免谬种流传,流毒愈广,云云"。[1]

毛君虽未点父亲名,但一九五八年春夏的大字报及《语文》第5期所载"批宓(责詈宓)之专文,众人亦皆知宓曾主'喜剧起源于笑谑'之说,应受责惩者宓也"。于是父亲在报告会后,径即往见毛君,自白如下:"宓在课堂中所讲者,为希腊喜剧实起源于其国(雅典)中乡人(农民)之狂欢节之田间游行(komos,本意为'村',亦可译'乡社',因此comedy可译为'社剧'),游行中锣鼓喧阗不休,村民无分男女老少,皆恣意相谑相骂,是故'互相戏谑',乃喜剧发生过程中之一节目、之一特点;宓非谓喜剧即是此物,有宓讲稿为证。其后学生写大字报时,如此叙述,遂乃流布。公据大字报之叙述者加以批判,甚是——因此谬说已在众人之心目中,必须消毒;惟宓窃愿公知,当日宓并未作此谬论,盖宓尚不至冥顽如斯也。毛君答云:甚感见告此层。"[2]

然而于校内外其他有关科学研究学术批判,父亲已无馀暇顾及进行辩解了。在遍读《光明日报·史学》双周刊第145、146等期所载毕明、施山等君批判寅恪伯父文,又《西方语文》批判友生李赋宁等君文后,父亲有大同小异之感,心情趋于平淡。至于"《华东师大学报》吴泽文,以王静安先生衣袋中遗嘱所言'陈吴两先生'为指陈寅恪与吴其昌,而不知有宓";[3]批判《学衡》文中,举其代表人物为梅亮迪、吴宓……父亲已不再引以为奇。

无论全国各地怎么批判,动员令是否发自天庭,父亲对前辈王国维先生、知友陈寅恪的敬仰感佩,始终不变,在父亲的心目中,王静安先生自沉后,寅恪伯父就是中华优秀文化的象征,称赞"其学足以

---

1 《吴宓日记续编》Ⅳ,页5。
2 同上书,页6。
3 同上书,页54。

笼罩百家，冠冕一世"，而又"高亢不屈，使党人敬惮"。[1]

父亲终日劳忙，无暇写信，与寅恪伯父已久未通书问，尽管在来势凶猛的教学革命中，极为老友的安危吉凶担忧。寅恪伯父近年似乎也较少寄示友人诗作，是否与解放初期的一桩诗案有关，就不得而知了。据说当年寅恪伯父曾写示《文章》七绝一首给京城旧友汤用彤、邓之诚先生，诗云："八股文章试帖诗，宗朱颂圣有成规。白头学究心私喜，眉样当年又入时。"此绝句不知怎么后来竟传到了最高当局手里，龙颜大怒。我曾请问汤伯父的儿子汤一介怎么回事，答说他也不太清楚。

一九五九年一月二十九日，近值戊戌年岁暮，父亲回思往事，百感交集，"上午至午饭后，作甚长之函附诗三首上陈寅恪及夫人唐筼稚莹，述宓近六年中情事。"[2]所附诗题，父亲日记中没有写明，长函原件因"文革"抄家，已无从查见。但从寅恪伯父的回信和父亲的日记看，父亲信中，除了个人思想行事，还谈到拟与我母亲复合的考虑，这也是寅恪伯父和唐筼伯母一向关心的问题。

我父母自一九二九年离婚后，多年一直保持通信联系，以朋友般相处。父亲一九五四年有诗："漫道新欢[3]少，翻思故侣贤。生涯同俭肃，志业助丹铅。陈心一尝为《学衡》抄稿。三女学淑、学文、学昭欣成长，六旬尚胼胝。寄书封裹密，远望泪潸然。"[4]据父亲日记，晚年曾致函母亲"剀说宓自愧离婚负心一之意，今愿即复合"。[5]

---

1 《吴宓日记续编》IV，页259。

2 同上书，页24。

3 指邹兰芳（1921—1956），女，四川万源人。据《吴宓日记续编》，其父为恶霸地主，土改中遭镇压，两兄为国民党军官，起义后叛变被政府枪决。本人身患严重肺肾结核，1949年在相辉学院学习时与吴宓相识。1952年重庆大学法律系毕业后，入西南革命大学司法干部训练班，1953年面临毕业分配，为避免分配边疆，必欲嫁与吴宓，长跪不起，纠缠不休。吴宓出于同情，于1953年7月勉强允婚，婚筵当日邹兰芳即入住医院，虽被分配至西师教育系任系务员，长期病休，于1956年4月病逝。

4 《吴宓诗集》，页475。

5 《吴宓日集续编》IV，页46。

父亲很快收到寅恪伯父回信，一九五九年二月十七日"正午，接陈寅恪兄1959二月十日复函，极赞宓与陈心一复合。录去年夫人唐筼稚莹六十生日，寅恪撰赠联云：

　　　　烏絲寫韻能偕老。
　　　　紅豆生春共卜居。

　　"自谓'此联可代表十年生活情况也'。宓按，上句叙寅恪目盲，夫人为作书记。下句指人民时代红色政权同屈子之安命居南国也。"[1]

　　一九五九年七月二十九日，父亲又接到寅恪伯父诗函，喜出望外，盖旧友中惟寅恪伯父仍有旧诗寄示，武汉大学的刘弘度、何君超等友"均已不作诗词，且责宓之改造尚不足云云"。[2] 据父亲日记，是日"正午，接陈寅恪兄七月二十六日航空挂号诗函。内二件，皆夫人唐筼工楷所书。其一，用名贵笺纸写，书法甚美，字迹亦似寅恪。《答王啸苏[3]君》七绝三首……其二，普通纸墨写，《春尽病起，宴广东京剧团，并听新谷莺演望江亭，所演与张君秋微不同也》七律三首，有注"。[4]

答王嘯蘇君

陳寅恪

（一）

碧沼紅橋引玉泉，樹人樹木負當年。

歸舟濡滯成何事，轉恨論文失此賢。

1　《吴宓日集续编》Ⅳ，页41。
2　《吴宓书信集》，页328。
3　王竞（1883～1960），字啸苏，以字行。湖南长沙人，清华国学研究院1926年毕业。久任湖南大学教授，1953年后改任湖南师范学院中文系教授。1959年应聘湖南文史研究馆馆长。
4　《吴宓日记续编》Ⅳ，页139。

　　　　　　　　　　　　　　　　　　　　　　　　　吴宓与陈寅恪

（二）

東坡夢裏舊巢痕，惆悵名存實未存。

欲訪梁王眠食地，待君同出郭西門。

（三）

望斷衡雲六十秋，潭州官舍記曾遊。

死生家國休回首，淚與湘江一樣流。

春盡病起，宴廣東京劇團，並聽新谷鶯演
望江亭，所演與張君秋微不同也
陳寅恪

（一）

兼旬病過杜鵑花，陸務觀《新夏感事》詩云，

"病起兼旬疏把酒，山深四月始聞鶯。"

强起猶能迓客車。

天上素娥原有黨，錢受之《中秋夕效歐陽詹翫月》詩云，

"天上素娥亦有黨。"人間紅袖尚無家。謂座客之一。

關心曲藝休嫌晚，置酒園林儘足誇。

世態萬般皆是戲，何妨南國異京華。

（二）

江郊小閣倚輕寒，新換春妝已著襌。

青鏡鉛華初未改，白頭哀樂總相干。

十年鮭菜餐能飽，三月鶯花酒盡歡。

留取他時作談助，莫將清興等閒看。

（三）

葵羹桂醑足風流，春雨初晴轉似秋。

桑下無情三宿了，見《後漢書·襄楷傳》

及東坡《別黃州》詩。草間有命幾時休。

吴宓1959年7月29日评陈寅恪诗日记手迹

其感情與道德能如碧柳者·則絕無·此非學之可得者也。」宓稿題其言·回舍即寢。

佩碧柳師與雨僧先生之感情真摯·行誼篤厚·力行道懷·為不可及·副多為人與才士而求

偕出遊步磧南·周談及賴公性喜積聚借公書多而久不還又不教其子敬寧·虞慨然曰素

久細讀·方可盡得寅恪詩中之妙處·下午寢息·3-6讀資治通鑑目錄·晚飯後·訪鄭晁虞·

人事·蓋當時刑多殺·士氣乖違·故效天愛·襄楷等非方士·乃直諫之忠臣耳·更須久

而妻談政治（四）桑下三宿佛徒所戒此固人知之而宓讀襄楷傳乃知楷之言天象貴實切指

其「聞嘗」之切新谷驚寫也·（注）僕詩如不引注原句·則讀者將謂此句為作者自造

意之深遠·又寅恪脔勝過他人之處·如（二）陶詩如不引注原句則讀者將忽略之而不賞

悉全部明白寫出以為後來作史及知人論世者告·至其記誦之淵博·用語之縮舍·寄

意雖係酬贈與娛樂之事·而寅恪之人格·精神·懷抱·其近年處境·與一生之大節·

去應條逅羞·傳語朋儕同一笑·海南還滕海西遊·宓按此詩籍開情以寓正

桑下無情三宿了·見後漢書襄楷傳「草間有命衆時休·早來未負蒼生望老

取他時作誠助莫將清○興等閒看·（三）癸薇桂醑足風流·春雨初晴轉似秋·

404

二十九日　晴37℃。上午8-9攜帚及銅盆至中文系作清潔掃除並拭洗外國文學教研室及文娛室。遇鏡安琪言魏主任擬將各課之書目及版本及教學大綱由彼申審核，並延教研組討論後乃許於出且劃目中必須詳列每書之版本及出版書局等並指示該書讀法云云。故未如昨日辦理。□稿憤魏主任此類辦法食本逐末，徒重形式又不合實際，不能應學生之急需與渴望。琪報告昨凌康已召集中三級全體學生以二十六日在宿處鈔丟之忘讀書目書寫於黑版。令中三級學生已全鈔得故□□現囑凌劇積欬中二級學生亦同樣辦理而歸。讀垂題記又小寢息。正午接陳寅恪兄七月三十六日航空掛號詩凡內二件皆夫人劇箋工楷所書其一用名貴箋紙寫書法甚美字□答王嘯蘇君七絕三首（一）碧沼紅橋引玉泉樹人樹本負當年歸舟濡滯成何事轉恨論文失此賢。（二）東坡蔓裏舊巢痕，惆悵名存實未存欲訪梁王眠食地待君同出部西門。（三）望斷衡雲六十秋潭州宦舍記曾遊先生家國休回首淚與湘流一樣流。其二普通紙墨寫春畫病起宴廣東京劇園並聽新谷鶯演姹紫亭。所演與張君微不同也。七律三首有注（一）兼旬病過杜鵑花，陸務視新

詩
頂感第二云病起兼□自跋强起猶能近客車天上素娥原有黨
把酒山深四月始聞鶯　陽曆延月詩云天
上素娥　人間紅袖尚無家　□座客關心曲藝休嫌晚　置酒園林儘足誇
之一　　　　　　　　　　　萬般

1957 年春，陈寅恪与夫人唐筼在寓所近旁白色小路上散步

> 早來未負蒼生望，老去應逃後死羞。
> 傳語朋儕同一笑，海南還勝海西遊。

父亲将寅恪伯父寄示的诗作，恭录于当天的日记中，并在诗后写了附记："宓按，此诸诗藉闲情以寓正意，虽系酬赠与娱乐之事，而寅恪之人格、精神、怀抱，其近年处境与一生之大节，悉全部明白写出，以为后来作史及知人论世者告。至其记诵之渊博，用语之绾合，寄意之深远，又寅恪胜过他人之处。如（i）陆诗如不引注原句，则读者将忽略之，而不赏其'闻莺'之切新谷莺也。（ii）钱诗如不引注原句，则读者将谓此句为作者自造而妄谈政治。（iii）桑下三宿，佛

徒所戒，此固人人知之，而宓读《襄楷传》，乃知楷之言天象实切指人事，盖当时滥刑多杀，士气郁湮，故致天变。襄楷等非方士，乃直谏之忠臣耳。更须久久细读，方可尽得寅恪诗中之意。"[1]

父亲于一九五九年九月六日"将晓，作《寄答陈寅恪兄》诗三首，用寅恪《答王啸苏君》韵。见七月二十九日记。时仍风雨，晨起乃止。遂复寅恪兄短函，假托抄示杜浚寄怀龚鼎孳诗三首，附短注，而写寄之。宓诗如下：

寄答陈寅恪兄　　用寅恪兄《答王啸苏君》韵

（一）

回思真有泪如泉，戊戌重来六十年。
文化神州何所系，观堂而后信公贤。

（二）

过眼沧桑记梦痕，名贤遗老几人存。
况闻新圃锄非种，雨打梨花紧闭门。

（三）

受教追陪四十秋，尚思粤海续前游。
东山师友坟安否，文教中华付逝流。

第三首，师指晦闻先生，友指沧萍，馀皆寅恪所能悉。早餐后，即付邮寄出"。[2]

一九五九年十一月二十二日为星期日，父亲"上午，作长函复寅恪，文词冗漫，故未能完成"[3]。一九六〇年一月二十二日，"上午，

1　《吴宓日记续编》Ⅳ，页139—141。
2　同上书，页161—162。
3　同上书，页229。

续完 1959 十一月二十二日所作复陈寅恪兄嫂之长函。抄示 1959 七月二十九日宓日记，叙宓近一年中生活情况，航邮寄出。"[1]

一九六〇年二月二日，父亲又接到寅恪伯父诗函。据是日日记，"接陈寅恪兄 1960 一月二十六日复宓函，寄示所作诗二首。附告（1）王啸苏与刘盼遂同班，湘人，年近七十矣。宓据此知为清华国学研究院第一班学生王竞。（2）吴彦复先生又娶彭嫣在天津，宓庚子年在沪所见非此人。按宓实不能确记，定误。"[2]

寅恪伯父这次寄给父亲的诗作，一为一九五八年所作《南海世丈百岁生日献词》；一为一九五九年听演桂剧改编《桃花扇》有感而作的七律。父亲皆恭录于是日日记中。

南海世丈百歲生日獻詞
陳寅恪

此日欣能獻一尊，百年世局不須論。

看天北斗驚新象，記夢東京惜舊痕。

元祐黨家猶有種，[3] 江潭騷客已無魂。[4]

玉谿滿貯傷春淚，未肯明流且暗吞。

聽演桂劇改編桃花扇劇中香君沈江而死與孔氏原本異亦與京劇改本不同也
陳寅恪

興亡遺事又重陳，北里南朝恨未申。

---

1 《吴宓日记续编》Ⅳ，页 283—284。
2 同上书，页 293。
3 此处吴宓另一抄稿有注：指新会某世交也。日记中未见。
4 此句，《陈寅恪集·诗集》作"平泉树石已无根"，注"借用李文饶平泉山居戒子孙记中'非吾子孙'之意"。

吴宓与陈寅恪

桂苑舊傳天上曲，桃花新寫扇頭春。

是非難定千秋史[1]，哀樂終傷百歲身。

鐵鎖長江東注水，年年流淚送香塵。

寅恪伯父远隔千里，父亲每接读老友寄示诗作，反复诵读，细细体会，于寅恪的思想信念、精神怀抱了然于胸，欣慰之至。而寅恪伯父那些悲怆凝重的诗句，如"玉谿满贮伤春泪，未敢明流且暗吞"、"是非难定千秋史，哀乐终伤百岁身"，也常使深有同感的父亲泪承于睫，无比沉重。

父亲在西南师院，一九五九学年授中文系三四年级"外国文学"课（三年级 175 人，四年级 264 人），每周讲课三年级四小时，四年级五小时，辅导各一小时。

"外国文学"课以教育革命、厚今薄古，一再改革，本学年第一学期由上古讲至二十世纪初，而第二学期则全讲现代文学（进步文学、社会主义文学）。后者，父亲夙所未习，幸于本年春夏，抽暇辛勤赶读，并得（一九五七年中文系毕业）党员助教钱安琪[2]两人同授，分段轮讲。所苦者，教师既被"批倒""搞臭"，师道无存，实难以为师。父亲虽事事虚己请商党员助教同事，仍难免于陨越遭斥。

据父亲一九五九年九月十四日日记，上午一二节，授中文系四年级"外国文学"课，讲希腊文学概况，"宓今晨所讲固是紧张，然能于二小时内，将希腊历史、希腊文学史及神话、史诗、戏剧之主要作者及内容，配合讲完，且精简扼要，条理清晰，大纲完整，非熟于希腊史而又有综合之长才者莫办。方自觉今日所讲殊为成功，窃自欣

---

1 《陈寅恪集·诗集》此句作"是非谁定千秋史"。
2 钱安琪（1930～　）四川彭州市人。西南师范学院中文系毕业，留校任教，授外国文学。1959 年改授古典文学。1978 年聘为讲师。

喜，而不知学生将起而反对，曷胜浩叹！"[1]学生意见为：（1）太多讲历史，非文学；（2）太快，抄写不及；（3）材料太丰富，不能掌握。

又，父亲是晨讲课中，"曾述说'罗马人既征服希腊，一切希腊人皆变为奴隶。罗马贵族少年，从希腊之学者文士问学，彼等之职务则师，其身份地位仍不免为奴隶也'。宓言及此，忽觉酸鼻，盖我辈在当前中国之所遭，正是如此，伤哉！欲不为奴隶式之教师而不可得也。"[2]

一九五九年九月二十三日，父亲授中文系四年级"外国文学"课，讲希腊悲剧、喜剧演出之情况。"自喜其所讲详细、真切、生动，而下课后（党员助教）琪乃劝宓在中三级讲时，此段宜力求精简。宓心殊不怿，但未有言，惟诺之而已。"[3]

父亲此时在西师中文系，名为外国文学教研组主任，实由教研组秘书、党员教员沈来清[4]主事，教课方面问题，父亲则多向同授"外国文学"课的党员助教钱安琪请商。然以文化教育观念不同，情趣见解品味修养各异，请商结果，父亲恒自戚戚，徒唤奈何。

据父亲日记，一九五九年十一月初，"北京中央戏剧学院，日内来渝演出《伪君子》等剧，宓觉'外国文学'课中之学生不可不一观，拟提前为诸生讲此剧内容。琪曰不可，盖学生无时无钱乘车费赴渝观剧。宓又谓，观演《伪君子》剧，对宓比入城参观工业展览更为重要，更多兴趣。琪曰，不然，参观工业展览，宓必往，受益甚大，云云。按宓本当二三日内撰完教学大纲，然各种阻碍扰乱相逼而至，以此为办学之方，宓对所谓'党的领导'，实不能心服，而只能力屈从命已耳。"[5]

---

1 《吴宓日记续编》Ⅳ，页167。

2 同上书，页168。

3 同上书，页175。

4 沈来清（1928～ ）四川大竹人。1953年毕业于西南师范学院中文系，留校任教。1960年升任讲师。1961年至1962年入本校教师进修班，从吴宓研习外国文学。1985年聘为副教授。

5 《吴宓日记续编》Ⅳ，页211。

其实在校内，也不乏喜爱赞佩父亲所授"外国文学"课的学生。父亲本人，就曾遇中文系1959毕业生，"自言，前年听宓讲'外国文学'颇受益"[1]。又如中四级辅导课，父亲讲希腊诸神，事先声明"学生自由听讲"，近三百人的大班，缺席者不到一成。然在中文系外国文学教研组讨论教学问题的会议上，主持人沈来清发言，谓"据（中文系）饶秘书登禄所述中四、中三级学生所表示，宓学识丰富，可佩。然宓所讲历史太多，重要之常识亦太多，均非'文学'之事，今兹学生所祈望于宓者，厥为多讲文学作品而加分析，论述其思想，描叙其人物形象，并阐释其艺术技巧之工美之处，方对中文系同学辈有益，云云。宓闻之，甚沮丧，且不怿，所感者（1）夫宓所闻学生之赞佩宓者如此，而系中谓学生之责难宓者如彼，何其矛盾不同若是？意者，党、系领导必欲列宓为下驷，揭出学生对宓之讥责，以证资产阶级学者、教授之不济（无用）。诚如是，则党、系领导固无取乎学生之真实意见，亦如今日政治上中国未尝有'真民意'也。粟多贵以撰文诋宓而得为助教，当局岂真崇赏其文哉？只以此文必当有人作，以合当时之用而已。诚如是，则宓对此事实不当认真，一切听其自然而已"……[2]

　　其后，父亲讲授莫里哀的代表作《伪君子》，几全为分析作品，当为学生所欢迎。然而，不久由中三及中四级学生传言得悉，"中三及中四级学生，实皆愿宓多讲外国文学之材料内容，不限范围。其所谓'同学之意见及要求'促宓少讲并浅讲，并将教材及必读一再减缩者，乃班长（皆党员）之私言，为遵行党之教育政策，故命令宓如此，而实非大多数学生之所欲者也。"[3]父亲闻后漠然，惟痛感在党治之国中，学术文化教育难言。

1　《吴宓日记续编》Ⅳ，页155。

2　同上书，页195。

3　同上书，页225。

反右倾斗争使全国"再次跃进"的气氛愈加浓厚。继续大跃进的结果，经济进一步全面紧张。由于各种"大办"，职工人数急剧增加。而过量采伐树木，毁林开荒，盲目开采矿产和森林资源，许多地方水土流失加剧，生态环境恶化，农林产品及可供应市场的商品锐减。国家为控制物价上涨，应对商品短缺，对许多商品实行定量供应，发放粮食、棉布、油、食糖、肥皂、火柴等各种票证和工业券。各单位为缓解市场供应紧张、减少消费，极力鼓励增加储蓄，且订有增储指标。父亲作为西南师院仅有的两名二级教授之一，又是单身，自然被当成"储蓄大户"争取。实际父亲因连年认购地方建设公债及支援农村四化之捐献，又资助困难亲友，每月除支付个人伙食零用及照顾其生活的服务员工资，所剩无几。平时自奉甚俭，业务有关以外的新书都很少购买，而在新华书店立读。此番经不起工会的反复动员，仍勉为其难同意增加储蓄到月薪的60%。而于"枕上细为筹计，决向北京大学诸友生乞借三百元，（1960）一、二、三月份分三次汇来，以助宓周转，完成增交储蓄计划"。[1]北大李赋宁、关懿娴[2]等友生汇款支援，父亲利用公债、存款到期归还的情况，日记中都详有记述。

工会"组织生活"中，诸君纷纷建议父亲减少汇助各地款项，甚至提出"先生所资助之人中，有地主家庭及右派分子，则更应审酌，以重视阶级立场，并不悖党与政府令彼等在艰苦劳动中改造之本旨"[3]。然父亲"惟是为归，惟善是从"，有自己的为人之道，不能见死不救。如中文系副教授赵德勋一九五八年被定为右派，开除教籍，驱逐出校，贫病交加，生活无着，一直由父亲济助；一九五九年四月病逝，学校人事处拒绝赐助棺殓，父亲财困，不得不以将到期的公债一纸为抵押，

---

1 《吴宓日记续编》Ⅳ，页260。
2 关懿娴（1918～ ），女，广东南海人。西南联合大学外文系1943年毕业，留学英国。回国后，任教北京大学图书馆学系。
3 《吴宓日记续编》Ⅳ，页260。

吴宓与陈寅恪

换取同事借款五十元，帮助殓葬，又音乐科讲师王素琴划为右派后去世，其夫人为人帮佣，父亲资助其在本校音乐科学习之子用费。……

一九六〇年九月，重庆市委书记、市长任白戈动员"全党全民大办钢铁、大办农业、大种蔬菜"。学校响应号召，频频派出师生破石修路，助运矿石；下乡支农，大战四秋。新学年开学伊始，一年级新生及其他年级旧生，即被下放农村或留校内，作农业劳动一个月。馀各系科年级，则每周每日在校内按时分班劳动，养猪种菜。父亲行步所见，"校内到处是担粪和粪水，浇粪及破土（开荒）种菜之师生，而在教室中实行上课者，极寥寥也。校内各处，虽坡陡石坚处之小块，举凡寸土隙地，皆已治成菜圃。绿苗辉映，其力量与成绩实至可惊佩。"[1] 父亲也参加浇灌粪水及松土除虫。大家都很清楚，他日更加节省米粮，必将以菜蔬充饥。

本校男生多患饥饿，"甚有学生打扫猪栏，见猪粪中有米二三粒，亦拾取而食之者。……远出校外打猪草者，取青草以食。而女生则多患病。"学生中，常有怨（i）食不饱，（ii）劳动太多，（iii）政治课太多，等。校方认为大错，"盖美帝方窥伺我，且近两年中灾重。故应节食，且毋忘全国均食之美德[2]。尤要者，应由阶级革命观点，坚持无产阶级立场。今首当学习延安之作风，学校应以抗战大学为模范。故今决拟推行全院整风运动，以矫正全体学生劳动、学习、生活之态度，云云。"[3]

"再次跃进"表现在教学方面，为揭发批判教学中与多快好省总路线对立的少、慢、差、费现象，进一步进行教学改革，提出新方案，拟订新课程。教师各订《我的更跃进计划》，系内组织集体、个

1 《吴宓日记续编》Ⅳ，页433。
2 本省人口减少千万，仍调粮支援全国。参见四川省原政协主席《廖伯康62年入京反映四川大饥荒悲惨实情》，载2011年4月18日"四川在线——文摘周报"。
3 《吴宓日记续编》Ⅳ，页467。

人评比竞赛，订约挑战，父亲不幸又成为"外国文学"课"少慢差费"的典型，受到批判斥责，内容仍一九五八年教育革命所曾揭批者，而所指责缺失皆非事实，有讲稿可查对。如斥责父亲述及巴尔扎克之竭力创作小说以得稿费为贪财好利思想，而父亲所讲乃"彼得钱以还巨债，盖视还债为道德义务而必行之耳"，等等。[1]

为提高效率，并督促教职员努力于（1）教课，（2）科学研究，（3）学习毛主席著作。一九六〇年二月，中文系且规定，"本系教师皆须于每日上午 8—12，下午 2—5，晚 7:30 至 10:30，坐教研组室中集体工作，互相监督，云云。……不但上下午及晚，每人须在簿上签到，且须写明所作何事，完成某件等情。"[2]

一九六〇年四月，中文系更擢拔三四年级（党员）学生二十一名为助教，命其担任教课及各教研组领导工作，老教授及中年教授教课逐渐减少，其知识与学问将无所用。

再次改革后的外国文学讲义目录，凡五编，四十馀章由父亲遵令草就。"原来之'外国文学'及'俄国苏联文学'两门课已合而为一。共授 160 小时。一切多照（党员助教）琪之主张，宓惟力言印度文学。日本文学与中国关系之重要，求存留此二章。而诸君谓欧洲文学古今一线贯通，无地可插入印度、日本文学，竟决定删去之。"[3]

旋聆传达省委与院领导指示，四年级学生助编（i）中学课本，（ii）各课教学大纲及一九六〇学年之全部讲义。称此"乃是彻底革命，必须从新建立中国无产阶级的新学术思想体系，云云"。外国文学教研组座谈中，参加助编的中四级学生十人一一表示，"必竭力完成任务，完全建立新体系，而不因袭或任旧材料、旧思想残留云云。

---

1 《吴宓日记续编》Ⅳ，页 369。

2 同上书，页 299。

3 同上书，页 373。

　　　　　　　　　　　　　　　　　　　　吴宓与陈寅恪

中间对宓及本学年之讲义复极指责。"[1]

现代文学教研组师生编成的新《十年制中小学课本》，父亲亦参与审查。"其中外国文学约占全书之5%，以'古为今用'为准则，选材之办法如下：（1）以苏联为主，兼及社会主义国家。（2）以散文为主。（3）以现代为主，古典部分仅占10%。（4）注重革命斗争。"[2]此新《十年制课本》第十二、十三册篇目，全系毛主席诗词及重要讲话，解放军及人民革命英雄故事，《人民日报》社论、《红旗》文章，以及近两年各项运动成绩，而杂以《水浒》《聊斋》《西游记》《儒林外史》《三国演义》《史记》之选文。

讨论中，父亲唯唯无所言，静聆诸君议论，而痛述所感于日记中："（1）宓尝感古今恒是 11 与 12 之争，如春秋之吴楚，又吴越。而同伤及 1、2 等。今苏联所行所尚，无非美国所行所尚之极端，而更变本加厉者。中国则又欲超过苏联。即如学校教育及课本所致力者，无非为助成今时此地之政治斗争与阶级革命，取得成功与胜利，其他则不计不问。（2）试以新制《中小学课本》之内容，持与中西古今文化文学之全体，略作比较，则其褊狭固陋之情形，可为惊骇。夫以如此之教育与课本，造就人才，风靡全世，则世界与中国之命运从可知矣。不图世变之至于此极也！"[3]

一九六〇学年，西南师院各系科，几全以青年教师取代老教师讲课。年仅五十的历史系原主任孙培良教授亦退居二线改任"顾问"。父亲不再授"外国文学"课，此正符其夙愿，即力辞外国文学教研组主任职务，亦因教学改革后，实际领导困难。

一九六〇年九月，外国文学教研组取消，附入中文系现代文学教研组。父亲调入古典文学教研组，受命代授中文系三年级"古典作品

---

1 《吴宓日记续编》Ⅳ，页387。
2 同上书，页379。
3 同上书，页380。

选读"，内容为魏晋诗。辅导该课时，"来请问宓之学生麇集，谓宓所讲明白清晰而有精神，甚望听宓讲'外国文学'及'古典文学'云云。宓答以本年宓不授课，今只暂代而已。"[1]十一月，添设一年级"文言文导读"课，调父亲主讲，旋以讲解虚字，举例句不当，如云："三两犹不饱，而况二两乎？"大违反当时粮食政策，"从兹成为中文系之笑柄而宓之罪状"。十二月，加调宗真甫教授与父亲协同讲授。一九六一年一月，更将父亲及宗教授皆斥出，改调一位中学教师来续讲。父亲仅为本系青年教师讲授"英文"。

一九六〇学年第二学期（1961春夏），父亲与几位老教师被指令作"古典文学作品注释"，父亲所任为黄遵宪等人之诗加注。半年中，注成黄诗十五篇，可成一小书，又零碎注其他明清人之诗若干篇。然而辛苦半年馀所作这些文稿，最后一半被采用，一半竟为中文系办公室及任课之教师遗失！

一九六〇年十一月初，中文系魏主任以中华书局编辑部 北京东总布胡同七号印行本年十月十八日之小册凡二十页《古籍整理出版小组 1958 初反右后成立，归中国科学院领导。三年至八年（1960—1967）整理和出版古籍的重点规则》（草案）传示古典文学组教师，令各选定自愿担任之项目。父亲表示不愿选任此册中之项目，慨叹"此《规则》特注重取舍去封建性而存民主性与革命性。与批判，凭阶级观点与毛主席思想。似为保存及流通古籍，实则欲图消灭中国数千年之书籍，与中国文化、历史之精神与资料。所留者，其量甚微，况面目已全非乎！昔人讥清帝之修明史与编纂四库全书，用意在消灭我汉族文化典籍及南明逸史等，以巩固其满族之统治。今此举则为确立所谓'无产阶级专政'，取舍、批判而外，更加之以白话及简字，所存实鲜矣"。[2]

---

1 《吴宓日记续编》Ⅳ，页 428。
2 同上书，页 460。

吴宓与陈寅恪

第八章 最后的会晤

（一九六一至一九六三年）

父亲经此年馀簸荡，既不获自由著述如意读书，又不能用其所学教人，徒以忧危之身恒受屈辱，旁皇郁苦不宁，尝有"速死为乐"之心。我为此于一九六一年七月乘出差之便，曾专往北碚探望进行宽慰，并劝父亲利用这个难得只有政治学习、别无其他任务的暑假出游各地，旅行观察，会晤旧友，以新耳目。父亲颔之而未有言。其实父亲近年自感气体虚弱，恐来日不多，早有意出游与各地至亲好友作诀别之旅，其中最想谒见倾谈的是寅恪伯父。

父亲对寅恪伯父一向十分牵挂，久想南下进谒。一九五九年九月作《寄答陈寅恪兄》诗，即有"受教追陪四十秋，尚思粤海续前游"之句，终以种种原因，未得抽身，而相见于梦中。据父亲日记，一九六〇年六月三十日"将晓，梦寅恪兄，似与（刘文）典同持诗稿示宓。……初疑其不祥，继思其由于昨读庚寅日记之所感，则由外因而不足为据也"，[1]思念之情至于如此！

父亲既下决心专程前往广州探望阔别多年的老友，遂去函征求寅恪伯父意见。据父亲日记，一九六一年七月三十日，"下午作长函

---

1 《吴宓日记续编》Ⅳ，页388。

上陈寅恪，复其 1960 一月二十六日诗函，述一年来宓之情况，告即
赴粤进谒，求示知此行应注意之事项云云。"[1] 八月十一日上午 10:00，
即接奉寅恪伯父 1961 八月四日夕 5：30 复函，简述父亲到粤注意之事
项。此信由唐筼伯母代笔，内容如下：

雨僧兄左右：七月卅日來書，頃收到，敬悉。因爭取時間速復
此函，諸事條列於下：
（一）到廣州火車站若在日間，可在火車站（車站即廣九站）僱
郊區三輪車，直達河南康樂中山大學，可入校門到大鐘樓前
東南區一號弟家門口下車。車費大約不超過二元（一元六角以
上）。若達[2] 公共汽車，則須在海珠廣場換車。火車站只有七路
車，還須換 14 路車來中山大學。故搭公路車十分不方便。外來
旅客頗難搭也。若搭三輪車也要排隊，必須排在郊區一行，則
較優先搭到。故由武漢搭火車時，應擇日間到達廣州者爲便。
嶺南大學已改稱中山大學。
（二）弟家因人多，難覓下榻處。擬代　兄別尋一處。
兄帶米票每日七兩，似可供兩餐用，早晨弟當別購雞蛋奉贈或
無問題。冼玉清教授已往遊峨嵋矣。
（三）弟及內子近來身體皆多病，照顧亦虛有其名，營養不足，
俟面談。
（四）若火車在夜間十一點到廣州，則極不便。旅店由組織分
配，極苦。又中大校門在下午六點以後，客人通常不能入校門。
現在廣州是雨季，請注意。夜間頗涼。敬請
　行安

---

1 《吴宓日记续编》V，页 123。
2 当系"搭"之笔误。

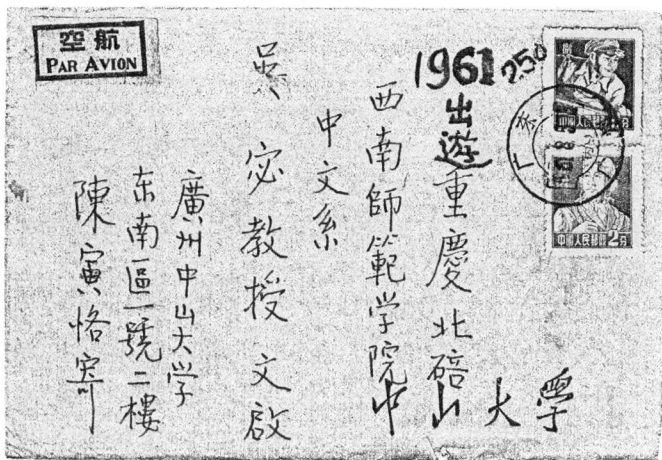

陈寅恪致吴宓函（信封，唐篔代笔）

弟寅恪敬啟

六一年八月四號下午五點半[1]

　　父亲得寅恪伯父此函"复奋起，决从容办完各事后即出游。先经由武汉赴粤，谒　寅恪兄嫂，并会见学淑与孟婿后，如时裕则赴京，如时促，即复由武汉乘轮船回渝碚"。[2]

　　八月十八日，父亲"复广州陈寅恪兄嫂八月四日航函，告宓约于八月二十六日到广州，粮票所带甚多，每日可有一斤，无需另备早餐，云云"。[3]许多年后，听美延妹谈起，当时市场供应紧张，唐篔伯母为招待吴伯伯，曾要她们姐妹帮着四处找鸡蛋。

1　录自陈寅恪原信影印件。
2　《吴宓日记续编》V，页136。
3　同上书，页140。

兄帶米票，每日七兩似可供兩餐用，早餐弟當別購

雞蛋奉贈或毋問題。沈玉清教授已往遊峨嵋矣

(三) 弟及內子近來身體皆多病，聊與觀示臝有其名譽

養不足，俟面談。

(四) 若火車在夜兩十一至到廣州，則極不便。旅店由

組織分配，極苦。又中大校門在下午未正以後，塞人

通常不能入校門。現在廣州景兩來，請注意。

夜間散涼。敬請

行安

1961 八月十一日上午 10:00 到

弟寅恪敬啟 六一年八月四号下午 五點半

兩僧兄左右 七月廿日來書敬悉 因爭取時間速復此函請

事條列於下：
(一) 到廣州火車若在日間 可在火車站（東站即廣九站）僱（可入投門到大鐘樓前乘車）束南

郭　　三輪車直達河南康樂中山大學車費

匝一元 若東　　門口車費大約不超過二元。（一元以角以上）若達公共汽車

則須在海珠廣場換車。火車站只有七路車 還須十四路

車來中山大學搭公路車 十分不方便。外來旅客頗難

搭之 若搭三輪車也要排隊 頭須排在郊區一行，則較

優先搭到。故由武漢搭火車時宜擇日間到達廣州

者為便。嶺南大學已改稱中山大學

(二) 弟宗因人多難覓下榻處 擬代 兄別尋一處

陈寅恪致吴宓函，唐筼代笔

421

一九六一年八月二十三日清晨，父亲由重庆朝天门码头登上长江航务局的荆门轮船。上午 8:00 开行，沿途在涪陵、万县、宜昌、沙市靠岸停泊，于八月二十五日夕 5:00 抵达汉口江汉船埠。

这是父亲自一九四九年四月，从武汉匆匆飞渝以来第一次出川。当年"为僧大隐向峨嵋"，十二年过去，天下换了人间！而父亲虽遭世变，历经改造，无大变异，志业与信奉始终一贯。

父亲登岸，即由刘弘度永济伯父的长婿皮公亮（《武汉晚报》记者）陪伴引导行至六渡桥，乘电车先过小江桥至汉阳，乃由龟山旁转而过长江大桥，直至武昌大东门站下车。由此改乘（武珞路）公共汽车而至武汉大学。公亮告诉父亲，弘度伯父前两天二十三四日曾派次女茂新往江汉船埠迎接吴伯伯，未获。

晚 7:00 父亲与皮公亮行抵武大校内老二区 19 号弘度伯父宅中，与弘度伯父、惠君伯母相见甚欢。弘度伯父示父亲以寅恪伯父的信。原来寅恪伯父担心父亲到广州后，寻访远在郊外的中大不便，拟派家人往接站，望告所乘车次；知父亲将先到武汉，特请弘度转告。此信亦由唐篑伯母代笔，内容如下：

弘度兄左右：久未箋候，甚歉。數月前聞唐長孺[1]君言
兄近日不下樓，豈行走不便耶？念念。前日接　吳雨僧兄函云，
日內先到漢訪　兄，再來廣州。請轉告　雨兄，在漢上火車前
二三日用電報（因郊區電報甚慢）告知何日何時乘第幾次車到
穗。當命次女小彭（或〔其〕他友人）以小汽車往東站（即廣
九站）迎接。因中大即嶺南舊址，遠在郊外，頗為不便。到校
可住中大招待所，用膳可在本校高級膳堂。小女在成都時年十

1　唐长孺（1911～1994），江苏吴江人。上海大同大学文科毕业，任教上海光华大学、湖南蓝田国立师范学院。1944年起执教武汉大学，任副教授、教授兼历史系主任。

吴宓与陈寅恪

弘度兄左右久未箋候甚歉數月前聞唐長孺君言
兄近日不下樓甚符麦不便耶念々前日接 吳雨僧兄函云
日内先到漢訪（因郵區電報遞慢） 兄再来廣州請 轉告 雨兄在漢上火車
前三日用電報告知 何日何時乘第幾次車到穗當命
次甦小彭（或他友人）以小汽車往東站（即廣九站）迎接因中大宿嶺南舊址遠在郊外
頗為不便到校可往中大招待所用饍可在本校高級饍堂
小女在成都時年十餘歲 雨兄覘在恐難辨認故請在出站
閘门处稍矦至要專此敬請
暑安
雨僧兄均此．
弟 寅恪 敬啓 卅一年八月八日
来電請寫「廣州中山大學東南區一號二樓陳寅恪」以免延误

陈寅恪致刘弘度函（唐筼代笔）

餘歲，雨兄現在恐難辨認，故請在出站閘門處稍候，至要。專
此敬請
暑安

弟寅恪敬啟
六一年八月八日

雨僧兄均此。来電請寫"廣州中山大學東南區一號二樓陳寅
恪"，以免延誤。[1]

父亲于是立即付款给将回汉口的皮公亮，托其代购赴粤火车票，
并电报知照寅恪，以备派次女小彭乘汽车到广州车站迎接。

晚餐后，父亲与弘度伯父对坐谈，互述改造、工作、生活之大
概，并及若干熟人的遭遇及变迁。父亲始知昔日外文系同事袁昌英、
顾绶昌夫妇，徐东学、盛丽生皆被划为右派分子，朱君允亦获重咎，
但免列右派。程会昌 千帆为大右派，今以病归，每日放牛，居沈祖
棻家。

父亲被安置在刘宅客室歇宿，设备整洁。夕晚风凉，觉得比重庆
凉爽得多。

因粤汉路车票紧张，二十八日始购得二十九晚开行赴穗的火车票，此
前数日，父亲一直住在弘度伯父家中，续与弘度伯父谈。"知弘度兄等生
活之供应、心情之舒畅、改造之积极、对党之赞颂与佩膺，皆远在宓以上
者也。"[2]

弘度伯父迎父亲来汉，持赠绝句一首。

1　录自原信影印件。
2　《吴宓日记续编》V，页151。

　　　　　　　　　　　　　吴宓与陈寅恪

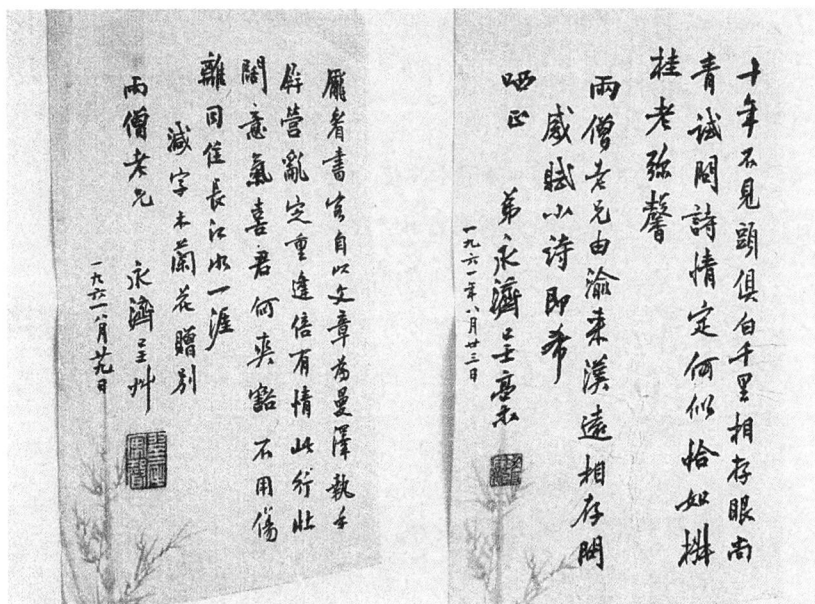

刘永济 1961 年 8 月赠吴宓诗词手迹

雨僧老兄由渝来汉远相存问感赋小诗

刘永济

十年不见头俱白，千里相存眼尚青。

试问诗情定何似，恰如树桂老弥馨。[1]

父亲连日会见武大旧友化学系教授何君超、中文系教授席启骃鲁思、理学院长桂质延（清华 1913 级，甲午年生），外文系教授、寅恪八弟陈登恪等等，握手叙话。又偕诗友金月波东湖滨步谈，坐观大风中的东湖波涛汹涌。夜晚则诵读摘抄弘度、君超诗词集。

1　录自《吴宓诗集》，页 509。

八月二十九日下午 1:30，父亲由弘度伯父的次女茂新陪导去汉口。临行，弘度伯父又赐撰《减字木兰花》一阕送别。

减字木兰花 并序

赠别吴雨僧教授

刘永济

雨僧由渝来汉，小住四日即赴穗，再入都，然后西去。只身万里，遍访南北亲友，而兴致勃勃，无风尘倦色，可感亦可喜也。

庞眉书客，自以文章为曼泽。执手屏营，乱定重逢倍有情。此行壮阔，意气喜君何爽豁。不用伤离，同在长江水一涯。[1]

茂新送父亲至汉口中山大道同福里武汉大学招待所休息。晚 7:30 皮公亮陪导父亲去大智门火车站登车。按父亲本意，则早往车站，坐硬席上车，下车则在站中坐待至天明，而不令寅恪伯父等筹办迎接，既自由，不劳动各方，且省费用。然弘度夫妇不放心，必欲父亲乘软席卧铺，寅恪伯父派人至车站接。且已发加急电报："广州河南康乐中山大学东南区一号陈寅恪教授：宓乘 23 次车，30 日 22 点到广九站。弘度。"

火车于当晚 9:09 开行，八月三十日下午入粤境，沿北江行，以洪水崩崖，江水亦涨，铁路多处遭塌阻或淹没，正在抢修，火车不时停滞，故晚点一个半小时，于夜 11:30 始抵广州东站（广九站）。

据父亲日记，"在站内月台上，即有夹道迎客之群众，壁立成乎集阵行，遽见其中有人呼'吴教授'，乃寅恪兄之次女陈小彭（中山大学生物系助教）也。小彭奉命，以学校之小汽车来接宓，兼取三女

1 　录自《吴宓诗集》，页 509。

　　　　　　　　　　　　吴宓与陈寅恪

美延之行李（复旦大学甫毕业，今晨乘火车由上海抵此站）。同来迎宓者，尚有小彭之婿（粤人）林启汉及美延，共三人。

"于是出站，乘中山大学之汽车，过海珠桥，行久久（似甚远），方到中山大学，即入校，直抵东南区一号（洋楼）之上陈宅。

"寅恪兄犹坐待宓来（此时已过夜半12时矣）相见，寅恪兄双目全不能见物，在室内摸索，以杖缓步；出外由小彭搀扶而行。面容如昔，发白甚少，惟前顶秀，眉目成八字形，目盲，故目细而更觉两端向外下垂（八）。然寅恪兄精神极好，撮要谈述十二年来近况：始知党国初不知有寅恪，且疑其已居港。而李一平[1]君有接洽龙云投依人民政府以是和平收取云南之功，政府询其所欲得酬，李一平答以二事：（甲）请移吴梅（瞿安）[2]师之柩，归葬苏州——立即照办；（乙）请迎著名学者陈寅恪先生居庐山自由研究、讲学——政府亦允行，派李一平来迎。寅恪兄说明宁居中山大学康乐便适（生活、图书），政府于是特致尊礼，毫不系于苏联学者之请问也！（按，刘文典之为政府礼重，亦必由于李一平之力；典1956对宓所言由于苏联学者之曾读典所著书而追询及典，乃有政府拟派其赴苏联讲学之意云云，恐非事实。又按王德锡之得入科学院文学研究所，似亦出于李一平之推荐。）此后政府虽再三敦请，寅恪决计不离中山大学而入京：以义命自持，坚卧不动，不见来访之宾客，尤坚决不见任何外国人士（港报中仍时有关于寅恪之记载），不谈政治，不评时事政策，不臧否人物——然寅恪兄之思想及主张，毫未改变，即仍遵守昔年'中学为体，西学为用'之说（中国文化本位论），而认为共产党

1　李一平（1904～1991），云南大姚人。国务院参事。中国佛教协会常务理事。无党派爱国民主人士。曾为云南滇军起义和云南和平解放作出过重要贡献。

2　吴梅（1884～1939），字瞿安，晚号霜厓，江苏吴县人。1905年起先后任教东吴大学、存古学堂。民国成立后，曾在南京第四师范主讲国学。历任北京、东南、中山、光华、中央大学古典乐曲教授，并在金陵大学兼授词曲。抗战爆发后，举家迁至湘潭。1939年转赴云南，同年3月病逝。

已遭遇甚大之困难。彼之错误，在不效唐高祖臣事突厥，藉其援以成事建国，而唐太宗竟灭突厥。即是中国应走'第三条路线'，与印度、印尼、埃及等国同列，取双方之援助，以为吾利，举足为左右之重轻，独立自主，自保其民族之道德、精神、文化，而不应'一边倒'，为 C. C. C. P. 之附庸。闻 1949 年 C. C. C. P. 每年援助中国若干亿元，抗美援朝期中所助之数最多，1953 以后逐年减少，于是中国对 C. C. C. P. 失望，乃有'自力更生'之说。……今中国之经济益困，而国际之风云愈急，瞻望世界前途，两大阵营之孰胜孰负正难预卜，未来趋势如何，今正难言，共产主义未必能一帆风顺，掌握全球。但在我辈个人如寅恪者，则仍确信中国孔子儒道之正大，有裨于全世界，而佛教亦纯正。我辈本此信仰，故虽危行言殆，但屹立不动，决不从时俗为转移。彼民主党派及趋时之先进人士，其逢迎贪鄙之情态，殊可鄙也，云云。"[1]

夜半 12:30，寅恪伯父命小彭以手电筒陪导父亲至招待所住宿。父亲洗浴后即于 1:30 就寝，然为寅恪伯父的尽情倾谈、人所不及的深思远见感奋不已，凌晨近 4:00a.m.，始入寐。

八月三十一日，父亲晨 6:00 即起，7:00 早餐后忙撮记寅恪伯父夜谈内容于日记中。

"上午 9:00 至寅恪兄宅，初见筼嫂。借来寅恪兄 50 元，连同宓自出 70 元，共 120 元，由小彭持宓证件，至中山大学校长办公室，求代宓购赴北京之软席卧铺火车票（第二十四车次）——九月一日下午 5p.m.，购来九月四日 7:30a.m. 开行之（丙）E020641 旅客票（软席卧铺 3 房右下）：计（1）客票票价 48.65 元（2）快车加价 5.45（3）软席卧铺 57.25，共值 111.35 元，找回 8.65 元，清。

"中山大学校长办公室决设宴款待宓，请寅恪兄与筼嫂代作主人，

---

1 《吴宓日记续编》V，页 159—160。

　　　　　　　　　　　　　　　　　吴宓与陈寅恪

吴宓 1961 年 8 月 31 日日记（节选）

并命开具宓素识而欲见之本校教职员名单，以为陪客——遂由寅恪兄拟定而由宓缮写知单，亦由小彭送去。下午 2:30 校长办公室派员送来请帖致宓与学淑各一份，收存。

"是日上午 9:00—11:00 侍寅恪兄谈：寅恪专述十二年来身居此校'威武不能屈'之事实，故能始终不入民主党派，不参加政治学习，不谈马列主义，不经过思想改造，不作'颂圣'诗，不作白话文，不写简体字，而能自由研究，随意研究，纵有攻讦之者，莫能撼动；然寅恪兄自处与发言亦极审慎，即不谈政治，不论时事，不臧否人物，不接见任何外国客人，尤以病盲，得免与一切周旋。安居自守，乐其所乐，不降志，不辱身，斯诚为人所难及。彼台湾、香港之报纸时有记载寅恪兄之近况及著作者，此类记载乃使人民政府及共产党更加意尊礼寅恪兄，以反证彼方报纸传闻之失实而表示我方之确能尊礼学者云尔。其间宓亦插述宓思想改造、教学改革经历之困苦及危机，附述若干友好之生死存亡情事。

"11:00a.m.罗文柏（节若）来访寅恪兄，见宓甚欢；文柏豪爽如昔，述论杨宗翰1950由文柏引导护送由京到粤，由此赴港，任香港大学教授事，杨妻不从行，而今悔之。……

"今日上午，承寅恪赐宓（一）七律一首，喜宓远来，述怀赠诗……（二）《论〈再生缘〉》油印稿一册。"[1]

辛丑七月雨僧老友自重慶來廣州
承詢近況賦此答之
陳寅恪

五羊重見九迴腸，雖住羅浮別有鄉。

留命任教加白眼，著書惟賸頌紅妝。近八年來草

《論〈再生緣〉》及《錢柳因緣釋證》等文凡數十萬言。

鍾君點鬼行將及，湯子拋人轉更忙。

爲口東坡還自笑，老來事業未荒唐。[2]

父亲11:30回招待所午饭：米饭、茄子、丝瓜，觉胜过西南师院小灶的饭菜。午饭后寝息。下午，读寅恪伯父《论〈再生缘〉》全书毕。3:30至5:30复往陈宅，侍寅恪伯父谈。仍回招待所晚饭，"筼嫂命送来炖鸡一碗，加红薯及卤鸡蛋一枚。在陈宅，上下午亦进牛乳、咖啡及果酱面包饼干等。"[3]晚，倦甚，早寝。终夜大雨。

九月一日，小雨，父亲上午"9:00至陈宅：读《乾坤衍》；寅恪兄（微不适）9:40出，进牛乳咖啡，谈述（1）归玄奘骨灰及印度赠我国象，二事寅恪实首倡之（众莫敢言），政府卒行之而莫详所出；

---

1 《吴宓日记续编》V，页160—161。

2 同上书，页162。

3 同上。

（2）坚信并力持：必须保有中华民族之独立与自由，而后可言政治与文化。若印尼、印度、埃及之所行，不失为计之得者。反是，则他人之奴仆耳。——寅恪论韩愈辟佛，实取其保卫中国固有之社会制度，其所辟者印度佛教之'出家'生活耳。若十力翁之《乾坤衍》犹未免比附阿时，无异康有为之说孔子托古改制以赞戊戌维新耳；（3）细述其对柳如是研究之大纲，柳心爱陈子龙，即其嫁牧翁，亦终始不离其民族气节之立场，赞助光复之活动，不仅其才之高、学之博，足以压倒时辈也。又及卞玉京、陈圆圆等与柳之关系，侯朝宗之应试，以父在，不得已而敷衍耳。总之，寅恪之研究'红妆'之身世与著作，盖藉此以察出当时政治（夷夏）、道德（气节）之真实情况，盖有深意存焉，绝非消闲、风流之行事……"[1]

近 11:00a.m.，我大姐学淑到（八月三十日晨自北京抵广州，上午即来过寅恪伯父家，约今日再来），同进糕点；11:30 随父亲同至招待所进午餐。时小雨。午饭后寝息。3:45 至 4:20，父亲偕学淑姐去邮局，寄发给心一母亲的信，归招待所，小雨转大雨。

"晚 5:30 至 8:30，中山大学在本招待所（黑石屋）楼下餐厅设宴（八大菜：鸡鸭鱼猪兔肉俱全；樟脑味之白酒及葡萄酒）款待宓，以寅恪兄及筼嫂为主人（筼嫂以病未到，由小彭代），小彭搀扶目盲之寅恪兄至，如昔之 Antigone.[2] 客为宓及淑，陪客，到者冼玉清、刘节（子植）及其夫人'钱三姐'钱澄（稻孙之三女）、梁宗岱夫人甘少苏，未到者梁宗岱、梁方仲及其夫人（在席宾主共八人）。节频劝酒，宓并饮二种酒，不多。"[3]

晚 8:30 席散。学淑姐以昨夜其校中夜迁，为防房舍倒塌，半夜

---

1 《吴宓日记续编》V，页 162—163。
2 Antigone.，即安提戈涅，希腊神话中俄狄浦斯之女。陪同目盲之父从底比斯开始流放，直至其父在雅典附近死去。
3 《吴宓日记续编》V，页 163—164。

陈寅恪 1961 年广州中山大学东南区一号草坪

未眠，9p.m. 即辞去寝（另辟一室）。父亲写日记，至 11p.m. 方寝。

九月二日，仍雨。父亲晨起与淑姐同早餐，叙谈。

"上午 9a.m. 刘节如约来，冒雨，并同淑谒寅恪兄，请示，乃由宓作函，上中山大学（1）许崇清（2）冯乃超（3）马啸云（4）陈序经四位校长，谢其款待并助宓之厚惠，函托陈序经转交。然后刘节导宓持函往谒陈序经校长，初不遇，吾等既出门，而陈君（前西南联大法学院长，又南开大学及中学旧人）归，邀入宅，叙谈多及南开事，托代候喻传鉴。又欲明日驾汽车（校长自用车）陪宓游览新广州市，宓谢辞之。

"次由刘节导宓（冒雨）访冼玉清（退休教授，广东省政协委员），不遇。盖曾约定今日下午往访，宓忽上午来，于是留柬于琅玕

432

室，请其下午到招待所详叙。"[1]

父亲上午 11:00 冒雨归至招待所，与淑姐同午饭，唐篔伯母送来鲜虾一碗。午饭后，学淑辞去，父亲寝息。

"2:30—5:00 p.m. 冼玉清来访，谈极洽。冼君带女仆，携筐与袱，诸物具备（一）请宓进茶点（上等面包，及香港来之英国牛油，冼君亲手奉宓，食面包二片有半），又欲请宓饭于其家，宓谢却之。于是命女仆携具归去。（二）冼君留谈至夕 5 p.m.，谈诗，宓述送兰芳土改诗及反右诗等事。"[2]

夕及晚，大雨不止。父亲独自晚饭，"晚 6—8:30，读毕冼君留示其著作二种：（1）《琅玕馆近诗》一册，1955—1956—1958 所作之'颂圣诗'也；（2）剪报一册，系 1960—1961 冼君在香港《大公报·艺林》副刊及广州《羊城晚报》之《岭南风采》中之杂文，多述广东历代文人学者、女士之轶事及诗话。

"晚 8:30 宓将浴，电灯忽全灭，宓在黑暗中，以热水浴身毕。9:30 电灯复明，宓写日记，至 11 p.m. 寝。夜雨。"[3]

九月三日早晨，"陈校长序经及夫人，以电话约宓 7:30 至其宅中早餐（杨服务女员导往），陪客为刘节（子植）。早餐为西式，咖啡、白糖、牛乳、精软之微焙面饼三枚，加糖。

"陈序经畅谈南开中学与南开大学，论张伯苓、仲述兄弟与何廉；又详述陈寅恪兄 1948 十二月来岭南大学之经过（由上海来电，时序经任校长，竭诚欢迎）。到校后，约在 1950 一或二月，篔嫂力主往外国（欧、美）或台湾，竟至单身出走，至港依 David 及其诸妹。序经追往，遍寻，卒得之于九龙一无招牌之私家旅馆，见篔，与约定'必归'，序经乃先归，俟其夫妇感情缓和，乃遣人往迎归。序经又

---

1 《吴宓日记续编》V，页 165。
2 同上。
3 同上书，页 166。

复姜蒋佐（立夫）台湾大学'气候不佳'函，以术聘姜君来岭南。又述：解放后寅恪兄壁立千仞之态度：人民政府先后派汪篯、章士钊、陈毅等来见，劝请移京居住，寅恪不从，且痛斥周扬（周扬在小组谈话中，自责，谓不应激怒寅恪先生云云）。今寅恪兄在此已习惯且安定矣。馀未记。……"[1]

父亲以此失冼玉清君之约。冼君上午 9a.m. 来招待所访父亲不遇，留柬。父亲于是请刘节为导，先访刘家，候其夫人钱澄；然后往访冼君，亦不遇，乃托刘节代为归还冼君之诗文稿二册。

近 10 时，父亲回到招待所，梁宗岱夫人甘少苏（有名歌者）坐待，赠父亲花生一包。父亲受之，本不欲携带，唐篔伯母命人剥而炒之，定要父亲带京。

父亲 10a.m. 至寅恪伯父宅，读《乾坤衍》坐候，学淑亦来，11a.m. 寅恪伯父甫出，本校物理教师郑增同（清华九级）导来宾王天眷（清华十级）来谒寅恪伯父。郑君与父亲谈，谓 1938 二月曾同行由湘过穗赴昆明云云。二客正午 12m. 始去，唐篔伯母请父亲与学淑姐家宴，鸡鱼等肴馔甚丰，寅恪伯父惟食淡煮的挂面。

午休后，父亲续读《乾坤衍》。

唐篔伯母赋赠父亲七绝诗二首，笺书甚美，勖勉父亲与母亲复合。又赠母亲方糖一大包，要父亲带京。

辛丑秋廣州贈雨僧先生

秋風乘興出荊門，故舊相逢嶺外村。

應感間關來一聚，莫辭濁酒勸多罇。

---

1 《吴宓日记续编》V，页 166—167。

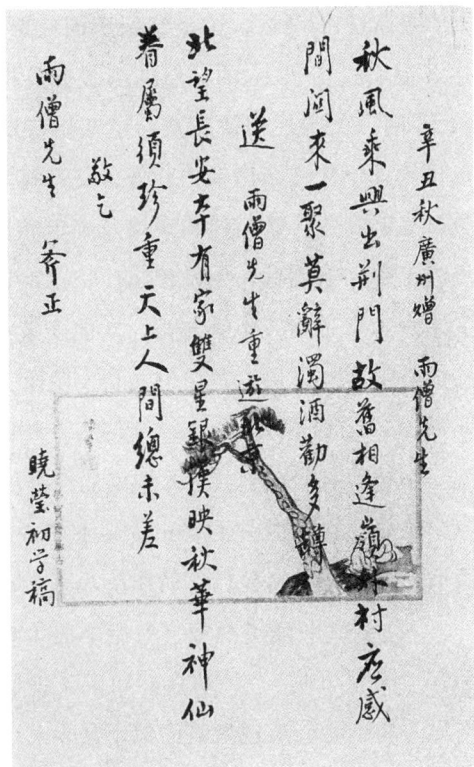

唐篔賦贈吳宓诗笺

送雨僧先生重遊北京

北望長安本有家，雙星銀漢映秋華。

神仙眷屬須珍重，天上人間總未差。

　　　敬乞

雨僧先生　　斧正

　　　曉瑩初學稿[1]

---

1 《吳宓日记续编》V，页168。

学淑下午别去，留呈父亲全国粮票二市斤。父亲住招待所四天，连客饭用去粮票16两，然据杨服务员报告，唐篔伯母命只收全国粮票16两，父亲住招待所及学淑在招待所所用膳之饭菜费均由唐篔伯母付给，不让父亲出钱。此外，父亲托小彭购高级糖果，赠与杨服务员，另购礼物，赠与代购车票及奔走的校工梁彬，共值十元，唐篔伯母亦不许父亲出钱，由她代出。父亲次日将登车北上，唐篔伯母担心父亲身边携带路费不够充裕，劝他多带一些钱，并请不必寄返，就近转成都交流求即可。寅恪伯父长女流求，一九五三年自上海医学院毕业后，分配到重庆六一〇厂服务，一九六一年调至成都第二人民医院。女婿董有淞在中共中央西南局经委任职。

是日上午"10—11a.m.，又下午 5—6:30p.m.，宓两次侍寅恪兄谈话，笔录得寅恪兄近年所作诗八篇十首。

"晚 6:30 在陈宅晚饭，肴馔丰美（鸡、藕汤、炒花参等）而篔嫂频云'无菜可吃'，且劝食甚切，又进葡萄酒二杯，米饭二满碗。寅恪兄一切不吃，卒进果酱面包（甚少），饮五加皮酒一杯。

"篔嫂以其自种之花参，剥而炒之，强宓带去一包，临别，篔嫂复再三说'款待不周；无菜可吃；应每餐皆在陈宅，不在招待所'云云。又一再致候心一，勖勉复合。

"寅恪兄赠宓四绝句送别。

赠吴雨僧
陈寅恪

問疾寧辭蜀道難，相逢握手淚汍瀾。
暮年一晤非容易，應作生離死別看。

因緣新舊意誰知，滄海栽桑事已遲。
幸有人間佳耦在，杜蘭香去未移時。玉谿生重過聖女祠原句。

　　　　　　　　　　　　　　　　　　　吴宓与陈寅恪

圍城玉貌還家恨，枹鼓金山報國心。

孫盛陽秋存異本，遼東江左費搜尋。

弦箭文章那日休，蓬萊清淺水西流。

鉅公謾詡飛騰筆，不出卑田院裏遊。[1]

　　是晚 8:00，父亲与寅恪兄嫂道别，由小彭以电筒送归招待所。父亲收检行李，又写日记，11p.m. 寝。夜中小雨，想到即将离此，屡醒。益感广州之潮湿，且有海腥气。

　　九月四日，大雨。父亲晨 5:15 即起，盥洗毕，饮水，食唐篔伯母为准备的饼干。6a.m. 下楼候车，刘节及陈序经亲来送行，小彭、美延姊妹乘小汽车送父亲去车站。抵站，又直送至火车上，7:10 始别去。7:30a.m. 火车开行。

　　父亲就这样匆匆结束了他期盼已久的广州之行。这在当时的形势和条件下，已的确"非容易"。父亲与寅恪伯父相互间的倾谈、交流和探讨，内容当不止于日记中所记述的这些。父亲常说他写日记的"体例一取简赅，以期能不中断，如电铃之扣码、书库之目录。凡藏储脑海者，他日就此记之关键，一按即得。故惟示纲目，藉免费时而旋中辍"。[2]可惜随后的风云变幻，使得父亲既无时间也无可能将那些深藏脑际的密谈，详细追述，留贻后人。

　　父亲此次南行进谒寅恪伯父，所谈种种，对父亲影响深远，即以诗文研究方面，就有很好的例证。

　　一九七九年十月，父亲的"文革"冤案平反后，西南师范学院归还了一些残存的父亲遗稿给家属。我从父亲撰写的读书笔记——关于

---

1 《吴宓日记续编》Ⅴ，页 169。

2 《吴宓日记》Ⅱ，页 3。

黄濬的《聆风簃诗》一文中，得知父亲后来之阅读研究黄濬字哲维，号秋岳（一八九一至一九三七）的《聆风簃诗》全集，固然是因为早年读汤颇公用彬《香梦影》一书，有黄濬骈文序，父亲甚喜爱，入蜀后得读黄君所撰《花随人圣庵摭忆》随笔，而未见其诗集；另方面也是由于"一九六一年秋谒陈寅恪兄于广州，以寅恪诗注中盛称黄君《大觉寺杏林》诗'绝艳似怜前度意，繁枝犹待后游人'之句，归渝碚后，乃在西南师范学院图书馆假得黄君《聆风簃诗》全集读之。觉寅恪兄所称赏之二句确为全集最佳者。集中再寻如此之句固不可多得，而该首诗通篇亦未能悉称此二句也。"[1]

父亲录下了黄濬的这首《大觉寺杏林》诗（《聆风簃诗》全集卷七，三十六页）。原题为一九三〇年庚午《春来文酒花事稠叠，小满既过，始为六诗以记之》。寅恪伯父极为赞赏的两句在第一首，诗云："旧京无梦不成尘，百里还寻浩浩春。绝艳似怜前度意，繁枝犹待后游人。山含午气千塍静，风坠高花谓玉兰一晌亲。欲上秀峰望山北，弱毫惭见壁碑新。大觉寺杏林。斐成于秀峰营别墅，乞余，写记刻石。"父亲曾拟易黄诗末句为"弱毫惭见壁题新"。

父亲在读书笔记中写道："至论三四两句何以佳，宓以己意为解之如下：绝艳指少数特殊天才，多情多感，而性皆保守，怀古笃旧，故特对前度之客留情；繁枝则是多数普通庸俗之人，但知随时顺势，求生谋利，国家社会文化道德虽经千变万灭，彼皆毫无顾恋，准备在新时代新习俗中，祈求滔滔过往之千百游客观众之来折取施恩而已，亦即宓《落花诗》之本旨也。作者一九二四年、一九三一年皆曾往旸台大觉寺看杏花。"

在这篇记的最后，父亲评论道："统观黄君卷二至卷八之诗，其命题及内容不出：（1）看花；（2）游山；（3）修禊、社集；（4）咏

---

1 《吴宓诗话》，页294。

吴宓与陈寅恪

物、题赠；（5）庆寿、吊丧；（6）寄怀、奉候。总之，皆是应酬诗，随缘被动而作。其中固有可以发抒个人情感、评论国家兴废得失者，而皆附带地偶一表示，微而琐，偏而不全。又由作者'刻意为诗'，处处露学问，显才力，重技巧，用典故，炼字句，斗韵律。其宣示思想感情之方法，是间接而又间接，故不免于晦涩之病，适成其为一九二〇至一九三〇间（江西、福建派当道）官吏、名士所主持之采风录诗派而已。延至行都重庆之饮河集，亦属于此。深究其弊，则由缺乏道德之感情与综合之思想，即是作者之真实生活、深切经验，未能明显地、诚挚地在其诗中表示出来。即如黄君在故都北京、新都南京任部曹及秘书多年，而对己身之出处，朝政之递嬗，政府之更迭，无所著论。又黄君'一生言，砥流不枝牾'，夏敬观题集。果其力主对日和平屈服、避免战争，竟为此殉身见戮，亦不失为勇毅之志士仁人。然诗中除挽唐有壬外则无所表现，谁其知之？试以黄晦闻师之《蒹葭楼诗》，又以碧柳之《白屋诗集》比较而观，当明吾意矣。或曰，雨僧最佩服陈寅恪先生诗，然如寅恪丙子春《吴氏园海棠》二首，非读其自注或密谈，乌能知其含意？黄君诗非寅恪之类耶？则答曰：寅恪诗大抵情志明显，不如此一篇之深含。若黄君诗则明显流利乃其例外耳。书此，他日以质寅恪兄求政。"[1]

父亲离广州回校后所写的读书笔记或日记中，记述问题留待日后向寅恪伯父请教的，不止一处。可见在父亲心里，甚望此生再次与寅恪伯父相见。

一九六一年九月六日晨 8:00，父亲由广州抵达北京。这是父亲自抗战伊始仓促撤离以来首次到京，入住人民日报宿舍心一母亲处。"约11a.m. 含曼弟来，旋赋宁亦至。同午饭，馒头、粥、荤素菜，甚佳

---

1 《吴宓诗话》，页 296。

美。饭后各去。在宅休息，寝息，与心一叙话。"[1]

关于复合，未见父亲日记中记述，据母亲后来告诉我们姐妹：父亲示以寅恪伯父、唐筼伯母赠诗，母亲对寅恪夫妇的多年关心和殷切祝愿深怀感激，只以与父亲性行不同，久已习惯各自独立生活，似宜名义上复合，实则维持现状，以朋友相处为佳。母亲且谓，三十多年过去，往事已矣，父亲可不必再为当年离婚负心一而心感愧疚，云云。父亲亦顾虑家人均进步，长日同居共处，恐反多心情上之阂碍与语言行动之不自由，故而释然同意母亲意见，且赞母亲贤明通达。

父亲在京一周，主要会晤亲友。九月七日上午，首"访稻孙（七十五岁）并夫人（七十九岁，如三十许人），倾谈甚欢。承赠《万叶集》，借读译稿，款宓以酒肴饭及咖啡"。[2]稻孙亦寅恪伯父挚友，钦钱之才，私交甚好。散原老人昔北平所居姚家胡同三号宅，即钱氏产业而租与寅恪伯父者。寅恪伯父一九四七年作《丁亥春日阅花随人圣庵笔记深赏其游旸台山看杏花诗因题一律》诗，有句"世乱佳人还作贼，劫终残帙幸馀灰"，深为稻孙惋惜。时寅恪伯父方由英国返回北平，而稻孙以抗战时期曾任伪北大职正在狱中服刑。父亲旋"乘车，至北长街77访（张）奚若，仅见景仁夫人，假寐于客厅，历述诸外国旧友之事"。"再访（胡先）骕，颇矜贵，赞欧阳祖经之《晓月词》（1937—1941）。乃借与《中山大学文史丛刊》I 卷 1—4 册，II 卷 1 册，共 5 册。晚读之，尽。"[3]

次晨 8:00 出，先去东四头条一号中科院宿舍，"访钱锺书，由夫人杨绛[4]接谈，进茗及精点。"旋至海军大楼中国科学院文史哲研

---

1 《吴宓日记续编》V，页172。

2 同上。

3 同上。

4 杨绛（1911～　　），女，原名杨季康，江苏无锡人。东吴大学毕业。清华大学研究院肄业。留学英国、法国。曾任上海震旦女子文理学院、清华大学外文系教授，中国社会科学院外国文学研究所研究员。

究所，"11:30 见金岳霖，12m. 金请食堂午餐。遇罗念生[1]，相待甚殷：在其斋中寝息；2—4 导至东安市场'宾馆'，请进冰忌凌及杏仁豆腐。观书店，定二书，购《玻璨声》（一元）。欲访俞平伯，未果；而 4—6 导访贺麟于弓弦胡同未得见其新夫人，与麟谈，颇矜新。卒6p.m. 导至钱寓（念生亦同一楼居）。6—9 钱宅宴，甚精美，进酒。与锺书及绛久谈，甚洽：锺书学博（Dakin *Life of P.E. More*）而志亦洁，述骈之名，评斥 F.、C.、H. 之'卑鄙'，为一般人士所轻视（宓言'尚'）。9:00 夫妇同送宓至东四登车，10:00 抵舍。"[2]

九月九日上午，"9:30 杨景仁来访心一。10:30 出，11:30 至北海仿膳（漪澜堂）贺麟请宴（费 22 元），同席罗念生、沈有鼎。麟欲约宓再聚，谈'思想'，辞之。"

2:30 至美术馆后街 22 号赵宅，"见次子景心，在客厅坐待。3—5 与紫宸谈叙，年七十四，并见夫人童定珍，年七十六矣（阴历七月二十九日，昨，生日），知此为自置宅。读宸近年诗词，承赠其油印著作，知已完全改造，著书证 Jesus=Pharisee 人[3]，耶稣乃 St.Paul 所创。……宸为北京市政协委员、燕京协和神学院'研究教授'。宓写二诗示之。"[4]

5p.m. 父亲表弟陈之颐来接他至前圆恩寺姑母旧寓，与陈家大表嫂及诸表弟妹宴聚。晚 10 时后回舍。

九月十日，父亲为会见转入北大任教的旧日清华友生，去北京大学燕东园 33 宅（楼下）李赋宁家小住。上午与赋宁叙谈。下午，赋

1　罗懋德（1904～1990），字念生，以字行。四川威远人。清华学校毕业留学美国、希腊。曾任四川、武汉、湖南、山东、清华大学外文系教授，1952 年后改任中国科学院外国文学研究所研究员。

2　《吴宓日记续编》V，页 173。

3　耶稣=法利塞人（古代犹太教一个派别的成员；该派标榜墨守传统礼仪，基督教《圣经》中称他们为言行不一的伪善者）。

4　《吴宓日记续编》V，页 174。

宁陪侍父亲（3:30）往朗润园访老友温德 Winter，途遇黄子通，已年七十四。4p.m. 赋宁去，Winter 与父亲畅谈（如寅恪然）至夕。6p.m. 赋宁来迎父亲归其家。诸友生旧好，纷来看望。

晚上 7:30 至 10:00，父亲在赋宁厅中接见邀集之宾客：钱学熙[1]、杨周翰、王还[2]夫妇、田德望、刘玉娟夫妇、关懿娴、王岷源、杨业治[3]及赋宁陪客，宾主共十人。多谈父亲对文字改革的态度及意见，王还特与父亲对辩。

是晚，父亲宿赋宁书斋中，读报、写日记。

九月十一日早晨，赋宁及述华夫人先后趋公去，父亲读钱稻孙君译的日本谣曲《盆树记》。又请赋宁代辞去昨众议今晚莫斯科餐厅之宴。8a.m. 钱学熙来，导父亲往访冯至、叶企孙。叶企孙同导访陈总（岱孙），外出，未遇。又"同导访郑之蕃（桐荪，年七十五岁）于成府书铺胡同二号宅，须发皆长而华白，但瘦顑而老，相见甚欢。赠宓其所作油印诗稿一份；又借与宓其油印《杂著》二叠，命宓带回渝碚读毕寄来。复借与宓其诗稿一袋，约定在此读毕寄还。郑公谈其对李义山（恋爱非真，党争受屈枉）、吴梅村诗（顺治出家，应是真事实，至少亦为明降臣中所共信而常谈之传说）之研究。柳亚子遗诗，今所刊行者仅 1/3 或 1/4，大部分之稿在而未选入付刊。郑公发愿欲读二十四史，今已读至明初。又述治史之王赵钱氏要籍，尤重船山《读通鉴论》；又论中国史例之善，足见郑公史学用功之深且勤也！

---

1 钱学熙（1905～1978），江苏无锡人，苏州桃坞中学毕业，自研习英国文字学。抗战前研究翻译《大学》、《中庸》、《孟子》、《道德经》。曾任教上海光华大学。1943 年赴昆明任西南联合大学外文系讲师，副教授。1946 年任北京大学西语系教授。

2 王还（1915～2012），女，福建福州人。清华大学外文系 1938 年毕业，任教西南联合、北京大学。1947 年赴英国剑桥大学教汉语。1950 年回国后，任北京语言学院讲师、教授、外语系主任。

3 杨业治（1908～2003），字禹功，上海人，清华大学 1929 年毕业留美，哈佛大学硕士，转赴德国海德堡大学研究。历任清华大学外文系专任讲师、教授。1952 年改任北京大学西语系教授。

吴宓与陈寅恪

"11:30a.m. 企孙别去，钱学熙独导访副校长汤用彤（锡予）兄嫂，相见执手并坐甚亲，貌似古僧，短发尽白，不留须；欲留宓午餐（面），宓坚辞，出。

"钱学熙呈送宓旅费一百元，宓决收受而由渝汇还。12:30m. 钱君导送宓至宁宅，别去。于是，在宅同宁及夫人述华午餐（二馒，四两粮），粥、素菜、鱼，甚适。"[1]

午餐中，汤用彤伯父遣子汤一介来，约父亲明日在其家午餐，父亲辞却。父亲午后读郑之蕃诗稿、词稿。次晨读毕，请赋宁便中送还郑君。

晚饭后，客来甚多，计有吴达元、关懿娴、钱学熙、杨周翰、田德望与张君川、齐声乔、王岷源、叶企孙与陈岱孙（总），连调任中国科学院哲学所的原西师同事吴则虞，共十一人，谈至10p.m. 始散。

九月十二日，父亲离北大，由赋宁导往西郊百万庄水利研究院，访水利史研究所所长、诗友胡步川（竹铭，浙江临海，1893 癸巳生），读其诗《雕虫集》。午餐后，赋宁直送父亲至人民日报宿舍，依依而别。

当晚父亲的堂弟含曼与姑母家诸表弟妹来母亲宅聚晤，晚饭。父亲以书九册交托含曼用邮包寄西南师院吴宓，又以钱稻孙所译"谣曲《盆树记》"铅印本一册，"《转生》对译"（夫妇口角，化为狐狸与鸳鸯）一名《唠叨的报应》（京话译）志贺直哉作（北京近代科学图书馆丛刊第十三）铅印本一册，又近松净琉璃《网岛殉情夫》三卷（三册）上中下稿本，交含曼送还稻孙亲收。

父亲九月十三日离京去西安，晨5:00 即起，检视昆明运回、存母亲处的一书箱，检出若干诗集，连同此次带出之杜诗等，交托母亲邮寄渝碚。尚有一箱，未及检视，嘱母亲暂保存，母亲答："及吾身为

---

1 《吴宓日记续编》V，页177。

止。"早餐时，"宓思'此次别后，与心一未必再能相见'，忽觉悲从中来，几于食不下咽，勉食二馒、粥一碗（视心一治事如恒，似若无动，其真情当不如此）。"[1]

7:45a.m. 母亲及含曼送父亲行。在北京车站，遇胡步川特来赠诗送行，握手别去。8:45a.m. 父亲所乘直达西安的第 79 次快车开行。

父亲于九月十四日午后 12:30 抵达西安，九月二十日晚 11:25 离去，在西安停留一星期。曾回泾阳安吴堡故里，谒祖茔扫墓，观自己出生的故宅。现分与农民五六家合住，墙砖齐整，房屋门窗完好。又由旧识、陕西师范大学中文系主任高元白[2]邀住该校三日，与中文系教师谈话，又对中文系学生演讲。高元白导谒郭琦[3]副校长，成都人，肄业川大，与方敬、赵德勋同学，且与赵同级且同室居。又曾在西南师院留住一周，识姚大非副院长、方敬教务长，亦识王逐萍、孙泆云。父亲在陕西师大遇相辉旧友朱宝昌[4]，一九五七年以撰文"鸣放"，述其在川东军区师范受屈抑事，攻讦该校长而及于党，极讽刺，被定为右派。然只降级、减薪，授古典文学课迄今未断，平日亦未受轻侮。父亲因感"本校作风，大异西师"[5]。

父亲九月二十二日上午 10:30 抵达重庆，次日返归北碚西南师院。回舍忙于汇款还债，寅恪长女流求处、北京钱学熙等。此次出游旅费开支不小，幸有公债中签还本付息得以周转。到校不久，十月四

---

1 《吴宓日记续编》V，页 181。

2 高元白（1909～2000），名崇信，字元白，陕西米脂人，北京师范大学 1935 年毕业，曾任西北大学国文系讲师、教授兼系主任，1953 年改任陕西师范大学中文系主任。1985 年任陕西文史馆馆长。

3 郭琦（1917～1990），四川乐山人，曾就读四川大学，在该校从事党的工作，1940 年赴延安，先后在中央财经部、中共中央西北局宣传部、中央宣传部工作。1957 年任西安师范学院（即陕西师大）党委副书记兼副校长。1978 年任西北大学党委书记兼校长。

4 朱宝昌（1909～1991），字进之，江苏黄桥人。燕京大学研究院毕业。曾任教燕京、云南大学，相辉文法学院，1950 年任西南师院兼职教授，1952 年调川东军区师范，后久任西安师院教授。1957 年被划为右派，1979 年得到改正。

5 《吴宓日记续编》V，页 186。

日，父亲收到寅恪伯父九月二十七日诗函，录新旧作各一篇。

甲午春朱叟自杭州寄示《觀新排長生殿傳奇》詩
因亦賦答絕句五首，近戲撰《論再生緣》一文
故詩語牽連及之也

陳寅恪

洪死楊生共一辰，美人才士各傷神。

白頭聽曲東華史，叟自號"東華舊史"。

唱到興亡便掩巾。

淪落多時忽值錢，霓裳新譜聖湖邊。

文章聲價關天意，搔首呼天欲問天。用《再生緣》語。

艷魄詩魂若可招，曲江波接浙江潮。

玉環已遠端生近，暝寫南詞破寂寥。

一抹紅墙隔死生，卌年悲恨總難平。

我今負得盲翁鼓，說盡人間未了情。

豐干饒舌笑從君，不似遵朱頌聖文。

願比麻姑長指爪，儻能搔着杜司勳。

此五首绝句，唐筼伯母用钢笔书写，末注："陈寅恪录旧作，一九六一年六月二十九日。"父亲在诗注"叟自号'东华旧史'"旁注有"朱师辙，字少滨"。美延编《陈寅恪诗集》于此诗下注：本题"甲午春"疑为"甲午夏"之误。此诗作于一九五四年，虽系旧作，其中"沦落多时忽值钱""不似遵朱颂圣文"等句背后都有故事，联系今日情势吟诵，更觉意味悠长。

《辛丑中秋》乃寅恪伯父近作，唐篔伯母以毛笔书写于名贵信笺。

辛丑中秋

陳寅恪

嬌寒倦暖似殘春，節物茫然過嶺人。

數夕蟾蜍圓缺異，一枝烏鵲雨風頻。

小冠那見山河影，大患仍留老病身。

差喜今宵同說餅，捲簾輕霧接香塵。

两诗笺，父亲反复诵读后，珍藏于他所亲自裁制的"寅恪诗存"封套中。[1]

1　以上二诗均录自吴宓所珍存唐篔手抄诗件。

第九章　从社教到"文革"

(一九六四至一九七八年)

一九六一学年，西南师院新开办青年教师（脱产）进修班。父亲被聘为导师，授"英语""文言文导读"课二门，各四小时，自编英语语法教材，代替规定繁琐的旧语法教材。进修班由院教务处主管，父亲欣然从事，方期可摆脱中文系主任之厄抑，发挥其热心及才学，使诸生能得其所不能在他处得到的常识；乃上课后只十天，即遭阻厄。父亲授"文言文"课，班上有中文系助教七人，尽管进修生反映父亲"所讲使彼等获益甚多，宜续修此课"[1]，系主任强命此七助教退出父亲此课，而随中文系二年级学生重听"古典文学"课。一九六二年三月，中文系两名青年女助教（已在授课）愿到父亲"文言文"班上旁听。"据其所言，听后则甚喜宓所讲中国文字、文学之常识……"然甫二周，系主任知之，勒令其退出。

一九六一年九月二十七日，本学年第一学期上课不久，父亲随中文系教职员聚听办公室主任宣读重庆市公安局公布《新订生活规则》二十四条，如（1）不许搜查住宅；（2）不许拆阅信件；（3）不许偷读日记；（4）不许追踪；（5）不许扣粮停餐；（6）不许以粮证作抵押；

1　《吴宓日记续编》V，页195。

钱绍武绘"文革"中的吴宓伯伯　　钱绍武绘陈寅恪先生像

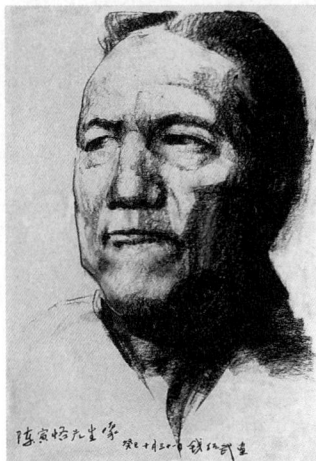

（7）不许干涉、评论他人婚姻恋爱等。虽然无非保障个人自由，改除虐政之意，备受邮检之苦的父亲听着仍感觉新鲜。

　　两天后，即九月二十九日下午，西南师院召开右派分子会议，宣布叶麐、熊正瑑、罗容梓三教授及学生七十馀人"摘去右派帽子"之名单。父亲叹息，"存者幸得释，而殁者长已矣！"[1]念及疯疾去世的副教务长李源澄、贫病交迫而逝的赵德勋、劳动改造中暑卒死田间的马益……暗自心伤。其后了解，被摘帽的师生，只是摘去右派帽子，身份被称为"摘帽右派"；政治处境、工作学习、生活安排并无多少改善，家属子女上学、就业等方面，依旧受到歧视。罗容梓"摘帽"后，直至一九六四年仍为（教育系统）"八级教授"，月薪一百元。

　　一九六二年五月十日，西南师院教务长方敬代表院党委对父亲"致歉慰问，于是综计宓在教学改革中所受之责评，敬谓粟多贵文乃

1　《吴宓日记续编》V，页195。

其个人自作，非党授意。敬又告，将命宓传授江家骏[1]'英国文学'及'比较文学'"[2]。重庆市委、市政协亦派员来慰问，征询意见，致团结之意。

一九六二年七月，外语系主任赵维藩来商父亲转系事。盖父亲原为外语系教授，擅长西方文学，今外语系已恢复英语教学，彼曾征言于张院长，认为可行云。父亲经考虑在中文系已熟悉，一动不如一静，故以不转系为宜。

一九六二学年，以国家厉行节约，经费削减，西南师院在校生4314人，较上年约减1000人。四川省高等教育局一年中三四次削减原定之预算。

本学年，父亲除续授进修班第二年"英语"，另分配给"外国文学"专业进修人员，中文系助教曾宛凤[3]、沈来清，外语系助教江家骏，后又增加四川师范学院中文系进修助教范文瑚[4]，由父亲授以"世界史"、"外国文学名著"等课。其中加授英国文学专业之"助手"全面培养江家骏拉丁文、法文、德文及"英国文学史"课。上课而外，个别辅导：二年制进修生每周一小时，三年制生二小时。学校为方便老先生就近授课，特在父亲寓所楼上开辟一间小教室，配备桌椅教具，专为父亲与同宿舍的赖以庄先生上课用。辅导，则在家中进行。

父亲一向欣赏旧日书院及牛津的导师制，昔年创办清华国学研

---

1 江家骏（1928～　　），四川江津人。四川大学外文系1954年毕业，任中学俄文教员。1957年调西南师范学院外语系英语专业任教。1962—1964年从吴宓进修英国文学史及比较文学。1987年任教授，1998年退休。

2 《吴宓日记续编》V，页350。

3 曾宛凤（1935～　　），女，四川成都人。西南师范学院中文系1960年提前毕业，1962—1964年参加西师进修班，从吴宓受业，1965年后在西师中文系授"外国文学"课，任副教授。

4 范文瑚（1938～　　），山东东平人。四川师范学院中文系1960年毕业，留校任教。1963—1964年师从吴宓习西方文学。后回四川师院任教，曾任中文系主任。

英詩之韻律形式

（1962年三月二十九日，在西南師範學院外語系演講稿）　　吳宓

壹　中西詩之韻律比較表

一　簡表

律 Metre	韻 Rhyme	
		古體詩 近體詩 中國
仄聲（高音↑） 平聲（低音↓）		
長音 短音 重音 輕音		古代希臘羅馬古體詩 近代意法德英俄古體詩近韻詩 西洋

Pitch metre　Quantity metre　Accent(stress) metre

吴宓 1962 年 "英诗之韵律形式" 演讲稿

伍 英詩近體各式舉要

近體詩一律用韻，其最重要之形式（體裁）如下：

(一) 十四行詩（或又譯音曰"商籟"，甚不妥；直譯應曰"小曲"）Sonnet.

　1. 每首1 4行。每行必為ㄅㄨ—（Iambic pentametre）。

　2. 其結構及韻式，有以下三種之不同：

意大利式（彌爾頓、華茲華斯 用之）

前八行，名曰octave，為一段用作敘述。

　a b b a / a b b a　　對稱或對稱（如此）

後六行，名曰sestet，為一段用作評斷。

　c d e c d e　纏繞式

　兩e、兩d、兩c可以任何次序排列。

英國式:(i)莎士比亞式

每四行為一段各曰Quadrain，列舉事例

　a b a b
　c d c d
　e f e f
　g g　作出結論

如河海如水流（辭斷）　波浪式（鏈鎖式）

英國式:(ii)斯賓塞式

容亦平排，但分段與前二段之間及前二段之間較為相連綿，聲韻以相連，後一層更進一層，不是内段

　a b a b b c b c ... e e

亦是波浪式（辭斷）而有逐步升高之意味

(二) 九行詩—原名斯賓塞體 Spenserian stanza:

　1. 每首9行。前八行為ㄅㄨ—；末行則為6ㄨ—名曰亞歷山大式 Alexandrine（法國詩用之最多）。

　2. 其韻式為ababbcbcc（由斯賓塞式十四行詩，截取其前九行之韻式，即得）。

　3. 此體為伊利沙白時代之詩人斯賓塞 Edmund Spenser(1544-1599)所創，在其仙后"Faerie Queene"(1596)中用之。以後多用於長篇敘事兼抒情詩，如拜倫之哈羅德紀行詩"Childe Harod's Pilgrimage"四卷，最有名。

英詩之韻律形式（分

英 1597

究院，即略仿旧日书院及英国大学制度，注重个人自修，教授专任指导，教授学员"随时切磋问难，砥砺观摩，养成敦厚善良之学风，而受浸润熏陶之效"；[1] 使学员在短时期内，于专业根柢及治学方法均有所获。这种教学方式，在解放后的中国是不可想象的；所以父亲在进修班得以小班上课，个别辅导，已甚难得。"故教课虽多，乐此不疲，虽 14 小时，加辅导，又加诸多助教、学生频频来舍请问、求讲、求答（略似在昆明西南联大之情形），宓遂成为甚劳忙之人"[2]，虽觉疲累，心情舒畅。

父亲一九六三学年教课，与上年大致相同。为配合教学，"1963 春夏，作成了《浮士德详注》，1963 冬作成 *Childe Harold* 四卷之大纲及简要说明"。[3]

一九六四年七月，父亲所教的进修班，所培养的专业助手均毕业。结业前，父亲认真修改各学员论文，指导其教学实习，并作实习总评。曾宛凤在中文系四年级"外国文学"课实习，讲（1）英宪章派诗歌及批判现实主义小说；（2）狄更斯的生活及创作。参加听讲的系主任和教师咸表满意。

从一九六〇年深秋到一九六四年早春，政治学习、工会组织生活，雷打不动，照旧进行；然没有大的政治运动干扰，得以正常施教，父亲已很知足。他只感觉这段时间校内气氛比较宽松，党群关系相对缓和，而不清楚此时党中央正在对探索过程中所发生指导方针的严重错误进行调整。轻率发动的"大跃进"运动，虽曾一度使社会总产值的增长速度由一九五七年的 6.1% 上升到一九五八年的 32.7%。这种脱离实际、人为加快的超高速度，很快就难以维系而回

---

1 《研究院章程》，载 1925 年 10 月 20 日《清华周刊》第 360 期。
2 《吴宓书信集》，页 383。
3 同上书，页 392。

吴宓与陈寅恪

落。一九五九年下降为 18%，一九六〇年又下降至 4.7%，一九六一年和一九六二年出现大幅度的负增长。整个第二个五年计划期间，社会总产值和国民收入的年平均增长率都是负增长，分别为 -0.4% 和 -3.1%。[1]"大跃进"运动不仅没有使经济发展像所期望的那样加快，反而遭受严重损失。于是不得不对整个国民经济贯彻实行"调整、巩固、充实、提高"的八字方针。文化教育科学艺术领域被打乱的规律和秩序，亦在调整中。受到高等学校师生普遍欢迎的《高教六十条》[2]，正是在这一背景下进行调整的产物。

党对知识分子政策亦作了进一步调整。

一九六二年二三月，全国科学工作会议，及文化部、全国剧协主持的创作座谈会，同时在广州举行。国务院总理周恩来、副总理陈毅专程到广州，与会议代表见面，听取汇报；并会同中共中央中南局书记陶铸、国务院副总理聂荣臻召集有关方面负责人开会，着重研究知识分子的阶级属性问题。会上意见一致认为，今后不应再用"资产阶级知识分子"的提法。周恩来集中大家的看法：不再一般地称呼知识分子为"资产阶级知识分子"，肯定绝大多数知识分子属于劳动人民的范围。他并强调指出：这是今天参加讨论的同志的一致意见。我们大家共同负责啊！[3]

一九六二年三月二日，周恩来对两个会议的代表发表《论知识分子问题》的讲话。他在讲话中回顾了中国现代知识分子的成长过程及党对知识分子历来的正确估计和认识，毅然从实质上恢复了一九五六年知识分子问题会议上党对我国知识分子阶级状况所作的基本估计。在如何团结知识分子的问题上，周恩来指出，要信任、帮助他们，改

---

1 参见《中国共产党历史》第二卷，下册，页 741，中共党史出版社 2011 年版。
2 指教育部党组起草制定的《教育部直属高等学校暂行工作条例（草案）》。1961 年 9 月 15 日，经庐山中央工作会议通过，发布试行。
3 参见《中国共产党历史》第二卷，下册，页 608。

善同他们的关系，承认过去在这方面有错误，并且要改正错误。他说："不论是在解放前还是在解放后，我们历来都把知识分子放在革命联盟内，算在人民的队伍当中。"[1]陈毅也对两个会议的代表讲话。他特别强调，经过十二年的考验，尤其是这几年严重困难的考验，证明我国知识分子是爱国的，相信共产党的，跟党和人民同甘共苦的。八年，十年，十二年，如果还不能鉴定一个人，那共产党也太没有眼光了。陈毅更率直地表示：不能够经过十二年改造、考验，还把资产阶级这顶帽子戴在所有知识分子头上。他宣布给广大知识分子"脱帽加冕"，即脱"资产阶级知识分子"之帽，加"劳动人民知识分子"之冕。

一九六二年三月二十八日，周恩来在全国人大二届三次会议上所作政府工作报告中，重申"知识分子中的绝大多数，都是积极地为社会主义服务，接受中国共产党的领导，并且愿意继续进行自我改造的。毫无疑问，他们是属于劳动人民的知识分子。……如果还把他们看做资产阶级知识分子，显然是不对的"[2]。

尽管周恩来所作政府工作报告，经过中共中央政治局讨论同意，又由全国人民代表大会通过，因此关于知识分子阶级属性的这一结论，是党和政府的正式意见。然而由于党中央对知识分子问题上的"左"倾观点未能作出彻底清理；党中央内部有少数人对周恩来、陈毅在广州会议上关于知识分子问题的讲话不同意甚至明确反对，最高领袖也未表态。这种分歧，成为后来党对知识分子以及对文化教育政策再次出现大反复的一个原因。

知识分子阶级属性的不确定，党对知识分子政策的反反复复，使人们感到困惑和压抑；我父亲就是其中一个，感受很深，十分痛苦。

---

1 《中国共产党历史》第二卷，下册，页608—609。
2 转引自《中国共产党历史》第二卷，下册，页609。

　　　　　　　　　　　　　　　　　　吴宓与陈寅恪

一九六四年暑假将尽，当他正精心撰写教学大纲、授课提纲，准备迎接新一届的进修班学员时，中文系"魏兴南主任来，宣示宓本学期之工作，不任教课，只对中文系之全体青年教师作专题演讲二次，共4小时"。[1]父亲请（1）专授中文系青年教师英文；（2）征集青年教师之疑难问题，而作综合或分别之解答，以代专题演讲。魏主任亦不许。

父亲"性勤奋而富于热情，夙喜多任工作"[2]；自一九二一年回国任教以来，四十多载从未离开过讲台。校系不令授课的决定，对他无异重大打击。他在日记中写道："宓按，近今教学改革、阶级斗争加严，宓之不得授课，原意中事，惟如'英文'等课亦不令宓授，留置闲散，负此精力虽大班，十馀小时，宓亦能任之。与学识，并领厚薪，有如坐待宓之死，以显示党国如何优待（'照顾'）老教师，旧知识分子也者！宓固可潜心读书自修，但终有'人人盼我速死'之感，而宓之生机斩绝尽矣；由是甚悲郁。"[3]

父亲全然不知，更大的打击，还在后面：一场新的政治运动即将开始，而他已被内定为本校运动打整的重点！

随着最高领袖的阶级斗争"必须年年讲，月月讲"，一九六三年开始、一九六四年全面铺开的城乡社会主义教育运动[4]，被党中央看作是与国际反修斗争相配合的国内反修防修的重大战略措施。运动的性质是"又一次大规模地打击和粉碎资本主义势力猖狂进攻的社会主义革命斗争"[5]。社教运动采取的方式，为派工作队进驻，把原来的党组织撤到一边。

---

1 《吴宓日记续编》Ⅵ，页310。
2 《吴宓日记续编》Ⅶ，页26。
3 《吴宓日记续编》Ⅵ，页310。
4 农村社会主义教育运动又称"四清"，以"清政治，清经济，清组织，清思想"为内容。城市社教原称"五反"，即反对贪污盗窃，反对投机倒把，反对铺张浪费，反对分散主义，反对官僚主义；后经党中央决定，城市社教也改为"四清"。
5 《中国共产党历史》第二卷，下册，页720。

正如北京大学是党中央的重点试点，由中宣部副部长张磐石率领二百多人的工作队开进校园领导运动；西南师院作为四川省的重点试点，社教运动亦于一九六四年十一月七日正式开始。由中共重庆市委派来八十人的工作队实已到校两三月，调查详尽，择要处理。

重庆市委工作队长林琳（市委宣传部副部长），在动员报告中举出其主要查办的事实：（1）一九六四年八月被重庆市公安局逮捕治罪的反革命分子周惠黎，曾在本校任按摩医师兼教太极拳及气功三年两月，宣传封建迷信，谓学成气功，便能飞檐走壁、水上行过、隔墙见物等，云云。（2）政教系主任兼党总支书记李家庆，从周惠黎学气功而受其害，在北京开会时，忽离座跳舞，胡言乱语，旋即倒地，口吐白沫，人事不省，经救始苏。（3）校医袁某奸污女生十馀人之多。"以上可见本校反动阶级为祸之烈，而在本校厉行社会主义教育运动实不可缓，而必须作深、作透，云云。其办法，则掀起群众运动，互相检举、讦发，并可自行坦白，须对每一教职员划清阶级成分，作出个人鉴定，分别处理，期使'五反'成功，队伍澄清，而校内阶级敌人无处遁藏，云云。"[1] 末由张永青院长，作总结，申说此运动的意义，并引咎自责。

自是日起，父亲每日上午 8—12 及下午 2—6 或 2—7 时，到中文系古典文学教研组上班。上午写交代及自己检讨材料，交呈工作队。下午，星期一、三教研组座谈（揭发，供招，斗争，批判）；星期六全校教职员大会，工作队训谕，并宣布重大"错误"之人与事；星期二教研组学习（批判杨献珍合二为一、电影《早春二月》、李秀成供状等）；星期四教研组教学会议；星期五劳动，父亲无力运煤、肩抬木料石块，独任打扫教研室卫生。

运动以来，最令父亲惊诧的是：一九五六、一九六二年，两次被

---

1 《吴宓日记续编》Ⅵ，页 396。

加冕为"劳动人民知识分子"的教师（包括已被吸收入党者在内），顷刻之间，忽又统统复归为资产阶级知识分子，只不过有左、中、右翼之别（工作队同志称之为：资产阶级知识分子前进者、落后者、反动者）。父亲对文学有顽固的保守思想，广为人知，自然被归入资产阶级知识分子右翼之列。

父亲自忖一九五八年以来未犯重大错误，因此抱着接受教育、进一步改造思想的心态参加运动，怎么也没想到"周惠黎案"的高潮刚刚过去，工作队公布的下一批罪案中竟有自己！

一九六四年十一月二十一日下午 2—6 时，西师全校教职员工大会，工作队林部长在读解《农村社会主义教育运动的决定》后，结合本校运动中查出的罪案，指为"阶级斗争"，重则逮捕，轻者责令思想改造。与父亲同期公布的罪案有（1）物理系许某反革命言行最严重。（2）外语系某副教授疑指刘元龙赞佩赫鲁晓夫所行实利国利民，中国一意孤行，恐致败，云云。（3）对父亲的罪状，采取不指明的点名，谓"某教授按，指宓，众亦皆知之。夙甚受党及行政之尊重者，特为配置党员助教充其'助手'，按，指骏。授课年馀后，此助手竟……该教授曾对助手讲述自己少时之恋爱故事及哲学，谓彼主情而不主淫，男女仅可搂抱及接吻等语，此亦阶级敌人猖狂进攻而腐蚀了党员干部之一例也，云云"。[1] 其后又斥责，有若干人，已另寻世外桃源，欲逃避运动，云云。父亲闻之悚然。

为辩明自己实无罪，父亲在十一月二十三日工作队领导监临的会上，详陈自己所犯二错误经过：

"其一，宓授某系某党员助教（宓之'助手'）课二年，1962—1963 学年，与诸进修学员同上课，未单授。1963 年暑假前，微闻该助教与该系行将毕业之女生亲近，引起其妻之不满，而已。1963—

---

1 《吴宓日记续编》Ⅵ，页 410。

1964学年，则由宓单授'英国文学史'，作成毕业论文，悉依阶级观点。1964七月初，宓责该助教抄写论文久久不就，限期已近，彼始供称，曾与女生一度欢会，今方对党与领导认罪，正忙于日夜撰写《导致此罪行之思想检查》书[1]，故论文多日未续抄，云云。当时，宓乃举宓少时之经历及所作诗文为例证，言：男女相爱，至多只可接吻拥抱，过此则不可，所谓'发乎情，止乎礼'也。宓凤坚持此旧道德之规律，而未尝违犯。宓年七十过，生平除前后二妻外，馀皆清白。宓之陈说如此，正为责斥某助教之越礼违法耳。（则该助教之罪行，非由宓浸润'腐蚀'而造成，明矣。）"[2]

其二，陕西师大近年多次来函招邀，并曾正式向西师商调，未许；父亲也未同意。本年秋，父亲以在此无课，而回陕得以陕师大教授兼办陕西文献征辑事；又身已年老，宜回乡度其晚年，至死及葬，有亲属照料。为此曾复函陕师大表示愿应邀前往，又恳请本校领导放行。"此事实犯'意图逃避运动'之嫌，宓亦曾想到。但思今之运动遍及全国，宓到陕师大（并带去宓之历史材料等）仍可参加此运动，何'逃避'之足云……"[3]

父亲陈辞后，又"颇悔今日会中发言之误，苟能含默，未必有祸。盖彼（工作队）徒欲借我为典型以示教而已。今乃当众明述事实，使彼'故入人于罪'之迹不能掩，则羞恼成怒矣。宓辩明自己实无罪，或更将受惩耳。"[4]

其后批判斗争父亲，虽少涉及以上罪行，而于其他方面则事无巨细，攻讦揭露无遗。特别是长年济助地主、右派亲友，"赞佩右派袁

---

1 后据外语系同事披露，该党员助教在党内作检查交代时，尽以其所犯严重错误委责于吴宓。
2 《吴宓日记续编》Ⅵ，页412—413。
3 同上书，页413。
4 同上书，页414。

（炳南）、叶（麐）、熊（正瑜）、罗（容梓）等教授外语精通"，推荐
右派凌道新授课等等，以至写挂对联、挥用折扇，皆资产阶级生活习
惯，在舍焚香祭祀亲长师友、清明扫墓，均属封建迷信行为，"学生
言宓有学问，而不予授课"亦为其罪。

攻讦所举，多一九五二年思想改造、一九五八年教学改革已经揭
露、批判过，且已邀赦免之事，或事之前因后果皆可解释而父亲得无
罪者。然而批斗中诸人上纲上线之高，语气神态之粗恶横暴，气势汹
汹，咄咄逼人。有人为赎己罪，甚至高声责斥反革命分子吴宓，感情
激动，至于声嘶气噎；诵出父亲"易主田庐血染红"诗句及一九五七
年反右时所作《记学习所得》全首……凡此种种，使父亲百感刺心，
不堪忍受，"私叹旧中国与今之欧美皆无如此之审判方式。不幸哉，
吾侪乃生于此时代之中国也！又不幸哉，宓不早死！倘在 1964 八月
以前，宓即死去，亦可免见类此之奇耻大辱。今陷身此运动中，真有
'求生不易，求死亦不得'之苦况也。"[1]

斗争最厉之时，为一九六四年十二月，尤其中下旬。父亲时刻准
备受审，日日处于惴惴不安中。年轻党员助教火力最猛，对父亲等直
呼姓名，揭批时厉声叱骂，用语刻虐，平时不假辞色。一般教职员，
互相引避，不敢交言。今岁除夕及乙巳年元旦，父亲不敢再拈香祭
祀，亦无香可买。惟待夜深人静，于黑暗中，叩呼亲长师友之灵，而
恭肃祭拜，行四跪十二叩礼；又分别乞求护佑，诉说心情。

这种忧惧紧张的状态，直到一九六五年一月下旬，《二十
三条》[2]下达，始有所缓和。

本年二月，工作队在中文系古典及现代文学教研组合并运动座谈

---

1 《吴宓日记续编》Ⅵ，页433—434。
2 指1965年1月14日，中共中央所发布中共中央政治局1964年12月15日至28日召开
的全国工作会议，讨论农村社会主义教育运动的纪要《农村社会主义教育运动中目前提
出的一些问题》，简称《二十三条》。

会中，宣示："宓交代事实材料已完备，一切问题，都已清结了，今后只是思想改造——宓之思想极顽固，离开无产阶级之立场、观点，尚甚远，改造甚不容易。尚须努力——必须用 1964、1965 年无产阶级之看法，一一评判（1）《学衡》；（2）《吴宓诗集》；（3）《红楼梦》讲谈；（4）进修班教课；（5）男女恋爱、交际——资产阶级生活方式等等。命宓此后自觉革命云云。"[1] 其后，工作队对一切教师皆放宽和。"反党反革命分子"交代虽尚未完，众已不复怒吼，待其向工作队自白（秘自写交）而已。只是因介荐周惠黎来校而获罪投水自尽的图画科讲师卫怀杰，运动中遭斗争而悬梁自尽的党员助教吕元恺等多人，已无从感知《二十三条》的精神了。

继《二十三条》的贯彻实行，为（1）院系"靠边站"的党员干部自我检查，"洗澡下楼"，重新主持工作。（2）全院学习毛主席著作，名为"大辩论"，实乃结合学毛著批判厚古薄今、复古倾向、封建主义等等。于是父亲"外国文学"教学中的人性主义、人道主义、爱情至上……重又成为众矢之的。随后开始（3）党团整风，党外人士也不闲着，以老教师脱产整风改造学习的方式进行轮训，为期两周。（4）对敌斗争宽严大会。（5）有关政治之事迹，再三逼众补行自首及愬告他人。

最后，重庆市委统战部副部长刘连波代表市委工作队，对全校师生员工作社教运动总结报告；校系开会欢送，表示慰问与感谢。至此，长达八月有馀（两三月的"前期调查"尚未计在内）的西南师院社会主义教育运动，遂于一九六五年七月十三日正式结束。

社交运动后期，西南师院曾组织师生员工家属参加北碚"反对美国战争挑衅，支援越南人民抗击美帝侵略的正义斗争"集会游行。父亲当时正患感冒，咳嗽不已，请假不获准而勉强随行。这也可能是他自

1　据吴宓 1965 年 2 月 24 日所作合组运动座谈会记录。

　　　　　　　　　　　　　　　　吴宓与陈寅恪

一九五○以来，以"革命群众"身份参加的无数次示威游行的最后一次。

据父亲一九六五年二月十一日日记，晨6:40往西师操场集合。7时稍过，队伍（四千人）出发，直抵碚市体育场驻立。迨各队到齐，9:00宣布示威游行开始。西师院队经上海路、北京路折而东，更沿人民路直南行，绕北碚车站而西，沿大路回校。"途中，观众不多，队员之歌唱及呼口号亦不热烈，队形步伐更不整齐，精神、纪律似远逊昔年矣。"是日，游行虽短暂，父亲"困倦甚"，"而宓之困倦乃为前此多年所未有。盖此次社会主义教育运动中对宓之斗争，已破毁宓之身体健康及宓之精神意志矣。"[1]

由于社教运动，父亲与校内友好也已很少往来。图书馆职员郑祖慰君对父亲的"健康及在运动中所受之困辱甚关心"，亦仅偶然相遇于教学楼梯际，密谈数语。父亲说："宓年七十二，再多在世二三年或七八年，均无足轻重，宓个人无足忧，死亦不足惜。宓惟忧今后无人能读中国经史旧籍；惟惜《清史稿》以后，中国遂无正史，私家史料亦不得保存；惟痛中国文字之破毁，中国文化之灭亡耳。……"[2]

父亲对寅恪伯父的健康十分牵挂，即使在困辱忧怖的社教运动中亦从未释念。盖一九六三年十月三十日，陈序经、王越两君参加全国人大和全国政协代表团到四川视察，在重庆，曾邀父亲去他们住地晤叙。十一月一日，又到北碚西南师范学院访问父亲。陈序经当时已任暨南大学校长，仍兼中山大学教授、副校长，王越则为暨南大学副校长。陈序经为父亲叙述，"寅恪兄1962七月浴时跌倒，右膝骨折断，住医院至1963春，今只肌肉相连，骨已全断，不能行立，只堪坐卧，闻仍积极工作云云"，[3]王越则述"寅恪兄由坐未合椅而跌倒"；又谓

---

1 《吴宓日记续编》Ⅶ，页46。

2 同上书，页87。

3 《吴宓日记续编》Ⅵ，页101。

"寅恪兄今由三护士轮流看护,凡事须人,云。"[1]父亲为此忐忑不安,急谕在广州工作的长女学淑"命报告寅恪病情",并决定利用寒假亲往广州探视。

据父亲一九六四年日记,一月十八日"上午,作函上陈寅恪兄及稚莹嫂,告将往访晤,及已与心一复合,但以分京、渝居为便。云云"。[2]一月二十一日,写信给广州暨南大学陈序经校长、王越副校长,"告知宓将于1964 二月二十至二十五日抵粤,视寅恪兄伤折膝";并"命学淑先谒寅恪夫妇"[3]。两信发出不久,父亲即患病毒性感冒,他所任课的进修班学员也下乡"四清"归来。于是二月二十日上午,父亲乃作长函上寅恪夫妇,告病,尤以进修班提早回校,今不能来粤,改于八月初到广州展谒。又作短函,致暨南大学陈、王二校长,"复王越二月十一日欢迎宓短函。"[4]三月二日,父亲"接陈寅恪兄二月二十五日复宓短函。从宓二月二十日去函之请,仅云'我们赞成你的意思及行止,馀容面叙'。附笔云,'内子现患病,命小女美延代笔。'"[5]

一九六四年暑假,父亲原准备南下探望寅恪伯父,后又以学期延长,盛暑难行,终非老人所胜而罢。父亲八月一日,"作函上陈寅恪夫妇,述宓暑假留校休息,拟(甲)十月上半(乙)十二月下半请假来广州谒叙之计划,末陈宓有意来广州住半年,为寅恪兄编述一生之行谊、感情及著作,写订年谱、诗集等。"[6]这一计划,随着社教运动的到来,自然全部落空!

社教运动以还,重庆市公安局1961的《新订生活规则》早被废弃一边,检查拆阅私人信函,复成常态。一九六四年十一、十二月陕

---

1 《吴宓日记续编》Ⅵ,页 101。
2 同上书,页 141。
3 同上书,页 144。
4 同上书,页 165。
5 同上书,页 167。
6 同上书,页 286。

吴宓与陈寅恪

西师大寄给父亲两函："第一函，留在中文系十天，乃以交邮，函经检查，信封之一端，如鼠啮之痕；第二函，留在中文系两天，检查后，立即付邮，拆阅后重封，信封之一端，犹水湿也。"[1]父亲害怕牵累老友，虽然思念寅恪伯父，未敢轻易上书，而通过长女和在中大任教的友生问讯。得知"寅恪健康已有进步，政府屡派专人至港及内地为购贵重药品，关怀备至"。[2]又寅恪穷十年岁月，锲而不舍，"燃脂暝写费搜寻"的《柳如是别传》，八十馀万字已将完成，父亲极感欣佩也深以不得尽快诵读老友最新杰作而引以为恨事！

　　父亲对一九六四年三次筹划出访未能成行，深深感到遗憾。一九六五年五月六日，当他收到上海瞿蜕园（兑之）五月一日函告诗友凌宴池遽然病逝，并细读和录存兑之《宴池凌君挽诗》及叙记后，非常感慨地在日记中写道："1964三次出游不成，知必留遗恨事，尤忧寅恪兄，乃不意却在宴池身上也！"[3]父亲万万料想不到，没过多久，此类遗恨事不仅应在寅恪伯父和其他知友身上，也应到了他自己身上！

　　父亲没有料到的，寅恪伯父却早料到了；一九六一年秋广州赠别诗即赋云"暮年一晤非容易，应作生离死别看"。心情何其沉重，多有先见之明！

　　全国普遍开展的社教运动，无异"文化大革命"的一次预演。《二十三条》虽在政策方面做了些微调整，纠正了斗争面过宽，把原来的党组织撇到一边的做法，一大批基层干部得到解脱，运动造成的紧张局面有所缓解；然而《二十三条》在指导思想上发展了"左"倾错误理论。它片面强调运动的性质是解决社会主义和资本主义的矛盾，且把解决无产阶级和资产阶级两个阶级的斗争，社会主义同资本

---

1 《吴宓书信集》，页341。
2 《吴宓日记续编》Ⅵ，页322。
3 《吴宓日记续编》Ⅶ，页110。

主义两条道路的斗争，上升为党的一条基本理论。尤其明确规定运动的重点"是整那些走资本主义道路的当权派"，这就为后来的"文化大革命"的斗争矛头指向，提供了理论根据。

"文化大革命"，实质上是政治大革命。这话是最高领袖说的[1]。

父亲在西南师范学院经历了"文化大革命"的全过程。这场史无前例的大革命，使父亲宝爱胜于生命并为之献身的中国文化濒临渐灭，自己也被逼近死亡的边缘。

此前，父亲虽已历经多次政治运动，受到严厉批判，甚至已被取消授课的权利，但作为西南师院为数不多的知名教授、著名学者，起码的人格尊严、一般老教师的生活待遇，还没有被完全剥夺。"文革"一来，无法无天，宪法和法律规定的一切公民权利荡然无存，父亲立被陷于罪戾，遭受无止尽的精神折磨和身体摧残！

父亲向来不喜政治，他不关心也弄不清上层权力斗争与"文革"的关系，虽曾随众学习党的八届十一中全会通过的《十六条》[2]，仍感"走资派""左派""右派"的概念模糊。对此次运动的种种特征及极端做法充满疑虑，旁皇忧苦不宁。以自己"带罪之身"又"开口便错"，不能请教于人，只有倾诉于日记中。

据父亲日记，一九六六年五月初，无产阶级文化大革命运动在西南师范学院开始进行。五月份，主要批判吴晗、邓拓等，由院系党委主持领导。六月初至八月初，运动由中共重庆市委派出的工作组主持领导。八月份，工作组撤出，运动由文化革命师生委员会主持领导。八月底起，运动则改由红卫兵领导，院系行政亦归其掌握。父亲很担

1　毛泽东的原话是："无产阶级文化大革命，实质上是在社会主义条件下，无产阶级反对资产阶级和一切剥削阶级的政治大革命，是中国共产党及其领导下的广大革命群众和国民党反动派长期斗争的继续，是无产阶级和资产阶级斗争的继续。"见 1969 年 4 月 10 日《人民日报》祝湖南革命委员会成立社论。

2　《中共中央关于无产阶级文化大革命的决定》简称。此《决定》主要由中央文革小组起草，经毛泽东审定。

　　　　　　　　　　　　　　　　　吴宓与陈寅恪

心"学生掌权，无才识，乏经验，一味'民主'，尽量延缓，不知何日运动可告终也！"[1]他自忖决难望活至运动结束之时。

"文革"初起，西师最早揭发批判的黑帮、走资派为副院长王逐萍、方敬，而父亲的反应是："众对王逐萍、方敬皆'墙倒众人推'，纷纷从井下石。其实西师领导人中，能知晓教育、学校及学术、课程、业务为何事者，仅一方敬而已。宓以方敬为西师唯一功臣，亦宓之知己，今见其覆亡，不敢效蔡邕之哭董卓矣。……"[2]

方敬罪名众多，重要的一条是："办学以北大、清华为典范。进修班重用反动文人吴宓。"尽管压力重重，父亲拒绝揭发方敬，反上书市委工作组说："有同志认为宓应当揭发方敬副院长。但宓的想法却是：（1）前几年，办进修班，招研究生，注重专业学术，要不写错别字，要学外语等事，乃是一时之风气，全国各院校同，恐亦有中央教育部之训令，似不能以办进修班归于方敬个人之创举。（2）平心而论，西师办进修班，以宓旧时代四十年之资历、声誉，以宓一生勤修，确有真实学问，以宓教学之热心、勤奋、负责，自当聘用宓为进修班之一个教授及导师。当时无论谁办，亦必不遗弃了宓。故不能说：方敬是以私情、偏爱而宠用宓为进修班教授也。"[3]

"文革"的一大特征，是自下而上发动群众，带有个人崇拜狂热的学生红卫兵，成为运动的主力军。一九六六年八月十八日，在首都百万群众庆祝"文化大革命"的集会上，毛泽东身着绿军装，佩戴"红卫兵"袖章，向手举《毛主席语录》，高唱《造反有理》等歌曲的红卫兵挥手致意，表示支持。林彪借用清华附中红卫兵《论无产阶级革命造反精神万岁》大字报的话，号召红卫兵"大破一切剥削阶级的

---

1 《吴宓日记续编》Ⅶ，页529。
2 同上书，页502。
3 《吴宓书信集》，页419。

旧思想、旧文化、旧风俗、旧习惯"，号召全国人民支持红卫兵"敢闯、敢干、敢造反的无产阶级革命造反精神"。

得到最高当局如此支持和鼓励的红卫兵，八月十九日，也就是庆祝大会的第二天，喊出要将世界改造成为"非常无产阶级化，非常革命化"的极端口号，在北京首先发起了一场规模空前的"破四旧"运动，运动迅速传遍全国。

红卫兵们蜂拥街头，到处集会、演讲、宣传；张贴传单、标语、大字报。他们闯进街道办事处、工厂、医院、商店、老字号，强令改名改组。长安街路牌被贴上"东方红大路"的大块字纸；东交民巷改为"反帝路"；西交民巷改为"反修路"；东安市场改为"东风市场"；协和医院改为"反帝医院"；同仁医院改为"工农兵医院"。全聚德金光闪闪的门匾被摘下，改名"北京烤鸭店"；专营字画的荣宝斋，被改为"人民美术出版社第二门市部"……他们要求理发店、成衣铺、照相馆、书店，港式发型不理！港式衣裙不做！下流的像不照！黄色的书不卖！大街小巷，见小裤管就剪、"飞机头"就推、"火箭鞋"就截。他们冲击寺院古刹，捣毁神佛塑像，推倒牌坊石碑，强命僧尼还俗。他们私闯民宅，查抄焚毁藏书字画古玩瓷器，任意揪斗关押所谓资本家和资产阶级反动学术权威。……市民怨声载道，惶惶不可终日。《人民日报》《解放军报》却在八月二十三日一同发表社论《好得很！》《做得对！做得好！》为红卫兵疯狂践踏宪法的极端行动撑腰打气，大唱赞歌！

父亲听闻种种，特别是曲阜孔林孔庙被砍伐铲平；他的诗友珍藏多年的无数古籍善本，遭红卫兵一把火化纸为灰！诗友当场昏厥，大病几死。……眼看"破四旧"的洪流势不可当，中国数千年的德教习俗、学术文化毁于一旦；父亲心神俱碎，惟暗自痛伤"中国文化之亡，黑暗时代之降临"！

父亲阅报注意到，"毛主席（一九六六年十一月）二十五至二十六

　　　　　　　　　　　　　　　　吴宓与陈寅恪

日第八次接见红卫兵二百五十万人；共已接见红卫兵一千一百万人矣。"[1]

在这一背景下，红卫兵组织发展迅猛，红卫兵运动席卷全国，甚至蔓延到有些驻外使领馆。一时间，毛主席语录成为最流行的口号，红卫兵及各造反组织的行动准则。各地红卫兵的大喇叭，播唱最频繁的是领袖语录改编的造反有理歌："马克思主义的道理千条万绪，归根结底就是一句话：'造反有理。'"

西南师院的红卫兵，正是在"造反有理"的歌曲伴奏下，在"革命不是请客吃饭"的口号声中，以极其粗暴蛮横的行动打击他们认定的"牛鬼蛇神"[2]。辱骂，抄家，拘禁，审讯，毒打……为所欲为。

一九六六年九月二日，父亲的家被抄。中文系红卫兵抄走父亲的《吴宓诗集》二十六部；《学衡》杂志1至79期，全套；《大公报·文学副刊》1至313期，全套；父亲1910至1966年八月二十三日的日记；诗文稿笔记，以及其他书物（生活资料、旅游图片、毕业证书、西洋名画、友生书信……）等。未予任何收据！

九月五日，父亲"以'编辑《学衡》杂志'之罪名，胸前挂上'反共老手吴宓'之大木牌，拥上大操场主席台，与西南师院教职员共108人 梁山泊人数！同受全校师生员工之斗争，从此便成为牛鬼蛇神。1966十月起，在（毛泽东）思想（红卫）兵管制下，编入教职员劳改队，在校园内，下田，踏泥水，作种菜之农业劳动。满身泥巴，两掌鲜血。此生第一次"。[3]

劳改队除农业劳动，还负责清扫马路、整治沟道、掏洗厕所、倒垃圾、涮痰盂等。队员们每日清晨在红卫兵总部楼前排队集合，聚聆监管他们的红卫兵点名、训话，调工派活。

本年秋冬，父亲曾和中文系的"罪人"们共同打扫第三教学楼

---

1 《吴宓日记续编》Ⅶ，页541。
2 牛鬼蛇神，本喻社会上丑恶事物和形形色色的坏人；"文革"中成为敌我矛盾对象的代称。
3 《吴宓书信集》，页424。

及其附近区域的卫生，负担甚沉重。缘由是一九六六年九月，中共中央、国务院发出通知，组织外地师生赴京参观，毛泽东又多次接见红卫兵；于是各地红卫兵纷纷涌入北京取经，北京红卫兵也分赴各地"点火"，号称"大串连"。乘火车，不花钱；食宿，地方免费提供；"大串连"很快遍及全国城乡，达到高潮。

西南师院的三教楼，因暂充"大串连"接待站而人流骤增，热闹非凡。开始来的多是大中学生和教师，随后小学生也络绎不绝；尘秽纸屑益多，使独作三教楼内清洁的父亲劳累不堪，也惊奇不已。

"三教楼内近日居外来之小红卫兵（小学生）男女多名，年约八岁至十二岁，奔跳喧闹不休，其情景颇似电影院中之'儿童场'云。"[1]

"下午 2—5 清洁劳动：宓从成君，共五人，扫除卫生科至小校门之一段马路，连同马路两边之广场沟渠等。该处聚集外来串连之红卫兵极众，尤其红卫小兵（小学学生），奔跑呼喊，跳荡狂掷，只知游戏，食甘蔗及糖，蔗皮及糖包纸随意弃投，满地皆是。吾不知如此幼稚之人物，其到处串连果有何益哉？"[2]

一九六六年十一月，"大串连"高潮中，当时监管西师中文系劳改队的毛泽东思想红卫兵牟必贤（中文系四年级生），以"代各革命组织募捐红卫兵外出串连的旅费"为名，强索去父亲人民币四百元及《中国分省地图》等物，而不给予收据。又强行取走父亲一九六六年八月二十四日至十一月二十一日的日记，不肯归还，以挟持父亲不敢将四百元之事泄露于人，因父亲日记中亦有错误感想和言论，不愿人知。以后得知，牟必贤并未"串连"，而是骗了父亲的钱逃回家乡，不敢回学校来了。

---

1 《吴宓日记续编》Ⅶ，页 560。
2 《吴宓日记续编》Ⅷ，页 8。

吴宓与陈寅恪

西南师范学院"文革"期间造反组织为搜寻吴宓日记开出的介绍信

此时重庆党政机关、企事业单位及各行业的群众组织，已形成相互对立的八一五、八三一两大派，亦称保派和砸派；西师情形亦相同。牟必贤参加的组织属八一五派，在西师称春雷造反兵团。两派起初因观点分歧而对立，后为争权而矛盾加剧。一九六六年底，春雷势蹙，西师改由八三一派掌权。

由是牟必贤捐款一事，很使父亲为难：先是八三一派队员问父亲"牟必贤由宓手收去400元捐款事"。春雷（毛泽东思想红卫兵红旗战斗兵团此时已解散，加入春雷派）迅即来员宣称："宓此举是腐蚀牟必贤，拉革命红卫兵下水，而宓又报告与八三一，则是'挑动群众斗争群众，挑动学生斗争学生'，故宓罪实大，——试问宓是何居心？"[1]

---

1 《吴宓日记续编》Ⅷ，页13。

父亲无处求计解厄，只有自诉于日记：此事倘不向八三一供出，"如何交代宓 1966 八月至十一月日记去向？"如向八三一供出，"牟归，将以所持宓日记相逼挟，奈何？总之，'两姑之间难为妇'，彼两革命组织互相斗气争强，而以宓弱者为牺牲、为鱼肉，诚苦矣哉……"[1]

随后西师对立的两派，忙于参加重庆两大派争夺革命委员会中席位的武斗，已无暇顾及牟必贤捐款之类的小事，于是不了了之。

重庆造反派的夺权风暴，同全国各地一样，都是由一九六七年初上海造反派的"一月夺权"掀起来的。对立的两派，在"权，权，权，命相连"的利益驱动下，为争权夺利而互相厮杀；从最初使用棍棒、钢钎、石头、砖块，发展到真枪实炮。重庆武斗，由于众多军工企业造反组织的参加而更加惨烈，甚至动用起厂内最新研制的先进武器，杀伤无数，血流成河。

西师的八三一与春雷，以校园为武斗夺权战场，各据图书馆、教学楼对峙交战，子弹横飞，重伤流血，伤及无辜。武斗中，甚至纵火烧楼，图书资料、实验器具、各种珍贵物品遭破毁殆尽。包括父亲一九五六年捐给西南师院的近千册西文书籍，其中有些已经绝版。那都是他从新大陆和欧洲大陆的书店里一本一本挑选带回的，上面盖着"吴宓藏书"的大红钤印，多年摩挲吟读，视为瑰宝。为了能让更多的人阅读欣赏，他忍痛割爱把它们奉献出来，并在每本书前写上内容提要及其学术价值，如今也在红卫兵武斗的炮火中几全部化为灰烬！

两派广播日夜不停，均以毛主席语录为进军号令："下定决心，不怕牺牲，排除万难，去争取胜利！"且不时发出怪声巨响，类似战时空袭警报而更粗厉可怖。校门封锁，严禁出入；校内戒严，两派武装岗哨密布。教职员工多隐居避祸，惟恐被疑倾向某派，视为

---

1 《吴宓日记续编》Ⅷ，页 13、15。

'敌人'奸细惨遭殴打抄家、捣毁寓所而呼救无援。在武斗最高潮的一九六七年夏秋，西师许多教职员工纷纷逃离校园，父亲无处可逃，当时所居的文化村一舍，全楼竟只剩下他孤身一人！

对于父亲这些"牛鬼蛇神"来说，西师不论春雷或是八三一派掌权，都同样残暴苛虐。

受阶级仇恨煽动、极左思潮影响，视一切未定案的审查对象为阶级敌人，任意行蛮施暴，凌辱人格，侵犯人身，这也是"文革"集历次政治运动所施种种手段之大成的另一些特征。

首先是抄家。父亲对所被抄没书物，最心痛的是他手编的报刊杂志及日记，尤其日记。父亲多愁善感，又长年独居，屡遭厄难；他年年月月坚持写日记，不仅留下真实的情感、思想、生活记录，也是他通过日记"与时间对话""与自己对话"，宣泄悲愤，缓解痛苦，使自己不致疯狂或自杀的一种手段。重读旧时日记，父亲感到无穷的快乐和安慰，也能从以往的经验和错误中，领悟教训，恢复理智，应对现实。因此，一九六七年五月九日，当他随中文系劳改队奉八三一之命打扫教师阅览室，看到书橱及地上，他的日记及《吴宓诗集》《学衡》杂志等，已全被贴上封条，"宓目睹心爱之书物不得取回，不胜伤心愤恨，而思及 1949、1950 日记之为陈老新尼所焚毁[1]，则更痛丧矣。"[2]

其次是扣发工资，冻结存款。父亲月薪原定额 272.50 元，一九六八年四月起，每月只发生活费 10 元（其后随斗争进展，略有增减），不够支付帮助料理其生活的女工工资。存款被冻结，已到期的公债亦遭没收；若不是我母亲等长相济助，生活实难以为继！

---

1 据吴宓"文革"交代材料：他为保存记述了他后半生重大转折的 1949 及 1950 这两册日记，1966 年 6 月 18 日专门托付住在校外的中文系已退休同事陈新尼教授保藏。8 月 14 日上午往取回，始知陈教授惧祸，已一举而擅焚毁。吴宓为此嗟悔不迭。
2 《吴宓日记续编》Ⅷ，页 124。

再次为逼迁住所。"文革"期间在西师，任何革命群众都可通过造反组织、毛泽东思想工人宣传队，同牛鬼蛇神对换住所。父亲就曾三次被逼迁，住室越换越小，条件越来越差。

一九六八年八月二十五日，西师教务处职员熊明安挟领导的所谓"批准"令，强以他在文化村二舍 221 的一室，与父亲所久住的文化村一舍 106 两居室对换。父亲被迫迁居前夕，十分感慨："昔宓 1960 春，由民主村三舍迁来文化村一舍 106 室，以为宓将老死此宅中，不意咄嗟之间忽又迁移，岂但伤感而已哉！"[1] 一九六九年一月五日，音乐系助教杨富超又逼迫父亲从文化村二舍 221 室迁出，换住其所居更小的 203 室。一九七一年四月十日，西师以文化村二舍整体腾交行将西迁的哈尔滨军事工程学院使用，父亲再次被逼迁至牛鬼蛇神聚居的文化村一舍三楼。他入住的 317 室，小到只放得下一床、一桌、一椅、一书架。

此外，批判斗争已不再止于辱骂怒斥、深文入罪，而动辄加以"打翻在地，再踏上一只脚"式的暴打，武斗！

红卫兵学生广播，不时命令"某某某速即来三教楼大门外，若迟到，格杀勿论云云"，听得父亲胆颤心惊！管制牛鬼蛇神劳改队者，尤苛虐。全日劳动，每日点名，交日记，排队举黑旗、敲锣鼓，游行校园及碚市。点名时姿势不合，行走路线有误……即责令队员跪泥地上，用钢条锄柄痛打。历史系讲师凌道新，只以右派，编入劳改队。受打尤重且频，头项肩背臂股甚伤。更命凌操杖痛击其他队员，怒其击之不重而酷打凌焉。父亲痛愤已极，"呜呼，人道何存？公理何在？毛主席应负其责也！"[2]

父亲自一九六六年八月被揪出教师队伍，其后"文革"的各个阶

---

1 《吴宓日记续编》Ⅷ，页 538。
2 同上书，页 465。

吴宓与陈寅恪

段，几全被作为重点进行打击，所受皮肉之苦，罄竹难书。

据父亲日记，一九六八年六月，两次以被走资派宠用的"资产阶级反动学术权威"，陪斗西师院长张永青。六月十八日，父亲被盛怒暴躁、手执竹条的学生一路鞭打驱至礼堂，小儿持树枝从后追打，且投击石子直掷头胸。地理系教授盛叙功鬓角中石，血大流。已而开会，父亲等被学生兵架起，馀人从后急推，旁人则以竹条猛击肩背不休。至台前，命弯腰曲背低头立椅上作"喷气式"，女生频频以竹条打击头顶，责令不得微起头、或皱眉或切齿。散会仍被挟拥、推挤、翻滚，不断遭竹条、树枝及石块打击。所历共只 3—5 两小时，而父亲"在台前曲躬俯立，则觉其长且久也！……一生未受鞭笞如今日者矣！"[1]

六月二十一日陪斗，父亲以大雨，戴草帽、挂纸牌进会堂，"红卫兵一群，从后猛挟、拉、掀、推，且以拳及鞭打击。宓一再倒地爬起。彼等夺宓手中草帽掷远处；其他人之草帽一二，亦皆践踏破毁。"散场时，红卫兵多人复"挟、拉、推、排宓跟跄出会堂，下阶，跌倒在马路上之雨水潦中。"父亲为寻取草帽，红卫兵大怒，"骤以皮鞭猛击宓背多次，皆中右背及右肩，……宓急逃，彼追及，最后在宓右股之外侧，用力着一鞭，乃退止。宓痛极。凄然急行，冒大雨，绕经十二教楼侧而回舍。"[2]

一九六八年年底开始的"清理阶级队伍"运动，清理对象为：所谓的"走资派"、叛徒、特务、地、富、反、坏、右；群众组织里的"坏头头"和"混进群众组织里的坏人"。一九七〇年又开始"一打三反"运动，打击反革命破坏活动，反对贪污盗窃、投机倒把和铺张浪费。尽管父亲与以上各方面都不沾边，且在红卫兵和工宣队的严密监

---

1 《吴宓日记续编》Ⅷ，页 482。
2 同上书，页 487。

管下两三年，已无任何个人活动可言；但在这两次运动中，父亲仍被当作"现行反革命分子"反复残酷斗争。

一九六八年十二月十八日，中文系师生召开"斗争罪大恶极的现行反革命分子吴宓大会"，父亲被"挟推入会场，宓翻滚在地，并受拳击。命宓低头、鞠躬，面对群众而立（久之，两腿痛甚难忍）。会众连呼口号'打到吴宓'！登坛揭发宓之罪行者六人，最后一人女生；大意谓宓出身地主官僚家庭，怀有极深之阶级仇恨，既怀念蒋介石望其复辟、重来，又赞同刘少奇以至张永青之反革命修正主义路线，甚至赞许二月逆流中人，而反对毛主席之无产阶级社会主义革命路线。在西师备受优待尊崇，乃犹不足，在历次政治运动中，公开攻击党与毛主席，尤以在文化大革命运动中，对毛主席诋毁备至，实难令人容忍。以上皆引据宓历年日记及《吴宓诗集》中例以实之；其所举 1967—1968 宓日记中之语句，对宓更为致命之伤。谓宓'罪该万死'诚是；惜生固艰危，仍不易即死耳！……"散会，父亲退场，"仍被数人挟拥，翻滚在地，并施拳击。"[1]

更大的灾难，发生在梁平。

一九六九年四月，父亲等"牛鬼蛇神"，由专政队押解，随中文系革命师生到距西师本院七百里外的梁平乡间劳动。父亲被批斗后乃知彼等之来梁平，非只为下农村劳动，"乃因宓等是罪人，是受'管制'之牛鬼蛇神，故必随专政队同来，藉受'管制'与受'斗争'耳。"[2]

一九六九年五月九日下午，中文系革命师生在梁平分院食堂举行斗争吴宓大会。据父亲日记：

"3 时来二男生，带宓至食堂门外，命宓俯首鞠躬在此立候。中文系革命师生，在食堂内主席台（戏台）前，宣布开会。有顷，大呼

---

1 《吴宓日记续编》Ⅷ，页 661—662。

2 《吴宓日记续编》Ⅸ，页 100。

第二篇 勞動小結

吳宓

1968 十月二十八日晨 繳上

宓的第一篇勞動小結,是九月二十三日晨繳上的。這是第二篇。

(一)近一月餘宓的勞動情況

九月二十三日至今,宓的勞動,仍同1968八月、九月份一樣。除隨勞改隊出外,如奉令往(1)清除舊歷史系及化學系食堂(2)打掃桃園及園之學生宿舍外圍等,宓必隨隊前往,與隊員們一同勞動,絕無規避。——此外凡遇隊員們在生產科作農業勞動之日,宓皆未下田(即是未作農業勞動),而只是留守工具室,執行宓的六項職務(詳見宓的第一篇勞動小結)。宓自以為這樣的辦法是管理員和隊長們派定宓作的,而工具室確是一刻亦不能無人守護、無人接洽各種事務(在白天上班之時),故宓只應勤謹的去執行職務,便可心安(作清潔等事勤快作有時揮汗)。十月二十五日來有生產科工人、幹部蕭某初次來到工具室想責宓不下田作農業勞動,促宓出外拔草(宓出外拔草,所得有限;但非工具室內有人駐守,宓何敢舍會職輕離開?)——其實□1966十月至1967四月,宓在史文羣勞改隊,全是每天和隊員們一同下田:一切農業勞動,除(1)揮鋤翻土(2)擔糞、擔水兩桶外,宓全都作過(不過是作得不好,如插秧、裁種),其曾掌生厚皮、手指出血。——但到了後期,多是命宓看守工具室的查池,或去掃除三教樓而已。現在宓更老了兩年,體力確不如1966天;但遇着宓力所能及之勞動,宓一定奮力爭先去作,決不自逸。(如半月前,文化村二會宓室緊鄰之廁所大出水,宓回金立刻用搪把將廁所地面之積水,掃入宓的

19

吳宓"文革"勞動改造匯報

'将宓提入'（宓不惧'斗争'，而最惧斗争前之被抓拥入会场）。于是凶猛之二男生来。分挽宓之左臂、右臂，快步疾驰，拖宓入食堂。（由两行横木厚板之间走进）。行约及 2/3 处，宓大呼曰：'请缓行，宓脚步赶不上，将跌倒！'彼二人大怒，遂乘向前奔冲之势，放手，将宓一猛推，于是宓全身直向前左方，倾倒在极平之砖地上。宓全身骨痛已甚，而彼二人怒益增，径由后挽起宓之左腿，拖动全身，直至主席台前，面对群众，接受斗争。

"此时宓半跪半坐地上，以手掩胯关节最痛处，竭力撑持。斗争凡历三小时（3—6p.m.），中文系教师徐永年、粟多贵、张秀华等，学生某、某（男、女，皆不识）等，共约二十余人，各读出其所撰就之稿，对宓揭发、批判、斥责：内容则自'宓出身官僚、地主家庭'，经过'三两粮、二两粮'，'称党为继母'，而至一贯反对毛泽东思想，尤其反对文化大革命，仍多摘录'吴宓反动日记'，终乃判定宓为'历史反革命分子兼现行反革命分子'云云。（宓此时但感觉身体之痛苦，对发言内容、罪名轻重，皆不遑注意及之）。

"6p.m. 散会（晚餐）。此时，有身体雄壮、性意和善之中文系男生二人（宓皆不识）径来将宓从左右架起，分负于肩上，快步急行（宓两足离地约一尺，完全脱空；宓两手挽二人之颈），走出食堂，由内院至外院，直入'牛鬼蛇神'室，放置宓身于宓之床侧。彼二人不言径去，宓心极感激（盖其时宓已成半死，非其助何能得归）。"[1]

此后两日，父亲"全身疼痛，在昏瞀之中"，"未饮、未食，亦未大小便"。血尿多日，左腿始则僵直麻木，无复感觉，继觉疼痛，始察知左腿已扭折成三截，上腿（大腿）向内扭，下腿（小腿）向外扭，膝盖及胯骨两处关节脱卯，不能行步。只能在室内，用两手及右足，抓木箱及桌椅，爬来爬去，而偶一不慎，则无论坐卧关节疼痛难

---

1 《吴宓日记续编》IX，页 103—104。

吴宓与陈寅恪

忍。……此时牛鬼蛇神组长刘又辛君"对宓特别残虐，不许宓在室内大小便，而强迫宓拄杖入山厕，晨夕在室外广场行走若干圈，否则不给饭食"。[1] 父亲忍痛负伤，日日拄木棍或竹竿外出，奉行刘组长之严令行走。直熬至六月二十一日，父亲"随众，乘坐大卡车宓坐车尾，震动最大。一日驰七百里，晚八时，回到北碚西师本院。宓被扶下车，幸有不相识教师或工宣队之二人，扶宓又背驮宓，直送回宓家，放在宓床上。当时已在半死之状态中。"[2]

其后数月，父亲即在他的文化村一舍203小室中养伤静居，历史系教授杜钢百之子，以其自学的针灸医术，为父亲治腿伤，居然有些成效。父亲初归之日，两腿僵直，不能转动，只得仰卧，不可屈伸。治疗一段时间以后，能自脱衣、穿衣，惟仍不能直立、行步。然而在"打击反革命破坏活动"中，父亲虽腿伤不能行走，仍被四次硬拖到离家很远的网球场和大操场，陪斗公安局判定的杀人放火罪犯。如一九六九年十二月四日、十三日两次，在网球场或大操场开大会，斗争公安局判定的两名罪犯（杀人放火等），而要全体牛鬼蛇神去受陪斗。父亲腿伤未愈亦不能例外，于是由人拖拉推扯，强迫"快走"，忍痛急行。"来回途中，腿痛难忍，汗大出，急喘，……就此一点，真恨宓不能早死！"[3]

父亲即使在自己最痛苦和不幸的日子里，也从未停止过对挚友寅恪夫妇的担心及挂牵。有时就默默背诵老友的诗文，以释远念。据父亲一九七一年一月二十九日日记："阴，晦。上午身体觉不适，心脏痛，疑病，乃服狐裘卧床，朗诵（1）王国维先生《颐和园词》，（2）陈寅恪君《王观堂先生挽词》等，涕泪横流，久之乃舒。"[4]

---

1 《吴宓书信集》，页427。

2 同上。

3 同上书，页428。

4 《吴宓日记续编》Ⅸ，页178。

王觀堂先生輓詞解
（陳寅恪）

（剪裁）用刀剪

漢家之阸今十世。不見中興傷老至。

南宋高宗（康王，行九，構）即位時由孟太后（哲宗之妻，稱曰元祐皇后）

劉詔命且：策文乃汪藻所撰，中間警句云：「漢家之阸十世，惟光武之中興是也。興，獻公之子九人，僅重耳之尚在」，至為典切。按「漢十二帝此處不對升」王藻所撰立之平帝，故曰十世」。此句借用汪文但實指溥朝。

溥自順治至宣統共十帝。宣統為第十世，三靜安先生祈望宣統帝能復興清朝。故待至1927年。王先生已五十歲老之將至，出遊說孔子不。且已至矣。而中興尚不見實現。故絕望。非為私人理由自殺。

一死從容殉大倫。五倫第一是君臣（以下父子，夫婦，朋友，故曰大倫。宣統尚未死，王先生所殉者君臣（王先生自己封

千秋憶望悲遺志。樹茴詠懷古邯詩末二首「憶望千秋一灑淚，蕭條異代不同時。」後世之人。

清朝）之關係耳。憶王先生而悲王先生之志節（其望清復興之志。（待續）

吳宓晚年所作"王觀堂挽詞解"手迹

父亲总认为寅恪比自己年长、体弱，加以目盲、名声大，处境可能更加危险和困难。"文革"期间，父亲每次带回的口信或家书，都不忘打听寅恪伯父和唐筼伯母的下落。我们因为怕他过于悲伤，一直没有敢把寅恪伯父和唐筼伯母已不幸于一九六九年十月七日及十一月二十一日相继去世的真实情况告诉他。一九七一年九月，父亲听到种种传闻，实在按捺不住心上对寅恪的系念，甚至冒着加重惩处的危险，径直给广州中山大学革命委员会写信，探询寅恪伯父一家的消息。

这封信，我是十年以后从寅恪伯父的小女儿美延那里看到的，内容如下：

广州国立中山大学革命委员会赐鉴：

在国内及国际久负盛名之学者陈寅恪教授，年寿已高（1880[1]光绪十六年庚寅出生），且身体素弱，多病，又目已久盲。——不知现今是否仍康健生存，抑已身故（逝世）？其夫人唐稚莹（唐筼）女士，现居住何处？此间弟及陈寅恪先生之朋友、学生多人，对陈先生十分关怀、系念，极欲知其确实消息，并欲与其夫人唐稚莹女士通信，详询一切。故特上此函，敬求 贵校（一）覆函 示知陈寅恪教授之现况、实情。（二）将此函交付陈夫人唐稚莹女士手收。请其覆函与弟，不胜盼感。

　　附言：弟1894年出生，在美国哈佛大学与陈寅恪先生同学，又在国内清华大学及西南联合大学与陈先生同任教授多年。1961年弟曾亲到广州贵校，访候陈先生及夫人（时住居岭南大学旧校舍内）。自1950以来，弟为重庆市西南师范学院教授（1958以后，在中文系），但自1965年起，已不授课。现随学校迁来梁平新建校舍。覆函请写寄"四川省万县专区梁平县

1　此处当系 1890 之笔误。

屏锦镇七一房邮局，交：西南师范学院中文系教师，吴宓先生收启。

　　即致

敬礼

1971 九月八日
吴　宓上[1]

　　九月三日至十七日西南师院梁平分院放假，教职员纷纷利用这段时间从梁平赴渝碚探家，接送儿女。父亲因而难得"独居一室，虽孤寂而极自由。读书、写信，皆无人来检查、责评。"[2]故给广州中山大学发信后，又连日注释王国维先生《颐和园词》、默写寅恪伯父《王观堂先生挽词》寄情。

　　一九七一年十二月九日，父亲接到美延的信，才知道自己日夜思念的老友早已不在人间！父亲一九七一年的梁平劳改日记，书于是年案头日历散页。当时分藏各处，我们于父亲去世多年以后始陆续寻取收回。

　　父亲在这天的日记中写道：下午，"接读寅恪兄之三女陈美延（广州中山大学西南区 79 之二，楼上）1971 十二月五日来函（代中山大学革委会复宓去函，询寅恪兄起居），始痛悉陈寅恪兄（1890 庚寅，清光绪十六年——1969）已于 1969 十月七日在广州病逝。长期卧病，各器官渐失机能，最后心力衰竭。夫人唐篔字稚莹，久患心脏病、高血压，经此变，即不能起床，亦于 1969 年十一月二十一日，以心脏病、脑溢血，病逝于广州。长女流求，仍在四川省成都市第二医院任职。次女小彭、三女美延，皆在中山大学工作，当时皆下放在英德中山大

1　录自陈美延所存吴宓原函。
2　《吴宓日记续编》Ⅸ，页 316。

广州国立中山大学革命委员会赐鉴：

在国内及国际久负盛名之学者陈寅恪教授，年寿已高（1880光绪六年庚寅出生）且身体素弱，多病，又目已久盲——不知现今是否仍康健生存抑已身故（逝世）？其夫人唐稚莹（广筤）女士现居住何处？此间亲友及陈寅恪先生之朋友、学生多人对陈先生十分关怀，繋念极欲知其确实消息，并欲与其夫人唐稚莹晤通信询问一切，故特上此函敬求 贵校（一）惠函示知陈寅恪教授之现状、实情（二）将此函迳付镜夫人唐稚莹先生之手收，请其覆函与弟不胜盼感。附言：弟1894年出生在四川，1950至1965以来早已不授课，现居住成都师范学院（1958以后在中文系），但自1950年起为重庆市西南师院教授……多年。1961胡鲁观到广州贵校及西南联合大学与陈寅恪先生及夫人（时住居岭南师大学习校舍内）……自……还来渝……梁平县屏锦镇七房都会交，西南师院……现蒙

教师 吴宓先生收启 即致敬礼

1971年九月八日 吴宓上

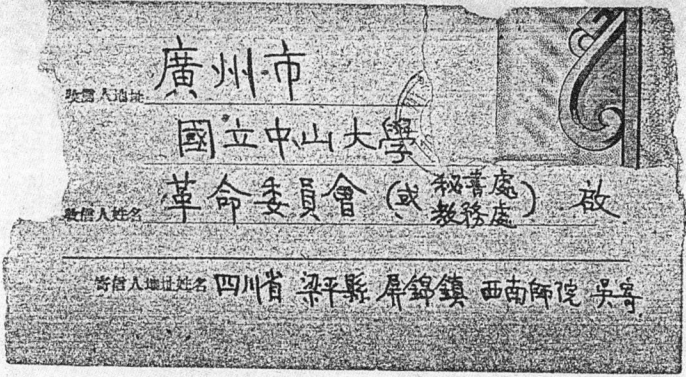

1971年9月8日，吴宓写给中山大学革委会探询陈寅恪夫妇下落的信

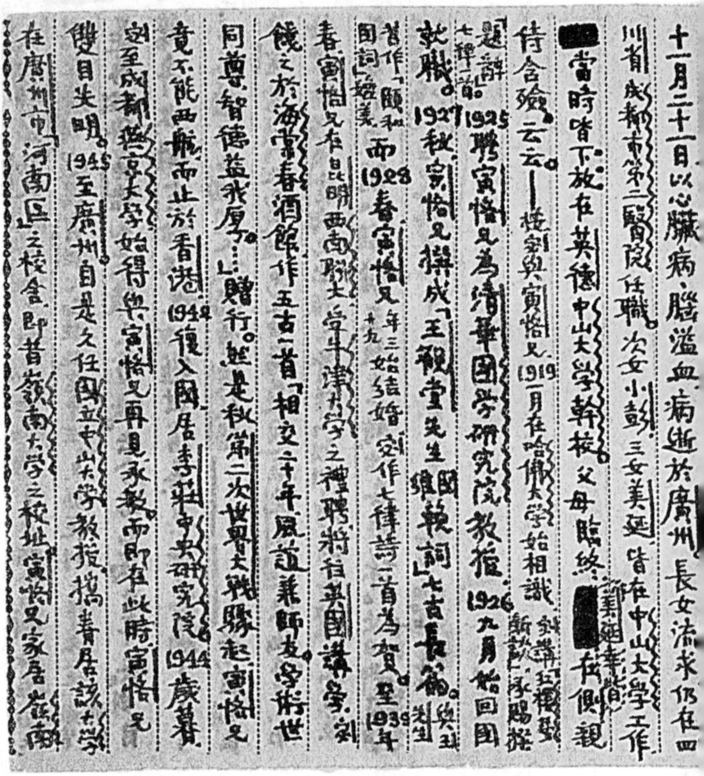

竪書、右起縦書きの手書き日記：

十月二十日以心臟病、膀胱溢血、病逝於廣州。長女流求仍在四
川省成都市第二醫院任職。次女小彭、三女美延、皆在中山大學工作、

□當時皆下放在英德中山大學幹校。父母臨終、我側親
待含殮云云。——挽劉弘度

恪兄1919月在哈佛大學始識、
題辭、顧和。而1925聘寅恪兄為清華國學研究院教授、1926九月始回國、
首作題詞、按美年三十始結婚、作七律詩一首為賀。1939年
春寅恪兄在昆明西南聯大、留學生津貼學之神聘將往美國講學、
饒之於海雲春酒館作五古一首「相交三十年風雨兼師友」嘆時世、
同憂智德益求厚。山、贈行。延是秋第二次世界大戰驟起劉恪兄
竟不能西藏而止遊香港1948後入國居壽料中央研究院1944歲暮
劉至成都撥草大學始得與寅恪又再晤永歎而即在此時寅恪又
雙目失明。1945至廣州自是久任國立中山大學教授搞青居該大學
在廣州市、河南區之校舍、即首蘇南大學三校址寅恪又家居嶺南。

吴宓 1971 年 12 月 9 日写于日历页上的日记

482

半陰晴。早餐一餐，三餐各食者另一餐。

上午 8：30
至
12：00

主席廖生华……全校农在大礼堂开会。聆……革命……工作整党专题……勤员报告……军宣队（刘东

元月二十日
宝宣读……文件

阶段　毛主席语录
—调查研究……
门类……革命……分界……
革命的知识分子……最后的分界……
看其是否愿意和……
命的……实行……
民众相结合……预定四十四日即……

9

一月大

廿（一）

How
What
Why

正午赵食堂午餐（米饭三两）……食物（二角五分）……遇新思广……

下午時零。
2：30
至
5：30　原彬琅……十七人小组在空堂烤火学习……
牛时休息到入厨大便和……

发出打字油印整查党……学习文件……又十页到各晚读……

適　接读寅恪兄之三女陈美延（廣州中山大学軍委會　覆刘去政詢

樓上　1971十二月五日来函（代中山大学軍委會羅劉去政詢

寅恪兄起居）始痛悉陳寅恪兄（1890
庚寅○浦光……十六年—（1969）

学干校。父母临终，美延幸皆在侧，亲侍含殓，云云。——按，宓与寅恪兄，1919 一月在哈佛大学始相识，宓讲《〈红楼梦〉新谈》，承赐撰《题辞》七律一首。1925 聘寅恪兄为清华国学研究院教授。1926 七月始回国就职。1927 秋，寅恪兄撰成《王观堂先生国维挽词》七古长篇。与王先生旧作《颐和园词》媲美。而 1928 春，寅恪兄年三十九始结婚，宓作七律一首为贺。至 1939 年春，寅恪兄在昆明西南联大，受牛津大学之礼聘，将往英国讲学，宓饯之于海棠春酒馆，作五古一首，"相交二十年，风谊兼师友。学术世同尊，智德益我厚。……"赠行。然是秋第二次世界大战骤起，寅恪兄竟不能西航，而止于香港。1942 复入国，居桂林，任教广西大学。[1] 1944 岁暮，宓至成都燕京大学，始得与寅恪兄再见、承教。而即在此时，寅恪兄双目失明。1948 至广州。自是久任国立中山大学教授，携眷居该大学在广州市河南区之校舍，即昔岭南大学之校址。寅恪兄家居岭南大学昔年西人美国校长之住宅，甚幽适。——1961 八月，宓出游南北，特至广州，趋谒寅恪兄，即在此宅中三四日，与寅恪兄久作深谈，是为宓与寅恪兄最后之会晤。去今已满十年矣。宓自伤身世，闻寅恪兄嫂 1969 逝世消息，异恒悲痛！……"[2]

这天夜里，父亲泪流不止，辗转覆侧，不能入寐。于是披衣伏案撰写日记，至次日凌晨始毕。是日夕晚，又撰成《陈寅恪先生家谱》。十二日为星期，父亲特"至劳改队外，访新，（凌道新，毕业成都燕京大学新闻系，在校曾从寅恪伯父和父亲受业，对寅恪师极敬重。）坐谈寅恪兄往事"。[3]并将写就的寅恪《家谱》及美延来函交其保存。

---

1 吴宓日记此处原作"居李庄中央研究院"，属记忆有误，此处据实改正。
2 《吴宓日记续编》Ⅸ，页 370。
3 同上书，页 373。

一九七一年九月十三日凌晨，林彪仓皇出逃，飞机在蒙古国温都尔汗附近坠毁。

事件发生后很长一段时间，人们对林副主席久不露面不明原委，议论纷纷，小道消息沸沸扬扬。父亲长期孤立，隔绝人事，更不知底里。一九七二年三月，虽得听读中共中央有关文件传达，仍不能完全理解此前几年"天天读"、"早请示，晚汇报"必须"敬祝永远健康"的林副主席何以遽然"叛国叛党，自杀身亡"！

然而不论父亲等人如何不解，"九一三"林彪事件的发生，客观上宣告了"文化大革命"理论和实践的失败，促使更多的干部和群众从个人崇拜的狂热中觉醒，引发对于极左思潮的反思。

这方面，作为"牛鬼蛇神"的父亲也有些微感受。

西师的运动，由批判林林彪陈陈伯达集团反革命政变阴谋及活动，转入清查"五一六"、"三老会"，整党建党，领导无暇他顾，批斗牛鬼蛇神渐少，令自行组织学习。父亲利用这少有的机会，除照例定期上交所谓的"罪行交代"和"思想汇报"外，悄悄撰写"自编年谱"多篇。监管人知悉，未加干涉，也未没收。

此时父亲经久磨难，身体已甚衰弱，几次大病，"虚弱至不能起步，脚步'踉跄'，甚至坐床沿，不能立起，须赖（同事）成君以两臂挽抱乃起"[1]。父亲病中，西师革委会副主任陈洪曾来探视，令"在舍养病"，允准父亲从被扣发的薪金中提取若干，用于治病和营养。其后不久，又批准父亲从梁平返回北碚西师本院养病。

一九七二年七月二十五日，父亲返抵北碚西师本院，回到他文化村一舍三楼 317 室旧居。女工来侍，服务助事，日供开水及三餐，生活安定下来。解放军宣传队不来闻问，尤其免于如梁平面对中文系革命群众（主要是青年教师，学生已陆续分配离校），聆其辱骂斥责，

---

1 《吴宓日记续编》IX，页 329。

供其奴役驱使；心情放松许多，健康有所改善。记忆则大不如前。偶尔"在校内及校外近处游步，虽有许多昔时人事之回忆，然如房屋之位置、街道之方向，已记不清晰，一若宓离去北碚西师数十年而今始归来者！"[1]

留在北碚的西师教职员，多老弱病残人员及不肯遵令前往梁平县西师分院长住者，军宣队亦无可奈何，管理比较松散。中文系规定每周二上午政治学习，其馀时间自由支配。父亲因而得暇以整编其一九七一年零散日记；将近年所写回忆录编整为年谱（惜仅写至一九二四甲子年）；校阅整理《吴宓诗集》中所粘所夹各件，定为标准本；又校订"自一九三五《吴宓诗集》出版后，至一九七三凡三十八年其所作之诗全稿，附友、生寄答之诗词均按年月日编排，无遗，拟刊为《吴宓诗续集》"。用大张报纸包裹成一尺宽，二尺长，三四寸高的纸包。父亲"视此一包诗稿重于生命。盖宓死后，家人、友生犹可据此稿刊行《吴宓诗续集》也。"父亲以为，"宓之'诗稿续集'，为宓生活、感情、创作之纪录，宓最宝贵、最重要之文件。"[2]

"批林整风"，文件原定的调子，重点在揭发批判林彪反革命集团的阴谋活动，但这些活动既然都是以极左的面目出现和从事的，批判中很难一点不涉及极左思潮，这就使"批林整风"多少突破了原定的框架，有助于克服极左思潮的干扰，纠正"文革"的错误。

西师的情况亦然。一九七二年底西南师院成立新的革命委员会，张永青复任院长。一九七三年初，军宣队撤离西师。八月，原已部分迁至重庆的哈尔滨军事工程学院和哈尔滨工业大学，奉令全部迁回黑龙江。西南师院原分别疏散至梁平、忠县的教职员工，全部迁回重庆北碚原址。在停课七年之后，将以"推荐"的方式招收"工农兵学

---

1 《吴宓日记续编》X，页151。
2 同上书，页390。

员"，来"上、管、改"大学。父亲回北碚后参加的中文系政治学习，也由起初的"极繁苦，受酷责"[1]渐转为"发言者极少，众默坐而已"[2]。终至一九七三年四月，宣告"续作'批林整风'之学习，命每星期二下午，各在舍自读马列主义重要书籍六册（首为《共产党宣言》）"[3]。这些书父亲以前已读过不止一遍，也因当时除此之外别无他书可读。

父亲一九七三年元月恢复全薪，但政治审查，未予结案。虽然一九七二年七月离梁平时，革委会陈洪副主任曾告知父亲：政治问题已全查清，因运动尚未完结，未作处理。故此时父亲仍属于所谓被"挂起来"的人员。

本年五月，父亲接读北京大学李赋宁五月十九日来函，始知北京旧识的一些情况。"该函述告（一）文化大革命中，诸人被斗争、冲击情形。入牛棚狱，殴打，抄家。陈梦家自杀。多人得病、逝世。（二）友生之生死存亡，温德86，张奚若84，赵紫宸夫妇八十八以上，皆健在。叶企孙入狱成驼背（伛偻）。邓以蛰及邵循正64岁，最近病逝。（三）对宓甚关心而探询宓情况者，平日有田德望、金克木、周珏良、许国璋及邵循正。最近有陈岱孙。（四）馀事。（宓因赋宁笔嘱'此函阅后不必保存'，故于六月六日将原函寄回赋宁，请自毁灭，并附宓函，简述宓现今情况，且望其报告心一得知。）"[4]

西南师院副院长方敬复出后，到北京参加教育会议，父亲的许多友生，纷纷向他打听父亲近况。方敬说："吴先生已经非常非常衰老了。"[5]听得大家神情黯然。

方敬说的没错：父亲确实老了，自己也深感目眶深陷，身体虚

1　《吴宓日记续编》Ⅹ，页162。
2　同上书，页179。
3　同上书，页362。
4　同上书，页403。
5　李鲸石《回忆恩师吴宓教授》，载2000年11月出版的《北京大学校友通讯》第29期。

第九章　从社教到"文革"

"文革"中的吴宓

弱，病痛增多。一九七二年秋起，"恒觉心脏疼痛，此宓致命之疾也！"又"恒神情恍惚，夜寝多异梦，亦耄年近死之征也"！一九七三春夏，又常患"头晕目眩，似若天旋地转"，仰卧更甚；此外，时感"脑沸耳鸣甚剧"[1]，苦不堪言。一九七三除夕之夜，父亲照例向亲长辞岁，竟致倾跌。据是日日记，"临寝前，向西北方，对：天地神祇、祖宗、祖母，本生继嗣父亲、母亲辞岁，行三跪九叩之礼。宓左腿三关节风湿痛，致跌倒在地上。具见宓之体衰矣！"[2]

父亲根据自身健康状况和他"神秘的经验"，自忖此生最多活至一九七七年。牙齿，"文革"中脱落多颗。一九七三年六月又脱落上左犬牙，"宓今存牙齿 13 颗矣。"至于视力，父亲"右目白内障未治，自 1972 六月以来成盲。于是专用左目。近觉左目用之太过，两目俱

1　《吴宓日记续编》Ⅹ，页 199、543。
2　同上书，页 564。

吴宓晚年用放大镜读报

甚不舒（亟须休息，即节省目力）。诚恐未到 1977 年，宓即已双目失明。若宓成盲人将何以生活、动作？殊可忧也！"[1]

虽然如此，父亲读书不辍，他所喜爱的中西书籍于他无异空气和水，不可或缺。邻居常见父亲天空阴黯，则在楼廊背坐捧卷而读；日出明朗，乃入室坐案前读。写日记，也从未中断。他在视力已经严重衰退的一九七三年，还曾摸索着以颤抖的手笔写下这样一段日记："六月三日　阴雨。夜一时，醒一次。近晓 4:40 再醒，适梦陈寅恪兄诵释其新诗句'隆春乍见三枝雁'，莫解其意。"[2]

父亲自知来日无多，决定抓紧整编自己的日记、诗稿、信函、读书笔记等。这些手稿，父亲在"文革"批斗的间隙，付托重庆钢厂工人陈道荣帮助疏散，藏于其姊及友人家中。陈道荣原在成都《四川日

1　《吴宓日记续编》X，页 272。
2　同上书，页 401。

报》任编辑，一九五七年成为右派，调重钢二厂任文化教员、重钢一厂子弟学校教员。学校停办后改为试用工人，司火油放送机，以犯错误贬为普工，作货物上下车的搬运工。陈道荣是一九六二年通过其姑父、为父亲治病的医生吴适均介绍来向父亲问学的，后常年受父亲资助，补贴生活。父亲曾视陈道荣为可以传道授业的学生，可以倚托办事的年轻朋友；"故以三大木箱之书籍、主要为近人诗词集。文件中有宓之日记、信函、文稿不少。付与保管。"[1]不想父亲所托非人，疏散时，付以重金，为运输、保管费用；收回时，竟又以种种名目索取重金，等于按件论价"赎取"。父亲补发的"文革"扣减薪金，几大部分用于此等"赎取"，最后仍有许多书籍文件为陈吞没。父亲近处诸友，"金谓陈道荣并无过人之长处，其与宓交亲，本只为钱财。"[2]

当父亲对陈道荣极度失望之时，西师中文系 1965 年毕业、时任成都市第十中学教员的周锡光出现在父亲面前。周锡光在校时上过父亲的"文言文导读"课，"文革"以后从未照面；一九七三年二月、八月寒暑假却接连来访。父亲提供膳宿，并付给车费，以为他来渝碚专为问学。后由周锡光私告，始知其欲得父亲楼下同事友、美术系教师之女为婚，请父亲代向其友美言求亲。[3]

周锡光八月来访，"曾劝宓慎防即将到来之'肃反运动'，并速疏散宓之诗稿、日记等，且切勿以宓与光之往来，告知任何人。"[4]父亲惊骇，从其劝告，乃将《文学与人生》《外国文学》等珍贵讲义，《今人学术论著》等重要文件，托付其带回成都保存。1974 年元月二十三日，周锡光再次来西师，又将父亲自存以及从陈道荣处'赎回'的书籍、文稿，全部运去成都代为保管与借阅。父亲亲笔书有《周锡光借

1　《吴宓日记续编》Ⅹ，页 309。
2　同上书，页 310。
3　同上书，页 454。
4　同上书，页 455。

吴宓所书"周锡光借去及保管书目"

去书及保管书目 1974 元月二十三日》一纸留存。

"周锡光借去书及保管书目 1974 元月二十三日"清单，父亲是用蓝墨水钢笔书于凌道新一九七三年九月十八日写给他的信封背面的，毛笔蘸红墨水书题及加注。

Ⅰ类为父亲历年所编撰的中英文教学讲义；Ⅱ类包括父亲已刊及未刊文稿，友人及学生诗稿、书函；未分类者为书籍，书名上红笔书有"赠"字者二部；书有"借"字者八部；书（稿）上下书有"樟"字者，表明是置于父亲的樟木箱中，交与周锡光取走的。

Ⅱ   7   1945—49 友人诗稿（附画）

Ⅰ   12   中西诗之比较

Ⅰ   11   文学批评

Ⅱ   21   1925 至 1937 宓所撰已印、未印文稿　正中书局校阅字典

Ⅱ   8   1931 至 1937 女友及女生函中英法文，文言、白话。

　　　　读书笔记　第二册（已取回）樟（自存）

樟   菩萨学案

赠   巴史新探（王家佑）

借   文字启蒙　周耜编，教育部审定，四册。

借   审安斋遗稿四册　审安斋诗集四卷本（笺注）

　　　养复园诗草（程潜）

借   日本历史概说

借   崇德老人八十自订年谱（聂曾纪芬）

借   初日楼·驻梦词合刊（严既澄）

　　　清真集

　　　畏庐论文

　　　诗词录 1948 中山大学

尊闻录（熊十力）高赞非记述，张立民校订。

借　郑文焯樵风乐府

　　说文解字诂林（丁福保）

借　白璧德与人文主义，一册。

　　李仪祉先生逝世七周年纪念刊　　　　　　樟

　　陈子襄先生教育遗议（门人冼玉清编）

　　朱九江先生（次琦）集　十卷，四册。

　　环夫室诗集（曾广钧）二册。

　　德效骞 中国希腊哲学比较论　　　　　　樟

　　粤两生集（潘之博、麦孟华）

赠　吴诗集览，五册。

Ⅰ　18　1953 外国文学　议（讲）义及附件　　樟

　　　　世界古代希腊、罗马史　　　　　　　樟

　　　　世界中世史

Ⅰ　19　四人合编世界古代史　　　　　　　　樟

　　第一年英语（进修班）　　　　　　　　　樟

　　教学日历 1963 至 1964　　　　　　　　　樟

　　外国文学 1959—1960（未校正）

Ⅰ　11　文学批评

Ⅰ　9　古代文学

Ⅰ　22　欧洲文学史 十五册　　　　　　　　　樟

Ⅱ　6　友生译英法诗

Ⅰ　21　英文 动词 不定法表　　　　　　　　　樟

Ⅰ　15　1957 至 1958 外国文学课程及进修生计划

　　　　进修班第一年英语一二三册　　　　　樟

Ⅰ　20　高级中学外国历史

Ⅰ　1　1932 至 1933 西洋文学概要　　　　　　樟

Ⅰ	19	1955 至 1956 世界古代史	樟
Ⅰ	14	修辞原理 etc.	樟
Ⅰ	7	俄国、苏联文学史	樟
Ⅰ	2	1940 至 1941 世界文学史纲	樟
Ⅰ	3	世界文学史大纲（不全）	樟
		同上（完全本）	樟[1]

以上Ⅰ类，包括父亲自一九二一年回国以来，在东南大学、清华大学、西南联合大学、武汉大学、西南师范学院历年所授主要课程的讲义，是他近半个世纪的教学生涯中积累的心血，也是研究西方文学、比较文学和文学翻译理论与实践的学人可资借鉴的宝贵财富。然而父亲再次所托非人，周锡光一九七四年一月取走父亲大批文稿、藏书及友生书函诗稿以后，直至父亲一九七七年初离开西师、翌年病死故乡，再也没有露面。父亲平反后，也不肯将其所借去与保管的父亲文稿书籍归还家属，这也是《吴宓文集》至今迟迟未出版的重要原因。

周锡光一九七三年八月警告父亲"慎防即将到来之肃反运动"[2]，最后并未到来。西师同全国一样，一直进行的是"批林整风"。一九七三年十月下旬，学校奉令批判孔子，于是运动转为批林批孔。西南师院接连召开批孔大会，名为批孔，实皆针对林彪及刘少奇之引用孔子及儒家旧说，兼及台湾当局的圣诞祀孔典礼。

父亲只知批判孔子是最高领袖提出来的，但他至死也未弄清这是因为在深入揭批林彪反革命集团的过程中，各个领域对极左思潮的批判以及采取的纠"左"措施，多多少少涉及"文化大革命"的总体评

1　录自吴宓亲笔所书"周锡光借去书及保管书目　1974 元月二十三日"清单。
2　《吴宓日记续编》Ⅹ，页 455。

　　　　　　　　　　　　　　　　　　　　吴宓与陈寅恪

价，引起毛泽东的担忧，遂由评法批儒进而提出批判孔子，以此论证林彪集团的实质是右。

对于尊孔子为仪型师表，立言行事悉遵依孔子为职志的父亲来说，批判孔子，不论出于何种考虑，都万万不可。他主编的《学衡》杂志，创刊号首页所刊之中西圣哲画像即孔子和苏格拉底像。

父亲从来认为，"孔子者，理想中最高之人物也。其道德智慧，卓绝千古，无人能及之，故称为圣人。"孔子的价值可分两项：（一）孔子者本身，他的学问道德事功，具见载籍。"孔子为中国文化之中心，其前数千年之文化，赖孔子而传，其后数千年之文化，赖孔子而开。无孔子，则无中国文化。（二）孔子者，中国道德理想之所寓、人格标准之所托。不特一人一家之运命，即一国之盛衰，一民族之兴亡，世界文化之进退，靡不以道德之升降、大多数人人格之高低，为之枢机，因果昭然。中西前史，可为例证。今欲救国救世，根本之法，仍不外乎是。"[1]

其实批孔，并不新鲜。

早在新潮澎湃的一九二七年，孔子就曾成为攻击目标，新派"学者以专打孔家店为号召，侮之曰孔老二，用其轻薄尖刻之笔，备致诋諆。盲从之少年，习焉不察，遂共以孔子为迂腐陈旧之偶像、礼教流毒之罪人。以谩孔为当然，视尊圣如狂病。而近一年（一九二七）中，若武汉、湘中等地，摧毁孔庙，斩杀儒者，推倒礼教，打破羞耻"。父亲不得不撰文公开指责"其行动之激烈暴厉，几令人疑其为反对文明社会，匪特反对孔子而已"。[2]

本着这样的立场观点，父亲在任何情况下，都不可能赞同批判孔子。

在众说纷纭，人心混乱的上世纪二十年代，父亲即曾强调指出：

1　吴宓《孔子之价值及孔教之精义》，载 1927 年 9 月 22 日《大公报》。
2　同上。

吴宓 1977 年回乡所居民宅

"今日之要务，厥在认识孔子之价值，发明孔教之义理。使知孔子之为人，如何当尊。其教人之学说，如何而可信。"父亲并明确表示："由于我之良心，我当尊孔；本于我之智慧思考，我坚信孔子之学说。故今虽举世皆侮孔谤孔，虽以白刃手枪加于我身，我仍尊孔信孔。"[1]及至"文革"一九七四年批林批孔步步升级，要求人人对运动表态，父亲毫不犹豫地直言不讳："批林，我没意见；批孔，宁可杀头，我也不批。"[2]此言一出，触犯众怒。这还了得！一个政治上尚被"挂着"的老朽，居然如此猖狂，胆敢抵抗运动，冒渎领袖！很快进行批斗，定为"现行反革命分子"。

父亲再次承受沉重打击和磨难，痛苦可想而知。但他一点不后

---

1 吴宓《孔子之价值及孔教之精义》。
2 吴宓原话不止这些。据当时新华通讯社重庆分社一位记者告知，因为吴宓在批林批孔运动中的发言非常尖锐，分社写了《内部参考》上报。笔者在整理《吴宓日记》期间，曾询请新华总社帮助查阅该期《内部参考》的有关内容，由于中共中央保密委员会对这部分《内参》尚未解密而未能查见。

吴宓与陈寅恪

悔。此时寅恪伯父已离世五年有馀，而父亲仍时时感念与寅恪伯父的最后深谈，有些话似乎就在耳边。"在我辈个人如寅恪者，则仍确信中国孔子儒道之正大，有裨于全世界，而佛教亦纯正。我辈本此信仰，故虽危行言殆，但屹立不动，决不从时俗为转移。"[1]也许正是这种信念，支撑父亲拖着衰残伤痛的病体勉强苟活于世。

父亲卧病两年多后，被遣送回原籍。当时政策尚延续"文革"规定："现行反革命分子"不得入住大城市，最后只得由居于陕西小县城的堂妹嗣父仲旗公长女须曼接回故乡泾阳养病。须曼姑此时已退休，但她原所在单位领导支持她接我父亲回乡。他说："我不管吴宓头上戴的什么帽子，他既是泾阳的儿子，就应让他回泾阳来。叶落归根嘛！"父亲于一九七七年一月八日离开西南师院，回到泾阳后，在须曼姑的悉心照料下养病一年多。一九七八年一月十七日凌晨，以双侧颈内动脉血栓形成，呼吸循环衰竭，抢救无效，在中国人民解放军第182 医院与世长辞。

一九二七年六月，王国维先生投湖自尽后不久，寅恪伯父和父亲曾有过一场谈话，论及高明人士的生死存亡与文化兴衰沦丧的关系。寅恪伯父说，凡一国文化衰亡之时，高明之士，自视为此文化之所寄托者，辄痛苦非常，每先以此身殉文化。如王静安先生，父亲则谓"寅恪与宓皆不能逃此范围，特有大小轻重之别耳"[2]。不幸此语成谶：寅恪伯父与父亲"继往圣之绝学"，秉素志以为四五十年，最后虽未自杀，而皆由"文化大革命"浩劫丧生，同以身殉文化。伤哉！痛哉！

父亲去世时，江青集团被粉碎已一年多，他的冤案一直未得到平

---

1 《吴宓日记续编》Ⅴ，页160。

2 《吴宓日记》Ⅲ，页355。

中共中央统战部

乌兰夫部长

　　我们在广州参加全国外国文学研究工作规划会议期间，接到原西南师范学院吴宓教授（已故）的女儿吴学昭同志的来信，让我们写信给您，请求给她父亲吴宓平反、恢复名誉。

　　吴宓教授在文化革命期间，遭受林彪、"四人帮"的残酷迫害，被打成"资产阶级反动学术权威"、"现行反革命分子"，身心受到严重摧残，左腿残废，双目失明。1976年，西南师范学院同志吴宓

—1—

吴宓的朋友和学生为他平反写给乌兰夫的信（之一）

　　　　　　　　　　　　　　　吴宓与陈寅恪

回原籍陕西泾阳养病。1978年1月17日，吴宓在泾阳病故。1978年6月5日，西南师范学院中文系虽为吴宓举行追悼会，但并未给吴宓彻底平反、做出政治结论。我们作为吴宓先生的老朋友、老同事或学生，分别在新民主义革命和社会主义革命时期，曾受到他在学术上的帮助或教诲。纵观吴宓先生一生，我们认为他是一位爱国的知识分子。从解放前到解放后，他为我国培养了许多优秀的外国文学研究人员和中、外语言教学人材，对祖国是有贡献的。

　　我们恳切请求您和统战部，过问一下吴宓先生的事情，这时调动广大知识

— 2 —

吴宓的朋友和学生为他平反写给乌兰夫的信（之二）

分子的社会主义积极性是会有好处的。

此致

敬礼

冯至　　　吴宓经　朱光潜　伍蠡甫

周煦良　　李赋宁　薛诚之

杨业治　　呆宗岱　陈嘉

罗大同　　杨宪益　戴镏龄

郑朝宗　　郭文星　赵澧

杨周翰　　王佐良　陈贻焮
　　　　　　　　　石璞
赵瑞蕻

张氏　　　李赋宁　陈贻焮

罗玄陵　　贺祥麟　永天明
鲁翠　　　周珏良　马家骏

一九七八年十二月三日

-3-

吴宓的朋友和学生为他平反写给乌兰夫的信（之三）

　　　　　　　　　　　　　　　　　吴宓与陈寅恪

反，家属致函西南师院要求为父亲平反，该院革命委员会政治部竟回信说："最近经院党的核心小组研究，吴先生生前思想反动，群众不谅解。适当时候在中文系范围内开追悼会，不通知家属和亲友参加。"[1]而于父亲的政治审查结论，只字不提。我们姐妹多次向中央和地方有关部门投诉，也给当时主持冤假错案平反工作的胡耀邦同志写过信，全如石沉大海，不见回应。

一九七八年八月，我听说中国社会科学院在广州主持召开全国外国文学科研规划会，与会者很多是父亲的同事、朋友和学生，我就写信给父亲最亲密的学生、北大西语系李赋宁教授，请他试试找找到会的父亲友生，联名上书有关方面呼吁为吴宓平反。

会议期间，李赋宁先生起草了一封给中共中央统战部部长乌兰夫的信，请陕西师范大学的马家骏先生用毛笔工整誊写，又交给他一份有关人士的名单，要他帮助前后楼各房间跑跑，征集签名。据马先生回忆，大家听说吴宓先生"文革"遭遇，至今还戴着"现行反革命分子"的帽子都很吃惊。冯至先生说他虽与吴宓先生并不太熟，但他很敬重吴先生，他欣然第一个签名。朱光潜先生默然听完马家骏的陈述，沉重地写上了自己的名字；诗人梁宗岱则老泪纵横，痛哭失声……赋宁所开名单上的人，很快签完，一些没有见过父亲、而久慕其名的与会者，也主动要求签名。

这份报告后来转到科教部门，负责同志又批转中共四川省委、重庆市委交西南师院办理。一九七九年七月十八日，西南师院召开了全院教职员工大会，为我父亲平反昭雪，恢复名誉。须曼姑与我们姐妹前往北碚参加了父亲的平反会，那些长年包围父亲索钱索物、以各种名义攫取父亲手稿书函的人，一个也没露面。平反会后，西南师院归还了父亲的日记给家属，但以"文革"中多次转手，又被撕去批判等

1　见西南师范学院革命委员会政治部 1978 年 3 月 23 日致吴宓家属函。

重庆日报

1979年7月20日　星期五　第二版

◁·▷　　◁·▷　　◁·▷　　◁·▷　　◁·▷

吴宓教授平反昭雪大会在西南师范学院举行

本报讯 七月十八日上午，西南师范学院召开了全院教职工大会，为我国知名学者吴宓教授平反昭雪，彻底恢复名誉。

吴宓先生是西南师范学院教授、院务委员会委员、四川省政协委员，在文化大革命中，因受林彪、"四人帮"的残酷迫害，于一九七八年一月十七日含冤逝世，终年八十四岁。

大会由院党委书记张永青主持。院党委副书记李一丁宣布经上级党委批准的中共西南师范学院党委员会关于为吴宓教授平反的决定。院党委副书记王景明在会上讲话。

吴宓教授字雨僧，陕西省泾阳县人，早年就读于清华学校，一九一七年留学美国，为哈佛大学文学硕士，一九二一年回国，曾任清华大学国学研究院主任，在东南大学、清华大学、西南联大、武汉大学担任外国语文学系教授、系主任，并到英国牛津大学、法国巴黎大学研究文学，主编过《学衡》杂志、《大公报》文学副刊。解放后，吴宓先生到西师任教。

吴宓教授热爱祖国，拥护中国共产党，拥护社会主义。解放后，在党的领导下，努力学习马列主义、毛泽东思想，注意改造世界观，积极参加社会主义革命和社会主义文化教育建设。早在一九五六年，他就将自己多年珍藏的大量中外书籍，捐献给西师图书馆，供广大师生阅读。

吴宓教授通晓世界多种语文，博览群书，知识丰富，治学严谨，工作认真，襟怀坦白，直抒己见，在从事文化教育四十多年的工作中，对学生循循善诱，为我国培养了许多优秀的外国文学研究专家和教授，以及中、外语文教学人材，对祖国是有贡献的。吴宓先生自一九二〇年春以来，用中、英文发表过有关《红楼梦》的许多篇评论文章，是我国研究《红楼梦》并向外国作介绍有较大影响的学者之一。

文化大革命中，在林彪、"四人帮"极左路线的影响下，把吴宓教授打成"资产阶级反动学术权威"、"现行反革命分子"，纯属冤案，应予平反昭雪。林彪、"四人帮"强加给吴宓教授的一切诬蔑不实之词，应统统推倒，吴宓教授的政治名誉，应予恢复。

中共重庆市委统战部负责人刘连波和市文教办公室的同志参加了大会。

吴宓教授的生前友好和亲属参加了大会。会前，院党委负责同志会见了吴宓教授的亲属，表示了亲切的慰问。

1979 年 7 月 20 日《重庆日报》关于吴宓平反大会的报道

　　　　　　　　　　　　　　　　　　　吴宓与陈寅恪

已残缺不全，伤痕累累。

父亲冤案平反后，我们姐妹四处收集父亲流失在外的遗稿，其中艰难困苦，恐怕只有"文革"被抄过家的人们才能体会。真如美延所言，寅恪伯父的文稿，还有他写有批注的书籍，"文革"中遭洗劫一空，片纸无存。当年抄家，文稿书籍是成捆成捆、一麻袋一麻袋拿走的；"文革"结束，落实政策，虽经百般追索讨要，却是一册一册、甚至一页一页地收回的。寅恪伯父的有些诗，竟还是美延从"持有者"手中一联半首地一点点抠出来的。有人藏头露尾地擅自发表寅恪伯父的未刊诗稿，美延发现后便去软磨硬泡讨要。留有字据的尚不能如数归还，更别提那些连字据也不留就抄走的书物了。

一九八〇年蒋天枢先生在上海古籍出版社主持出版的《陈寅恪文集》，所收文稿几全是流求和美延在"文革"后想方设法追回的。我也曾从当时收回的父亲日记中，录出寅恪伯父的诗交流求转蒋先生收入《寒柳堂集》附录的"寅恪先生诗存"。

蒋天枢先生不幸于一九八八年以脑溢血突然去世，流求姐妹继续收集整理寅恪伯父文稿的工作。二〇〇一年，在上海古籍版《陈寅恪文集》的基础上，增加了诗集、书信集、读书札记、讲义及杂稿，编为《陈寅恪集》十三种十四册，由北京三联书店出版。二〇〇九年三联新版《陈寅恪集》，书信内容有所勘正。二〇一〇年，流求、小彭、美延合写的《也同欢乐也同愁——忆父亲陈寅恪母亲唐筼》，亦由北京三联书店出版。

父亲遗稿的整理工作，于我一九九一年离休后开始，得到父亲友生，特别是李赋宁、王岷源等先生的大力支持和帮助。先后出版了《文学与人生》这是父亲上世纪三十年代在清华大学的授课提纲，而非讲义。英文部分由王岷源先生译出。清华大学出版社1993年出版。《吴宓自编年谱》李赋宁先生作序，北京三联书店1995年出版。《吴宓日记》十卷1910年至1948年的日记，北京三联书店1998、1999年出版。《吴宓诗集》在父亲1935年自编

泾阳安吴堡吴氏陵园

吴宓女儿为父亲扫墓

陈寅恪长女流求拜谒吴宓伯伯墓

吴宓与陈寅恪

庐山陈寅恪夫妇墓

1988年6月6日，陈寅恪的助手黄萱女士与陈先生幼女美延、长女流求、长婿董有淞及外孙女许郁葱、外孙许苍山在中山大学陈寅恪故居前合影

诗集的基础上，增加诗 600 多首、词 12 阕，均为 1934 至 1973 年所作。商务印书馆 2004 年出版。《吴宓诗话》商务印书馆 2005 年出版。《吴宓日记续编》十卷 1949 年至 1974 年的日记，北京三联书店 2006 年出版，内部发行。《吴宓书信集》北京三联书店 2011 年出版。《吴宓评注顾亭林诗集》人民文学出版社 2012 年出版。

父亲去世后，骨灰一直安放在陕西泾阳老家。一九八七年，父亲在剑桥大学东方语文系任教的堂弟协曼病逝英国，柯翼如姊遵照他的遗嘱将骨灰捧回故乡泾阳，与我父亲的骨灰一同安葬于嵯峨山下祖茔，兄弟相伴。

寅恪伯父、唐篔伯母遗体"文革"中火化后，骨灰起先留置火葬场，以后落实政策，寅恪伯父骨灰被移放广州革命公墓。美延就将父亲的一半骨灰和母亲的骨灰，一同捧回她在中山大学的宿舍，朝夕陪伴。寅恪伯父生前曾嘱咐女儿：百年后归葬杭州西湖祖茔，伴随父亲散原老人、母亲明诗夫人与长兄师曾身旁。流求姐妹为实现父亲这个心愿，改革开放后奔走呼吁近二十年，向中央和地方有关部门请求帮助协商，未见成效。西南联大北京校友会和寅恪伯父朋辈故旧也积极帮助争取落实，寅恪伯父的清华老同事、美籍华裔科学家顾毓琇老先生，甚至向中共中央负责同志当面陈述此事求助，最后也没有下文。

寅恪伯父归葬杭州祖茔的心愿不得实现，使所有关心这事的人都深深感到遗憾。以后幸蒙江西科技厅、江西庐山植物园和各界热心人士鼎力支持，友好相助，寅恪伯父和唐篔伯母遗骨最终得以于二〇〇三年四月三十日合葬庐山植物园，魂归故里。庐山植物园风光无限，他们喜爱的侄儿封怀（庐山植物园创始人之一）、侄媳的墓就在邻近，想来不致寂寞。

寅恪伯父唐篔伯母的墓以巨石为碑，与周围山林融为一体。石上镌刻寅恪伯父的名言："独立之精神，自由之思想。"二〇〇三年六月十六日（旧历五月十七），也即寅恪伯父一百一十三岁冥诞之日，庐

吴宓与陈寅恪

山植物园举行了寅恪伯父、唐筼伯母墓落成仪式。时值"非典"肆虐，北京地区因疫情严重，亲友均未受邀参加。作为世交晚辈，学淑、学文姐和我，敬撰一联为贺：

> 万峰插天，匡庐有幸埋傲骨。
> 千浪动地，扬子多情颂英魂。

我宁肯相信苏格拉底的灵魂不灭论，愿父亲与寅恪伯父的在天之灵，能同因信念而选择死亡的王静安先生相聚，毫无干扰地继续他们对中西文化的不尽探索和讨论。

2013 年 12 月 23 日　北京